GISELA BEUTLER

»SIEH DEN FLUSS DER STERNE STRÖMEN«

HISPANOAMERIKANISCHE LYRIK DER GEGENWART

INTERPRETATIONEN

WISSENSCHAFTLICHE BUCHGESELLSCHAFT
DARMSTADT

Der Obertitel («Mira correr el río de los astros») ist dem Text von
«Noche en claro» entnommen (Octavio Paz, Gedichte, übers. v. Fritz Vogelgsang,
Frankfurt a. M. 1980, S. 168).

Umschlaggestaltung: Neil McBeath, Stuttgart.

Umschlagbild: Pedro Coronel, Diálogo de la noche (1960).
Mit freundlicher Genehmigung von Fernando Gutiérrez-Saldívar (México).

CIP-Titelaufnahme der Deutschen Bibliothek

»Sieh den Fluß der Sterne strömen«:
hispanoamerikanische Lyrik der Gegenwart;
Interpretationen / Gisela Beutler. – Darmstadt:
Wiss. Buchges., 1990
ISBN 3-534-03267-5
NE: Beutler, Gisela [Hrsg.]

Bestellnummer 03267-5

© 1990 by Wissenschaftliche Buchgesellschaft, Darmstadt
Gedruckt auf säurefreiem und alterungsbeständigem Offsetpapier
Satz: Fotosatz Janß, Pfungstadt
Druck und Einband: Wissenschaftliche Buchgesellschaft, Darmstadt
Printed in Germany
Schrift: Linotype Garamond, 9.5/11

ISBN 3-534-03267-5

INHALT

EINLEITUNG

... y la guitarra o el silencio irán trayendo,
líneas de amor, lenguaje de ríos que no existen,
estrofas adoradas que no tienen sentido.

Pablo Neruda, *Canto General*, XVIII

No nos queda dijo Bataille
Sino escribir comentarios
Insensatos
Sobre la ausencia de sentido del escribir.

Octavio Paz, *Ladera este*

Dieser Band, in dem zwölf der bedeutendsten Lyriker des lateinamerikanischen Kontinents einem deutschsprachigen Publikum vorgestellt werden, versucht hiermit etwas Neues, nämlich neben den bereits bekannten Romanautoren der sechziger Jahre, die bei uns Anerkennung gefunden haben, nun auch eine Generation von Dichtern Hispanoamerikas vor Augen zu führen, die fast alle Weltgeltung erlangten und deren poetische Produktion zum großen Teil der erwähnten Romanliteratur vorausging.

Der Titel *Hispanoamerikanische Lyrik der Gegenwart* bezeichnet die Dichtung von zwei Generationen, von denen der älteste Vertreter 1891 und der jüngste 1925 geboren wurde. In vielen Fällen liegt uns bereits ein abgeschlossenes Werk vor. Die Verfasser entstammen verschiedenen geographischen Bereichen: Mexiko, den Antillen (Karibik), den Andenländern, dem «cono sur» (Chile, Argentinien, Uruguay). Die Herkunft mag für einen Romancier oder Essayisten oft entscheidender sein als für den Lyriker. Doch spielt sie auch für die hier vorgestellten Dichter eine wesentliche Rolle. Sie alle sind Stimmen eines gesamten Kontinents. Ihrem Lebenswerk nach gelten sie als «postmodernistas», aber dies verstanden nur im engeren Sinne der lateinamerikanischen Literaturtradition, das heißt Dichter, deren Anfänge teilweise noch dem lateinamerikanischen *Modernismus* verbunden waren, die sich aber insgesamt von ihm gelöst haben, ihm zeitlich folgten. Ihrer Qualität nach gehören die meisten von ihnen zu den «fundadores de la nueva poesía latinoamericana» (Saúl Yurkievich), den «poetas consagrados», deren Einfluß noch heute in der jüngsten Dichtergeneration zu spüren ist. Aus Argentinien: Oliverio Girondo, Alfonsina Storni, Jorge Luis Borges; aus Peru: César Vallejo; aus Chile: Vicente Huidobro, Pablo Neruda, Nicanor Parra; aus Mexiko: Octavio Paz; aus Kuba: Nicolás Guillén, José Lezama Lima; aus

Nicaragua: Ernesto Cardenal. Allein diese Reihung deutet schon auf Kontraste und Widersprüchlichkeiten hin.

Octavio Paz, wie Borges und Lezama Lima Poet und Essayist, formuliert folgende Synthese:

A despecho de las diferencias de las lenguas y culturas nacionales la poesía moderna de Occidente es una. Apenas si vale la pena aclarar que el término Occidente abarca también a las tradiciones poéticas angloamericanas y latinoamericanas (en sus tres ramas: la española, la portuguesa y la francesa).[1]

Die lateinamerikanische Lyrik nimmt zwar teil an den internationalen kulturellen Bewegungen, die von Europa ausgehen, wie der Avantgarde, insbesondere dem Surrealismus, Existentialismus und den politischen wie Marxismus und Sozialismus, aber sie verwandelt und verarbeitet sie auf ihre Weise und von anderen Grundbedingungen aus, als dies in Europa der Fall ist. Sie schafft eine Dichtung des Protestes, des sozialen Engagements, aber auch der «poésie pure», des Hermetismus. Doch es ergibt sich eine andere Färbung als in Europa, da die Dichter aus einer Umwelt heraus schreiben, die in ihren sozialpolitischen Strukturen, abgesehen von modernen Großstadtproblemen, denen Europas seit Jahrhunderten völlig unähnlich ist. Federico Schopf bemerkt:

... las relaciones de la literatura hispanoamericana con las literaturas europeas son relaciones de identidad y diferencia, en que las diferencias son partes constitutivas de su identidad.[2]

Den historisch-politischen Hintergrund, vor dem das Werk unserer genannten Dichter entsteht, prägen die mexikanische Revolution (1910–1920), die russische Oktoberrevolution (1917), die beiden Weltkriege (1914–1918 und 1939–1945), der spanische Bürgerkrieg (1936–1939) und die kubanische Revolution (1959).

Im folgenden seien einige Vorbemerkungen erlaubt, die dem Fachkundigen vielleicht Bekanntes wiederholen, die aber dem mit der speziellen Thematik dieses Bandes nicht so vertrauten Leser gewisse Anhaltspunkte zum besseren Verständnis geben sollen. Eine Monographie zur Geschichte der lateinamerikanischen Lyrik unseres Jahrhunderts liegt noch nicht vor, dagegen eine Fülle von Einzelstudien und Untersuchungen. Die folgenden auf kurzem Raum gemachten Ausführungen können so nur als fragmentarische Hinweise zu einem schier unerschöpflichen Themenkomplex verstanden werden.

---

[1] Octavio Paz, *Los hijos del limo. Del romanticismo a la vanguardia*, Barcelona 1981 (1. Ausg. 1974), S. 10.

[2] Federico Schopf, *Del vanguardismo a la antipoesía*, Rom 1986, S. 11.

Der hispanoamerikanische Modernismus[3]

Daß die Last des spanischen Kolonialerbes in Lateinamerika durch die Unabhängigkeit nicht beseitigt, sondern oft nur verschoben wurde, ist bekannt. Im Lauf des unruhigen 19. Jahrhunderts kommen wirtschaftliche Verstrikkungen in den Weltmarkt, Übergriffe der europäischen Mächte und der Vereinigten Staaten dazu. Der Kontinent hat in einzelnen Ländern teilweise heute noch Probleme, wie sie im Europa des 18. Jahrhunderts vor der Aufklärung bestanden. Trotz dieser äußeren Schwierigkeiten, oder durch sie hervorgerufen, erfolgt gegen Ende des 19. Jahrhunderts auf geistigem Gebiet eine erstaunliche kulturelle Erneuerungsbewegung, die der lateinamerikanischen Literatur zum erstenmal in ihrer Geschichte eine eigenständige Rolle und Initiative zuweist, der hispanoamerikanische *Modernismus*.[4] Er wird heute gesehen als eine sehr komplexe Strömung innerhalb eines größeren Zusammenhanges, des Übergangsprozesses der lateinamerikanischen Geschichte, der in die Moderne des 20. Jahrhunderts hineinführt. Nach Federico de Onís (1934) handelt es sich um

la forma histórica de la crisis universal de las letras y del espíritu que inicia hacia 1885 la disolución del siglo XIX y que se había de manifestar en el arte, la ciencia, la religión, la política y gradualmente en los demás aspectos de la vida entera, con

---

[3] Der gleichnamige brasilianische „Modernismus" stellt etwas völlig anderes dar. Er ging von einer im Februar 1922 in São Paulo veranstalteten „Woche der modernen Kunst" aus und wurde zu einer vom europäischen Futurismus inspirierten stark nationalistischen Avantgarde-Bewegung. Sie hat in ihrer Verbindung von Alltagssprache und Aufwertung der indianischen Mythologie die moderne brasilianische Dichtung stark beeinflußt.

[4] Über die Diskussion zum Modernismus unterrichten in jüngster Zeit die folgenden Veröffentlichungen:

Rafael Gutiérrez Girardot, «La literatura hispanoamericana del fin del siglo», in: *Historia de la Literatura Hispanoamericana*, Bd. II: «Del neoclasicismo al modernismo», Coordinador Luis Iñigo Madrigal, Madrid 1987, S. 495–506.

Ivan A. Schulman, «Poesía modernista. Modernismo/modernidad: teoría y poiesis», *ibid.*, S. 523–536.

Nuevos asedios al modernismo, Edición de Ivan A. Schulmann, Madrid 1987.

Octavio Paz, *Los hijos del limo*, S. 128–143.

Gustav Siebenmann, „Modernismen und Avantgarde in der Iberoromania", in: *Zur Geschichtlichkeit der Moderne. Der Begriff der literarischen Moderne in Theorie und Deutung.* Ulrich Fülleborn zum 60. Geburtstag, hrsg. von Theo Elm und Gerd Hemmerich, München 1982, S. 233–257.

Klaus Meyer-Minnemann, «Lo moderno del modernismo», in: *Perspectivas latinoamericanas. In memoriam Alejandro Losada*. Ibero-Amerikanisches Archiv 13/1 (1987) N. F., S. 77–91.

todos los caracteres, por lo tanto, de un hondo cambio histórico cuyo proceso continua hoy.[5]

Der Modernismus ist die intellektuelle Reaktion auf den Einbruch kapitalistischer Wirtschaftsinteressen in den Subkontinent, auf die Ablösung aristokratisch-feudalistischer sozialer Strukturen, auf ein säkularisiertes Denken, die Eingliederung in größere weltpolitische Zusammenhänge. Eine Entwicklung, die sich in Europa im 19. Jahrhundert allmählich vollzogen hat, überfällt die lateinamerikanischen Staaten ab 1875 mit unerwarteter Schnelligkeit, vor allem Argentinien, Chile und Mexiko, andere Länder mit geringerer Intensität. Fortschrittsglaube und Zukunftserwartung schaffen Krisen angesichts des Konservatismus und der Rückständigkeit. Der literarische Modernismus, der zwischen 1880 und dem Ende des Ersten Weltkrieges als Programm vieler Dichter, auch unabhängig voneinander, vertreten wird, ist jedoch nicht mit dem Begriff der westlichen „Moderne" gleichzusetzen. Gustav Siebenmann bezeichnet ihn allenfalls als eine Vormoderne. Doch ist seine geschichtliche Bedeutung groß. Zum erstenmal verläuft die kulturelle Bewegung in Hispanoamerika nicht mehr, wie in der Kolonialgeschichte und Unabhängigkeitszeit, von Spanien aus gesteuert, in mehr oder weniger großem Zeitabstand – so „Barock", „Neoklassizismus" und „Romantik" –, sondern umgekehrt, der Modernismus wird von Lateinamerika nach Spanien eingeführt. Dies bewirken vor allem die Aufenthalte von Rubén Darío in Madrid (1892 und ab 1898) – Darío, Mittelpunkt, wenn auch nicht der Begründer des Modernismus. Man unterscheidet zwei Etappen der Bewegung, die Vorläufer, vor allem José Martí (1853–1895), Kuba, José Asunción Silva (1865–1896), Kolumbien, Julián del Casal (1863–1893), Kuba, und Manuel Gutiérrez Nájera (1859–1895), Mexiko. Das Prosa- und Versbändchen *Azul* (1888) des großen Nicaraguaners Rubén Darío (1867–1916) ist ein Markstein. Zur späteren Phase gehören vor allem Leopoldo Lugones (1874–1938), Argentinien, Julio Herrera y Reissig (1875–1910), Uruguay, und Ricardo Jaimes Freyre (1868–1933), Bolivien. Hauptzentren waren Mexiko und Buenos Aires, und eine Vielzahl von modernistischen Zeitschriften entstand: *Revista de América* in Buenos Aires, *Azul* und *Revista Moderna* in Mexiko, *Pluma y lápiz* in Chile, *Cosmópolis* in Caracas.[6]

---

[5] Federico de Onís in seiner *Antología de la poesía española e hispano-americana;* zitiert nach Rafael Gutiérrez Girardot, «La literatura hispanoamericana», *op. cit.,* S. 495. In der spanischen Kritik gilt diese Anthologie meist als erster Beleg für die Aufnahme modernistischer Dichter Hispanoamerikas in den Kanon moderner spanischer Lyrik. Doch sei erwähnt, daß schon 1928 in Madrid in dem kleinen Band *Las cien mejores poesías líricas modernas. Líricas hispanoamericanas,* eine vorzügliche Auswahl von 19 lateinamerikanischen Modernisten (mit 37 Texten) erschien, welche die anonymen Herausgeber als grundlegend für die Gegenwartsdichtung betrachteten. Die Einsicht in das Bändchen verdanke ich Professor Walter Pabst.

[6] Als vom Modernismus stark beeinflußt gelten vor allem die Frühwerke «Crepus-

Die Modernisten wenden sich gegen den alle Bereiche erobernden Positivismus – nach Octavio Paz in Lateinamerika zu einer «creencia» geworden –, gegen die Enge des zurückgebliebenen provinziellen Niveaus, die entleerte rhetorische Tradition der Dichtung spanischer Provenienz. Anschluß an die Gegenwartsliteratur der übrigen Welt, „Modernität", „Originalität" und „Universalität" sind die Forderungen. Wenn sich die Modernisten auch hauptsächlich durch die poetischen Vorbilder des französischen Parnaß und des Symbolismus inspirieren lassen, so ist keinesfalls zu übersehen, daß gleichzeitig auch ein bewußter Rückgriff auf Prosa und Vers der spanischen Dichtung des *siglo de oro* erfolgen kann. Wenn man in einer neuen Sensibilität und Ästhetik des Künstlertums, einer neuen Sprache der Erotik, durch Verfeinerung und Kosmopolitismus der Gegenwart zu entfliehen sucht, so stehen in der späteren Phase auch andere Merkmale, wie Ironie, Hinwendung zur Alltagssprache und Alltagsthematik, ein bewußter Nationalismus, vor allem gegen den nordamerikanischen Imperialismus gerichtet, im Vordergrund. Bedeutend sind die Erneuerungen des poetischen Vokabulars, die Betonung von Musikalität, von Freiheiten in Rhythmus und Vers wie nie zuvor in der spanischsprachigen Dichtung. Vor allem ist der Modernismus ein neues Denken. Rubén Darío fragt im Vorwort zu *El canto errante* (1907): «Y, ante todo, ¿se trata de una cuestión de forma? No. Se trata, ante todo, de una cuestión de ideas.»[7]

Octavio Paz zögert nicht, die Wirkung der Bewegung für Lateinamerika mit der der Romantik für die Alte Welt zu vergleichen:

Entre nosotros el modernismo fue la necesaria respuesta contradictoria al vacío espiritual creado por la crítica positivista de la religión y de la metafísica; nada más natural que los poetas hispanoamericanos se sintiesen atraídos por la poesía francesa de esa época y que descubriesen en ella no sólo la novedad de un lenguaje sino una sensibilidad y una estética impregnadas por la visión analógica de la tradición romántica y ocultista.[8]

Die bekannte, oft auch gerügte Preziosität der Modernisten entsprach im übrigen durchaus der Vielschichtigkeit des gesamten europäischen Fin de siècle. Zu diesen vielen Nuancen bemerkt Saúl Yurkievich:

Que les modernistes se libèrent de la craintive réalité environnante par la recréation archéologique et par l'évasion chimérique ne les empêche nullement d'être les premiers à témoigner d'une actualité qui les enfièvre: succès du machinisme, accélération de l'ère industrielle, vie grouillante et multitudinaire des villes technicisées. Les moder-

---

culario» (1923) von Neruda, «Los Heraldos Negros» (1918) von Vallejo und die ersten poetischen Versuche von Nicolás Guillén.

    [7] Rubén Darío, *Poesías Completas*, Edición, introducción y notas de Alfonso Méndez Plancarte, Madrid 1961, S. 788.

    [8] Octavio Paz, *Los hijos del limo*, S. 130.

nistes sont comme l'indique le nom adopté par ce mouvement, les premiers adeptes de la modernolâtrie futuriste.[9]

Erst aus der Spätphase des Modernismus lösen sich dann die neuen Impulse, die in die Avantgarde-Bewegungen überleiten. Dabei bleiben bestimmte Errungenschaften des hispanoamerikanischen Modernismus grundlegend, wie z. B. die Schaffung einer neuartigen Prosa, auf der die große Welle der heutigen Romanliteratur Lateinamerikas aufbauen konnte. Einige Merkmale der Dichtung der erwähnten Zeit sollen in den folgenden Anmerkungen näher erläutert werden.

Synkretismus – Exotik

Die Entdeckung außereuropäischer oder historisch zurückliegender Kulturen als Inspirationsquelle für die Dichtung erfolgte in Europa bereits im 18. Jahrhundert und in der Romantik. Meist sind hier jedoch die historischen Zusammenhänge im Bewußtsein der Aneignung gewahrt geblieben. Dies geschieht aber nicht in der synkretistischen Übernahme fremder Kulturelemente als Sprungbrett oder Piedestal zu gänzlich neuen Kombinationen, wie sie seit dem Modernismus bis hin zur absoluten Willkür von José Lezama Limas Poetik in Lateinamerika vor sich gehen kann. Wir folgen dazu der Darstellung von Saúl Yurkievich:

Il (le modernisme) provoque la première rupture du confinement des littératures nationales et une actualisation cosmopolite qui synchronise l'art latino-américain et celui des métropoles culturelles ... En raison de l'éloignement, du retard accumulé, l'internationalisation est virulente, omnivore: on veut absorber démesurément l'histoire universelle, la géographie mondiale. Avidité d'une culture périphérique qui souhaite s'approprier d'héritage de toutes les civilisations, en tous lieux et à toutes les époques ... Les modernistes ont une âme de collecteurs, ce sont de grands collecteurs, ils favorisent la poétique du bazar.[10]

Doch ist diese Unbedenklichkeit der Aufnahme auch Zeichen einer gewissen Befreiung und neuer Vitalität. Rubén Darío vermischt unbedenklich ehrwürdige Zentauren und leichte Satyre mit den Gauchos der Pampa. Er benutzt alles für sein Reich des dichterischen Traums. Dies wird deutlich in seinem «Canto a la Argentina» (1910), wo es heißt:

> A las evocaciones clásicas
> despiertan los dioses autóctonos,
> los de los altares pretéritos,
> de Copán, Palenque y Tihuanaco,

---

[9] Saúl Yurkievich, *Littérature latino-américaine: traces et trajets*, Paris 1988, S. 22: «Célebration du modernisme».
[10] Saúl Yurkievich, *Littérature latino-américaine*, S. 19–20.

por donde quizá pasaran
en lo lejano de tiempos
y epopeyas Pan y Baco.
Y en lo primordial poético
todo lo posible épico,
todo lo mítico posible,
de mahbaratas y génesis,
lo fabuloso y lo terrible
que está en lo ilimitado y quieto
del impenetrable secreto.[11]

Selbst im Rhythmus wird das präinkaische Tihuanaco verwandelt und dem spielerischen *esdrújulo*-Akzent eingegliedert. Man könnte bei diesen Worten fast an die umgreifende Poetik des Bildes (imagen) bei Lezama Lima denken. Diese Unbedenklichkeit eines „Zitaten"-Gebrauches ist in Lateinamerika keineswegs einem Mangel an Bildung zuzurechnen. Vielmehr erwähnt Carlos Fuentes, in einem anderen Zusammenhang, das hohe geistige Niveau eines lateinamerikanischen Intellektuellen:

... esa característica de los latinoamericanos cultos: sentirse obligado a saberlo todo, leerlo todo, no darle al europeo cuartel ni pretexto, conocer igualmente bien lo que el europeo ignora y lo que considera propio, el Popol Vuh y Descartes.[12]

Es sei nur kurz erwähnt, daß in der Übernahme von europäischen Topoi einer sogenannten Exotik sich dann für uns merkwürdige Verschiebungen ergeben können. Der «mundonovismo» um 1900 in Argentinien entdeckt die Pampa, den Gaucho – und dies nicht zuerst damals – als Nationalkultur, für Europa: Exotik. Uns berührt es seltsam, wenn die nördlichen Breiten als Sehnsuchtsideal in die Tropen eingeblendet werden, wie z. B. in Rubén Daríos «Sinfonía en gris mayor», in der ein alter Seemann träumt «de un vago, lejano, brumoso país», oder wenn Ricardo Jaimes Freyre in *Castalia bárbara* nordische Mythologien verherrlicht.

Präkolumbische Welt

Auch eine neue Sicht der präkolumbischen Vergangenheit des Kontinents entsteht im Modernismus. Noch in der «Meditación en el Tocalli de Cholula» (1820), dem romantisch-klassizistischen Gedicht von José María Heredia (1803–1839), verkörpert die Vision einer aztekischen Prozession nur Tyrannei und «la superstición más inhumana». 1889 jedoch erweckt José Martí

---

[11] Rubén Darío, *Poesías Completas*, S. 930.

[12] Zitiert nach: Titus Heydenreich, „Alte und Neue Welten im Roman. Una familia lejana (1980) von Carlos Fuentes", in: *Lateinamerika Studien* 19 (1986), S. 509.

in seinem Jugendbuch *La Edad de Oro* in den Seiten über «Las ruinas indias» eine durchaus positive poetische Evokation der alten Indianerkulturen, kenntnisreich und antispanisch gesehen. Im «mundonovismo» erhält das Thema in der idealisierenden Dichtung *Alma América* (1906) von Santos Chocano (1875–1934) neue Bedeutung. Bekannt sind die Worte von Rubén Darío:

Si hay poesía en nuestra América, ella está en las cosas viejas: en Palenque y Utatlán, en el indio legendario y el inca sensual y fino, y en el gran Moctezuma de la silla de oro.[13]

Und auch mögliches eigenes mestizisches Blut weist er nicht von der Hand, so in den «Palabras liminares» der *Prosas profanas* (1896). Im Postmodernismus werden die indianischen Welten völlig einer historisierenden Betrachtungsweise enthoben und ihre Spuren als geistiges Erbe mit neuen Akzenten poetisch anverwandelt. Pablo Neruda identifiziert sich im *Canto General* (1950) beim Anblick der Inkafeste Machu Picchu nicht mit den Herrschern, sondern den zur Arbeit gezwungenen Bauleuten und dem Leiden in der Gegenwart. Octavio Paz' großes Gedicht «Piedra del sol» übernimmt aztekische zirkuläre Zeitvorstellungen. Ernesto Cardenal verschmilzt in *Homenaje a los indios americanos* (1969) indianische Geschichte und indianische Quellen mit einer sozialen Utopie.

Modernismus – Avantgarde

Der lateinamerikanische Modernismus hat vielseitige und auch konservative Züge. «Yo no soy iconoclasta. ¿Para qué? Hace siempre falta a la creación el tiempo perdido en destruir», so Rubén Darío in seinen «Dilucidaciones» zu *El canto errante* (1907).[14] Doch wird er bekanntlich zum Ausgangspunkt für die erneuernden Bewegungen in der Ablehnung seiner letzten stereotyp gewordenen Vertreter. Die «tradición de la ruptura» (O. Paz) bewährt sich auch hier. Aber bereits innerhalb des späten Modernismus, bei L. Lugones und J. Herrera y Reissig, sind Vorformen zu finden, die die Experimente der Avantgarde-Bewegungen der 20er Jahre vorwegnehmen, wie sie dann unter den verschiedenen Namen wie «ultraismo», «creacionismo», «postumismo», «estridentismo» oder später «futurismo» und «superrealismo» auftreten.
Der Text des Zyklus *Lunario sentimental* (1909) von Leopoldo Lugones, eine sardonische Verspottung des poetischen Mondscheintopos, ist bewußte und auch provozierende Neuerung.

---

[13] Rubén Darío, *Poesías Completas*, S. 612–613.
[14] *Ibid.*, S. 795.

... como el verso vive de la metáfora, es decir, de la analogía pintoresca de las cosas entre sí, necesita *frases nuevas* para exponer dichas analogías, si es original como debe,[15] heißt es dort im Prolog, eher ein Understatement. Inspiriert von Jules Laforgues *L'Imitation de Notre-Dame de la Lune* (1885), wird Lugones' Text zum «manual de la metáfora para toda la generación postmodernista y trampolín de la poesía de vanguardia»[16]. Wir hören noch die Ironie in Parras Angriff auf die «cavalleri della luna».[17] César Vallejo, dessen modernistische Anfänge in *Los Heraldos negros* (1918) gerne genannt werden, stellt sich bewußt der französischen symbolistischen Tradition gegenüber in den Anfangsversen des Gedichtes LV in *Trilce* (1922):

Samain diría el aire es quieto y de una contenida tristeza.
Vallejo dice hoy la Muerte está soldando cada lindero a cada hebra de cabello perdido, desde la cubeta de un frontal donde hay algas, toronjiles que cantan divinos almácigos en guardia, y versos antisépticos sin dueño.[18]

Angloamerikanische Dichtung

Der romanistischen Forschung liegt es verständlicherweise besonders nahe, Einflüsse der französischen Literatur des Fin de siècle und der französischen Avantgarde in der hispanoamerikanischen Lyrik aufzuweisen. Ebenso wichtig, aber weniger beachtet sind die Anregungen, die diese Lyriker aus der angloamerikanischen Dichtung der Moderne zogen. Dies gilt vor allem für die Figuren von Walt Whitman (1819–1892), Ezra Pound (1885–1972) und T. S. Eliot (1888–1965).

Als erster stellt für Lateinamerika José Martí 1887 den alten Dichter und

---

[15] Leopoldo Lugones, *Obras poéticas completas,* Prólogo de Pedro Miguel Obligado, Madrid 1974, S. 191. Unsere Hervorhebung.

[16] Jaime Alazraki, *Poética y poesía de Pablo Neruda,* New York 1965, S. 26.

[17] Sonja Karsen, in diesem Band S. 279, und «Manifiesto» Z. 94–95.

[18] César Vallejo, *Poesía Completa,* Barcelona 1978, S. 55. Unsere Hervorhebung. Vgl. hierzu Jean Franco, *César Vallejo. The Dialectics of Poetry and Silence,* Cambridge University Press 1976, S. 15 und S. 109–110. Vallejo zitiert auf spanisch einen Vers aus dem Sonett «Automne» von Albert Samain («Au jardin de l'Infante», 1893). Möglicherweise entnahm er ihn aus einem zeitgenössischen Sammelband spanischer Übersetzungen von französischer Dichtung, die von E. Díez Canedo und F. Fortún herausgegeben war. Jean Francos Textinterpretation von No. LV bezieht sich auf den Naturbegriff. In größerem Rahmen gesehen, könnte man meinen, daß Vallejo hier bewußt Laforgues exquisiter Behandlung der Themen von Liebe, Natur, Melancholie und Tod seine eigene herausfordernde und alogische Metaphorik über Krankheit und Tod gegenüberstellt.

«su libro pasmoso» vor (*Leaves of Grass* von 1855 war damals in den Vereinigten Staaten noch verboten), in einer ausführlichen lobpreisenden Sicht als den großen Sänger eines Landes der Arbeit und des Fortschritts.[19] Rubén Darío widmet ihm ein Sonett – neben Leconte de Lisle –, in «Medallones» in einer späteren Ausgabe von *Azul* mit einer interessanten Anmerkung, und behandelt ihn in *Los Raros*. Auch die umstrittene Einführung des «vers libre» dürfte von den freien Rhythmen des nordamerikanischen Dichters nicht unbeeinflußt gewesen sein.[20] Whitmans demokratische, kosmische Gesänge beeinflußten die gesamte Dichtung der westlichen Moderne. Vallejo gab scherzhaft eine Photographie des Dichters in Peru als seinen Großvater aus. Neruda besaß sein Portrait im Haus von Isla Negra. Bereits 1912 übersetzte der Uruguayer Alvaro Armando Vasseur Teile der *Leaves of Grass* ins Spanische, aber bekannt machte ihn vor allem in Lateinamerika die Rezeption durch Carlos Sabat Ercasty (1887–1982), dessen Whitman-Lektüre wiederum Neruda stark beeinflußte.[21]

Es ist müßig, auf die kaleidoskopartigen Montagen von Ezra Pound hinzuweisen. Teilveröffentlichungen seiner *Cantos* lagen seit 1925 vor. Nicht nur Ernesto Cardenal übernimmt von ihnen viele Techniken seiner «poesía exteriorista», wie u. a. die Mischung von wissenschaftlichen Zitaten, Alltagssprache und poetisch-mythischen Stoffen, die auch in dem *Homenaje a los indios americanos* erscheint. Ein weiteres Schlüsselwerk ist T. S. Eliots große Dichtung *The Waste Land* (1922). Spuren finden sich davon in manchen Texten von Nicanor Parra.[22] Auf die Bedeutung solcher Zusammenhänge kann hier nur hingewiesen werden.

[19] José Martí, *Obra literaria*, Prólogo, notas y cronología Cintio Vitier, Caracas 1987, S. 267–276: «El poeta Walt Whitman». Der Artikel erschien in der Zeitschrift *El partido liberal*, Mexiko 1887, und ebenfalls in *La Nación*, Buenos Aires, 26. Juni 1887.

[20] Vgl. hierzu *La poésie symboliste*, Choix et présentation de Bernard Delvaille, Paris 1971, S. 29–30. Bereits 1872 erschienen zwei lobende Artikel über den amerikanischen Dichter in französischen Zeitschriften. Als früher Verwender des «vers libre» wird auch Eugenio de Castro (1869–1944) genannt.

[21] Zu dem Einfluß auf Neruda nimmt Jaime Alazraki (*Poética y poesía de Pablo Neruda*, S. 86–92), dem wir hier folgen, ausführlich Stellung. Für Leo Spitzer ist Walt Whitman ein frühes Beispiel für die „chaotische Aufzählung" in der modernen Dichtung.

[22] Vgl. auch hierzu Octavio Paz, *Los hijos del limo*, S. 179–182.

Deutsche Rezeption lateinamerikanischer Lyrik

Die verhältnismäßig geringe Resonanz hispanoamerikanischer Dichtung in Deutschland wird gerne einer hiesigen Verlagspolitik zur Last gelegt, die zwar einzelne große Namen fördert, doch bis jetzt, bis auf wenige erfreuliche Ausnahmen, kein Breitenspektrum der Rezeption durch gezielte Initiativen veranlaßt. Auch dürfte das besondere Gefüge der deutschen Romanistik Schwierigkeiten bereitet haben, das, entgegen englischem und französischem Universitätsusus, einer Lateinamerikanistik als selbständiger Disziplin nur zögernd Einlaß gewährt. So ist es charakteristisch, daß wichtige Anthologien lateinamerikanischer Lyrik bis vor kurzem vor allem im spanischsprachigen Ausland erschienen sind.

Eine deutsche Rezeption der modernen hispanoamerikanischen Lyrik begann in den Jahren nach dem Zweiten Weltkrieg vor allem mit einer einsetzenden Übersetzertätigkeit. Namen wie Albert Theile, Erich Arendt, Günther W. Lorenz gehören zu den allerersten Vermittlern. Inzwischen stehen für den größten Teil der hier behandelten Dichter (Girondo, Vallejo, Borges, Guillén, Neruda, Parra, Paz, Cardenal) bereits gute Übersetzungen ins Deutsche zur Verfügung, weitere sind in Vorbereitung. Wir haben diesem Aspekt in unserer Bibliographie versucht Rechnung zu tragen.

Eines Namens sei hier besonders gedacht, der, aus dem direkten Kontakt seines Lateinamerikaaufenthalts heraus, lateinamerikanische Dichtung nach Deutschland vermittelte: Erwin Walter Palm. Seine Textauswahl und Kommentare sind charakteristisch für diese frühe Art der Rezeption. So schreibt E. W. Palm in der revidierten zweisprachigen Ausgabe von *Rose aus Asche* (1981):

Was die lateinamerikanischen Dichter angeht, so war ich 1955 in einer unvorhergesehenen Lage . . . in ganz Deutschland war kaum ein Originaltext von neuerer hispanoamerikanischer Lyrik aufzutreiben,

auch der große Romanist Karl Vossler konnte ihm da nicht helfen.[23] Seine Textauswahl zur damaligen Zeit nennt er retrospektiv einen „Blick auf eine Ideallandschaft" und „eine Utopie aus Liebesgedichten und Heimweh, die ihre schwarzen Töne nur aus der radikalen Entzauberung durch den Tod bezog".[24] Wie weitsichtig sein Blick indessen war, zeigt sein Bedauern, nicht

---

[23] «Como el propio Parra ha declarado en muchas ocasiones, materiales de la poesía universal le han llegado, sobre todo, a través de la literatura de lengua inglesa: T. S. Eliot . . . y antes Whitman y Robert Browning (Federico Schopf, *Del vanguardismo a la antipoesía*, S. 123–124).

[24] *Rose aus Asche*. Spanische und spanisch-amerikanische Gedichte 1900–1950, hrsg. und übertragen von Erwin Walter Palm, Frankfurt a. M. 1981, S. 160.

den Einflüssen von Ezra Pound, T. S. Eliot, Eluard und den jüngeren Surrealisten in Spanisch-Amerika nachgehen zu können, und die Einfügung eines Gedichtes von Lezama Lima in die zweite Ausgabe des Bandes.

Zum Inhalt und Konzept dieses Bandes

Die Generationen der hier vorgestellten „postmodernistischen" Dichter Lateinamerikas, ihr ältester, wie bereits erwähnt, Oliverio Girondo (geb. 1891), der jüngste Ernesto Cardenal (geb. 1925), nehmen teil an Strömungen der Avantgarde, des Surrealismus, der geistigen Situation der Welt nach dem Zweiten Weltkrieg. Sie verarbeiten klassische Themen der Moderne: Disharmonie, metaphysischen Zweifel, metapoetische Kritik, Hermetismus, andererseits sind sie Dichter des politischen Engagements, des Protestes, der Antipoesie. Die Voraussetzung für ihr Schreiben ist anders als in Europa: So ist die Stellung des Intellektuellen isolierter, die Rezeption der Werke andersartig; die Dichter arbeiten gegen politischen Druck, mit dem Blick auf andere Probleme und Konstanten: eine in Europa unvorstellbare Armut und soziale Gegensätze in einer Bevölkerung, die sich aus den europäisch-hispanischen, indianischen und afrikanischen Nachfahren zusammensetzt. Doch existiert auch eine noch heute lebendige, teilweise orale Volksdichtung, auf die zurückgegriffen werden kann.

In den nachfolgenden Werkinterpretationen der Fachgelehrten wird hiervon die Rede sein. Die Aufsätze unterliegen in ihren Ansätzen keiner einheitlichen Methodik, was ihre Vielseitigkeit ausmacht. Sie wurden eigens für diesen Band verfaßt und spiegeln so den jüngsten Forschungsstand. Von einem selbst gewählten Text aus werden jeweils das Gesamtwerk und das geistige Umfeld einer Dichterpersönlichkeit erhellt. Dabei ergeben sich deutlich Korrespondenzen zwischen den einzelnen Deutungen. So verbindet sich inhaltlich der Aufsatz zu Oliverio Girondo, dem lebenslangen Vertreter der Avantgarde in Lateinamerika, mit dem zu Jorge Luis Borges, dessen frühe Loslösung vom «ultraismo» hin zu seiner eigenen klassischen Form dargestellt wird. Einigen Autoren, die uns besonders wichtig erschienen, wie Vallejo, Neruda und Lezama Lima, wurden jeweils zwei Interpretationen gewidmet. Die Anordnung der Beiträge entspricht der Abfolge der Geburtsdaten der Dichter.

Der Band beginnt folgerichtig mit einem Aufsatz zu Oliverio Girondo (1891–1967), der das geistige Klima der Avantgarde in Argentinien umschreibt. Für die Frauendichtung in Lateinamerika wird die Argentinierin Alfonsina Storni

---

[25] *Ibid.*, S. 155. Die erste Ausgabe von *Rose aus Asche* mit nur deutschen Übersetzungen erschien 1955 in München.

(1892–1938) vorgestellt, die anderen bedeutenden Lyrikerinnen, wie Juana de Ibarbourou (1885–1979), Delmira Agustini (1886–1914) und der Nobelpreisträgerin Gabriela Mistral (1889–1957), vorgezogen wurde, da sie in ihrem Werk am stärksten postmodernistische Merkmale aufweist und eine emanzipatorische Tendenz für ihre Dichtung grundlegend ist. Die beiden Interpretationen zu dem peruanischen Dichter César Vallejo (1892–1938) wenden sich dem anerkannt schwierigsten Text der lateinamerikanischen modernen Dichtung – *Trilce* (1922) – zu, der anhand einer umfassenden Symbol-Untersuchung und bezüglich seiner Zeit-Raum-Vorstellungen gedeutet wird. Der Aufsatz zu dem chilenischen Begründer des «creacionismo», Vicente Huidobro (1893–1948), widmet sich dem bisher nicht genauer untersuchten Einfluß von Nietzsche, belegt Motive aus dem *Zarathustra*, aber auch Abwandlungen derselben. Eine inhaltsreiche Studie zu Vers und Prosa des Argentiniers Jorge Luis Borges (1899–1986) zeigt die allmähliche Hinwendung des Dichters zum Stilprinzip einer klassischen „aurea mediocritas". Nach Mexiko führt die Abhandlung zu Jaime Torres Bodet (1902–1974) in einer spannenden Gegenüberstellung von Poesie und Prosa und einem aufschlußreichen unveröffentlichten Selbstzeugnis des Dichters aus dem Jahre 1932. Als bedeutende Stimme der karibischen Welt und des Afrokubismus erscheint der Kubaner Nicolás Guillén (1902–1989), der einer nationalen Kultur des «mestizaje» das Wort redet. Die musikalische Grundlage seiner «sones» führt auch zu einer metrischen Untersuchung hin. Der Nobelpreisträger Pablo Neruda aus Chile (1904–1973) ist in Deutschland kein Unbekannter. Die beiden Interpretationen aus verschiedenen Epochen seines Werkes, *Residencia en la Tierra* (1931 und 1935) und *Odas Elementales* (1954), bezeugen die Entwicklung von einer frühen Subjektivität zur späteren Kunst des Dichters, letzteres dargestellt in einem hervorragenden Beispiel von "British close reading". Zwei Aufsätze befassen sich auch mit dem als hermetisch geltenden Werk des kubanischen Autors José Lezama Lima (1910–1976). An einer Motivstudie wird die Komplexität seiner geistigen Position und in einer präzisen Textinterpretation die bis zur Unverständlichkeit reichende Poetik einer absoluten Freiheit der Phantasie dargelegt. In die nur vordergründig greifbarere Welt der Alltagsdichtung und des Protestes – seinerzeit als Widerspruch zu Nerudas pathetischer Diktion entstanden – führt der Artikel über die «antipoesía» des Chilenen Nicanor Parra (geb. 1914). Ebenfalls bekannt im deutschsprachigen Raum ist der Essayist und Poet aus Mexiko Octavio Paz (geb. 1914). Der gewählte Text aus *Salamandra* (1958–1961), in der poetischen Metropole Paris angesiedelt, zeigt die Beziehung zum französischen Surrealismus und kehrt auch die eigenständige Haltung des Dichters aus seinem besonderen Zeitverständnis heraus. Der letzte Beitrag wird, neben dem zu Nicolás Guillén, dem deutschen Leser am ehesten einen Hauch von „Exotik" vermitteln. Der nicaraguanische Dichter und Priester Ernesto Cardenal (geb. 1925) verdichtet in

seinem Zyklus *Homenaje a los indios americanos* (1969) die indianische Über-
lieferung des gesamten Kontinentes zu einem Hoffnungsträger, als Anklage
und Zukunftserwartung für sein eigenes Land.
Auf biobibliographische Anmerkungen zu den einzelnen Dichtern wurde
in diesem Interpretationsband verzichtet. Dies einmal wegen der dann anfal-
lenden Materialfülle, sodann, weil sich Angaben zu Leben und Werk dieser
bedeutenden Dichtergenerationen bereits in üblichen literarischen Nach-
schlagewerken und Textanthologien in reichem Maße finden. Die Sekun-
därliteratur zur hispanoamerikanischen Lyrik ist inzwischen so erheblich
angewachsen, daß in unserer Gesamtbibliographie lediglich eine allgemein
orientierende Auswahl gegeben werden kann.
Für vielfältigen Rat und Unterstützung bei der Planung und Zusammen-
stellung dieses Buches danke ich ganz herzlich Frau Dr. Sabine Horl-Groene-
wold, den Professoren Dietrich Briesemeister, Walter Pabst, Roberto Paoli,
Gustav Siebenmann und Carlos Rincón. Der Lektorin der Wissenschaft-
lichen Buchgesellschaft Frau Petra Glockner bin ich für ihre stets bereite und
kenntnisreiche Hilfe bei der Betreuung dieses Bandes zu aufrichtigem Dank
verpflichtet. Für Unterstützung bei redaktionellen Arbeiten sowie bei der Er-
stellung der Bibliographie bin ich Herrn Gert Weber verbunden. Den Über-
setzern der spanischen Artikel, Frau Maria Bamberg, Frau Veronika Schmidt
und Herrn Gerd Poppenberg, sei für ihre sorgfältige und verständnisvolle
Übertragungsarbeit mein besonderer Dank ausgesprochen.
So wünschen wir dem Band eine geneigte Leserschaft und daß er seiner
Intention dienlich sei, der großen hispanoamerikanischen Dichtung der Gegen-
wart im deutschsprachigen Raum eine lebendige Aufnahme zu verschaffen.

Berlin, im Juni 1989   Gisela Beutler

OLIVERIO GIRONDO

(1891–1967)

CROQUIS EN LA ARENA [1]

La mañana se pasea en la playa empolvada de sol.

Brazos.
Piernas amputadas.
Cuerpos que se reintegran.
5 Cabezas flotantes de caucho.

Al tornearles los cuerpos a las bañistas, las olas alargan sus virutas
sobre el aserrín de la playa.

¡Todo es oro y azul!

La sombra de los toldos. Los ojos de las chicas que se inyectan
10 novelas y horizontes. Mi alegría, de zapatos de goma, que me hace
rebotar sobre la arena.

Por ochenta centavos, los fotógrafos venden los cuerpos de las
mujeres que se bañan.

Hay quioscos que explotan la dramaticidad de la rompiente. Sir-
15 vientas cluecas. Sifones irascibles, con extracto de mar. Rocas con
pechos algosos de marinero y corazones pintados de esgrimista.
Bandadas de gaviotas, que fingen el vuelo des-trozado de un
pedazo
blanco de papel.

---

[1] Die Erstausgabe von *Veinte poemas* erschien 1922 in Argenteuil/Paris. Ich zitiere nach den *Obras completas* Oliverio Girondos, Buenos Aires 1968, S. 56–58. Im folgenden beziehen sich die Seitenzahlen im Text auf diese Ausgabe. – Eine zweisprachige Ausgabe von *Veinte poemas para ser leídos en el tranvía* habe ich 1984 in Göttingen unter dem Titel *Milonga* veröffentlicht.

20   ¡Y ante todo está el mar!

¡El mar! . . . ritmo de divagaciones. ¡El mar! con su baba y con su
epilepsia.

¡El mar! . . . hasta gritar . . .

¡BASTA!

25   como en el circo.

Mar del Plata, octubre, 1920.

Veinte poemas para ser leídos en el tranvía (1922), *Obras
completas,* Buenos Aires 1968, S. 56–58. Abdruck mit
freundlicher Genehmigung der Losada Editorial S. A.,
Buenos Aires, Argentinien.

POETISCHE REISESKIZZEN EINES AVANTGARDISTEN

Von Harald Wentzlaff-Eggebert

Die folgende Interpretation hält sich zunächst eng an den Text und fragt speziell nach der dem Leser nahegelegten Rezeption, um so das Innovatorische an Girondos Schreibweise besonders deutlich herauszuarbeiten. Nach eingehender Textbetrachtung und Wirkungsanalyse wird die Perspektive dann dadurch erweitert, daß die poetologischen Äußerungen und der Erfahrungshintergrund Girondos, konkrete literarische Einflüsse und das geistige Klima der Avantgarde zur Erklärung herangezogen werden.

Aus dem Text ableitbare ästhetische Prämissen

An «Croquis en la arena» verdient zunächst einmal der Titel selbst Beachtung. Macht er doch den Leser darauf aufmerksam, daß der Autor dem Text nicht allzuviel Bedeutung beimißt. Sonst würde er ihn nicht als „Skizze", und noch dazu als „Skizze im Sand", bezeichnen.[2] Denn eine Skizze ist vorläufig, und eine Skizze im Sand ist darüber hinaus vergänglich. Mit dieser Attitüde stellt Girondo sich von vornherein in scharfen Gegensatz zu der von der Romantik bis heute letztlich dominanten Auffassung von der Dichtung als Vermittlerin mehr oder weniger verschlüsselter gültiger Einsichten.

Diese Einstellung, daß das Schreiben etwas Vorläufiges und Unverbindliches sei, schlägt sich auch im Aufbau des nachfolgenden Textes nieder: in der Abfolge ganz verschieden langer Abschnitte, die untereinander zumeist in keiner erkennbaren gedanklichen Verbindung stehen. Zwar ist allen in diesen Abschnitten enthaltenen Einzelaussagen der im Titel anklingende und in der Ortsangabe am Schluß präzisierte Bezug auf das Strandleben im argentinischen Seebad Mar del Plata gemeinsam, die Reihenfolge der Abschnitte erscheint jedoch – bis auf Anfang und Ende des Textes – austauschbar.

---

[2] Ein weiteres Gedicht aus derselben Sammlung ist «Croquis sevillano», ein anderes «Apunte callejero» überschrieben. Vgl. dazu auch Jorge Schwartz, *Vanguarda e cosmopolitismo na década de 20 – Oliverio Girondo e Oswald de Andrade*, São Paulo 1983, S. 122. – Die Untersuchung von Schwartz nimmt speziell auf *Veinte poemas* und auch auf «Croquis en la arena» (S. 122–124) Bezug. Insgesamt soll die Zugehörigkeit der frühen Werke Girondos zur karnevalesken Literatur im Sinne von M. Bachtin gezeigt werden.

Damit weicht der Aufbau entschieden von traditionellen Gliederungs-
verfahren ab. An die Stelle fester Strophen sind Abschnitte getreten, die mal
nur fünf Wörter, mal mehrere Zeilen umfassen, deren Länge und Reihenfolge
offensichtlich ganz vom Zufall der dem Beobachter sich bietenden Eindrücke
abhängt: Weder wird der Verlauf eines Badetages von morgens bis abends ge-
schildert noch eine bestimmte Ereignisfolge wiedergegeben. Der Text er-
scheint vielmehr als sprachliche Verarbeitung von etwa 15 Einzeleindrücken,
die entweder für sich stehen oder zu situativ mehr oder weniger kohärenten
Abschnitten zusammengefaßt sind. Syntaktisch kommt dies im Vorherrschen
der asyndetischen Reihung zum Ausdruck.

Am Schluß wird die Abfolge von Einzelbeobachtungen zwar einem Höhe-
punkt zugeführt, aber es wird nicht der Versuch einer Synthese unternom-
men. Der Text wirkt eher wie ein für weitere Beobachtungen offener Ent-
wurf, eben eine 'Skizze'. Diese Skizze selbst zu ergänzen wäre allerdings für
Girondo undenkbar.[3] Für ihn ist die Situationsgebundenheit ein positives
Merkmal seiner Texte. Nichts läge ihm ferner, als nach Vollständigkeit im
Sinne einer Beschreibung zu streben.

Damit ist ein weiteres Merkmal dieses Textes angesprochen, das zu dem
der Unverbindlichkeit und Situationsgebundenheit komplementär erscheint:
die Ungezwungenheit, mit der Girondo seine persönliche Affiziertheit ein-
bringt. Sie ist für ihn offensichtlich das einzige Kriterium für die Auswahl der
im Gedicht angesprochenen Aspekte, wie an den beiden «nocturnos» (*Veinte
poemas*, S. 59–60 und 77) besonders deutlich wird. Dies hat allerdings nichts
mit 'romantischer' Gefühlsseligkeit zu tun, da es sich ausschließlich um Emp-
findungen handelt, die von der jeweiligen Situation ausgelöst werden. Wir
erfahren nichts über die persönlichen Probleme des lyrischen Ich, nichts von
Liebesglück, Verzweiflung oder nostalgischen Gefühlen. Die Fröhlichkeit
des Sprechers in Zeile 10–11 wird als ebenso situationsbedingt präsentiert wie
in Zeile 21–25 sein Ekel angesichts der unablässig schäumenden und zucken-
den Wellen, der dem Leser als Ausdruck einer geradezu exzentrischen Subjek-
tivität erscheinen muß.

Zur Skizzenhaftigkeit, Situationsgebundenheit und unverhüllten Subjek-
tivität kommt hinzu, daß Girondos Texte auf genauester Beobachtung be-
ruhen. Dies gilt für *Veinte poemas* ebenso wie für *Calcomanías*, einer 1925
erschienenen Sammlung speziell Spanien gewidmeter Gedichte.[4] Ausgangs-
punkt des Schreibens ist in beiden Sammlungen zunächst ganz einfach die

---

[3] Girondo hat in späteren Ausgaben von *Veinte poemas* keinerlei Veränderungen
oder Ergänzungen vorgenommen.

[4] Erstausgabe: Madrid. – Eine zweisprachige Ausgabe habe ich als Band 1 der
„Bamberger Editionen" unter dem Titel *Calcomanías/Abziehbilder* publiziert (Bam-
berg 1988).

Faszination durch die so unterschiedlich ausgeprägte Lebenswelt in Argentinien ebenso wie in anderen Ländern und Kontinenten.[5] Diese Vielfalt der Lebenswelt versucht Girondo jeweils zu erfassen. Deshalb sind die Texte in diesen beiden frühen Werken treffend als 'Reiseskizzen' bezeichnet.[6] Girondo zeigt sich in ihnen primär als scharfer Beobachter. Er reflektiert nicht über den Sinn des Lebens, und er versucht auch nicht, große Gefühle in Sprache zu fassen. Er beobachtet, läßt sich beeindrucken, interpretiert das, was ihn beeindruckt, aus seiner ganz persönlichen Sicht und versucht, diese ganz subjektive Sicht sprachlich adäquat umzusetzen.

Was 'genau beobachten' bei Girondo heißt, zeigt der Abschnitt von Zeile 2–5. Zunächst glaubt man, eine absurde Aufzählung von Körperteilen vor sich zu haben. Diese entpuppt sich jedoch bei näherem Hinsehen als exakte Mitteilung dessen, was man vom Ufer aus von den Schwimmern im bewegten Meer wahrnimmt: Und das ist eben nicht der ganze Körper. Man sieht wirklich aus den Wellen einmal nur Arme, dann nur Beine auftauchen, bevor sich alles wieder zu einem Ganzen verbindet. Manchmal sieht man auch nur Köpfe, von denen aus der Ferne wiederum nur die Bademützen zu erkennen sind. Deshalb braucht man auch zur Erklärung dieses Abschnitts nicht unbedingt die Parallele zur kubistischen Maltechnik zu bemühen.[7] Der Gegenstand wird nämlich gar nicht in seine Einzelteile zerlegt und gleichzeitig aus verschiedenen Perspektiven gezeigt, sondern es wird ein tatsächliches Nacheinander von Wahrnehmungen in einer Reihung von Aussagen festgehalten.

Entscheidend ist vielmehr, daß Girondo sein Kontextwissen ausschaltet, daß er die jeweilige Funktion, die das beobachtete Phänomen in der Lebenswelt erfüllt, ignoriert und sich statt dessen erlaubt, es in ein ganz anderes Bezugssystem zu stellen.[8] Vor allem weigert er sich, die Lebenswelt nur an-

[5] Vgl. Enrique Molina, «Oliverio Girondo en la médula del lenguaje», in: *XUL. Signo viejo y nuevo* 6 (1984), S. 18–20, hier S. 18. Schon in seinem einleitenden Essay zu den *Obras completas:* «Hacia el fuego central o la poesía de Oliverio Girondo» (S. 9–51) hatte Molina auf S. 22 bezüglich *Calcomanías* geschrieben: «La capacidad entusiasta de contemplar las cosas como una revelación permanente se pone de manifiesto en el gran número de exclamaciones que jalonan sus páginas. Asombro del niño que ve por primera vez la jirafa o la hormiga, de quien descubre un milagro en cada partícula de la realidad.»

[6] Vgl. dazu meinen Aufsatz «Schizzi di viaggio poetici di un avanguardista argentino – *Veinte poemas para ser leídos en el tranvía* (1922) e *Calcomanías* (1925) di Oliverio Girondo», in: M. A. D'Agostini (Hrsg.), *La letteratura di viaggio*, Parma 1988, S. 245–260.

[7] Vgl. Beatriz de Nóbile, *El acto experimental – Oliverio Girondo y las tensiones del lenguaje*, Buenos Aires 1972, S. 23–30.

[8] Vgl. Américo Ferrari, «La rebelión de los vocablos – En torno a la obra de Oliverio Girondo», in: *Mélanges à la mémoire d'André Joucla-Ruau*, 2 Bde., Aix-en-Provence 1978, Bd. II, S. 707–721, hier S. 709ff.

thropozentrisch zu sehen: Für ihn sind es die Wellen, die die Körper der Schwimmerinnen drehen, und nicht die Schwimmerinnen, die sich drehen lassen (Zeile 6–7); für ihn sind es die Augen der Mädchen, die sich Romane und Horizonte injizieren (Zeile 9–10); für ihn ist es seine Fröhlichkeit, die ihn hüpfen läßt (Zeile 10–11); für ihn sind es die Kioske, die das Schauspiel der Wellenbrecher ausbeuten (Zeile 14)! Hier handelt es sich um mehr als um ein überstrapaziertes Stilmittel, um mehr als die ständig variierte rhetorische Figur der Personifikation. Es handelt sich um eine Sicht der Welt als Neben- und Gegeneinander vielfältiger Einzelkräfte, als komplexes dynamisches System und damit um eine deutliche Gegenposition zur bürgerlichen Sicht der Welt als einer von unerschütterlichen Werten und Konventionen getragenen Ordnung. Girondo zeigt eine ebenso brodelnde wie bedrohliche Welt, die von vielen Kräften innerhalb und außerhalb des Menschen geprägt wird. Wenn etwa die Augen der Mädchen sich die (Liebes-)Romane 'injizieren', so wird damit die konventionelle Vorstellung einer harmlosen Unterhaltung in eine Deutung dieser Lektüre als Droge umgewandelt, die zusammen mit dem von den Horizonten geweckten Fernweh die tatsächlichen Frustrationen der allzu behüteten Mädchen kompensiert.[9] Dabei ist Girondos Absicht keineswegs primär gesellschafts- oder sozialkritisch. Er verstößt zwar ständig gegen die Tabus bürgerlicher Wohlanständigkeit – vor allem im sexuellen und religiösen Bereich –, aber dies ist lediglich die Folge seiner unerbittlich genauen Beobachtung und unverhohlen subjektiven Interpretation, die sich über alle gesellschaftlichen und literarischen Konventionen hinwegsetzt.

«Croquis en la arena» Zeile für Zeile

Vor dem Hintergrund dieser ästhetischen Prämissen können nun die einzelnen Textmerkmale und das von ihnen bei fortlaufender Lektüre dem Leser nahegelegte Verhalten einer genaueren Betrachtung unterzogen werden.

Der Titel weckt nur eine unspezifische Erwartung. Diese Erwartung wird im ersten Satz mit «playa» und «sol» bestätigt. Zugleich wird der Leser über Ort und Zeit des Geschehens informiert: ein sonniger Morgen am Strand. Aber so steht es nicht da. Was dasteht, ist vielmehr ein völlig überraschender Satz; und genau dies, daß der Leser überrascht, manchmal sogar schockiert wird, ist für diesen Text kennzeichnend. Hier resultiert die Überraschung des Lesers genaugenommen daraus, daß die expositorischen Hinweise nicht als Information, sondern als Aktion präsentiert werden; und zwar als Aktion von jemandem, der nach allgemeinem Verständnis überhaupt nicht handeln kann: „Der Morgen geht am sonnenbestäubten Strand spazieren." Der Mor-

---

[9] Vgl. das in diesem Punkt noch explizitere Gedicht «Exvoto» (S. 69–70).

gen wird also personifiziert – aber nicht nur das. Es wird ihm ein Verhalten unterstellt, das in Wirklichkeit das der Badegäste ist. Die Badegäste spazieren am Strand hin und her. Ihr Verhalten interessiert hier aber nicht, sondern liefert nur das Bild, mit dem der Verbindung zwischen Morgen, Strand und Sonne ein sprachlich einmaliger Ausdruck verliehen wird. Die Morgenstimmung ist also nicht Hintergrund für das im Vordergrund stehende Verhalten der Menschen, sondern die Aktivität des Morgens dominiert umgekehrt das Strandleben.

Erst im zweiten Abschnitt tauchen die Badegäste selbst auf, wobei der Blick vom Strand aufs Meer wechselt. Doch dieser Wechsel kommt für den Leser weniger überraschend als der Wechsel in der Darstellungsform: von der komplexen metaphorischen Aussage zur extrem elliptischen Aufzählung, verbunden mit einem offensichtlichen Wechsel in der Einstellung des Sprechers gegenüber seinem Gegenstand. Jetzt, wo es um Menschen geht, wird nicht mit Hilfe von Metaphern einfühlsam eine positive Stimmung erzeugt. Jetzt wird vielmehr mit einer nüchternen Reihe extrem verkürzter Aussagen ein distanziert-negatives Bild der Schwimmer in den Wellen skizziert. Distanz schafft dabei vor allem die systematische Anordnung: Arme, Beine, Körper, Kopf. Verfremdend wirken das – vermeidbare – Adjektiv «amputadas», die metonymische Identifikation der Köpfe mit den Gummibademützen sowie überhaupt die Tatsache, daß die Schwimmer nicht als handelnde Subjekte erscheinen. Auch vom Leser wird eine andere Form der 'Mitarbeit' verlangt. War ihm im ersten Abschnitt die relativ leichte Aufgabe gestellt, das Bild des Morgenspaziergangs aufzulösen, so muß er im zweiten die vier stark elliptischen Aussagen ergänzen, bis er sie als ebenso unkonventionelle wie exakte Wiedergabe der optischen Eindrücke identifiziert, die sich bieten, wenn man vom Strand aus die Schwimmer in den Wellen beobachtet.

Der dritte Abschnitt beschäftigt sich weiter mit den Badenden, die aber auch jetzt nicht als handelnde Subjekte erscheinen. Zudem werden nicht den Badenden, sondern den auf dem Sand auslaufenden Wellen die beiden, demselben Bereich entnommenen Metaphern der das „Sägemehl des Strandes" überziehenden „Hobelspäne der Wellen" gewidmet.

Der vierte Abschnitt besteht nur aus einer knappen verallgemeinernden Äußerung, deren Informationsgehalt stark zugunsten eines ersten Auftritts des Sprechers zurückgenommen ist, der sich mit einem bewundernden hyperbolischen Ausruf zu Wort meldet. Damit kommt eine subjektiv geprägte Sprechweise ins Spiel, wobei die Begeisterung des lyrischen Ich offensichtlich dem farblichen Zusammenspiel von Sand und Sonne, Wasser und Himmel gilt und der Leser implizit aufgefordert wird, diese Begeisterung zu teilen.

In scharfem Kontrast dazu setzt Abschnitt fünf wieder betont sachlich ein. Im Unterschied zu Abschnitt zwei und drei betrifft er jetzt nicht mehr das

Verhalten der Badegäste im Wasser, sondern am Strand. Er setzt sich aus drei gleichermaßen elliptischen Aussagen zusammen: Nominalausdrücken, von denen der erste für sich allein steht, der zweite durch einen Nebensatz, der dritte durch einen Nebensatz und zusätzlich durch ein Attribut erweitert wird. Alle drei behandeln letztlich menschliche Empfindungen und menschliches Verhalten: vom – wohltuenden – Schatten unter den Zeltdächern über die dort mögliche Lektüre zum Wohlbefinden des Sprechers selbst. Doch wird wiederum in keiner der Nominalphrasen den beteiligten Menschen die Subjektstellung eingeräumt. Subjekt sind nacheinander der Schatten, die Augen und die Fröhlichkeit. Der Sprecher verharrt damit in der Position dessen, der das Strandleben ebenso distanziert registriert, wie er es eigenwillig interpretiert und dabei zwischen den einzelnen Phänomenen keine Verbindung herstellt, die über die Lokalisierung – wie hier unter den Sonnenzelten – hinausgeht. Andere Verbindungen herzustellen bleibt allein der Phantasie des Lesers überlassen.

Im nächsten Abschnitt kommt ein weiteres Element des Strandlebens in den Blick, das in noch kühnerer Art und Weise gedeutet wird: das Verhalten der Fotografen, denen unterstellt wird, die Körper der badenden Frauen zu verkaufen. Diese Metonymie trifft durchaus einen wahren Sachverhalt. Denn natürlich beruhte das Geschäft der Strandfotografen im Jahr 1920 darauf, daß man auf diesen Bildern mehr von den Frauen zu sehen bekam als sonst. Girondo legt also mit seiner metonymischen Ausdrucksweise ein durchaus reales – freilich weder von den Fotografen noch von den Käufern der Abzüge eingestandenes – Motiv für einen am Strand beobachtbaren Vorgang bloß. Dadurch wird der alltägliche Vorgang zu einem Indiz für die verklemmte bürgerliche Moral der Zeit, obwohl auffällt, daß Girondo ihn nicht mit anderen möglichen Kritikpunkten – wie der Romanlesesucht der Mädchen – in Beziehung setzt. Ebenso auffällig ist allerdings, daß erstmals an dieser Stelle, wo ein Verhalten denunziert wird, die Menschen – in diesem Fall die Fotografen – als handelnde Subjekte erscheinen.

Man hat den Eindruck, der Leser soll auf diese Weise zu der Frage provoziert werden, inwieweit der hier geschilderte Vorgang tatsächlich etwas mit dem Verkauf von Körpern, also mit Prostitution, zu tun hat. Sicher ist es auch kein Zufall, daß Girondos eigenhändige Illustration sich gerade auf diesen Abschnitt bezieht[10]: Ein Fotograf mit Stativ und Kamera hält ein Foto hoch, auf dem im Hintergrund ein Segelschiff, im Vordergrund eine Frau im Badeanzug zu sehen ist, die sich im knietiefen Wasser nach vorne beugt und dem

[10] Zehn der 20 Gedichte hat Girondo illustriert. Die Illustrationen sind sowohl in der Gesamtausgabe als auch in der spanisch-deutschen Ausgabe (vgl. Anm. 1) enthalten. Auf S. 461 der Gesamtausgabe wird vermerkt, daß die Illustrationen von Ch. Keller koloriert wurden.

Betrachter so ihr Hinterteil zuwendet – also kaum selbst den Fotografen beauftragt hat, sie in dieser Stellung abzulichten.

Um Geschäftemacher geht es auch im nächsten Abschnitt, wo – wieder metonymisch – die Kioske als Handlungsträger benannt werden, die das Naturschauspiel der Wellenbrecher ausbeuten. Mitgemeint ist dabei sicher die Ausbeutung derer, die das Schauspiel von den Kiosken aus betrachten wollen. Ähnlich wie im zweiten Abschnitt wird auch hier vom Leser verlangt, daß er die unverbundenen Einzelaussagen zu einem Ganzen zusammensetzt – allerdings unter anderen Voraussetzungen. Jetzt muß er mit seinem Kombinationsvermögen mangelnde Ortskenntnis ausgleichen. Er muß die Leerstellen des Textes ausfüllen und wird sich dann in etwa folgendes vorstellen: Die Kioske haben einen kleinen Restaurantbetrieb. Dort kommen Dienstmädchen hin, die die ihnen anvertrauten Kinder angesichts der aufschäumenden Wellen wie Glucken um sich scharen. Auf den Tischen stehen Sodasiphons, aus denen auf Knopfdruck der Sprudel wie Gischt herausschießt. Auf die algenbewachsenen Felsbrocken des Wellenbrechers, die an die behaarte Brust von Matrosen erinnern, sind von Verliebten die typischen – vom Pfeil oder Dolch der Liebe durchbohrten – Herzen gemalt worden.

Sicher kann nur ein Leser, der das Seebad Mar del Plata selbst besucht hat, beurteilen, inwieweit Girondo hier charakteristische Elemente anspricht. Auf Leser, die den Ort nicht aus eigener Anschauung kennen, wird keine Rücksicht genommen. Girondos Texte betreffen zwar eine bestimmte geographische Wirklichkeit, beschreiben diese Wirklichkeit aber nicht, sondern evozieren sie lediglich. Dies macht den spezifischen Reiz dieser Reiseskizzen aus: Der Leser wird im Text mit der subjektiven Erfahrung eines Wirklichkeitsausschnitts konfrontiert, zu dem er selbst grundsätzlich auch Zugang hat. Als adäquate Rezeptionshaltung ist diesen Texten deshalb das Vergleichen der jeweils gebotenen Sicht mit den beim Leser – aus erster oder zweiter Hand – vorgegebenen Vorstellungen eingeschrieben.[11] Sind diese Vorstellungen wenig ausgeprägt, so regt die Lektüre zwar die Phantasie stärker an, ihre spezifische Wirkung entfalten diese Texte aber erst bei einem Leser, der bereits feste Vorstellungen von dem jeweils angesprochenen Wirklichkeitsausschnitt besitzt und jetzt mit der – in der Auswahl der Elemente ebenso wie in der Art der Darstellung – höchst eigenwilligen Sicht Girondos konfrontiert wird.

Wenden wir uns noch kurz dem letzten Satz dieses längsten Textabschnitts zu. Wie es oben die Wellen waren, die die Körper der Schwimmerinnen dreh-

---

[11] In *Veinte poemas* werden außer Buenos Aires und Mar del Plata noch Rio de Janeiro und Dakar, Douarnenez, Brest, Biarritz und Sevilla sowie der Lago Maggiore, Verona, Chioggia und Venedig angesprochen. Die Texte in *Calcomanías* beziehen sich auf den Escorial, Madrid, Toledo, eine Zugfahrt, Sevilla, Granada, Andalusien, Gibraltar und Tanger.

ten, so sind es jetzt die Möwenschwärme, die den zerrissenen Flug eines Stücks Papier vortäuschen. Ein verfremdetes und treffendes Bild, das eine genaue Vorstellung vom abgehackten Flug der Möwen vermittelt. Indem das lyrische Ich den Möwen unterstellt, sie wollten etwas vortäuschen, unterminiert es allerdings die veranschaulichende Wirkung, schafft eine mokante Distanz zu dieser Metapher. Es läßt sich nicht einfach mehr von der Schönheit der Natur vereinnahmen. Wie der Textanfang gezeigt hat, ist es zwar durchaus empfänglich dafür, dennoch halten die Naturerscheinungen oft ebensowenig wie das Verhalten der Menschen seiner mutwillig verfremdenden Sicht stand.

Diese verfremdende Sicht kommt am stärksten in den abschließenden, thematisch eng zusammengehörigen Zeilen 20–25 zum Ausdruck. Der erste Satz: «¡Y ante todo está el mar!» ist als Ausruf dem in Zeile 8 vergleichbar. Ebenso kurz wie dieser, vollzieht er wieder den brüsken Wechsel von der Schilderung zur subjektiven Stellungnahme. Auch das, was ausgesagt wird, scheint vergleichbar: eine allgemeine, positive, wenn auch etwas banale Würdigung des Meeres. Doch die nächsten Sätze machen dem Leser, der dies als Ausruf der Bewunderung verstanden hat, seinen Irrtum – langsam – bewußt. Zwar wird die Sprechhaltung des erstaunten Ausrufs beibehalten, und die Assoziation des Meeres mit einem „Rhythmus der Abschweifungen" muß auch noch nicht unbedingt als negative Einschätzung aufgefaßt werden; der folgende Satz jedoch, der mit dem anaphorisch wiederaufgenommenen «¡El mar!» beginnt, schockiert dann mit der Verbindung von Wellen, Schaumkronen und Brandung mit Geifer und Epilepsie. Man hat den Eindruck, als verspüre der Sprecher nur allzu deutlich seine Ohnmacht gegenüber dem Meer und wolle sich durch diese Beleidigungen zumindest sprachlich behaupten.

Dieser Eindruck verstärkt sich im nächsten Absatz, der wieder mit dem Ausruf «¡El mar!» beginnt, so daß das Meer schließlich wie eine Obsession erscheint, gegen die sich das lyrische Ich zumindest im Gedichttext mit Erfolg zur Wehr setzt. Nicht sosehr indem es „Aufhören!" schreit, als indem es den Text mit diesem Aufschrei – wie er dem Zirkusbesucher in der Erregung entschlüpft – aufhören läßt. Das Gedicht endet also mit der trotzigen Auflehnung des nur sich selbst als Maßstab akzeptierenden Ich gegen die Naturgewalt.

Dieser Schluß macht noch einmal exemplarisch deutlich, daß Girondo nicht an einer sachlichen Beschreibung der Wirklichkeit interessiert ist oder nach Entsprechungen zwischen der eigenen seelischen Verfassung und Naturstimmungen sucht, sondern den jeweiligen Realitätsausschnitt als Stimulans für die Artikulation seiner auf Unabhängigkeit von Traditionen und Konventionen ausgerichteten subjektiven Sicht versteht.

Im Aufbau der Texte äußert sich dies als betont willkürliches Nebeneinander von Einzelaspekten, die keiner übergreifenden Aussageintention untergeordnet werden. Als Folge davon vermittelt das Gedicht auch keine in sich stimmige Botschaft. Das Faszinierende für den Leser liegt vielmehr darin, zunächst die einzelnen stark bildhaften, vielfach eine anthropozentrische Sicht verweigernden Aussagen zu einer entsprechend 'eigen-artigen' Vorstellung zusammenzufügen und diese provokante Sicht dann mit seinem Vorwissen über den angesprochenen Wirklichkeitsausschnitt zu konfrontieren.

Girondos dichterisches Selbstverständnis

In einem „Offenen Brief" hat Girondo sich im Erscheinungsjahr von *Veinte poemas* über sein Selbstverständnis als Dichter geäußert. Das Buch war 1922 in Paris erschienen, und er hatte es mit diesem Brief an seine Freunde des Künstlerkreises «La púa» nach Buenos Aires geschickt.[12] Girondo stellt sich darin auf den Standpunkt, daß man eigentlich mit gutem Gewissen keine Gedichte mehr verfassen, geschweige denn veröffentlichen könne. Wenn man dennoch zu schreiben beginne, schäme man sich dessen entsprechend, versuche sich zu rechtfertigen, zu entschuldigen – man habe ein schlechtes Gewissen. Er selbst rechtfertigt sich damit, er habe aus Langeweile, absichtslos, zum Spaß geschrieben, er habe die Gedichte zunächst gewissermaßen auf der Straße aufgesammelt wie Zigarettenkippen. Bis das Schreiben ihn dann doch gefesselt, er es ernster genommen habe – obwohl er damit seine Überzeugung habe aufgeben müssen, daß man grundsätzlich nicht Stellung beziehen dürfe.

Girondo ist sich also darüber im klaren, daß wer schreibt sich immer festlegt, immer in der einen oder anderen Form Stellung bezieht. Da ihm dies aber zutiefst zuwider ist, steht von vornherein fest, daß es ihm in seinen Gedichten keinesfalls darum gehen wird, weltanschauliche Positionen zu formulieren. Wenn der Akt des Schreibens schon notwendig eine Stellungnahme bedeutet, dann will er doch nicht anderen seine persönlichen Überzeugungen aufzwingen. Sein Ideal als Mensch und Autor ist: die absolute Ungebundenheit im Umgang mit der Welt; die Skepsis gegenüber allen Ideologien; eine radikal distanzierte Haltung – ohne den Anspruch des Weltverbesserers.

Das bedeutet auch Abkehr von der literarischen Tradition, den überlieferten Dichtungsformen, der steifen 'spanischen' Schreibweise, der «levita» (Gehrock), die auch in Amerika immer noch den Erfolg garantiere und der es die «americana» (legere Jacke), die typisch amerikanische Schreibweise, gegenüberzustellen gelte. Mit diesem Argument jedenfalls, daß man das in

---

[12] Der 2. Auflage von *Veinte poemas*, Buenos Aires 1925, wurde dieser „Offene Brief" als Vorwort vorangestellt, nachdem er vorher bereits in der Zeitschrift *Martín Fierro* abgedruckt worden war.

Amerika neu belebte, wieder zu neuer Ausdruckskraft gelangte Spanisch propagieren müsse, wollte man ihn, so schreibt er, zur Publikation seiner Gedichte überreden.[13] Girondo versichert dabei durchaus glaubwürdig, daß es ihm mit der Publikation keineswegs um öffentliche Anerkennung im Sinne von Berühmtheit und dann unvermeidlichen öffentlichen Grabreden geht. Worauf es ihm statt dessen ankommt, formuliert er folgendermaßen: «lo único realmente interesante es el mecanismo de sentir y de pensar. ¡Prueba de existencia!» (S. 51). Die Bedeutung dieses Satzes hat allerdings weniger damit zu tun, daß er an Descartes' berühmten Ausspruch erinnert, als damit, daß er die Ergebnisse unserer Textbetrachtung bestätigt: Girondo nimmt ganz einfach das – und nur das – ernst, was ihn an der äußeren Wirklichkeit 'beeindruckt', macht nur dies zum Gegenstand seines Schreibens.

Voraussetzung dafür, daß er auf diese Weise der Wirklichkeit tatsächlich ebenso überzeugende wie überraschende Ansichten abgewinnt, ist seine völlige Unabhängigkeit von konventionellen Sehweisen. Das macht er gegen Ende des Briefes klar, wo er das „Alltägliche" als „wunderbare und bescheidene Erscheinungsform des Absurden" einstuft; wo er das Sprengen der „logischen Ankertaue" als „einzige und wahrhafte Möglichkeit zum Abenteuer" bezeichnet; wo er lieber kindisch sein will, als „die Gesten derer zu wiederholen, die schon seit 70 Jahrhunderten unter der Erde sind"; wo er sich weigert, jede Verjüngung von vornherein für ausgeschlossen zu halten, und wo er zur Indifferenz im religiösen und moralischen Bereich auffordert. Sein Anspruch auf geistige Unabhängigkeit schließt sogar das Recht zu widersprüchlichem Verhalten ein: Er ist nicht bereit, auf was es auch sei zu verzichten; auch nicht auf sein Recht zu verzichten – weil für ihn das Widersprüchliche ein Synonym für Leben ist.

Diese geistige Unabhängigkeit verpflichtet Girondo, sich um eine möglichst ebenso unabhängige Schreibweise zu bemühen: unabhängig in der Wahl der Gegenstände, unabhängig in ihrer Beurteilung, unabhängig im Aufbau und unabhängig in der Wahl der Bilder. Das wichtigste Ergebnis dieser Bemühungen aber ist das, was jeder bei der Lektüre von *Veinte poemas* und *Calcomanías* sogleich verspürt: Girondos Humor. Denn für wahren Humor sind zwei Dinge unabdingbar, über die Girondo reichlich verfügt: die innere Distanz zum jeweiligen Gegenstand, also das Fehlen persönlicher und partei-

---

[13] In seinem Manifest, das er im Namen von *Martín Fierro* verfaßt und das im 4. Heft dieser Zeitschrift 1924 abgedruckt wird, präzisiert er diesen Patriotismus folgendermaßen: «MARTÍN FIERRO tiene fe en nuestra fonética, en nuestra visión, en nuestros modales, en nuestro oído, en nuestra capacidad digestiva y de asimilación.» Zitiert nach: Eduardo González Lanuza, *Los martinfierristas*, Buenos Aires 1961, S. 34–35, hier S. 35.

ischer Interessen auf der einen und die grundsätzliche Liebe zum Leben in seiner Vielfalt und Buntheit auf der anderen Seite. Eine solche humoristische Einstellung läßt einerseits jede Art von Überzeichnung – bei Girondo vor allem im religiösen und sexuellen Bereich – bis hin zur Groteske und Karikatur zu,[14] schließt jedoch auf der anderen Seite jedes politische Engagement aus, das auf eine Veränderung der Gesellschaft durch die Kunst abzielen würde.

Girondos Verneinung der Normen und Konventionen seiner Zeit bleibt also auf den persönlichen Bereich beschränkt. Hier nimmt er dafür aber alle Freiheiten in Anspruch – was ihm seine äußeren Lebensumstände allerdings auch leichtmachten.

Materielle Unabhängigkeit und persönliche Freiheit

Girondo wurde 1891 als jüngstes von fünf Kindern in Buenos Aires geboren. Die Eltern waren vermögend und gehörten zu den ersten Familien der Hauptstadt. Für Girondo bedeutete dies, daß er nie gezwungen war, einen Beruf auszuüben und sich seinen Lebensunterhalt selbst zu verdienen. Seine Eltern bestanden lediglich darauf, daß er eine gute Schulausbildung erhielt und ein Studium absolvierte. Für eine so wohlsituierte Familie war es dabei nichts Außergewöhnliches, ihren Sohn – wie in diesem Fall – für einen Teil der Schulzeit auf ein englisches College und an ein Pariser Lycée zu schicken. Später studierte Girondo dann in Buenos Aires Jura und wurde dort auch pro forma als Anwalt zugelassen.[15]

Girondos große Leidenschaft ist das Reisen. Seine erste Reise führt ihn im Alter von neun Jahren zur Weltausstellung nach Paris. In den folgenden Jahren ist er dann Schüler am Epsom College und am Lycée Louis Le Grand und pendelt daher zwischen Buenos Aires, London und Paris hin und her. Im Jahre 1909 trifft er mit seinen Eltern folgende Vereinbarung: Er wird brav Jura studieren, und sie ermöglichen ihm dafür jedes Jahr eine Europa-Reise. Beide Seiten halten die Vereinbarung ein, und Girondo bereist in den folgenden Jahren Frankreich, Belgien, Deutschland, Italien und Spanien, später noch Marokko und Ägypten.

Angehöriger der Oberschicht von Buenos Aires zu sein bedeutete damals, sich als Besitzbürger möglichst deutlich von der Masse der Immigranten ab-

---

[14] Vgl. dazu Nóbile, *El acto experimental*, S. 30–42.

[15] Zu Girondos Biographie vgl. Ramón Gómez de la Serna, «Oliverio Girondo» (aus *Retratos contemporáneos*), in: Ders., *Obras completas*, 2 Bde., Barcelona 1957, Bd. II, S. 1541–1554; Aldo Pellegrini, «Mi visión personal de Oliverio Girondo», in: Ders. (Hrsg.), *Oliverio Girondo* (Colección Antologías), Buenos Aires 1964, S. 7–36; in den *Obras completas*, zusätzlich zur Einleitung von Enrique Molina, die «Cronología», S. 41–43.

zuheben und dabei ein ausgeprägtes Klassenbewußtsein zu entwickeln. Der Argentinier, der in Europa die 'höheren Weihen' der Bildung empfangen hat, so formuliert David Viñas, «mira a su país y a sus compatriotas como el funcionario colonial se enfrenta con los naturales»[16]. Diese Entwicklung erreicht ihren Höhepunkt im Jahr 1900 anläßlich der Pariser Weltausstellung, zu der nach Auskunft Adolfo Bioys halb Buenos Aires pilgerte.[17] Je mehr aber die Europa-Reise zur Mode wurde, um so mehr wuchs bei einer kleinen elitären Minderheit das Bedürfnis, sich auch wieder vom bloß reichen Bürgertum abzuheben. Dies geschah – nach Viñas – dadurch, daß man den Europa-Reisen jetzt eher den Anstrich einer auf ästhetischen Genuß ausgerichteten, stillen Begegnung des einzelnen mit den Kunstschätzen der Alten Welt gab:

Buenos Aires después del 80 se torna imposible: olores, chimeneas y gringos; a Europa, por lo tanto. Pero en las ciudades europeas ese avance intolerable se repite; entonces hay que buscar refugios, rincones, soledades y silencios.[18]

Wer wirklich etwas auf sich hielt, wollte mit den eigenen Landsleuten, denen man in Paris und in den anderen europäischen Kulturstätten nun zwangsläufig immer öfter begegnete, ebensowenig zu tun haben wie mit dem europäischen Bürgertum. So wird Europa für diese selbsternannte Elite zu einem Museum, in das man sich aus der Gegenwart zurückziehen kann. In letzter Konsequenz versteht man Europa als Elfenbeinturm, in dem man in der Begegnung mit all den Kunstschätzen im Grunde das Gespräch mit sich selbst sucht. Der «proceso de desrealización del viaje a Europa»[19], die Ästhetisierung der Europa-Reise hat damit ihren Höhepunkt erreicht.

Bei Girondo nun ist dieser Höhepunkt bereits überschritten. Er fährt weder als staunender Tourist durch Europa noch als verinnerlichter Ästhet. Er ist Kosmopolit und bewahrt sich seine elitäre Unabhängigkeit durch eine mokant-sarkastische Attitüde nicht nur gegenüber den Sehenswürdigkeiten selbst, sondern auch gegenüber den 'Normal'-Touristen.[20] Er schreibt über Toledo oder die Alhambra in derselben respektlos-spöttischen Art wie über Mar del Plata – oder vielmehr umgekehrt: Er schreibt über Mar del Plata oder Straßen und Plätze in Buenos Aires wie über Toledo und die Alhambra. Denn die unmittelbare Anregung für seine Schreibweise hat Girondo von einem Reiseschriftsteller und dabei speziell von dessen Gedichten über Spanien erhalten.

---

[16] David Viñas, *Literatura argentina y realidad política – De Sarmiento a Cortázar,* Buenos Aires 1971, Kap. II: «El viaje a Europa», hier S. 182.
[17] Vgl. *ibid.,* S. 181.
[18] *Ibid.,* S. 186.
[19] *Ibid.,* S. 192.
[20] Vgl. in *Veinte poemas* «Venecia», «Fiesta en Dákar» und «Lago mayor».

Oliverio Girondo und Paul Morand

Bereits am 15. Mai 1924 wird in der von Girondo mitbegründeten Zeitschrift *Martín Fierro* auf die Verwandtschaft seiner Schreibweise mit der Morands hingewiesen:

Uno de los nuestros, Oliverio Girondo, había entrado ya, por su cuenta, en el mismo sendero innumerable de Paul Morand. Sus *Veinte poemas* es digno hermano de *Poèmes*. La misma torturante obsesión por sugerir, encontrándole el verdadero sentido a las palabras, el mismo cosmopolitismo, exacto punto de vista para enfocar el mundo de hoy. Pero en Girondo, millonario de metáforas y hasta creo que millonario auténtico (esta clase de literatura requiere más familiaridad con los libros de cheques que con los libros clásicos), completa sus visiones plásticas, sus aciertos de expresión y sus pinceladas, con un sentido emocional patético, con un dominio del sentimiento puro que subyuga. Es un poeta.[21]

Die deutlichsten Parallelen bestehen dabei zwischen Paul Morands Gedichtsammlungen *Lampes à arc* (1919, mit Texten aus den Jahren 1914–1918) und *Feuilles de température* (1920) auf der einen und *Veinte poemas* und *Calcomanías* auf der anderen Seite.[22] Alle vier Textsammlungen gehören zur modernen Reiselyrik, wie sie sich im Zusammenhang mit der Ausweitung und Verbesserung des Schienen- und Schiffsverkehrs sowie der rasant fortschreitenden Entwicklung von Auto und Flugzeug nach der Jahrhundertwende ausbildete. Eine noch junge Tradition, die von Valery Larbaud mit seinen *Poésies de A. O. Barnabooth* (1908) und Blaise Cendrars mit seiner *Prose du Transsibérien* (1913) begründet wurde.[23]

Wirklich auffällige Gemeinsamkeiten bestehen aber nur zwischen Morands und Girondos Reiseskizzen, wobei beide keineswegs immer die baulichen Sehenswürdigkeiten in den Vordergrund stellen, sondern ihre Eindrücke vom Leben auf der Straße oder in Hotels, Restaurants und Vergnügungsstätten – bis hin zu nächtlichen Betrachtungen («nocturnos»)[24] – für ebenso mitteilenswert halten. Daß Morand auch eine Reihe von Gedichten über Spanien

---

[21] Zitiert bei Nóbile, *El acto experimental*, S. 20, Anm. 11. – Der Artikel ist überschrieben «Paul Morand, el cosmopolita» und stammt von Luis Góngora.

[22] Diese bilden zusammen mit *Vingt-cinq poèmes sans oiseaux* die 1924 erschienene Ausgabe *Poèmes*. Ich zitiere im folgenden nach der Ausgabe: Paul Morand, *Poèmes* (Collection Poésie), Paris 1973.

[23] Vgl. dazu Marcel Raymond, *De Baudelaire au surréalisme*, Paris ²1966, Kap. 12 «Vers une poésie de l'action et de la vie moderne», Alfonso Sola González, «Oliverio Girondo, iniciador de la vanguardia poética argentina», in: *Cuadernos Hispanoamericanos* 55/163–164 (1963), S. 83–101, hier S. 92–93; Nóbile, *El acto experimental*, S. 18–22. – In *Martín Fierro* erscheinen später Texte von und über Valery Larbaud und Paul Morand.

[24] Vgl. *Lampes à arc*, S. 30 und *Veinte poemas*, S. 59–60 und 77.

geschrieben hat, erklärt sich daraus, daß er ab 1918 längere Zeit Mitglied der
französischen Botschaft in Madrid war. Als Beleg dafür, daß gerade seine
Spanien betreffenden Texte große Ähnlichkeit mit Girondos Reiseskizzen
besitzen, sei hier «Saint-Sébastien» aus *Lampes à arc* zitiert:

SAINT-SEBASTIEN

1   Trois heures et quart, l'heure stupide est là.
Au travers des dalles en pâte de verre
le jazz-band me chatouille les pieds.

Saint-Sébastien tend son corps basque
5   aux flèches des vieilles joueuses
avides d'un numéro plein
(mais qui nous rendrait 35 fois notre mise sinon les Saints?)
La bille se déroule comme une bande de mitrailleuse,
chantant cette fausse berceuse qui est le hasard.

10   La ville est inscrite dans le cercle de la baie
et dans le cercle du Casino,
comme une corne,
où l'abondance s'écoule par le petit bout.

Les poissons de mer viennent manger
15   à la porte des égouts.
Au fond des coquillages sonores,
on entend la voix des croupiers belges.

Les villas sont serrées au bord de la promenade
comme des incisives,
20   tandis qu'au-dessus,
comme de noires molaires déchaussées,
les Couvents jésuites
mastiquent un paysage de montagnes. (S. 25–26)

Die Parallelen der Darstellungstechnik springen ins Auge. Der Text ist etwa
gleich lang wie «Croquis en la arena» und die meisten anderen Texte in *Veinte
poemas* oder *Calcomanías*. Er ist wie diese in ungleichmäßige Abschnitte auf-
geteilt, die hier wie dort ein unverbundenes Nebeneinander heterogener Ein-
zelaspekte enthalten. Hinzu kommt dasselbe unbekümmerte Einbringen per-
sönlicher Affiziertheit – wie hier das Vergnügen an der Vibration der Musik
durch die Fliesen hindurch (Zeile 3) – und derselbe Hang zu ungewöhnlichen
Bildern. Etwa im zweiten Abschnitt, wo San Sebastián (der heilige Seba-
stian) seinen baskischen Körper den Pfeilen der alten Spielerinnen darbietet,
die beim Roulette auf eine einzelne Zahl gesetzt haben und sich das 'Wunder'
eines Treffers und damit den fünfunddreißigfachen Gewinn erhoffen. Oder
am Schluß das Bild der Villen, die an der Uferpromenade wie Schneidezähne

zusammengedrängt sind, während über ihnen die Jesuitenklöster wie zahn-
fleischlose schwarze Backenzähne an einer Berglandschaft kauen. Weiterhin
unterstellt auch Morand bewußtes Handeln, wo man es nicht vermuten
würde. So kitzelt die Jazz-Band die Füße (Zeile 3), San Sebastián streckt den
Körper entgegen (Zeile 4), die Roulette-Kugel singt (Zeile 9), die Fische kom-
men zum Essen (Zeile 14) und die Jesuiten-Klöster kauen (Zeile 22/23).
Schließlich zeigt sich schon bei Morand jene respektlos-subjektive Sicht, die
– in anderen Texten von *Lampes à arc* noch deutlicher als hier – sexuelle (z. B.
«Eden-Concert») und religiöse (z. B. «Peinture sur soie», «Foire de la Flo-
ride») Tabus verletzt. Allerdings geschieht dies doch noch nicht in so geball-
ter Form wie etwa am Schluß von «Sevillano» (S. 87) aus *Veinte poemas*, wo
es heißt:

Y mientras, frente al altar mayor, a las mujeres se les licua el sexo contemplando un cru-
cifijo que sangra por sus sesenta y seis costillas, el cura mastica una plegaria como un
pedazo de "chewing gum".

Bei genauerer Lektüre werden noch konkretere Bezüge zwischen Morands
und Girondos Spanien-Gedichten sichtbar, von denen die auffälligsten ein-
zelne Bilder betreffen.[25] In «Midi à Gibraltar» (*Lampes à arc*, S. 51/52) heißt
es bei Morand: «Gibraltar/en forme de lion./Par-dessus l'échine ébréchée du
vieux rocher/les mots s'ébattent./Indifférent,/le fauve les laisse se loger dans
sa crinière pelée . . .» Der erste Abschnitt von «Gibraltar» in *Veinte poemas*
lautet: «El peñón enarca/su espinazo de tigre que espera/dar un zarpazo/en el
canal» (S. 104). Bei Morand wie bei Girondo wird also der Felsen von Gibral-
tar mit dem Rückgrat eines Raubtieres verglichen. Ebenso findet sich auch
schon bei Morand der Vergleich des Möwenfluges mit Papierblättern im
Wind. In «Le chant de Charing Cross» (*Lampes à arc*, S. 33) ist die Rede von
«villes visitées de mouettes stridentes, éparses/comme des lettres jetées au
vent», was doch an Zeile 17–19 von «Croquis en la arena» erinnert.[26]

---

[25] Nóbile, *El acto experimental*, S. 22, verweist zusätzlich noch auf einige moderne
Bezeichnungen wie «orthopédiques», «caoutchouc» oder «sémaphores», die Gi-
rondo von Morand übernommen haben soll. Wenn man so weit gehen will, könnte
man hinzufügen, daß das «mastiquer» der letzten Zeile von «Saint-Sébastien» im – ge-
rade zitierten – letzten Satz von «Sevillano» wiederauftaucht.

[26] Nóbile, *ibid.*, S. 21, zitiert als weitere Parallele den Anfang von «Paradiso-Belvé-
dère» (*Vingt-cinq poèmes sans oiseaux*), S. 125 und «Paisaje bretón» (*Veinte poemas*),
S. 53–54: «D'un coup de reins/la montagne avait rejeté/les villages et les lacs au fond
de la vallée.» – «Douarnenez,/en un golpe de cubilete,/empantana/entre sus casas
como dados, . . .» Bemerkenswert ist zudem, daß die offensichtliche Anspielung auf
Mallarmés «Un coup de dés jamais n'abolira le hasard» von Girondos Wendung «golpe
de cubilete . . . dados» in Morands «jamais aucun poil d'éléphant n'abolira l'avenir»
aus «Tu mens (mélodie)» (*Feuilles de température*), S. 92, eine Entsprechung findet.

Man wird annehmen dürfen, daß Morands Bilder Girondo stark beeindruckt haben und sich deshalb beim Anblick des Felsens von Gibraltar und des Möwenflugs in Mar del Plata ähnliche Assoziationen eingestellt haben. Es fällt allerdings auf, daß Girondo die Bilder Morands verdichtet. Während Morand von «Gibraltar *en forme* de lion» und von «mouettes stridentes, éparses *comme* des lettres» spricht, ist es bei Girondo der Felsen selbst, der 'sein Tigerrückgrat krümmt' und mit seiner Pranke in die Meerenge schlagen will, sind es bei Girondo die Möwen selbst, die den zerstückelten Flug eines weißen Fetzens Papier 'vortäuschen'. Diese Unterschiede sind gewichtiger, als es auf den ersten Blick scheinen mag. Durch die Vergleichspartikel nämlich bleibt der veranschaulichende, erläuternde, letztlich dienende Status des traditionellen Bildes erhalten, die klare Trennung zwischen Wirklichkeit und Bildlichkeit wird nicht angetastet. Zwar finden sich auch bei Morand – und auch in den zitierten Textstellen – Metaphern, doch stehen etwa in «Saint-Sébastien» noch vier mit «comme» eingeleitete Vergleiche dem einzigen am Schluß von «Croquis en la arena» gegenüber. Dadurch aber bleibt die Perspektive des Sprechers, die anthropozentrische Sicht der Welt wesentlich stärker erhalten; die bei Girondo so deutlich spürbare Tendenz, den jeweiligen Wirklichkeitsausschnitt sich in einen selbständigen, brodelnd-bedrohlichen Organismus verwandeln zu lassen, wird deutlich gebremst.

Insgesamt verknappt Girondo seine Texte stärker und ist in seinen Äußerungen direkter, kompromißloser, aggressiver.[27] Er ist auch radikaler in seinen Bemühungen, die Lyrik zu erneuern. So bedient sich Morand noch durchgängig der Verszeile, während bei Girondo die Zeilenbindung bereits die Ausnahme darstellt. Auch läßt Morand von Zeit zu Zeit noch Angaben zur Psyche der Figuren oder Werturteile einfließen: etwa wenn er in «Saint-Sébastien» von den «vieilles joueuses/*avides* d'un numéro plein» (Zeile 5/6) oder von «cette *fausse* berceuse qui est le hasard» (Zeile 9) spricht. Girondo hingegen vermeidet psychologische und wertende Stellungnahmen, nimmt entschiedener die Haltung des mokant-sarkastischen, distanzierten Beobachters ein.

Morands insgesamt traditionellere Schreibweise tritt in den nicht Spanien

---

[27] Das zeigt sich noch an zwei weiteren Stellen aus *Lampes à arc* , die sich sachlich mit «Croquis en la arena» berühren. In «Eden-Concert», S. 28–29, ist auch von Soda-Siphons die Rede, die auf den Tischen zwischen Bier und Schnaps stehen und als «énergiques et insensibles», bei Girondo hingegen als «irascibles» gekennzeichnet werden. In «Foire de la Floride», S. 36, heißt es am Schluß: «Pour 60 centimes, MODERN PHOTO vous tire/en aviateur, ou en Jésus,/avec la couronne d'épines,/ SANS AUGMENTATION DE PRIX.» Während bei Morand die Pointe – die Zweitbedeutung «tirer» = „schießen" kommt in diesem Zusammenhang kaum zum Tragen – erst in der Zusatzinformation der letzten Zeile liegt, hat Girondo seine Pointe mit dem eindeutigen Verb «vender» (Zeile 12) als Prädikat in den ansonsten unauffälligen Aussagesatz integriert.

betreffenden Gedichten der Sammlung *Lampes à arc* noch deutlicher hervor. Diese sind zum guten Teil von der Kriegsthematik geprägt, die sogar das Barcelona gewidmete Gedicht «Un jour de gloire» erfaßt, wo am Schluß der vor Leben strotzenden spanischen Stadt das von Tod und Krankheit geprägte Frankreich gegenübergestellt wird. Viele Gedichte verkünden eine dezidiert humanitäre Botschaft, wie vor allem «Espérer», in dem die um ihre Jugend betrogene Kriegsgeneration Klage erhebt. Oft wird zudem eine zusammenhängende Geschichte erzählt, etwa in der einleitenden «Ode à Marcel Proust», in «Août-septembre 1914», «Vacances» oder «Soir de grève». Hinzu kommt, daß häufig für ein Gedicht eine auffällige, einheitstiftende Sprechsituation gewählt wird. So wird in der einleitenden «Ode à Marcel Proust», in «Le chant de Charing Cross», England apostrophiert, in «Août-septembre 1914» oder «Espérer» das Geschehen aus der Sicht der Betroffenen («nous») geschildert. Schließlich ist auch die ganze Sammlung thematisch stärker gegliedert. So findet sich die Mehrzahl der Reiseskizzen aus Spanien am Anfang oder es werden die beiden Gedichte «Mort d'un Juif» und «Mort d'un autre Juif» nebeneinandergestellt, während Girondo – besonders in *Veinte poemas* – jede thematisch einleuchtende Anordnung seiner Texte vermeidet und etwa «Croquis sevillano» und «Sevillano» weit auseinanderrückt.

Offensichtlich hat also gerade Morands befreiterer Umgang mit dem Gegenstand in den Spanien-Gedichten Girondo beeindruckt und veranlaßt, eine Schreibweise aufzunehmen und weiterzuentwickeln, die in so hohem Maße seiner geistigen Unabhängigkeit und entsprechend provokant-subjektiven Sicht der Dinge entgegenkam. Inhaltliche Übereinstimmungen sind andererseits – bis auf den Löwen/Tiger von Gibraltar – kaum zu verzeichnen, obwohl Girondo wie vor ihm Morand den Escorial, Madrid, Toledo, Sevilla, Gibraltar und Tanger behandelt. Und auch die Gemeinsamkeiten in der Darstellungstechnik erklären sich zum Teil daraus, daß beide dem Einfluß der spanischen Avantgarde unterliegen.

Gómez de la Serna, Borges und der Ultraismus

«. . . en el principio de la vanguardia fue Ramón, que en ella desempeña el papel de adelantado escucha desde París . . ., el primero en romper fuego y en categorizar poco más tarde (1921) el sentido de la batalla», schreibt Víctor G. de la Concha,[28] der einen Text Ramón Gómez de la Sernas aus dem Jahr 1908 als erstes spanisches avantgardistisches Manifest einstuft. Für Girondo und

---

[28] Víctor G. de la Concha, «Ramón y la vanguardia», in: Francisco Rico (Hrsg.): *Historia y crítica de la literatura española*, Bd. 7 (= Víctor G. de la Concha [Hrsg.]: *Época contemporánea: 1914–1939)*, Barcelona 1984, S. 205–218, hier S. 206. – Vgl. auch

Morand wichtiger waren aber sicher seine seit 1914 erscheinenden humoristi-
schen Bonmots, die *Greguerías*, deren Ausgangspunkt – nach Gómez de la
Sernas eigener Aussage – ebenfalls die genaue Beobachtung ist: «No soy ni un
escritor, ni un pensador; soy un ‹mirador›, la única facultad verdadera y aé-
rea. Miro. Y nada más.»[29] Wie bei Morand und Girondo kommt jedoch zur
exakten Beobachtung die provokant subjektive Perspektivierung mit häufiger
Personifikation des nicht-menschlichen Bereichs und mit kühnen Bildern –
wie in der folgenden «greguería» – hinzu: «El arco iris es la cinta que se pone
la naturaleza después de haberse lavado la cabeza.»[30] Wie Morand und Gi-
rondo verletzt Gómez de la Serna dabei auch immer wieder die damaligen
Grenzen des guten Geschmacks. So in der Serie der *Greguerías ante los senos*
(1917/1923), von denen eine von ferne an folgende Aussage Girondos in «Ex-
voto» (*Veinte poemas*, S. 69) erinnert: «Al atardecer, todas ellas [las chicas de
Flores] cuelgan sus pechos sin madurar del ramaje de hierro de los balcones,
...» Die «greguería» lautet demgegenüber: «Sobre las balaustradas de los
balcones [los senos] se asoman como niños curiosos.»[31]

Da es sich bei den «greguerías» jedoch um Einzelsätze und nicht um län-
gere Texte handelt, betrifft der auffälligste Einfluß Gómez de la Sernas auf
Girondo zweifellos dessen «membretes»: kurze humoristische Aperçus, ins-
besondere im Bereich von Dichtung und Kunst.[32] Über diese konkreten Be-
züge hinaus stimmen beide offensichtlich auch im Hinblick auf ihre Grund-
überzeugungen überein, die Concha für Gómez de la Serna folgendermaßen
referiert:

un mundo incoherente no puede tener otra expresión que la de la fragmentación y la
incoherencia; el hombre debe, además, convencerse de que es un ser marginal y, más
que referir las cosas a sí, debe a buscarse a sí mismo en las cosas.[33]

Diese Sicht der Dinge führt bei beiden zum Humor als Ausgangspunkt ihres
Schreibens. Es ist deshalb nicht verwunderlich, daß Gómez de la Serna große
Sympathie für Girondo empfindet und seinen Werken mehrfach höchste
Anerkennung zollt.

die kenntnisreiche Studie von Ronald Daus, *Der Avantgardismus Ramón Gómez de la
Sernas*, Frankfurt/a. M. 1971.

[29] Ramón Gómez de la Serna, *Greguerías*, Estella 1972, «Prólogo» von Julio Gómez
de la Serna, S. 10. – Morand hat Gómez de la Serna in Madrid kennengelernt. Dazu so-
wie zu den Gemeinsamkeiten in der Schreibweise vgl. Bernard Delvaille, *Paul Morand*
(Poètes d'aujourd'hui 136), Paris 1966, S. 34 ff.

[30] *Greguerías*, S. 85.

[31] *Ibid.*, S. 58. Vgl. in Morands «Un jour de gloire» aus *Lampes à arc*: «aux balcons/
germent des jeunes filles avides d'enfanter» (*Poèmes*, S. 42).

[32] *Obras completas*, S. 133–149.

[33] Concha, «Ramón y la vanguardia», *op. cit.*, S. 208.

Im Jahre 1923 bekommt er *Veinte poemas* in die Hand und widmet dem Büchlein in *El Sol* spontan eine lobende Besprechung. Er lernt Girondo dann auch persönlich kennen, schließt Freundschaft mit ihm, trifft sich mehrfach mit ihm in Paris, Lissabon und Madrid, besucht ihn erstmals 1931 in Buenos Aires, bevor er 1936 – mit Girondos Hilfe – als Exilant ganz nach Argentinien übersiedelt. Dort veröffentlicht er 1938 in *Sur* auch eine Rezension von Girondos Erzählung *Interlunio* (1937). In dem «retrato», den er ihm später widmet, ruft er im Zusammenhang mit *Espantapájaros* (1932) schließlich aus: «¿Quién ha podido superar sus imágenes? ¡Nadie!»[34]

Es ist anzunehmen, daß Girondo schon vor der Begegnung mit Gómez de la Serna Vertretern der europäischen Avantgarde begegnet ist, doch ist über engere Kontakte zu bestimmten Gruppen nichts bekannt. Bekannt ist lediglich seine Freundschaft mit Jules Supervieille, mit dem zusammen er an Treffen der Dadaisten und Surrealisten teilgenommen haben soll.[35] Hätte er sich wirklich in den avantgardistischen Zirkeln von Paris engagiert, so wüßte man dies heute ebenso wie im Falle von Vicente Huidobro, der seit 1916 in Paris lebte, intensiv bei der Zeitschrift *SIC* mitarbeitete und 1922 mit einer Ausstellung visueller Poesie einen Skandal auslöste.[36] Im Unterschied zu Huidobro, der eine eigene avantgardistische Bewegung, den «Creacionismo», begründete, ist für Girondo kennzeichnend, daß er sich trotz seiner radikalen Abkehr vom bestehenden Kulturbetrieb und den traditionellen lyrischen Ausdrucksformen seine Unabhängigkeit auch gegenüber den verschiedenen Avantgardebewegungen bewahrt hat, und dies nicht nur in Frankreich, sondern auch in Spanien: Im Jahr 1919 nämlich war Girondo speziell deshalb nach Sevilla eingeladen worden, um sich an der spanischen Avantgardebewegung «Ultra» zu beteiligen und in der gerade gegründeten Zeitschrift *Grecia* zu publizieren. Er entzog sich dem jedoch und publizierte in diesem und in den folgenden Jahren gar nichts.[37]

Er engagierte sich erst, als es darum ging, der Avantgarde in Argentinien ein Forum zu schaffen, beteiligte sich deshalb 1924 in Buenos Aires an der Gründung der Zeitschrift *Martín Fierro* und steuerte für das 4. Heft ein

---

[34] Gómez de la Serna, «Oliverio Girondo», *op. cit.*, S. 1549. Für *Veinte poemas* spricht er auf S. 1541 von «magníficas y originales metáforas».

[35] Vgl. Pellegrini, «Mi visión personal de Oliverio Girondo», *op. cit.*, S. 11; Nóbile, *El acto experimental*, S. 17, Anm. 7; Sola González, «Oliverio Girondo . . .», *op. cit.*, S. 86; Schwartz, *Vanguarda e cosmopolitismo*, S. 91–115.

[36] Vgl. dazu meinen Aufsatz: „Textbilder und Klangtexte – Vicente Huidobro als Initiator der visuellen/phonetischen Poesie in Lateinamerika", in: Titus Heydenreich (Hrsg.), *Der Umgang mit dem Fremden – Beiträge zur Literatur aus und über Lateinamerika* (Lateinamerika-Studien 22), München 1986, S. 91–122.

[37] Vgl. (Anonym), «Carta a Oliverio Girondo», in: *XUL. Signo viejo y nuevo* 6 (1984), S. 49–50.

Manifest bei, das einige allgemeine Grundsätze formuliert, die er in *Veinte poemas* und speziell auch in «Croquis en la arena» bereits in die Praxis umgesetzt hatte. Dazu gehört:
- die Abkehr vom mimetischen Prinzip in der Dichtung;
- die Überwindung ihrer anachronistischen Weltferne und Zaghaftigkeit;
- die Abkehr von überlieferten Ausdrucksformen und statt dessen
- die Forderung, «de salir a la calle a vivirla con sus nervios y con su mentalidad de hoy».

Ein Bekenntnis zur Gegenwart also und die Aufforderung, die Welt von heute auch mit den Ausdrucksmöglichkeiten von heute zu erfassen: «si todo se mira con unas pupilas actuales y se expresa con un acento contemporáneo», dann, so meint er, werde sich notwendig die Erkenntnis einstellen, «que ‹todo es nuevo bajo el sol›».[38] Dem Dichter wird also ein letztlich unendliches Betätigungsfeld eröffnet. Zugleich wird sichtbar, daß der hier verkündete Avantgardismus beim sprachlichen Umgang mit der Welt ansetzt. Die Welt erneuern heißt, sie neu sehen zu lernen. Es genügt, den Mut aufzubringen, die Welt mit unverstelltem Blick, unter der Perspektive der eigenen Zeit zu betrachten. Der Künstler im Sinne von *Martín Fierro,* so sagt Girondo einige Zeilen später, «se refriega los ojos a cada instante para arrancar las telarañas que tejen de continuo: el hábito y las costumbres». Überkommene Gewohnheiten und Bräuche müssen wie Spinnweben entfernt werden, damit man die Welt mit den eigenen Augen sehen lernt. Und genau dies leistet Girondo in *Veinte poemas* und *Calcomanías.*

Auf konkrete Forderungen, die an eine avantgardistische Schreibweise zu stellen wären, geht Girondo in seinem Manifest jedoch nicht ein; ganz im Gegensatz zu Jorge Luis Borges, der von 1918–1921 in Spanien ultraistische Gedichte und Manifeste verfaßte, der den Ultraismus nach Argentinien brachte und dort 1921/22 avantgardistische Ideen proklamierte. Besonders aufschlußreich erscheint dabei der erste in Argentinien veröffentlichte programmatische Text, der präzise Richtlinien für die ultraistische Schreibweise enthält und damit die Beantwortung der Frage erlaubt, inwieweit diese Richtlinien auch für Girondo Verbindlichkeit besitzen. In Heft 15 der Zeitschrift *Nosotros* vom Dezember 1921 stellt Borges in seinem Aufsatz «El ultraísmo» folgende Grundregeln zusammen:

1.° Reducción de la lírica a su elemento primordial: la metáfora.
2.° Tachadura de las frases medianeras, los nexos y los adjetivos inútiles.
3.° Abolición de los trebejos ornamentales, el confesionalismo, la cirunstanciación, las prédicas y la nebulosidad rebuscada.

---

[38] «Manifiesto de *MARTIN FIERRO*», in: González Lanuza, *Los martinfierristas,* S. 35. Vgl. auch Dieter Reichardt, „Die Zeitschrift *Martín Fierro* (1924–1927)", in: *Iberoamericana* 15 (1982), S. 43–48.

4.° Síntesis de dos o más imágines en una que ensancha de ese modo su facultad de sugerencia.[39]

Zum ersten Punkt: Daran, daß auch in «Croquis en la arena» die poetische Wirkung des Textes wesentlich von den Metaphern geleistet wird, kann kein Zweifel bestehen, wenn wir uns nur an die „Hobelspäne der Wellen", an das „Sägemehl des Strandes" oder an die „Felsen mit algiger Seemannsbrust" erinnern. Wenn Borges jedoch in einem anderen Manifest die Metapher definiert als «esa curva verbal que traza casi siempre entre dos puntos – espirituales – el camino más breve»[40], so ist als Unterschied zu vermerken, daß bei Girondo der Ausgangspunkt kein «punto espiritual», sondern stets ein konkret vorgegebener Wirklichkeitsausschnitt ist, von dem lediglich eine provokant-subjektive Sicht vermittelt wird.

Völlige Übereinstimmung zwischen Borges und Girondo herrscht demgegenüber im zweiten Punkt. Girondo vermeidet in «Croquis en la arena» jede Art von «frases medianeras» und «nexos», stellt in keiner Form die Verbindung zwischen den einzelnen Aussagen und Abschnitten her, hatte dementsprechend auch in seinem „Offenen Brief" das Kappen der „logischen Ankertaue" gefordert. Ebenso läßt Girondo auch die «adjetivos inútiles» weg, womit insbesondere die schmückenden Adjektive gemeint sind, wie sie noch von Rubén Darío als wesentliches dichterisches Verfahren eingesetzt wurden. Man denke an Verse wie die folgenden aus «La gitanilla»:

> Las guitarras decían en sus cuerdas sonoras
> las vagas aventuras y las errantes horas.[41]

Bei Rubén Darío sollen die Adjektive Atmosphäre schaffen, und zwar die Atmosphäre alltagsferner Situationen, die von Eleganz, Abenteuer, Erotik und Exotik geprägt sind. Rubén Daríos Adjektive veredeln die jeweilige Aussage, tragen dazu bei, den Eindruck der Einmaligkeit der angesprochenen Situation hervorzurufen.

Bei Girondo fehlen diese Adjektive, sie erscheinen ihm und Borges „unnütz". An den wenigen Stellen, wo in «Croquis en la arena» die Stimmung vermittelt werden soll, werden die Adjektive durch Partizipien oder Substantive ersetzt: «la playa empolvada de sol» (Zeile 1) und «¡Todo es oro y azul!»

---

[39] Zitiert nach César Fernández Moreno, *La realidad y los papeles. Panorama y muestra de la poesía argentina contemporánea*, Madrid 1967, S. 495. Zum Ultraismus in Argentinien vgl. auch Guillermo de Torre, *Historia de las literaturas de vanguardia*, Madrid 1965, S. 582–585.

[40] Jorge Luis Borges, «Anatomía de mi *Ultra*» (Madrid 1921), zitiert nach Guillermo de Torre, «Para la prehistoria ultraísta de Borges», in: *Hispania* 47 (1964), S. 457–463, hier S. 463.

[41] *Prosas profanas* (Buenos Aires 1896). Zitiert nach Rubén Darío, *Páginas escogidas* (Letras Hispánicas 103), Madrid 1984, S. 85.

(Zeile 8). Oder der Adjektivgebrauch wird verfremdet, wie bei dem Vergleich des Flugs der Möwen mit dem Trudeln eines Papierfetzens. Dort ist nämlich nicht von 'weißen Möwen' und auch nicht von 'weißem Papier' die Rede, sondern von einem 'weißen Stück' Papier: «un pedazo/blanco de papel» (Zeile 18/19).

Statt 'schmückender' finden sich bei Girondo 'schockierende' Beiwörter,[42] Beiwörter, die ein unerwartetes Merkmal ansprechen. Man erwartet bei einer Schilderung des Strandlebens keine „amputierten" Beine oder im Wasser „treibende Köpfe aus Gummi", man erwartet auch keine „leicht erzürnbaren" Siphons und keine „algige" Seemannsbrust. Insgesamt fällt auf, daß Girondo im Vergleich mit Darío sehr wenig Adjektive verwendet, obwohl seine Gedichte vom Gegenstand her Beschreibungen erwarten lassen. Sein Geheimnis liegt in der Dynamisierung von Schilderungen. Er registriert nicht das statische Element, etwa 'helle', 'glänzende' Mädchenaugen, sondern er verzeichnet eine Handlung dieser Augen, nämlich daß sie sich (Liebes-)Romane und Horizonte „injizieren" (Zeile 9/10). Er beschreibt weder das Angebot der Kioske noch das Schauspiel des schäumenden und spritzenden Wassers am Wellenbrecher, sondern hält fest, daß „Kioske das Dramatische des Wellenbrechers ausbeuten" (Zeile 14).

Was die von Borges genannte dritte Grundregel anbelangt, so hat Girondo sie sich ebenfalls zu eigen gemacht. Wenn mit den «trebejos ornamentales» die formale Seite der traditionellen Dichtung gemeint ist,[43] so fällt in *Veinte poemas* und *Calcomanías* sofort auf, daß weder Vers noch Reim noch strophische Gliederung Verbindlichkeit besitzen. Girondo hat sich von ihnen als Zwang befreit, aber er hat sie nicht – wie dies in vielen ultraistischen Texten der Fall ist – durch die freie Anordnung von Wortgruppen auf der Seite ersetzt. Vielmehr finden sich in seinen Texten durchaus noch Anklänge an die traditionellen Verfahren: In «Croquis en la arena» wie in fast allen übrigen Texten auch erinnert die Abschnittbildung an die strophische Gliederung, in «Corso» *(Veinte poemas)* ist die Verszeile gewahrt, und in «Toledo» *(Calcomanías)* weisen in der vierten 'Strophe' Zeilenanfänge und Zeilenenden deutliche klangliche Übereinstimmungen auf.[44]

Diese – im Vergleich mit Morand geringen – Anklänge an Strophe, Vers und Reim wären jedoch als Indizien für eine nur unvollständige Emanzipation von der traditionellen Gedichtform mißverstanden, da es sich um dem jeweiligen Gegenstand angepaßte Verfahren handelt: In «Corso» etwa vermit-

---

[42] Zum Adjektivgebrauch in *Veinte poemas* vgl. Gaspar Pío del Corro, *Oliverio Girondo – Los límites del signo*, Buenos Aires 1976, S. 27–33.

[43] In «Anatomía de mi *Ultra»* (*Hispania* 47 [1964], S. 463) fordert Borges einen Rhythmus «no encarcelado en los pentagramas de la métrica».

[44] Vgl. Naomi Lindstrom, «Oliverio Girondo y su discurso del futuro», in: *Revista Interamericana de Bibliografía* 32 (1982), S. 191–199, hier: S. 192–193.

telt die ununterbrochene Abfolge der Verszeilen den Eindruck der gleichmä-
ßig einander folgenden Reihen der Festzugteilnehmer. Im Grunde ist es so,
daß Girondo jeden Text sich im formalen Bereich frei entfalten läßt und dabei
auch Anklänge an sich aufdrängende traditionelle Ausdrucksmittel nicht
scheut.

Von 'confesionalismo', also der poetischen Aufbereitung der Gefühlslage
eines lyrischen Ich, vom sprachlichen Verdichten persönlicher Stimmungen
ist in Girondos Texten dieser Zeit nichts zu spüren. Das schließt andererseits
nicht aus, daß ein sich selbst mit in die Betrachtung einbeziehender Beobach-
ter präsent ist; und zwar ein Beobachter, der ernst genommen werden will,
der mit seinem biographischen Ich für die Authentizität seiner Ansichten
bürgt und dies mit Orts- und Datumsangabe besiegelt, der aber dennoch
seine persönliche Sicht niemand aufdrängen will, so daß von «prédicas» bei
Girondo ebensowenig wie bei Borges die Rede sein kann.

Übereinstimmung mit Borges besteht auch bezüglich der zu vermeidenden
«circunstanciación» und «nebulosidad rebuscada». Verständnisschwierigkei-
ten nämlich entstehen bei Girondo eher aus dem übergangslosen Nebenein-
ander der einzelnen Aussagen als aus dem Anspruch symbolischer Bedeut-
samkeit.[45]

Die letzte Forderung von Borges nimmt die erste wieder auf und poten-
ziert sie zugleich. Für ihn ist damals die Metapher das poetische Verfahren
schlechthin,[46] weil nur die Metapher die Möglichkeit verschafft, die Welt neu
zu sehen, sie als gerade erst geboren, als nur für die junge Generation geschaf-
fen zu erfahren. Dies bringt Borges an anderer Stelle folgendermaßen zum
Ausdruck:

Esa floración brusca de metáforas . . . representa el esfuerzo del poeta para expresar la
milenaria juventud de la vida que, como él, se devora, surge y renace en cada segundo:
La miel de la añoranza no nos deleita y quisiéramos ver todas las cosas en una primicial
floración . . . Esa premisa tan fecunda que considera las palabras no como puentes para
las ideas, sino como fines en sí, halla en él su apoteosis.[47]

Den Ausgangspunkt hat Borges auch hier mit Girondo gemeinsam, dessen
These gelautet hatte: «‹todo es nuevo bajo el sol› si todo se mira con unas
pupilas actuales y se expresa con un acento contemporáneo.» Beide postu-

---

[45] Guillermo de Torre, «Para la prehistoria ultraísta», *op. cit.*, S. 457 bestimmt die
Technik des ultraistischen Gedichts als «enfilamiento de percepciones sueltas, rosarios
de imágines sensuales, plásticas y llamativas».

[46] Vgl. dazu Allen W. Phillips, «Borges y su concepto de la metáfora», in: *Movi-
mientos literarios de vanguardia en Iberoamérica*. Instituto internacional de literatura
Iberoamericana, México 1965, S. 41–53.

[47] *Grecia* (Sevilla 1920); zitiert bei Torre, «Para la prehistoria ultraísta», *op. cit.*,
S. 462.

lieren die Andersartigkeit der Welterfahrung ihrer Generation,[48] und diese Andersartigkeit kann speziell mittels der Metapher zum Ausdruck gebracht werden. Während aber die Metapher bei Girondo durch den konkreten Bezug der Reiseskizzen immer an die Wirklichkeit gebunden bleibt, deutet Borges im letzten Satz an, daß er an die Poetik des «l'art pour l'art» anknüpft. Der «ultraísmo» ist für ihn offensichtlich eine letzte Steigerung der Forderung, aus Worten neue Sinn-Welten zu schöpfen. Dieser extreme Anspruch an die Dichtung macht es auch erklärlich, daß Borges sich – angesichts der Schwierigkeiten, dieses hochgesteckte Ziel zu erreichen, und der gleichzeitigen Gefahr, in die letztlich beliebige Aneinanderreihung von Bildern abzugleiten – wenig später mit aller Entschiedenheit vom «ultraísmo» lossagte.[49]

Ganz anders Girondo, dessen Avantgardismus erst 1954 mit *En la masmédula* seinen Höhepunkt erreicht. Allerdings setzt Girondo in dieser seiner letzten Gedichtsammlung nicht so sehr auf die Kraft der Metaphern, sondern experimentiert – wie im Fall von «masmédula» selbst – mit Wortneu- und -umbildungen.[50] Zu Recht heißt es somit in der *Enciclopedia de la literatura argentina* über Girondo:

Toda su obra poética es un claro exponente de ese afán de innovación sostenido sin claudicaciones durante más de tres décadas. *Veinte poemas para ser leídos en el tranvía* (1922) y *Calcomanías* (1925) inician con desafiante desenvoltura la búsqueda expresiva que en paulatino ahondamiento culminará en su último libro de poemas.[51]

---

[48] Vgl. die erste These in Girondos «Manifiesto de *MARTIN FIERRO*» (González Lanuza, *Los martinfierristas*, S. 34): «MARTIN FIERRO siente la necesidad imprescindible de definirse y de llamar a cuantos sean capaces de percibir que nos hallamos en presencia de una NUEVA sensibilidad y de una NUEVA comprensión, que, al ponernos de acuerdo con nosotros mismos, nos descubre panoramas insospechados y nuevos medios y formas de expresión.»
[49] Vgl. dazu Torre, «Para la prehistoria ultraísta», *op. cit.*, S. 457–458. Was Borges' Meinung über die Lyrik Girondos anbelangt, so hat er für die Nummer 18 von *Martín Fierro* (Juni 1925) eine begeisterte Besprechung zu *Calcomanías* geschrieben, aus der Gómez de la Serna (*Obras Completas*, S. 1545–1546) einige Abschnitte zitiert, hat sich dann aber 1983 in *XUL. Signo viejo y nuevo* 6 (1984), S. 10, sehr abfällig geäußert.
[50] Vgl. Saúl Yurkievich, «Sobre la vanguardia literaria en América Latina», in: Ders., *A través de la trama – Sobre vanguardias y otras concomitancias*, Barcelona 1984, S. 7–28. In diesem Aufsatz (S. 16) stuft Yurkievich *Trilce* von Vallejo, *Altazor* von Huidobro, *Residencia en la tierra* von Neruda und *En la masmédula* von Girondo als Hauptwerke der Avantgarde im spanischsprachigen Raum ein. (Ähnlich schon in den späteren Auflagen seines Buches *Fundadores de la nueva poesía latinoamericana*, Barcelona ³1978. Zu Girondo siehe dort S. 141–159.)
[51] Pedro Orgambide und Roberto Yahni (Hrsg.), *Enciclopedia de la literatura argentina*, Buenos Aires 1970, S. 273.

ALFONSINA STORNI

(1892–1938)

VOY A DORMIR

Dientes de flores, cofia de rocío,
manos de hierbas, tú, nodriza fina,
tenme prestas las sábanas terrosas
y el edredón de musgos encardados.

5 Voy a dormir, nodriza mía, acuéstame.
Ponme una lámpara a la cabecera;
una constelación; la que te guste;
todas son buenas; bájala un poquito.

Déjame sola: oyes romper los brotes . . .
10 te acuña un pie celeste desde arriba
y un pájaro te traza unos compases

para que olvides . . . Gracias. Ah, un encargo:
si él llama nuevamente por teléfono
le dices que no insista, que he salido . . .

[Schlafen will ich / / Mit Blumengirlanden, Baldachin aus Tau / bereite mir, mit heilenden Händen, treue Amme du, die erdigen Laken und die Decke aus Moos. / / Schlafen will ich, Amme, bring mich zu Bett. / Stell eine Lampe ans Kopfende; / ein Sternbild; eins nach deinem Gefallen; / jedes ist gut: zieh es ein wenig herab. / / Laß mich allein: die Knospen hörst du aufspringen . . . / von oben wiegt dich ein Himmelsfuß / und ein Vogel singt dir ein paar Takte / / damit du vergißt . . . Danke. Ach, noch etwas: / wenn er wieder am Telefon ist, / bestell ihm, er solle nicht mehr anrufen, ich sei gegangen . . .].[1]

«Voy a dormir» zuerst postum in *La Nación*, 26. Oktober 1938. Hier zitiert nach: *Obras Completas VIII, Poesías Sueltas*, Buenos Aires 1964, S. 505.

[1] Übersetzung d. Verf. Deutsche Übersetzungen der Gedichte Stornis sind rar. Reichardt nennt in seinem Autorenlexikon (Ausgabe 1972) vier Anthologien, in denen sie vertreten ist, die jüngste von 1969; Dieter Reichardt, „Alfonsina Storni", in: Ders.,

STERBEN – SCHLAFEN – VIELLEICHT AUCH TRÄUMEN?
ALFONSINA STORNI: «VOY A DORMIR» (1938)

Von SABINE HORL GROENEWOLD

> Agrándame tu roca, Prometeo . . .
> Alfonsina Storni, 1938

> Wie hätte van Gogh als Frau auf die
> Welt kommen können?
> Simone de Beauvoir, 1949

«Voy a dormir» ist eines der schönsten Gedichte Alfonsina Stornis, nicht nur das: es ist eines der schönsten spanischer Sprache überhaupt. Bildhaft plastisch und zugleich schwebend unkörperlich, artistisch und dabei einfach, ja schmucklos; unaufgeregt kühl der Sprachfluß, Rhythmus, Melodie und Versmaß verschmolzen zu einer Identität. Höchste Künstlichkcit der Form verbindet sich mit anmutiger Natürlichkeit der Sprache zu jenem „eigentümlich

---

Lateinamerikanische Autoren. Literaturlexikon und Bibliographie der deutschen Übersetzungen, Tübingen/Basel 1972, S. 131. Es gibt eine zweisprachige Sammlung (19 Gedichte, ohne Quellenangabe), zuerst 1959 erschienen, 1987 als unveränderter Nachdruck neu aufgelegt: Alfonsina Storni, *Verwandle die Füße. Ausgewählte Gedichte*, übers. von Waltrud Kappeler, Zürich 1959/1987. «Voy a dormir» (von dem keine andere deutsche Übersetzung vorliegt) bildet den Abschluß, mit dem Zusatz „Letzte Verse, geschrieben am Tage des Selbstmords". Ich gebe es zum Vergleich wieder. Die Mängel haben mit Verständnisschwierigkeiten zu tun, aber auch mit dem offenkundigen Bemühen der Übersetzerin, „poetisch" zu sein: z. B. „sie leuchten alle" für «todas son buenas»; das transitiv benutzte „niederlegen"; „mit Blumenzähnen" ohne grammatischen Bezug, um nur diese zu nennen. Die Übersetzung lautet: *Bald werd ich schlafen* (Letzte Verse, geschrieben am Tage des Selbstmords) / / Mit Blumenzähnen, tauberperlter Haube / mit Kräuterhänden, meine gute Amme, / bereite mir das erdig kühle Linnen, / das Daunenkissen aus zerpflücktem Moose. / / Bald werd ich schlafen, Amme, leg mich nieder; / das Lämpchen stelle dicht mir an das Kissen, / ein Sternbild, irgendeines von den vielen, / sie leuchten alle: neig es zu mir nieder. / / Laß mich allein: du hörst die Knospen springen, / ein Himmelsfuß wiegt leise dich von oben, / ein Vogel singt dir eine kleine Weise, / / daß du vergißt . . . Ich danke . . . Ach, noch etwas! / Sollt wiederum im Fernspruch er sich melden, / sag ihm, sein Drängen sei umsonst, ich sei verreist . . . / /
Die Wendung «dientes de flores» stößt auch sonst auf Verständnisschwierigkeiten

kunstgeläuterten Parlando", das Thomas Mann im Sonett verwirklicht sieht.[2] Die Bildmöglichkeiten und Suggestivkräfte der Sprache sind bis hinein in die nicht mehr lautliche Ebene, die Ebene der Gebärde, genutzt; die Unfertigkeit, zum inneren und äußeren, zum architektonischen und gedanklichen Gestaltungsprinzip erhoben, verleiht ihm, paradoxerweise und dem Paradox der Form gehorchend, den Rang des vollendeten Kunstwerks.

Ein schönes Gedicht. In seiner Schönheit ein irritierendes Gedicht auch. Bedenkt man die Gründe seiner Entstehung, die Umstände seiner Veröffentlichung: ein Dokument. Geschrieben am 20. oder 21. Oktober, am 22. Oktober von Storni selbst an *La Nación* geschickt; drei Tage später, am 25. Oktober 1938, nimmt sie sich das Leben, qualvoll und ohne Hoffnung an Krebs leidend. Sie war sechsundvierzig Jahre alt.

Es ist das letzte Gedicht Stornis, nicht deshalb, weil Zufall oder Schicksal fortan sie am Schreiben gehindert hätten, sondern weil sie selbst es aus eigenem Entschluß dazu bestimmte, indem sie nur den Tod ihm noch folgen ließ. Derart gewinnt es das Gewicht eines Geständnisses und den Charakter einer Selbstaussage, wird Selbstdeutung, Schlüssel, der einen Zugang zum Gesamtwerk öffnet.

Jemand, ein Ich, gedenkt einen Schlaf zu tun. Es ist ein Schlaf, aus dem es kein Erwachen geben, dessen Ruhe auch von außen nicht gestört werden soll. Die letzten Worte, „ich bin gegangen", umschreiben zwar das Unwiderrufliche, mildern es, ändern tun sie es jedoch nicht: Der Schlafende selbst ist unerreichbar geworden. Schlaf, Vergessen, Abschied, die klassischen Metaphern, lassen keinen Zweifel: vom Tod ist die Rede. Freilich auf eigene Weise.

Das sprechende Ich ist nicht allein, wendet sich an ein Gegenüber, ein Du: die Amme. Die Amme bereitet das Bett, ist aber auch Bote, Übermittler der Nachricht, gehört der Sphäre des Tätigen, des Wachen an, der Sphäre jenes „Er", jener „Telefone", der äußeren „Welt". In einer anderen Sphäre, die nicht

und wird daher wörtlich genommen, so Julieta Gómez Paz, die vom Glanz des Gedichts spricht und nur jene «dientes de flores» als «vagamente estremecedores» empfindet: *Leyendo a Alfonsina Storni,* Buenos Aires 1966, S. 12. Es handelt sich dabei um ein „Feston", ein Schmuckmotiv von bogenförmigen Blumengewinden oder auch um einen besonderen Stich in Bogen- und Zackenform, der als Randabschluß dient: mit Festons versehen, festonieren. Die Amme deutet Gómez Paz als «la tierra en primavera» *(ibid.),* was schwierig wird, denkt man an die Nachricht für den Telefonanrufer; ebenso mißlich bei Dolores Koch als «la naturaleza como madre»: «Delmira, Alfonsina, Juana y Gabriela», in: *Revista Iberoamericana* (Número especial dedicado a las escritoras de la América Hispánica) LI/132–133 (1985), S. 727.

[2] Thomas Mann, „August von Platen", in: Ders., *Leiden und Größe der Meister. Gesammelte Werke in Einzelbänden,* hrsg. und mit Nachbemerkungen versehen von Peter de Mendelssohn, Frankfurt a. M. 1982, S. 547. Vgl. Walter Mönch, *Das Sonett. Gestalt und Geschichte,* Heidelberg 1955, S. 41.

benennbar, nur evozierbar ist, Sphäre des Zuständlichen, ein zweites Du: das seines Ich enthobene Selbst. Zwischen beiden das sprechende Ich, unterwegs zu jenem Ziel, welches über das „Vergessen" erreicht wird. Der Tod bedeutet Abschied und Aufbruch, Ende und Anfang, der Tod heißt „unterwegs": Leben.

Dieser paradoxe Gedanke bestimmt innere und äußere Form des Gedichts, Sprachgestus, Metaphorik und Komposition: Das Bett, das die Amme bereitet, ist Totenbett, Grab, mit Erdenlaken und Moosdecke; ist Brautbett, mit Blumengirlanden und Baldachin; Kinderbett schließlich, Wiege. Der Ruhende ist nicht schutzlos der Finsternis preisgegeben, sondern bewacht von einem „Sternbild", nicht anders als bei der Geburt. Auf der Schwelle zwischen Wachen und Schlaf, wenn das Bewußtsein des Ich von sich selbst sich auflöst in Geräusche und Empfindungen, in der grenzenlosen Einheit von Innen und Außen, Oben und Unten „endet", steigen Visionen des Anfangs empor, Frühling, Kindheit. Auf diese Weise gewinnen auch die letzten Worte über ihre buchstäbliche Bedeutung hinaus Sinn, und die drei Punkte, die ihnen folgen, symbolisieren mehr als das Verstummen, weil zu sagen nichts bleibt.

Die konzentrierte Art und Weise, mit der Storni Satzeichen verwendet, über ihre traditionelle Funktion, ihren bedeutungsklärenden und ordnend strukturierenden Charakter hinaus, zeigt, daß sie ihnen bedeutungsbildende, ja bedeutungsschöpferische Qualität zumißt, wenn sie Zeichen chiffreartig an Stelle der Sprache verwendet, dort, wo Wörter, Begriffe, Bilder nicht mehr treffen, weil benannt werden soll, was einer eindeutigen Benennung sich entzieht. Bereits optisch ist das erkennbar, die Zweiteilung des Sonetts durch paarweises Auftreten der Zeichen sowohl planvoll wiederholt als auch souverän überwunden. Die Quartette gegliedert durch Zeichen der Reihung, der Bildung und Trennung (Komma, Semikolon, Punkt); während in den Terzetten Zeichen des Übergangs, des Offenen (Doppelpunkt, Auslassungszeichen) dominieren. Im Aufgesang also ein gleichtaktig maßvoll bewegtes Sprechen, von Gegenstand zu Gegenstand gleitend, alle sind ihm gleich wichtig: Bild, Satz, Vers in Übereinstimmung. Im Abgesang ein unregelmäßiges, abbrechend-neueinsetzendes Sprechen, nicht einzelne Gegenstände mehr, sondern eine einzige Befindlichkeit, übertragen in eine rhythmisch ausschwingende umfassende Sprachgebärde des Einbeziehens und Unterordnens, das im Enjambement die Strophengrenzen überflutet; syntaktisch die einzige Hypotaxe des Gedichts, so daß auch formal hier dessen Mitte ist

. . . oyes romper los brotes . . . / te acuna un pie celeste desde arriba / y un pájaro te traza unos compases / / para que olvides . . .

Die dreimalige Verwendung der Auslassungspunkte nach dem Doppelpunkt legt über die lineare Wortkette Fixpunkte, so daß, bevor noch der Wortsinn sich erschlossen hat, das Auge bereits einen Zusammenhang schafft:

. . . oyes romper los brotes . . . para que olvides . . . he salido . . .

eine gewissermaßen auftaktige Zeile, in welcher das tatsächlich Gesagte durch das Nicht-Gesagte verändert, umgedeutet wird und die Abschiedsstimmung einer erwartungsvollen, beinahe ungeduldigen Aufbruchstimmung weicht.[3]

Noch jene Zeichen, die überhaupt nicht auftreten, die des Ausrufs und der Frage, gewinnen, eben durch den Umstand ihres Fehlens, Aussagekraft für die Stimmung des Gedichts: aus dem keine Ungewißheit spricht, nicht Zweifel, nichts Sucherisches; aber auch kein Auftrumpfen, keine Herausforderung, kein Konflikt.

Vom Tod ist die Rede – die Metaphern dafür Wohlbefinden, Hoffnung, Aufbruch.

Das, was Tod auch ist, Trennung und Abschied, Schmerz, Einsamkeit, bleibt ausgespart, gleichwohl nicht ungesagt. Neben der „schönen" Lesart ist eine andere, dunkle und unfriedliche, möglich, gibt es Hinweise für Disharmonie, Widerspruch, Verweigerung. Zuerst die nicht erfüllte Form selbst. Zwar entsprechen scheinbar Architektur und innere Beschaffenheit des Gedichts den Forderungen des Sonetts, der paradoxe Grundgedanke, die Dynamik des rezitativischen Sprechens einerseits, 14zeiliger Elfsilber, strophisch gegliedert, steigend-fallende Tonlage von Aufgesang und Abgesang andererseits. Das „dialektische Spiel"[4] löst sich jedoch nicht in der *coincidentia oppositorum*, wird vielmehr auf die formale Ebene übertragen, bleibt dissonant im fehlenden Reim. Aber nicht nur die fragmentarische Form macht zu schaffen. Ebenso die Sprache, die zwei Stilebenen unvereint nebeneinanderstellt, eine hohe, uneigentliche Sprache, ins Hymnische sich steigernd, und eine Umgangssprache, geheimnislos direkt; wo die erste Bilder evoziert, sagt die zweite Fakten; die erste affirmativ, die zweite negierend, die erste dem Innenraum Ich, die zweite dem Außenraum „Welt" vorbehalten.

Die eigentliche Irritation jedoch geht für den Leser, an heterogene Form- und Sprachgebilde gewöhnt, von den letzten Worten aus: «he salido». Ausdruck, scheint es, eines irreversibel endgültigen Entschlusses, der bereits in die Tat umgesetzt ist, noch bevor er ausgesprochen wurde, getragen vom enormen Erwartungsdruck des sprechenden Ich selbst. Aber: dies allein, die Ankündigung, enthalten sie auch, darüber hinaus nichts, keine Erklärung, keine Botschaft, kein Vermächtnis. Das Gegenüber, dem sie gelten, ist nicht Du, sondern namenloses, unidentifiziertes Er, ein Gegenüber, das außerhalb

---

[3] Vgl. dagegen Gómez Paz, S. 14, die dabei an Rückkehr denkt: «En los últimos versos el espíritu tierno y velador se vuelve todavía al mundo con un último mensaje . . . La forma cotidiana: ‹he salido› lleva implícita una consoladora seguridad de regreso», eine Interpretation, die der sprachlichen und formalen Aussage des Gedichts vollkommen zuwiderläuft, wie ich oben zeige.

[4] Mönch, *Das Sonett*, S. 39.

steht, in der „Welt", für die Storni nur mehr Begriffe des Technischen und
Aggressiven hat, eine Welt der Apparate und der Zudringlichkeiten, eine
„männliche" Welt. Für diese Welt hat das Ich Ablehnung, Desinteresse, ein
flüchtiges Erinnern allenfalls. Zwischen Innen und Außen ist die Verbindung
abgebrochen, mehr noch: sie wird negiert. Auf diese Weise verlagert sich die
Dialektik, die Paradoxie der Form: Was das Ich jenem Er verweigert, Aufklä-
rung, Gründe, Einmischung, das verweigert Storni ja auch dem Leser. So er-
kennt dieser sich in jenem wieder, als der Abgewiesene. An sich selbst erfährt
der Leser alles das, was das sprechende Ich/Storni ihm über die eigene Befind-
lichkeit verschweigt: Verlassenheit, Ausgeschlossensein, Vertreibung aus dem
„schönen Zustand" der Übereinstimmung von Ich und Du in eine Welt der
unterbrochenen, abgebrochenen Kommunikation, in die Kälte der unbeant-
worteten Fragen, der Einsamkeit. Storni spricht nur mehr, um das Gespräch
zu verweigern: Das Sprechen ist redundant geworden, mündet in sich selbst.
Jeder Dialog – fand George Steiner – ist

ein Angebot zu gegenseitiger Kenntnisnahme und eine strategische Neudefinition des
Selbst. Der Engel nennt Jacob am Ende ihres langen Ringens beim Namen, die Sphinx
zwingt Ödipus, sich zu nennen, sich als Mensch zu erkennen. Nichts vernichtet uns
sicherer als das Schweigen eines anderen menschlichen Wesens. Daher Lears rasende
Wut auf Cordelia oder Kafkas Einsicht, daß mancher den Gesang der Sirenen überlebt
hat, jedoch keiner ihr Schweigen.[5]

Stornis Schweigen ist der Tod des Lesers.

Die diese radikale, unerhörte Zurückweisung an das Ende ihres Lebens
setzt, gehört zu den bedeutenden Dichterinnen, die gerade in der ersten
Hälfte des 20. Jahrhunderts in Lateinamerika auftreten, wie ja zur selben Zeit
in Nordamerika und Europa es die Frauen sind, die von sich reden machen.
Die knapp vier Jahrzehnte zwischen 1898 und 1935 in Lateinamerika,
zwischen Kubakrieg und Chacokrieg, geprägt von grundlegenden Umwäl-
zungen, Befreiung und Selbstzerstörung, von Kosmopolitismus und Welt-
bürgertum einerseits und Identitätssuche andererseits, sind der historische
Moment, in welchem Amerika aufhört, Projektion Europas zu sein, Utopia,
wie Ortega oder Keyserling es wieder sehen wollten, und endlich sich selbst
Utopia wird, fähig und willens zur kulturellen Unabhängigkeit, «dando ex-
presión singular a los temas universales, como manifestación de una nueva
sensibilidad y busca de la expresión adecuada a esa nueva sensibilidad»[6]. Ruft
man sich diese Zusammenhänge in Erinnerung, so scheint der Aufbruch der
Frauen in die Kunst weder Zufall, noch erstaunt, daß das Kraftfeld ihrer

---

[5] George Steiner, „Das Sprachtier" (1969), in: Ders., *Exterritorial. Schriften zur
Literatur und Sprachrevolution*, Frankfurt a. M. 1974, S. 99.
[6] Bella Jozef, «Modernismo y vanguardia (del modernismo a la modernidad»), in:
Nuevos Asedios al Modernismo, Edición de Ivan A. Schulman, Madrid 1987, S. 65.

Werke nicht der öffentliche Raum, sondern der private ist, die Rebellion nicht gesellschaftlichen Zuständen, sondern individuellen gilt und durch diese erst jenen. Indem Frauen den Versuch wagen, eigener «sensibilidad» zu eigener Form und Sprache zu verhelfen, anders: den Versuch unternehmen, eine „männlich" bestimmte Ordnung, Tradition zu verlassen, machen sie jedoch weniger die Möglichkeiten sichtbar als vielmehr die Grenzen, die, dem äußeren Anschein zum Trotz, neuem Denken und Handeln weiter gesetzt waren. Was Wysocki über Dichterinnen wie Virginia Woolf, Unica Zürn, Silvia Plath sagt, „sie haben die schöne Idee des begrenzten Raums verletzt", gilt ohne Einschränkung für die hispanoamerikanischen Dichterinnen, nicht weniger für die erfolgreichen, Uruguays Juana de Ibarbourou, als Juana de América selbsterfüllter Wunsch des kulturellen Patriarchats, oder die glamouröse Ocampo und die monumentale Mistral als für die gescheiterten, das bacchantische Opfer Delmira Agostini, für Storni endlich, die die Wechselbäder der Verniedlichung und der Verherrlichung als heillosen Riß zwischen Selbstbild und Spiegelbild erfuhr; «me aguanto», „ich ertrage mich", wird sie sagen, kurz vor ihrem Ende;[7] sie alle den „Frösten der Freiheit" ausgeliefert, in denen selbst Erfolg und Scheitern bloße Etikette werden. Noch einmal Wysocki:

In fremden, neuen Sprachen beschrieben sie den 'freien' Raum, in den sie vorgedrungen waren. Sie waren Zeichenbildnerinnen 'des Weiblichen', ohne in seiner Geschichte zu wohnen ... Die weibliche Schrift ist an keine Freiheit 'gewöhnt' (Virginia Woolf): sie ist beschwert von den ungedeuteten und ungelebten Phantasien über ihr eigenes Geschlecht. Diese unausgesprochenen Bedeutungen sind es, die das 'weibliche' Schreiben und Sehen konstituieren; nicht Inhalte, nicht Konzepte ... Ohne Methode muß sie sich auf den Weg machen ... aus Angst vor der Armut ihrer eigenen Geschichte wird sie zur Komplizin des Mannes ...[8]

Alfonsina Storni wird 1892 in Sala-Capriasca, im Tessin, geboren, drittes von vier Geschwistern. 1896 wandert die Familie nach Argentinien aus, Land der unbegrenzten Möglichkeiten, und erst als 38jährige (1930) wird sie, inzwischen Argentinierin, noch einmal an den Geburtsort zurückkehren. Zuerst in San Juan, dann in Rosario versucht der Vater, ein schwieriger, einzelgängerisch-jähzorniger Mann,[9] eine neue Existenz, verliert sich in finan-

---

[7] Alfonsina Storni, *Antología Poética*, Buenos Aires [10]1951, S. 14 (zuerst 9-VIII-1938).

[8] Gisela von Wysocki, *Die Fröste der Freiheit. Aufbruchsphantasien*, Frankfurt a. M. 1980, S. 7.

[9] Zur Biographie von Storni vgl. Conrado Nalé Roxlo und Mabel Mármol, *Genio y Figura de Alfonsina Storni*, Buenos Aires [2]1966 und Carlos Alberto Andreola, *Alfonsina Storni. Vida-Talento-Soledad. Primera biografía integral y documentada que reúne antecedentes estrictamente desconocidas y revela aspectos apostamente vedados hasta hoy*, Buenos Aires 1976. In *Ocre/Obras Completas IV*, Buenos Aires 1958, steht Stor-

ziellen Eskapaden, so daß die gerade Zwölfjährige gezwungen ist, die Schule
zu verlassen und zum Unterhalt der Familie beizutragen; immer wird sie
einen unbändigen Hunger nach Bildung haben, eine nie befriedigte Lust auf
Neues. Fast gleichzeitig also die ersten Schritte, der Enge einer allzu deutlich
vorgeschriebenen Existenz zu entfliehen: Sie schreibt Gedichte, schließt sich
einer Theatertruppe an. Nach dem Tod des Vaters (1910) wird sie dann doch
noch «maestra rural», für so viele Frauen ihrer Zeit der einzige Weg, wollen
sie unverheiratet, ohne Mann, in der Gesellschaft anerkannt sein. Heimlich
führt sie ein zweites Leben, bleibt bei der Schauspielerei, bis ein Zufall alles
aufdeckt. Der allgemeinen Entrüstung und Schadenfreude ausgesetzt, mag
sie nicht mehr leben: «después de lo ocurrido no tengo ánimo para seguir
viviendo.» Später hat sie als Waffe gegen Prüderie und Heuchelei trotziges,
herausforderndes Gelächter:

Da en mi cara el aire; / . . . Con los pies desnudos / Por el agua voy, / Me río de todo: /
Del Diablo hasta Dios, / Río de mí misma / Y esto es lo peor . . . / / ¡Bah! los pies desnu-
dos, / la tierra en olor . . . / Venga lo que quiera; / Vuelo y vuelo yo . . .[10]

Auch eine heimliche Liebesgeschichte gibt es mit einem verheirateten Mann.
Schwanger verläßt sie ihn aus eigenem Antrieb, geht nach Buenos Aires; dort
wird 1912 der Sohn Alejandro geboren, auch dies anfangs verheimlicht, aus
Einsicht in das der Umwelt Zumutbare und zugleich aus Verachtung für de-
ren Ordnung. Eigensinn und Klugheit, Auflehnung und Anpassung, Skandal
und Applaus sind die Pole, zwischen denen sie sich ihr Leben lang bewegen
wird, kaum möglich zu entscheiden, was zuerst ist: unkonventionelles Ver-
halten als Reaktion auf eine beklemmende Umwelt oder als Ausdruck eines
von Anfang an empfundenen „Andersseins".[11] Immerhin, die Achtzehnjäh-
rige, bereits «feminista declarada»,[12] nimmt die Konsequenzen auf sich;
trotz ständig drückender finanzieller Sorgen arbeitet sie in unterbezahlten

---

nis Beschwörung des Vaters, das Sonett «De mi padre se cuenta»: De mi padre se
cuenta que de caza partía, / Cuando rayaba el alba, seguido de su galgo, / Y en el largo
camino, por divertirse en algo, / Lo miraba a los ojos, y su perro gemía. / / . . . Se ali-
mentaba de aves, dormía sobre el suelo. / / Y sólo cuando el Zonda, grandes masas
ardientes / De arenas y de insectos, levanta en los calientes / Desiertos sanjuaninos
cantaba bajo el cielo. / /

[10] «Risas» aus *El dulce daño / Obras Completas I* (sic. I e. II).

[11] Vgl. Sonia Jones, *Alfonsina Storni*, Boston 1979, S. 27.

[12] So bezeichnet Eyda Machin Storni: «En 1910, decidió incorporarse al Comité Fe-
minista de Santa Fé, convirtiéndose así en su Vice-Presidente. En su estudio *Derechos
Civiles Femeninos*, Alfonsina Storni analiza la conveniencia o no del acceso de la mujer
al voto.» («La mujer y la escritura: Juana de Ibarbourou y Alfonsina Storni», in: *Der
Umgang mit dem Fremden. Beiträge zur Literatur aus und über Lateinamerika* [La-
teinamerika-Studien 22], hrsg. von Titus Heydenreich, München 1986, S. 87.)

erbärmlichen Jobs, abwechselnd als Verkäuferin und Büroangestellte, und ermöglicht dem Sohn eine unbeschwerte Kindheit und gute Erziehung, führt ein selbstverantwortliches, wo nicht unabhängiges Leben. Im Zeitraum von 1916 bis 1920 veröffentlicht sie vier Lyrikbände,[13] gewinnt Zutritt zu literarischen Zirkeln, wo sie durch Debattierfreude und schnellen Witz beeindruckt; seit 1918 schreibt sie für angesehene Zeitungen: *La Nota, La Nación* und *Nosotros*. Ihre angriffslustigen Artikel zeugen von ausgeprägtem Selbstbewußtsein, ja Selbstwertgefühl als Frau, der die Institution der Ehe als unterdrückerisch und ausgehöhlt gilt, der Mann als rückständig und geistig bequem, die Frau versklavt durch Sicherheitsdenken.[14] Die Gedichte dieser Jahre spiegeln, für viele schockierend deutlich, dieses Selbstwertgefühl als vehement und tragisch empfundene Diskrepanz zwischen Ich-Wunsch und Ich-Vermögen, als Mischung von rebellischem Aufbegehren gegen die Zwänge des Geschlechts und erotischen Sehnsüchten, eine bis ins Unerträgliche gesteigerte Sinnlichkeit und Unterwerfungsbereitschaft und eine ebenso süchtige Todeslust. Überscharf wird sie, früher Anerkennung und Ruhm zum Trotz, diese Nicht-Entsprechung immer wieder erleiden, mit Flucht in seelische und körperliche Krankheiten (sie selbst spricht von «neurosis» und «neurastenia»[15]) reagieren, aber auch mit provozierenden Bekenntnissen: «Soy superior al término medio de los hombres que me rodean», sagt sie 1924, «y, físicamente, como mujer, soy su esclava, su molde, su arcilla. No puedo amarlo libremente»; 1927, auf den Vorwurf, männerhasserisch zu sein, antwortet sie dem Kritiker Edmundo Guibourg: «¡Ah, Guibourg, Guibourg! ¡Me he pasado la vida cantando al hombre! ¡Trescientas poesías de amor, Guibourg, trescientas, todas dedicadas al bello animal razonador . . . dispuesta siempre a morir por el magnífico enemigo . . .»; und 1930, auf die Frage eines spanischen Interviewers, ob sie lieber ein Mann gewesen wäre:

. . . yo hubiera querido ser hombre pero no es por su libertad. Libertad, en suma, la tiene la mujer que se decide a ser libre. No es eso. En la mujer lo primero que seduce es su belleza; en el hombre seduce, antes que nada, la palabra. ¡Qué hermoso seducir por la palabra! Quisiera haber sido hombre, sin embargo, para algo más grande: para

---

[13] *La inquietud del rosal* (1916), hier zitiert nach *Obras Completas I*, Buenos Aires 1964; *El dulce daño* (1918), hier zitiert nach *Obras Completas II*, Buenos Aires 1957; *Irremediablemente* (1919), *Obras Completas III* und *Languidez* (1920), *Obras Completas IV*. Alle Verweise beziehen sich auf die Ausgabe der *Obras Completas*, Buenos Aires 1957.

[14] Alfonsina Storni, «Sobre el matrimonio», in: *La Nota* 5/209 (1919), S. 854; Storni (unter dem Pseudonym Tao Lao), «El varón», in: *La Nación* (12. Juni 1921), S. 5; Storni (Tao Lao), «La mujer enemiga de la mujer», in: *La Nación* (22. Mai 1921), S. 4; vgl. Jones, *Alfonsina Storni*, S. 136.

[15] Vgl. Nalé Roxlo, *Genio y Figura de Alfonsina Storni*, S. 97 und S. 164.

saber soñar, morir y odiar, no para saber realizar, vivir, amar, que me parece más
cobarde y de menos interés.[16]
Nachdem sie mit *Languidez* 1920 Anerkennung und Preise, Befreiung auch
von finanziellen Sorgen erlangt hat, widmet sie sich ihrer anderen Leiden-
schaft, dem Theater, schreibend und unterrichtend (auf verschiedenen für sie
errichteten Posten;[17]) erst 1925 erscheint wieder ein Gedichtband, *Ocre,* der
nun weniger denn je dem traditionellen Bild der dichtenden Frau entspricht:
das klassische Frauenthema „Liebe" distanziert, ironisch und desillusioniert
behandelnd, eine Art analytisches Selbstbild, wie bemerkt wird, das den Kri-
tiker Baldomero Sanín Cano, in seiner Rezension für *La Nación,* veranlaßt,
einen „passenderen" Titel vorzuschlagen, «Iridiscencia»[18]. *Ocre* enthält auch
ein «Epitafio para mi tumba» mit den Zeilen

> Duermo mi sueño eterno a pierna suelta,
> Me llaman y no quiero darme vuelta,[19]

dem jedoch keine Beachtung geschenkt wurde. Ebensowenig den *Poemas de
amor,* Prosagedichten, ein Jahr später, 1926, erschienen; autobiographische
Texte, von den Kritikern buchstäblich ignoriert, was auch mit der schwan-
kenden poetischen Qualität zu tun haben mochte, wenn sie sich Trivialitäten
gestattete wie «¿Para qué amo, me pregunto, si no es para hacer algo grande,
nuevo, desconocido?»[20]. Drei Auflagen zeugen von der Wirkung auf das
Publikum. Acht Jahre wird sie mit einem neuen Lyrikband warten. Zuvor,
1930, reist sie nach Europa, ein lange gehegter Wunsch, nach Spanien erst, wo
sie Lorca kennenlernt und Gómez de la Serna mit ihrem Sarkasmus entzückt,
danach ins Tessin, zum einstigen Elternhaus. Zwei Jahre später wiederholt sie
die Reise, nimmt den Sohn mit. 1934 erscheint *Mundo de Siete Pozos.* Neue
Lebenserfahrungen, neue ästhetische Vorstellungen, Erkenntnisse sind umge-
setzt, eine „schwierigere" Bildlichkeit ersetzt die frühere, wie im «Retrato de
García Lorca»:

Buscando raíces de alas / la frente / se le desplaza / a derecha / a izquierda / / Y sobre
el remolino / de la cara / se le fija, / telón del más allá, / comba y ancha. / / . . . Salta su

---

[16] Für «soy superior» und «Guibourg» vgl. Nalé Roxlo, *Genio y Figura de Alfon-
sina Storni,* S. 109 und S. 122; das Interview findet sich in Andreola, *Alfonsina Storni,*
S. 164.
[17] 1921: cátedra im Teatro Infantil Lavardén; 1923: Ernennung zur Profesora de
Lectura y Declamación der Escuela Normal de Lenguas Vivas, Buenos Aires; 1926:
cátedra im Conservatorio de Música y Declamación (vgl. Nalé Roxlo, *Genio y Figura
de Alfonsina Storni,* S. 12, 13, 14).
[18] Baldomero Sanín Cano, «*Ocre,* de Alfonsina Storni», in: *La Nación* (14. Juni
1925), S. 5.
[19] *Ocre* (1925), *Obras Completas IV,* Buenos Aires 1958, S. 105.
[20] *Poemas de Amor,* no. XIX, Buenos Aires 1926.

garganta / hacia afuera : ... Cortádsela. / De norte a sud. / De este a oeste. / / Dejad volar la cabeza / ... Apagadle / la voz de madera, / ...

Weniger nun die direkte Beschreibung der eigenen Befindlichkeit als deren Reflexion, wie im berühmten «Palabras degolladas», das mit den Zeilen beginnt

Palabras degolladas, / caídas de mis labios / sin nacer; / estranguladas vírgenes / sin sol posible ... /

und mit den Worten endet «No perdones, / corazón».[21] Inhalt und Sprache allzu weit entfernt vom Erwarteten und Gewohnten, wird der Band mit Befremden aufgenommen. Dennoch ist dies die glücklichste Zeit.[22] Danach kommt die Entdeckung der Krankheit, aus Scham immer wieder verdrängt; der Selbstmord des Freundes Horacio Quiroga 1937, «morir como tú, Horacio, en tus cabales», sagt sie, «no está mal».[23] Phasen selbstgewählter Abgeschiedenheit wechseln mit solchen überstürzter Aktivitäten, und 1938 noch einmal, wie in einer Zusammenfassung, öffentliche Ehrungen, Bewunderung und Ablehnung für *Mascarilla y trébol*.

Von Anfang an sind Stornis Gedichte mehr als Kunst im Sinne von Fiktion. Die Obsession, mit der sie immer und immer wieder das eigene Ich verfolgt, ausspäht, preisgibt, ist ganz einmalig und findet eine Parallele allenfalls in der manischen Frida Kahlo. Beide ohne systematische Bildung, spontan, gefühlsbetont und zugleich mit einer Neigung zum Bildlich-Verschlüsselten, kennen sie nur ein Thema: und wie Kahlo Selbstporträt auf Selbstporträt malt, so schreibt Storni Selbstbildnisse. Noch jene Gedichte an die berühmten Zeitgenossinnen, in denen sie bewundernd und neidvoll entdeckt, was ihr selbst versagt geblieben, Identität, sind Selbstbild. Am Anfang, in *La inquietud del rosal* (1916), steht das geradezu gewalttätige «Mi yo». «Hay en mí la conciencia de que pertenezco / Al Caos ...», sagt sie und verwechselt Körper und Seele, «mi cuerpo, que es mi alma», nennt sich «loba».[24] Noch in *El dulce daño* (1918) sind es die extremen Züge: jedes Gefühl ins Unmäßige gesteigert, hin- und hergerissen zwischen Selbstüberschätzung und Selbstvernichtung. Als Vampir tritt sie auf, einer anderen, nicht zufällig Juana de Ibarbourou, die Identität raubend:

Me llegaré al jardín donde reposas,
Me bañaré en tu estanque,
Y robaré tus rosas ...[25]

---

[21] *Mundo de siete pozos, Obras Completas V*, Buenos Aires 1957, S. 45, 47 und S. 16, 17.

[22] Vgl. Nalé Roxlo, *Genio y Figura de Alfonsina Storni*, S. 132–134.

[23] «A Horacio Quiroga», *Poesías Sueltas, Obras Completas VIII*, Buenos Aires 1964, S. 40.

[24] «Mi yo» und «La loba», beide in: *La inquietud del rosal, op. cit.*, S. 65, 77.

[25] «Ladrona», in: *El dulce daño, op. cit.*, S. 67.

In *Irremediablemente* (1919) findet sie allmählich Distanz, porträtiert sich spöttisch als Vogel im Käfig eines „Männleins" («Hombre pequeñito»); zugleich wächst die Erkenntnis einer Bestimmung, Stimme der Sprachlosen zu sein:

> Pudiera ser que todo lo que en verso he sentido
> . . . No fuera más que algo vedado y reprimido
> De familia en familia, de mujer en mujer.[26]

Languidez von 1920 widmet sie allen, die «como yo, nunca realizaron uno solo de sus sueños», stellvertretend ist sie «esa mujer», mythisches Wesen, «que así se atreve, / Sola, en el mundo muerto que se mueve» («Letanías de la tierra muerta», für Gabriela Mistral), selbstverschuldet zum passiven, nutzlosen Geschöpf heruntergekommen, «mi alma grita su crimen».[27] Bitterkeit, Verzweiflung und Desillusion prägen ihr Selbstbild in *Ocre* (1925), gescheitert an der aufgezwungenen Lebenslüge («Epitafio para mi tumba»), nicht anders als vor ihr jede Frau, der sie schwesterlich sich verbunden fühlt, wie Delmira Agostini

> . . . sobre tu pecho, para siempre deshecho,
> Comprensivo vigila, todavía, mi pecho,
> Y, si ofendida lloras . . .
> Te enjugo dulcemente las tristes cuencas muertas.[28]

In *Mundo de siete pozos* (1934), endlich in *Mascarilla y trébol*, entwirft sie surrealistische Bilder von sich, ist „erstickte Stimme" und „verzerrter Ton":

> un órgano, tremendo de ternura,
> me dobló el pecho. Mas, ¿por qué sus sones
> contra el cráneo se helaban y expandían
> por la burlesca boca acartonada?[29]

Das Diktum von Octavio Paz, daß der Dichter keine Biographie habe als sein Werk, auf Storni übertragen, enthüllt in ihren Gedichten eine gänzlich andere Biographie als die geschilderte, eine gewissermaßen gegenläufige. Wo die eine, öffentliche, den allmählichen Aufstieg zum Ruhm beschreibt, dem

---

[26] «Pudiera ser», in: *Irremediablemente, op. cit.*, S. 188.
[27] «Letanías de la tierra muerta», in: *Languidez, op. cit.*, S. 115 und «Siglo XX»: Me estoy consumiendo en vida, / Gastando sin hacer nada, / Entre las cuatro paredes / Simétricas de mi casa. / / So beginnt das Gedicht und endet: Tú, el que pasas; no me mires / De arriba a abajo; mi alma / Grita su crimen, la tuya / Lo esconde bajo palabras. / / (*Ibid.*, S. 97, 98.)
[28] «Palabras a Delmira Agostini», in: *Ocre, op. cit.*, S. 62.
[29] «Palabras degolladas», in: *Mundo de siete pozos, op. cit.*, S. 16, 17 und «Autorretrato barroco», in: *Mascarilla y trébol* (1938), *Obras Completas VI*, Buenos Aires 1957, S. 48.

spätes negatives Echo nichts anzuhaben vermochte, da entdeckt die andere
ein selbstentfremdetes Ich, einen immer breiter sich auftuenden Abgrund
zwischen Ich und Welt, die immer nur Du ist, nie Wir. Wo dort der Tod ver-
drängt wird, ist er hier allgegenwärtig. So sind ihre Gedichte nicht Autobio-
graphie, aber die andere Seite der Wirklichkeit. Der Titel des letzten Bandes
führt es noch einmal vor, nicht vereint, Anspruch und Realität, «trébol» und
«mascarilla».

Mascarilla y trébol ist ihr freiestes und eigenstes Werk, in dem Klassisches
und Avantgardistisches rücksichtslos zusammengefügt sind, am deutlichsten
in ihrer eigenen Erfindung, dem Paradox des reimlosen Sonetts.

Das Sonett gehört zu ihren Lieblingsformen. Ihren ersten Lyrikband leitet
sie ein mit einem Sonett, das mit den Versen schließt:

> Y en las alas finísimas del viento
> Me ha traído su sol la Primavera.[30]

Spätestens mit *Ocre,* dem Band, der nicht nur eigener Einschätzung zufolge
eine zweite Phase ihrer Arbeit einleitet, hatte sie bewiesen, wie mühelos ihr
diese Form zu Gebote stand. Aber erst jetzt führt sie vor, was sie selbst «anti-
soneto» nennt, eine ekzeptionell hybride Variante, für die es in Anthologien
und Poetiken keine Parallele gibt[31]: Gedichte mit so befremdenden Titeln wie
«Un diente», «Una oreja», «Tanque de muertos peces», «Jardín zoológico de
nubes» und Versen wie

> Nadie contesta pero ordena todo;
> y el rubio alfanje de la luna nueva
> el vientre me penetra y lo florece

oder

> Pequeño foso de irisadas cuencas
> y marfiles ya muertos, con estrías
> de contraluces; misteriosa valva
> vuelta caverna en las alturas tristes.[32]

Einige dieser «antisonetos» waren bereits in Zeitschriften vorgestellt worden.
Die Reaktion, fast einhellige Ablehnung, widerfuhr auch dem Band selbst.

---

[30] «Vida», in: *La inquietud del rosal, op. cit.,* S. 9.

[31] So in der Vorrede «Breve explicación» zu *Mascarilla y trébol* und in ihrem Vor-
trag Januar 1938 in Montevideo *Entre un par de maletas a medio abrir y las manecillas
del reloj:* dort zu fünf Gedichten, die sie folgendermaßen charakterisiert: «Poesías bre-
ves, dispuestas en forma de soneto; una cuarteta inicial de exposición; la segunda,
nudo; los tercetos, el desenlace. Pero de rima disonante. Antisonetos, me permití lla-
marlos en una colaboración que de otra serie del mismo talante publiqué hace poco en
La Nación (Entre un par de maletas a medio abrir y las manecillas del reloj, Edición y
notas de José D. Forgione, Buenos Aires 1939).

[32] «Fuerzas» und «Una oreja», beide in: *Mascarilla y trébol, op. cit.,* S. 52 und 103.

Die Mischung aus Enttäuschung und Mißtrauen, mit der die Kritiker herab-
lassend und ahnungslos von „allzu experimenteller", von „hermetischer", ja
„seelenloser" Dichtung sprachen, macht sie gereizt und bitter, dem Freund
und Kritiker Ugarte gegenüber läßt sie der eigenen Enttäuschung freien Lauf:
«Tú ya estás viejo, Papito», sagt sie böse, «no comprendes estas cosas nue-
vas . . . es lo mejor que he hecho.»[33]
   Wie wichtig ihr zu diesem Zeitpunkt die «cosas nuevas» sind und wie not-
wendig zugleich, verstanden zu werden, zeigt der Umstand, daß sie dem
Band ein Vorwort, mehr noch, eine „Erklärung" («breve explicación») voran-
stellt, in welcher sie alle Einwände vorwegnimmt: «por el juicio general . . .
preveo que va a ser tildado de oscuro»[34]; daß sie kurze Zeit später die eigene
Auswahl ihrer ersten *Antología Poética* (im August 1938 erschienen) mit den
„Bemerkungen anstelle eines Prologs" («palabras prologales») noch einmal
vor falschen Forderungen verteidigt, versöhnlicher diesmal im Ton und mit
dem eher traditionellen Hinweis, der Dichter könne nicht, einer „Mehrheits-
meinung" zuliebe, an überlebten Formen hängen, «que lo peor que le puede
acontecer a un poeta es tener, forzadamente, que imitarse»[35].
   Poetologische Selbstaussagen sind Besonderheiten bei Storni. Ihrem Ruf,
eine „intellektuelle" Dichterin zu sein, zum Trotz hat sie sich fast immer und
erfolgreich geweigert, über Dichtkunst zu theoretisieren. Nur ein einziges
Mal, 1920 in *Languidez*, hatte sie zu diesem Mittel der Rechtfertigung gegrif-
fen, auch damals, um eine neue Phase lyrischen Vorgehens anzukündigen:
«Este libro cierra una modalidad mía», begann sie, «otra ha de ser mi poesía
de mañana.» Das Ende der Subjektivität kündigt sie an, lapidar und erfolgs-
bewußt.[36]
   Scheinbar noch bei jenem legendären „literarischen Akt", der im Januar

---

[33] Vgl. Jones, *Alfonsina Storni*, S. 82; Roberto Giusti, «Alfonsina Storni», in: *Nos-
otros* 3, 8/32 (1938), S. 389, 391; Manuel Ugarte, *Escritores iberoamericanos de 1900*,
Santiago de Chile 1943, S. 220; Nira Etchenique, *Alfonsina Storni*, Buenos Aires 1958,
wiederholt dieses Urteil: «Se arroja en un mundo de símbolos a veces únicamente acce-
sibles para ella; se somete a la ley interior de un lenguaje cifrado que carece de comuni-
cabilidad . . . el resultado, sin embargo, es igualmente estéril, francamente estéril.
Estéril como aporte humano . . .» (S. 134–135); dort auch die Kritik aus *La Prensa*
(13. November 1938), in der es hieß: «. . . ni el tema ni la técnica . . ., traerán a Alfon-
sina Storni amplios círculos de lectores» (S. 139). Nalé Roxlo (*Genio y Figura de Alfon-
sina Storni*, S. 154) dagegen spricht vom «juego de símbolos originales y personalísi-
mos, que pueden sorprender por su rareza pero no por su arbitrariedad . . . Pocas veces
hemos visto un impulso poético tan auténtico, gobernado por una inteligencia estética
tan alta y lúcida . . .»
[34] «Breve explicación», in: *Mascarilla y trébol, op. cit.*, S. 7.
[35] «Palabras prologales», in: *Antología Poética, op. cit.*, S. 14.
[36] Vorrede von *Languidez, op. cit.*, S. 7.

1938 in Montevideo für die drei großen Frauen der lateinamerikanischen Lyrik im 20. Jahrhundert, Juana de Ibarbourou, Gabriela Mistral und sie selbst, in Szene gesetzt worden war, dessen offizielle Einladung gefordert hatte, «que hicieran en público la confesión de su forma y manera de crear»[37], entzog sie sich in eine impressionistische, autobiographisch getönte Betrachtung. Der Titel ihres Beitrags, «Entre un par de maletas a medio abrir y las mencillas del reloj», offenbart, daß sie diese Aufforderung, einem ästhetischen Ideal folgend, das in der Tat umfassender ist, umgedeutet hatte in «forma y manera de ser». Immerhin, am Beispiel von fünf Gedichten erklärt sie, wie seelische und körperliche Zustände zusammenwirken, besser: daß sie zusammenwirken, um „Poesie" zu werden. Freilich, die Art und Weise, in welcher das geschieht, erklärt sie nicht. Alle fünf Gedichte, «antisonetos», nimmt sie in *Mascarilla y trébol* auf,[38] so daß einem aufmerksamen Kritiker auch ohne die „kurze Erklärung" klar sein mußte, was sie dennoch noch einmal fordert: das Recht des Künstlers, neue Wege zu gehen, neue Formen, Bilder, Sprechweisen zu entdecken jenseits der Grenzen des bereits geschaffenen Werks. Indem sie nun aber keine Theorie der Poesie entwickelt, sondern umgekehrt, eine Poetik des Lesens: darin dürfte die „kurze Erklärung" nicht weniger erstaunlich und singulär gewesen sein als die «antisonetos» selbst. Sie bittet – gegen die Kritiker, an den Kritikern vorbei – um einen gleichgesinnten Leser, gewissermaßen um einen Leser „von innen". Lange vor der mittlerweile notorischen Forderung nach dem Leser-Komplizen ist sie es, die um den „verständigen Leser" wirbt, um ein Gegenüber, das sie „Freund und Gesprächspartner" nennt, und dessen Bereitschaft, sich auf Neues/Anderes einzulassen, ist ihr eine «colaboración imaginativa, en cierto modo creadora»; im Akt des Lesens sieht sie einen „gemeinschaftlichen Akt", «hecho social», vergleichbar einer dialogischen Konfrontation – wie sie zwischen Gemälde und Betrachter, Musik und Hörer stattfindet und ohne die die neue, sie sagt die „avantgardistische" Kunst nicht entstehen kann:

Yo pediría al dialogante amigo una lectura detenida de él: todo tiene aquí un sentido, una lógica ... Los movimientos vanguardistas en arte y política se apoyan en el hecho social de esta colaboración, cada vez más exigida.[39]

Indem sie jedoch als letzten Grund des schöpferischen Impetus die eigene Befindlichkeit nennt, das künstlerische Werk in eins setzt mit der Person des Schöpfers, besser: mit Vorgängen in dessen Person, die zu rechtfertigen nie-

---

[37] Vgl. Nalé Roxlo, *Genio y Figura de Alfonsina Storni*, S. 142.

[38] Die fünf Gedichte, «Los iré leyendo por orden de alumbramiento», betont sie *(Entre un par de maletas, op. cit.)*, sind «Barrancas del Plata en Colonia», «Cigarra en noche de luna», «Pie de árbol», «Planos en un crepúsculo» und «Flor en una mano».

[39] «Breve explicación», *op. cit.*, S. 7.

mandem in den Sinn käme, erhebt sie Kunst in den Status einer ontologischen Notwendigkeit, macht sie derart zu einem untrennbaren Teil des autonomen Ich, enthebt sie damit aber auch zugleich jeder intellektuellen Diskussion: «Todo libro, por otra parte, se expresa por sí mismo», sagt sie und fährt fort:

acaso este introito esté demás: es como si un corazón sensiblemente agitado y estallante se empeñara en querer certificar que las mareas que lo turban suben de sus legítimos torrentes.[40]

Dasselbe hatte sie, die Form «antisoneto» betreffend, getan: «la denominación puede discutirse; o no tomarse en cuenta»: was ja nichts weniger als die Autonomie des Kunstwerks bedeutet.[41]

Trotzdem hat es nicht an Versuchen gefehlt, die Sache vom Begriff her zu deuten. Einer der ersten, der Kritiker Roberto Giusti, ist auch der erste Leser. Storni überläßt ihm das Manuskript noch vor der Veröffentlichung. Sein Verbesserungsvorschlag, statt von Antisonett von Quasi-Sonett zu sprechen, ist mehr als nur ein terminologischer Fehlgriff, da er im Reim ein bloß äußerliches Element, eben ein entbehrliches, sieht, nicht das Wesensmerkmal, dessen Fehlen auch wesensändernde Konsequenzen haben muß. Giusti findet zudem eine sozusagen biologische Erklärung der Form, die hier weniger ihres dekuvrierenden als vielmehr ihres exemplarischen Charakters willen wiedergegeben sein soll. Einen Ausspruch von Croce auf Storni münzend, sagt er:

Parece que las mujeres, valerosas para desarrollar en su seno durante nueve meses un germen de vida, darlo a luz trabajosamente, criarlo con inteligente paciencia que tiene algo de prodigio, sean por lo común incapaces de regulares gestiones poéticas: a la concepción sigue instantánea la *délivrance*, y el recién nacido es arrojado a la calle, privado de todos aquellos auxilios que le serían necesarios.[42]

Anschauungen, die Stornis Verärgerung über die Kritiker und ihren Appell an den „verständigen Leser" nachvollziehbar machen.

Nicht biologisch zwar, aber betont ihre *conditio* als Frau in den Vorder-

---

[40] *Ibid.*

[41] *Entre un par de maletas, op. cit.*

[42] Vgl. Helena Percas, «Alfonsina Storni y la generación del 16», in: Dies., *La poesía femenina argentina (1810–1950)*, Madrid 1958, S. 130. Dort Giusti: «En diciembre del año pasado [1937] puso en mis manos el manuscrito de los que ella llamaba sus ‹antisonetos›, y yo diría ‹casi-sonetos›, pues no son sino los catorce clásicos versos, pero sin rima. Entonces muchos de ellos llevaban notas aclaratorias. Entendía, pues, que hacían falta. Le aconsejé no cargarlos de tales glosas, no tratar al lector como un pedagogo a sus discípulos. Si la poesía no consigue expresarse por sí sola . . . conviértese en un juego intrascendente, en una especie de logogrifo con la solución al pie.» Der Croce-Verweis bei Giusti, «Alfonsina Storni», in: *Nosotros* 8 (1938), S. 369–397.

grund rückend, haben neueste Interpretationsversuche deutlich sympathisie-
renden, ja identifikatorischen Charakter und überwiegend feministisches
Erkenntnisinteresse,[43] sehen Storni nicht nur als Dichterin in ihrer Zeit, son-
dern als Beispiel einer „weiblichen Schreibweise".

Dabei gilt ihnen für Storni,
was bisher allgemein für Frauen in der Kunst, nicht nur der Dichtkunst, ge-
golten hat: daß sie keiner Schule, keiner Bewegung oder Gruppe zuzurech-
nen sind, daß sie andererseits keine hervorgerufen haben. Storni ist von kei-
ner einzelnen Dichterpersönlichkeit entscheidend beeinflußt, Ähnlichkeiten,
Übereinstimmungen sind trotzdem immer wieder gesucht und auch entdeckt
worden. Percas erstellt eine regelrechte Liste, auf der Autoren wie Rubén
Darío, Amado Nervo, Delmira Agostini, Leopoldo Lugones auftauchen[44]
(Lugones konnte seinerseits Storni nicht ausstehen, auf ein ihm handschrift-
lich gewidmetes Exemplar «A Leopoldo Lugones que no me estima ni me
quiere. Alfonsina Storni» reagierte er mit Schweigen[45]). Ihrem Debutband
wird zu Recht und übereinstimmend modernistisch-romantische Fingerfer-
tigkeit bescheinigt, sie selbst mochte ihn nicht, nahm auch kein einziges
Beispiel in die *Antología* auf.[46] Neuerdings treten Baudelaire, Huidobro, die
Generation von 1927 dazu. Insbesondere die Gedichte der letzten Jahre las-
sen Einflüsse aus dieser Richtung vermuten, sowohl was den in der Tat merk-
würdigen Terminus «antisoneto» angeht als auch die Metaphorik und die
Kunstauffassung.

Erstaunlich inkonsequent versuchen jedoch auch feministische Kritiker,
die zuvor konstatierte Eigenständigkeit Stornis vergessend, ihr Werk aus
Abhängigkeiten, Einflüssen zu deuten, ihre „weibliche" Andersartigkeit zu

---

[43] Vgl. Julieta Gómez Paz, *Legendo a Alfonsina Storni;* Sonia Jones, *Alfonsina
Storni;* Rachel Phillips, *Alfonsina Storni. From Poetress to Poet,* London 1975; Carola
Schulze, *Die soziale Thematik im lyrischen Werk von Alfonsina Storni,* Hamburg 1986
(Ms.), die erste Arbeit, die Stornis gesellschaftskritische Tendenzen, „ein Novum",
untersucht: „Nicht zuletzt geht es auch darum, Stornis zweifach anstiftenden Beitrag
zur Geschichte weiblicher Emanzipation sowie weiblichen Schreibens ... zu würdi-
gen" (S. 2). Fazit dieser Untersuchung ist, daß das lyrische Werk gipfelt „in der nihili-
stischen, einen ungeheuren Glaubenswert verbergenden Vision inhärenter gesellschaft-
licher Desintegration", von der Storni sich durch „freiwillige Isolation" distanzierte
(vgl. dort, S. 66, 67).
[44] Vgl. Nalé Roxlo, *Genio y Figura de Alfonsina Storni,* S. 126.
[45] Ebenso Lucrecio Pérez Blanco, *La Poesía de Alfonsina Storni,* Madrid 1975.
[46] In einer «Autodemolición» erklärte Storni bereits 1930: «*La inquietud del rosal*
– libro tan malo como inocente, escrito entre cartas comerciales, en tiempos en que
urgencias poco poéticas me obligaban a estar nueve horas en una oficina ... poca
severidad en la selección, complejidad, precipitación, desorden, despreocupación de
detalles ...» (*Revista Americana* [7. Juni 1930], S. 329–331); vgl. Carmen Sidonia
Rosenbaum, *Modern Women Poets of Spanish America,* New York 1945, S. 227.

definieren und einzuordnen durch Hinweise auf „männliche" Schreibweisen, Stornis Erfindungen gewissermaßen dadurch sanktionierend, daß auch andere dergleichen aufzuweisen haben. Etwa Phillips,[47] wenn sie den Begriff «antisoneto» ganz von der Vokabel her angeht und bei der Suche nach Entsprechungen einerseits auf Nicanor Parras «antipoemas» stößt, andererseits auf Huidobros «antipoeta». Bei Parra signalisiert der Begriff ein vages grundsätzliches Ungenügen an tradierten Formen überhaupt. Die Zerstörung der Form, das Aufbrechen der Syntax, die Benutzung der Alltagssprache und das System einer privaten Bildsymbolik sind als Widerstandshandlung per se zu deuten;[48] während Huidobros Abneigung, wie er sie in «Altazor» vorführt, weniger dem lyrischen Gebilde in seiner äußeren Gestalt gilt, als vielmehr einer traditionellen Auffassung vom Wesen des Künstlers und vom Wesen der Kunst. In der Kunst sieht er eine ganz eigene, er sagt „kosmische" Realität neben der der Wirklichkeit, im Künstler einen „Gott" und fordert, «hacer un poema como la naturaleza hace un árbol».

«Antisoneto» wäre dann das Produkt einer Antihaltung schlechthin, wie sie über die Zeiten hinweg immer wieder auftritt und, als „unbedingter Wille zum Neuen", sich nur im „Zerbrechen des Alten auszudrücken" vermag.[49]

Ortegas «Deshumanización del arte» findet gleichfalls Erwähnung. Der Hinweis liegt nahe, betrachtet man die Bildlichkeit Stornis seit Ocre: «La Poesía es hoy el álgebra superior de la metáfora», sagt Ortega und «de pintar las cosas se ha pasado a pintar las ideas».[50] Verse wie

> La muerte no ha nacido, está dormida
> en una playa rosa

oder

> Henchida estaba mi garganta de aire
> reverdecido y exultantes ojos
> me modelaba porque bien muriese

aus *Mascarilla y trébol* scheinen Illustrationen dazu zu sein.[51] «Antisoneto» würde mithin in Zusammenhang gebracht mit einer Antihaltung, mit dem

---

[47] Phillips, *Alfonsina Storni. From Poetress to Poet*, S. 105.

[48] Parra, in einem Interview zu Manuel Durán: «Los antipoemas salen de mi aburrimiento frente a la poesía en ese momento. Era un momento en que no me convencía ningún poema que leía. Parecía que había una gran distancia entre la vida y la poesía ...» (Plural I/6 [März 1972], S. 10–13).

[49] Vgl. Hugo Friedrich, *Die Struktur der modernen Lyrik. Von der Mitte des neunzehnten bis zur Mitte des zwanzigsten Jahrhunderts*, erweiterte Neuausgabe, Reinbek b. Hamburg 1967, S. 151.

[50] José Ortega y Gasset, *La deshumanización del arte*, Madrid [11]1976, S. 43 und 49.

[51] «Sugestiones de un canto de un pájaro» und «Juventudes», beide in: *Mascarilla y trébol, op. cit.*, S. 89 und 50.

Dichtwerk als einer kosmischen Realität, mit Dichtung als „gemachter", hergestellter Wirklichkeit, „höherer Mathematik".[52]

Ich denke, der Begriff Stornis ist direkter, weniger reflektiert, nicht theoretisch, sondern instinktiv gefunden. Ihre eigenen Hinweise auf Erlebnisse, Zustände, sinnliche Eindrücke und Gefühle als auslösende Momente des schöpferischen Vorgangs legen das ebenso nahe, wie ihr Mangel an Bildung und ihr nicht-intellektuelles Temperament es vermuten lassen.

Ihr schöpferischer Impetus entspringt nicht dem Drang zum Negieren, Zerstören – anfänglich erregt sie „Skandal", was ja nur innerhalb einer von beiden Seiten akzeptierten Ordnung möglich ist –, noch weniger Anhaltspunkte gibt es dafür, sie habe sich, den Künstler, als „Gott" oder anders als „Macher" begriffen, dessen Ziel es ist, aus dem Nichts zu schaffen, «crear de la nada», wie Ortega hübsch formuliert.[53] Was sie bewegt, ist eher der Drang nach Anerkennung eines „Eigenen" in diesem Sinne „Neuen", eine Haltung, die zusammenfügt, was so noch nie zusammen gewesen ist, weniger dem Zerbrechen der Kubisten vergleichbar als deren Collage-Technik. Mit beiden verbindet sie ein „objektivierendes" Moment durch die vielfach gebrochene Perspektive, so im «Retrato de García Lorca», wo es heißt:

Buscando raíces de alas / la frente / se le desplaza / a derecha / a izquierda. / / Y sobre el remolino / de la cara / se fija, / telón del más allá, / comba y ancha. / /

oder im ersten Quartett von «Autorretrato barroco»:

Una máscara griega, enmohecida
en las romanas catacumbas, vino
cortando espacio a mi calzante cara.
El cráneo un viejo mármol carcajeante.[54]

Und auch darin unterscheidet sie sich von Huidobros «creacionismo» und Ortegas enthumanisierter Kunst, daß der schöpferische Akt kein einsamer ist, das Ich gebunden an ein Gegenüber. Das lyrische Ich, das so dominierend, so fordernd und kämpferisch von Anfang an auf sich aufmerksam macht, hat immer auch ein Du, dem es sich mitteilt, dem es sich unterwirft, das es gewinnen will, ein Du ebenso innerhalb wie außerhalb des lyrischen Raums. Gerade in *Mascarilla y trébol* deckt einfaches Zählen es auf: 42 «antisonetos», von denen 23 ein Ich, 17 ein Du, 12 ein Ich und ein Du haben. Karl

---

[52] Väter der Ansicht vom poetischen als einem konstruierten Gebilde sind natürlich Novalis und Poe, deren Begriff des *calcul* seit Baudelaire Allgemeingut ist. Näheres zum vermuteten Einfluß Baudelaires und sogar Rilkes bei Percas, *La poesía femenina argentina*, S. 210–211 und 220 resp.

[53] Ortega y Gasset, *La deshumanización del arte*, S. 63.

[54] «Retrato de García Lorca», in: *Mundo de siete pozos, op. cit.*, S. 45–47; «Autorretrato barroco» in: *Mascarilla y trébol, op. cit.*, S. 47.

Alfred Blüher hat in einem erhellenden Aufsatz gezeigt, daß die These, moderne Lyrik seit Baudelaire sei rein monologische Dichtung, deren „Ich-Instanz für niemanden mehr zu sprechen scheint und in der das dichterische Subjekt sogar mehr und mehr einer ichlosen, anonymen Stimme den Platz zu überlassen scheint", nicht aufrechterhalten bleiben kann, daß im Gegenteil eine „Rückgewinnung der 'kommunikativen' Tiefenstruktur des lyrischen Diskurses" gelungen ist, innertextlich manifest in einer „Sprechsituation" zwischen lyrischem Ich und lyrischem Du. Das „lyrische Du" definiert Blüher als die „in der Textstruktur eines Gedichts explizit auftretende Instanz eines Kommunikationspartners des lyrischen Ich" und das Du der Selbstanrede.[55] Auf zweierlei Weise wird das lyrische Ich für das Du außerhalb des lyrischen Raums zu einem sprechenden Ich: dadurch, daß die Selbstanrede im „Du-Code" (Blüher) das lyrische Ich in eine überpersönliche, transsubjektive Instanz verwandelt, identifizierend im Ich des Leser-Gegenübers wiedererscheint. Noch einmal Blüher (am Beispiel Apollinaires):

> Über den Bereich der subjektiven Ich-Erfahrung hinaus erhebt sich im Du das Paradigma einer allgemeinen modernen Lebenserfahrung. Die Du-Anrede . . . transzendiert . . . die Aussage des lyrischen Ich und damit natürlich auch dessen Zerbrechlichkeit und Verunsicherung ins Allgemeine.[56]

Zum anderen dadurch, daß die „Dimension der mündlichen Kommunikation" eingeführt wird, durch Verwendung der Alltagssprache, indem das Ich „Stimme" wird, der Leser zum „Hörer", mehr noch, zum Zu-Hörer *hic et nunc*, wird zugleich aus dem anonymen Leser-Irgendwer ein personales Du, ein direkt und unmittelbar angesprochener Dialogpartner.

In *Mundo de siete pozos* kündigt sich bereits an, was in *Mascarilla y trébol* durch das Mittel des «antisoneto» erreicht ist: die fundamentale Umkehr der Ich-Du-Situation.

«Antisoneto», als das reimlose Sonett, ist die nicht erfüllte Form *eo ipso*, das Fragment. Das Fragment wird in der Moderne weder *pars pro toto* noch Keim des künftigen Ganzen mehr sein, sondern „Stück eines unwahrscheinlichen, widersprüchlichen oder nicht (re-)konstruierbaren" Ganzen,[57] so auch, im Sinne eines Teils jenes verlorenen Ganzen, ist es bei Storni zu verstehen: als die Rede des Ich, die nicht mehr zum Du durchdringt. «Antisoneto»

---

[55] Karl Alfred Blüher: „Das 'lyrische Du' in der Dichtung der Moderne. Modellanalysen zu Baudelaire, Apollinaire und Eluard", in: *Lyrik und Malerei der Avantgarde*, hrsg. von Rainer Warning und Winfried Wehle, München 1982, S. 111, 123.

[56] Blüher, „Das 'lyrische Du'", *op. cit.*, S. 137.

[57] Vgl. Lucien Dällenbach, „Das Bruchstück und der Reim. Zu Apollinaires 'Lundi rue Christine', einem angeblichen 'Konversationsgedicht'", in: Warning/Wehle, *Lyrik und Malerei der Avantgarde*, S. 297.

ist also fragmentarisches, fragmentarisiertes Sprechen: im doppelten Sinne jedoch, als Aufforderung, Kommunikation herzustellen, und zugleich im Sinne der gestörten, der nur mehr ins Leere stoßenden Rede, des „verlorenen" Gesprächs.

So, wie im «antisoneto» der Reim fehlt, um Sonett zu sein, so fehlt dem Ich das Du zur Selbstfindung, zum Dialog. Ich wage eine Definition: «Antisoneto» ist Funktion der Sprechsituation. Als solche nicht „Form", sondern „Ausdruck" – modern in dem Maße, in dem es die Ambiguität der menschlichen Existenz überhaupt auf den Nenner bringt, die existentielle Ungewißheit des Ich, ob es „gehört" wird, widerspiegelnd. Anders: «Antisoneto» macht visuell sichtbar die textinterne und die texttranszendente Du-lose Sprechsituation.

«Voy a dormir» ist ein extremes Beispiel, das äußerste, der Reduktion von Sprechen. Nicht nur, indem das sprechende Ich eine Fragmenthaftigkeit herstellt, die nur durch „Mitarbeit", «hecho social», überwunden werden kann, sondern indem es eine innere Bewegung vollführt, die dies gerade verhindert: die Sprechsituation Ich-Du/nodriza wandelt sich zur Selbstanrede Ich-Du/Ich und endet mit einer Rede an ein distanziert als „er" bezeichnetes Gegenüber, das zudem nicht direkt angesprochen wird. So trifft sich die inhaltliche „Absage" mit der äußeren Fragmenthaftigkeit in einer Geste des NICHT, die Beweis dafür ist, daß Storni die Dialogsuche aufgegeben hat, auch am Ende ihre eigenen Regeln schaffend, aus eigenem Antrieb, darin sich treu geblieben.

Im Gruppenbild der vier bedeutenden Lyrikerinnen Hispanoamerikas in diesem Jahrhundert ist Storni die am wenigsten klar gezeichnete. Für die anderen drei, Juana de América, Delmira Agostini und Gabriela Mistral, ist ein „passendes" Bild, das schöne, überhöhte gefunden: Göttin, Mutter, Mänade. Fesselnde Gestalten, mitreißend im Wortsinn, aber auch „aus Angst vor der Armut ihrer eigenen Geschichte zur Komplizin des Mannes" geworden, „seine" Sprache sprechend. Alfonsina Storni hingegen wendet die Armut der eigenen Geschichte gegen die Welt, sie „enttäuscht", läßt schließlich den Leser/das Du in der Verstörung des verweigerten und nie wieder einklagbaren Dialogs zurück, nicht nur, weil ihr Œuvre scheinbar so deutlich in eine „männliche" und eine „andere", um nicht zu sagen „weibliche" Sprache auseinanderbricht, sondern weil es ordnenden und systematisierenden Kategorien ebensowenig zugänglich ist wie wertenden. Am Ende identifiziert sie sich mit Prometheus, so wie sie am Anfang als „Teil des Chaos" sich verstanden hatte. Diesen Selbstbildern vermochte sie nicht die Maske des Fremdbildes überzustülpen, wollte nicht Projektion sein, ebensowenig jedoch vermochte sie eine „eigene" adäquate Sprache dafür zu finden. Als es gelang, war es die des Todes. Nur dieses eine Mal sind Dichtung und Leben zu einer Identität, zur Wahrheit zusammengefügt.

CÉSAR VALLEJO

(1892–1938)

TRILCE XXIII

Tahona estuosa de aquellos mis bizcochos
pura yema infantil innumerable, madre.

Oh tus cuatro gorgas, asombrosamente
mal plañidas, madre: tus mendigos.
5 Las dos hermanas últimas, Miguel que ha muerto
y yo arrastrando todavía
una trenza por cada letra del abecedario.

En la sala de arriba nos repartías
de mañana, de tarde, de dual estiba,
10 aquellas ricas hostias de tiempo, para
que ahora nos sobrasen
cáscaras de relojes en flexión de las 24
en punto parados.

Madre, ¡y ahora! Ahora, en cuál alvéolo
15 quedaría, en qué retoño capilar,
cierta migaja que hoy se me ata al cuello
y no quiere pasar. Hoy que hasta
tus puros huesos estarán harina
que no habrá en qué amasar
20 ¡tierna dulcera de amor!,
hasta en la cruda sombra, hasta en el gran molar
cuya encía late en aquel lácteo hoyuelo
que inadvertido lábrase y pulula ¡tú lo viste tánto!
en las cerradas manos recién nacidas.

25 Tal la tierra oirá en tu silenciar,
cómo nos van cobrando todos
el alquiler del mundo donde nos dejas
y el valor de aquel pan inacabable.

Y nos lo cobran, cuando, siendo nosotros
30 pequeños entonces, como tú verías,
no se lo podíamos haber arrebatado
a nadie; cuando tú nos lo diste,
¿di, mamá?

Obra poética completa, ed. Enrique Ballón Aguirre, Caracas 1979, S. 67–68. Abdruck mit freundlicher Genehmigung der Bibl. Ayacucho, Caracas, Venezuela.

CÉSAR VALLEJO'S PARADISE LOST: A STUDY OF «TRILCE XXIII»

By James Higgins

No study based on a single text can hope to give an adequate overview of César Vallejo's poetic production or to do justice to its extraordinary richness and variety. Nonetheless, poem XXIII of *Trilce* seems to me to provide an excellent introduction to the work of a man who is regarded by many as the outstanding poet in the Spanish language in the twentieth century. Not only is it one of his best poems, but it touches on many of the major motifs of his work as a whole. What follows is a conventional textual analysis of the traditional kind, but one which will move outwards from the text, using it as a way into Vallejo's poetic universe.

The text reflects an experience that is crucial for an understanding of the poet's work. Vallejo grew up in a large, close-knit family in a small, isolated rural community in the heart of the northern Peruvian Andes. As a young man, he left home to make his way in the world, moving first to Trujillo and then to Lima, where he experienced the loneliness, homesickness and intimidation of a provincial immigrant in the capital. Later, following the publication of *Trilce* in 1922, he journeyed to Paris, where he was to live out the rest of his life as a Latin American exile in Europe. For all his sophistication, Vallejo remained at heart an uprooted provincial in an urban world where he felt out of his element. And in his early days of exile in Lima he created in *Trilce* a personal version of the myth of paradise lost around the provincial home which he had left behind him and, in particular, around the person of his mother, who died in 1918. Thus, poem XXIII is addressed to his dead mother, recalled as the archetypal maternal figure watching lovingly and protectively over the happy, carefree world of childhood, purveying nourishment and affection and generating an atmosphere of comfort and security.[1]

The placing of the word «madre» in the emphatic position at the end of the

---

[1] The text of the poem is taken from César Vallejo, *Obra poética completa*, ed. Enrique Ballón Aguirre, Caracas 1979. All page references are to that edition, the respective books being identified by the following abbreviations: *HN (Los heraldos negros)*; *Tr (Trilce)*; *PH (Poemas humanos)*; *Esp (España, aparta de mí este cáliz)*.

For other analyses of this poem, see Eduardo Neale-Silva, *César Vallejo en su fase trílcica*, Madison 1975, pp. 338–344; Aldo P. Oliva, «Trilce XXIII», in: *Aproximaciones a César Vallejo*, ed. Angel Flores, New York 1971, II, pp. 147–151; Irene Vegas García, *Trilce, estructura de un nuevo lenguaje*, Lima 1982, pp. 55–64.

opening couplet puts the mother squarely at the centre of the poem, as at the centre of the poet's childhood world. Syntactically these lines are constructed around two sets of appositions: «bizcochos» is qualified by the phrase immediately following, which defines the cookies as "pure and countless essence of childhood", the effect of the suppression of the expected comma being to emphasise the equation; and «madre» stands in apposition to the whole phrase dependent on the opening «Tahona estuosa» (warm oven). The noun «Tahona», an archaism but common currency in northern Peru, sets an appropriately provincial tone right from the outset. Here the poet is recalling the oven from which his mother brought forth a seemingly inexhaustible supply of cookies, but he so identifies her with that scene that she and the oven merge in his memory, so that she is literally remembered as an oven, radiating warmth and nourishing her family emotionally with her love at the same time as she gave sustenance to their bodies. Hence, the ambiguity of the word «yema» suggests that her cookies surpassed the ingredients which physically constituted them (egg-yolk) to become the very stuff of infancy, the "essence" of childhood.

The second stanza evokes the memory of the four youngest children of the household clustering around the mother and clamouring for their share of the cookies. The reference to them as her personal horde of hungry beggars clarifies, complements and reinforces the preceding image of the "four gullets". The noun «gorgas»–apparently a Gallicism–is a synecdoche which likens them to young chicks competing for food from the mother hen, defining them as open mouths emitting shrill demands till they are filled with food. The qualifying adjectival phrase «asombrosamente/mal plañidas» is probably a paraphrase of one of his mother's stock sayings, a manifestation of parental surprise and displeasure that they should whine and misbehave in such an ill-mannered fashion. As such, it exemplifies an important feature of Vallejo's poetic language, the incorporation of everyday speech into the poetic discourse, and in the context of a poem evoking the intimate world of the family it is particularly appropriate because of the memories and associations it carries with it. This sense of an intimate world is reinforced by the identification of the four children. The poet's status as the youngest member of the family– and, in all likelihood, the most pampered–is highlighted by the two lines accorded to him at the end of the stanza. The image of him trailing a braid for every letter of the alphabet simultaneously suggests that he had not yet reached the age when boys wore their hair short and that he was still struggling to master the secret of reading and writing. However, it does more than point to his tender years. Together with the earlier image of the "four gullets" and the mother's reprimand for their lack of manners, it places the childhood paradise in the period before he had learned the use of reason and acquired social habits, in the period of elementary, unthinking, animal existence.

The third stanza recalls the twice-daily ritual in which the mother shared out her cookies among the children. In the poet's recollection of it that ritual acquires a status akin to that of the Christian communion. The upstairs room where it took place is remembered as a kind of inner sanctum. The three adverbial phrases of 1.9, by postponing the complement of the verb and slowing down the rhythm of the sentence, create a tone of solemnity. And the postponement of the complement gives a climactic emphasis to the key phrase of the stanza, «aquellas ricas hostias de tiempo» (those delicious hosts of time). Using one of his favourite techniques, catachresis, Vallejo here couples an adjective evocative of the gustatory satisfaction of eating with a noun of religious significance, to convey the physical and emotional fulfilment derived from this ritual in which the children absorbed the grace of maternal love as they devoured the cookies. That catachresis is combined with another favourite device, paradox. For, in the timeless world of the child and in the timeless world of the myth of childhood recalled by the adult, life was regulated, not by the clock, but by those "hosts of time", by the twice-daily distribution of the cookies, which are thus an emblem of true time, of life before the Fall.

A feature of the new poetic language of *Trilce* is Vallejo's daring exploitation of the line pause. Here the preposition «para» is left dangling at the end of 1.10, so that the reader is held in suspense before being confronted with a different reality which represents the collapse of the world hitherto evoked. The following lines bring us down to "now", to the present, to the world of adulthood. That world is defined by the verb «sobrar», emphasised by its positioning at the end of 1.11, as being constituted by "left-overs", as being an unsatisfactory extension of the fulfilling world of childhood. What the adult poet is left to make do with is revealed by the phrase «cáscaras de relojes», a magnificent example of Vallejo's skill in exploiting ambiguity. Interpreted as "husks", the «cáscaras» are the indigestible chaff left over from the satisfying meals of an eternal past, the minutes and seconds ticked out by the clocks that measure and rule the temporal present. Interpreted as "shells", they become clocks without machinery inside them, clocks that no longer work and have come to a stop. The two interpretations complement each other, of course, for by marking out time the clocks mark the end of true time, the end of the timeless world of childhood. And the sense of a world having been brought to a close by these clocks "stopped with their hands on the dot of midnight" is rammed home by the emphasis given to the numeral 24 at the end of 1.12–numbers are frequently used in *Trilce* to designate the implacable, inhuman laws governing existence–and to the past participle «parados» at the end of the stanza.

The exclamation "And now!" addressed to the mother at the beginning of the fourth stanza evokes a present at which the poet can only shake his head sadly. The two other sentences which make up the stanza open with words

(Ahora, Hoy) which insist on that present, emphasise the inescapable reality of it, and then go on to define it in terms of loss. The first is a question in which the poet is troubled by a crumb that somehow has remained lodged between his teeth since infancy and today sticks in his throat and won't go down. The crumb, clearly, is a metaphor for memory, the only thing left to him of the past, and thus, too, a metaphor of a painful loss which he cannot "digest" or come to terms with. The reading of the following sentence–the longest in the poem, spanning eight lines–is determined by the phrase «hasta en la cruda sombra» of 1.21: the mother now languishes in the cruel shadow of death, but even there, the poet believes, her maternal instinct to give of herself to her children remains alive. The endearment of 1.20 (tender pastry-cook of love) encapsulates everything she was in life: the provider of food and affection, of bodily and emotional sustenance. Even in death, her son fondly imagines, her sacred remains, her bones, the essence of what she was in life, will have metamorphosed themselves into flour to provide sustenance for her family. However, the positive implications of 1.18 are immediately cancelled out by the negative of 1.19, where the limitations imposed by death are seen as pre-venting that flour from being kneaded into the dough that would become food. And the sense of deprivation implied in this thwarting of the mother's desire to give herself to her children from beyond the grave is intensified by the cruel irony of 11.21–22, where death is visualised as a great mouth gorg-ing at the breast where they formerly sucked. The remorselessness with which death drains away the life-giving force that was incarnated in the mother is suggested by the image of its gigantic molar, evocative of an insa-tiable voraciousness which diminishes her breast to a mere "lacteal dimple". By contrast, in the following two lines, where, swollen with milk, it moulds itself into different shapes as it bulges and overspills hands too tiny to hold it, that same maternal breast is recalled as an inexhaustible fount of nourishment and love for the new-born child. The effect of these final two lines–accen-tuated by the invocation "You saw it so often!"–is to end the stanza on a changed note, as the poet's sense of loss and deprivation shifts in the direction of nostalgia, a nostalgia for the unconscious bliss of pre-rational infancy.

The final stanza, however, returns us to the inescapable reality of the pres-ent. Because the mother has been reduced to silence and is no longer able to respond to her son's pleas and complaints, these are doomed to fall on deaf ears, to be heard only by the earth under which she is buried. The substance of the poet's grievance is that he and her other children now find themselves being charged for what was formerly free. Cast out of the childhood paradise, he now has to fend for himself in a competitive world where nothing is given freely out of love, where everything has to be fought and paid for. The world in which she has left him orphaned, abandoned to his own devices, is one that demands rent of him, demands that he pay his own way. Nourishment, of which she provided a seemingly endless supply in childhood, now has to be paid for out of his own pocket, and likewise love, of which food is a metaphor, can no longer be taken for granted but has to be earned. The poignancy of this stanza–and, indeed, of the whole poem–derives from the fact that, while it is a grown man who is speaking, it is a man who still feels himself to be a child out of his depth in the bewildering world of adults. The poetic persona, in effect, is unable to understand why, having been given existence by his mother, he must now be made to pay for it. And, with the aggrieved tone of a child who feels himself ill done to, he goes on to appeal to his mother to vouch that he has not usurped his place in the world but is entitled to it by right of inheritance, to stand up for him and confirm that it is not something he has stolen but something she gave him. Unfortunately, however, his dead mother is no longer in a position either to resolve his doubts or to right his wrongs. And the questioning appeal of the short final line of the poem (Right [literally, Speak], mummy?) remains dangling unanswered, leading on to a future of unending silence, a future in which the orphaned poet can count on no one but himself and must make do as best he can.

It is a commonplace of Vallejian criticism that compositions evoking the world of childhood tend to be relatively simple and straightforward in their expression, relatively free of the linguistic complexities and contorsions which characterise the new poetic language of *Trilce*. In that respect poem XXIII, though considerably more complex than it might appear, conveys an incomplete impression of Vallejo's poetry. On the other hand, it is a text which encapsulates many of the major features of his work. The poem, for example, is orchestrated around a rhetoric of eating, containing no less than 21 words referring to food, the provision of food, the consumption of food. That rhetoric is a recurrent motif in Vallejo's poetry. Behind it lies an acute awareness of the extent to which human life is lived at a basic level where man's main preoccupation is the satisfaction of bodily needs. In this poem, as in others dealing with childhood, a sense is conveyed of the physical comfort and enjoyment the young of the species derive from the act of eating. In others, such as the early «El pan nuestro» but more especially later compositions like «Parado en una piedra . . .», «La rueda del hambriento» and «Los desgraciados», which bear testimony to the misery of mass unemployment which Vallejo witnessed in Europe during the Depression, the poet's perception of the suffering of the underprivileged focuses on the physical agonies of hunger. And the preponderant role that creature comforts play in human existence is highlighted in «Ello es que . . .», where the poet, pondering the meaning of his life, symbolically places an enormous loaf of bread on top of a tiny book:

> Ahora mismo hablaba
> de mí conmigo, y ponía
> sobre un pequeño libro un pan tremendo.   (*PH*, 191)

However, in *Trilce* XXIII as in the rest of Vallejo's work, food also has a symbolic significance. In view of the poet's Catholic upbringing it is hardly surprising that that symbolism should carry with it connotations associated with the Christian communion. Here and in other poems evoking the childhood home, food, as an expression of maternal love, is a symbol of emotional gratification, and likewise in *Trilce* XXXV the sexual and emotional fulfilment of a love affair is conveyed in terms of the meal prepared for the poet by his mistress. More generally, food frequently stands as a symbol of a faith, of values which make life spiritually meaningful. One of the poetics of *Trilce*, for example, posits the existence of a super-reality similar to that of the Surrealists, an absurd harmony which confounds conventional logic, a harmony which is all around us but which we are too blinkered to see. In poem XXXVIII that harmony is symbolised by the glass, potential food capable of satisfying man's spiritual hunger when he learns to recognise it as such and to approach it in the proper fashion:

> Este cristal aguarda ser sorbido
> en bruto por boca venidera
> sin dientes. No desdentada.
> Este cristal es pan no venido todavía.   (*Tr*, 78)

More often, however, the symbolism of food operates negatively, as a reflection of alienated man's spiritual deprivation. Thus, in «La cena miserable» the human condition is represented by a child who has woken up in the night crying with hunger and sits alone in the darkness waiting vainly at table for the moment when he can eat his fill:

> Ya nos hemos sentado
> mucho a la mesa, con la amargura de un niño
> que a media noche, llora de hambre, desvelado . . .   (*HN*, 37)

Likewise, the starving beggar of «La rueda del hambriento» (*PH*, 161) can be viewed as a personification not only of the plight of the unemployed masses but also of that of a humanity whose traditional values have failed it, his pleas for food being a symbolic expression of mankind's hunger for a new faith which would nourish it spiritually.

An important aspect of the food symbolism of *Trilce* XXIII is that it is food partaken of in a family context. Stanza 3, with its emphasis on «repartir» as the main verb and its direct reference to the Christian communion, evokes an image of eating as a shared activity and, therefore, as a symbol of the community represented by the family home. By contrast, in *Trilce* XXVIII, food eaten alone or in the company of strangers proves tasteless and inedible because that sense of collectivity is missing. For Vallejo, in effect, the act of eating is a symbol of communal values, and the faith hungered for in his poetry is one which would not only provide individual fulfilment but unite human beings in brotherhood. Thus, the fulfilling meal waited for by mankind in «La cena miserable» is one that would be partaken of by the whole human family gathered around the same table:

> Y cuándo nos veremos con los demás, al borde
> de una mañana eterna, desayunados todos. (*HN*, 37)

And the plea of the starving beggar representing alienated man in «La rueda del hambriento» (*PH,* 161) is not merely that he be allowed to eat but that others share food with him, that he be incorporated into the human family by a caring society based on communal values.

Another prominent feature of *Trilce* XXIII is that the poetic voice is that of an adult who still feels himself to be a child in a world with which he cannot cope. Like much modern poetry, Vallejo's verse expresses contemporary man's sense of alienation in a world that has lost its meaning, but what gives his work a distinctive emotional intensity is that that alienation is born not only of an intellecutal view of life but also of a personal sense of inadequacy and insecurity. The poetic persona most consistently adopted to convey that experience of life is that of a child stranded alone and defenceless in an incomprehensible and menacing world. Thus, in *Trilce* XVIII, one of a number of poems based on the poet's prison experience, the walls of his cell become a symbol of the cruel, unfeeling world of adulthood in which he is now trapped. A helpless orphan left to fend for himself in "this invalid state of manhood", he stretches one hand back into the past to cling to his dead mother while raising the other aloft, groping for some surrogate to watch over him protectively in the present as she did in former times:

> Y sólo yo me voy quedando,
> con la diestra, que hace por ambas manos,
> en alto, en busca de terciario brazo
> que ha de pupilar, entre mi dónde y mi cuándo,
> esta mayoría inválida de hombre. (*Tr*, 64)

This sense of childish inadequacy in face of life persists into the later poetry of *Poemas humanos.* «Piedra negra sobre una piedra blanca», for example, records a mood of black despondency in which he feels that the world is ganging up on him to beat him to death. No nearer to coping now in middle age than he was as a young man, he can do no more than protest, like a defenceless child unjustly punished, against the world's victimisation of him:

> César Vallejo ha muerto, le pegaban
> todos sin que él les haga nada;
> le daban duro con un palo y duro

> también con una soga; son testigos
> los días jueves y los huesos húmeros,
> la soledad, la lluvia, los caminos . . .   (*PH*, 154)

Not only does this personal sense of inadequacy lend a peculiar intensity to Vallejo's expression of his alienation, but it also colours his view of the human condition. In *Los heraldos negros*, in poems like «La cena miserable» and «Los dados eternos», the poet's childish helplessness becomes the common lot of a humanity abandoned by God. Later, in *Poemas humanos*, in compositions reflecting the political and economic crisis undergone by capitalist society in the 1920s and 1930s, a crisis which seemed to signal the breakdown of Western civilisation, Vallejo's own personal inability to cope with life comes to be shared by humanity in general as man loses control of his world. Thus, in «Los nueve monstruos» misery spreads with such nightmarish rapidity that it outstrips man's capacity to combat it and reduces his once-ordered world to chaos. And in the title-poem of *España, aparta de mí este cáliz* the imminent fall of the Spanish Republic and the consequent dashing of the hope of a brave new Socialist society are envisaged as representing for mankind a reversion to the condition of defenceless orphanhood.

As was suggested in my introductory remarks, *Trilce* XXIII reflects, albeit only implicitly, Vallejo's experience as a provincial immigrant in Lima, for the transition from carefree childhood to unhappy adulthood coincides with a passage from the security of the provinces to the uncertainty of the intimidating environment of the big city, evoked in the final stanza in the image of the heartless competitive world where the poet is forced to engage in the struggle for survival. That experience has to be seen in perspective, for Vallejo's move to Lima and subsequently to Paris was dictated by a need to grow and develop as a human being, as is made clear in *Trilce* LXXV, where he looks back on the provincial world he has left behind him as one where people have never truly lived:

> Estáis muertos, no habiendo vivido antes jamás [. . .]
> en verdad, vosotros sois los cadáveres de una vida que
> nunca fue. Triste destino el no haber sido sino
> muertos siempre. El ser hoja seca sin haber sido verde
> jamás.   (*Tr*, 104)[2]

Nonetheless, Lima is invariably seen as an alienating environment. The text which most fully records Vallejo's response to the capital is *Trilce* XIV, a poem which, as David Gallagher has pointed out,[3] summarises the reaction of the recently arrived provincial bewildered and overwhelmed by the strange

---

[2] I have corrected an error in the edition cited.

[3] David P. Gallagher, *Modern Latin American Literature*, London/Oxford/New York 1973, p. 24.

and intimidating city, and where his arrival in Lima is seen as marking his in-
itiation into a seemingly absurd and senseless world whose meaning escapes
him. And our reading of the final stanza of *Trilce* XXIII is enriched by refer-
ence to poem XLIX, which expresses the loneliness and uneasiness felt by the
poet as, sorrowfully wearing his newly acquired manhood like an ill-fitting
suit trailing at the ankles, he tramps the urban streets to confront the start of
the working week, the moment of truth when he must fend for himself in the
competitive commercial world:

> Murmurando en inquietud, cruzo,
> el traje largo de sentir, los lunes
> 　　　　　　de la verdad.
> Nadie me busca ni me reconoce,
> y hasta yo he olvidado
> 　　　　　　de quién seré.　　(*Tr*, 85)

That experience of the big city, that sense of being a boy in a man's world,
also informs the later poetry of *Poemas humanos,* for as a South American
exile in Europe Vallejo was to experience an aggravated version of the loneli-
ness and insecurity he had felt in Lima. Thus, in «Piedra negra sobre una
piedra blanca» the depression brought on by the European climate and by his
sense of utter isolation in the great impersonal metropolis of Paris leads him
to envisage death as the only prospect such a dispiriting environment holds
for him:

> Me moriré en París con aguacero,
> un día del cual tengo ya el recuerdo.
> Me moriré en París – y no me corro –
> tal vez un jueves, como es hoy, de otoño.
>
> Jueves será, porque hoy, jueves, que proso
> estos versos, los húmeros me he puesto
> a la mala, y, jamás como hoy, me he vuelto,
> con todo mi camino, a verme solo.　　(*PH*, 154)

In poeticising the traumatic transition from childhood in the provinces to
adulthood in the big city Vallejo is giving expression to an experience that is
not only personal but also one shared by every provincial who has left home
to make good, and one that is particularly common in Peru, which over the
years has seen a massive migration from the countryside to the capital.
Beyond that, however, he is opposing two worlds, two ways of life, two sets
of values. Central to that opposition is the symbolism of food. *Trilce* LVI pre-
sents life in the lonely environment of the impersonal city as an empty
routine of eating and working for no other purpose than to stay alive:

> Todos los días amanezco a ciegas
> a trabajar para vivir; y tomo el desayuno
> sin probar ni gota de él, todas las mañanas.　　(*Tr*, 90)

Whereas back home in the sierra breakfast, served up by his mother and partaken with the family in a kind of communion of love, set the tone for the luminous days of his childhood, here it is merely the beginning of yet another day of a life that has lost its savour. Hence the lonely exile is obliged to satisfy his thirst for love wherever and in whatever way he can, in the brothels or in casual sex:

> Regocíjate, huérfano; bebe tu copa de agua
> desde la pulpería de una esquina cualquiera.   (*Tr*, 101)

Thus, in *Trilce* coastal Lima, arid and shrouded in grey mist, becomes the image of a loveless world, the very antithesis of the provincial home which his mother watched over lovingly, like the mountains watering the green, fertile valleys of the Northern sierra:

> Oh valle sin altura madre, donde todo duerme horrible
> mediatinta, sin ríos frescos, sin entradas de amor.   (*Tr*, 96)

Urban alienation is thus linked directly to the loss of the values that prevailed in the "backward" provinces, to the break-up of the communal way of life epitomised by the family home. Significantly, the final stanza of *Trilce* XXIII implicitly evokes an urban setting where the individual has to fend for himself, pay his way, struggle for survival in a competitive world. What is conveyed in this and other poems of *Trilce* is a lived awareness of the gulf between the collective values enshrined in the family home in the provinces and the individualism encountered in the urban environment. Later, as Vallejo became politicised, that opposition between provincial home and city was to translate itself into a conflict between Socialism and Capitalism.

While my analysis so far has privileged a reading of *Trilce* XXIII as opposing the happy security of a provincial childhood to alienated adulthood in the city, I do not wish to downplay another, complementary reading which involves an even more fundamental opposition. Specifically, the childhood lost paradise harped back to is the period of infantile pre-consciousness, and thus it is implied that alienation stems from the dawning of consciousness, from the individual's awareness of himself and of his relationship with the surrounding world. This again is a recurrent theme in *Trilce*. Jean Franco, for example, interprets a number of poems, notably poem LII, as exploring allegorically the dawning of consciousness.[4] A more direct longing for the blissful ignorance of animal unconsciousness is voiced in poem XIII:

> Oh Conciencia,
> pienso, sí, en el bruto libre
> que goza donde quiere, donde puede.   (*Tr*, 61)

---

[4] Jean Franco, *César Vallejo: The Dialectics of Poetry and Silence*, Cambridge 1976, pp. 74–77.

However, more characteristic of Vallejo than this harping back to pre-rational innocence is the portrayal of the human child as a young animal whose main drive is hunger. As Jean Franco has demonstrated, Vallejo was greatly influenced by evolutionist theory as popularised by Ernst Haeckel, and saw the individual as being subject to the demands of the species in a world where the sole purpose of life was its perpetuation.[5] Hence, if consciousness is the source of alienation, it is to a large extent because it is accompanied by an awareness of the conflict between man's aspirations as an individual and his subjection to biological laws. Throughout *Trilce* man's essential animality is stressed by the repeated use of biological terms and of techniques such as metonymy and synechdoche which define him as an assemblage of cells and organs. The individual's perception of his own uniqueness, his confidence in his ability to shape his life, his belief that there is some meaning to his life, are all seen to be illusory. In poem XXX, for example, the truth of love is held to reside not in the sense of physical well-being or the illusion of transcendence enjoyed by the lovers, but in the fact that man and woman, represented as mere sexual organs coupling for the purposes of procreation, are unconsciously serving the species:

> Guante de los bordes borde a borde.
> Olorosa verdad tocada en vivo, al conectar
> la antena del sexo
> con lo que estamos siendo sin saberlo.   (*Tr*, 72)

And in poem LIII the poet's longing for freedom and transcendence is thwarted again and again as he keeps banging his head against the existential limitations imposed by the laws of nature:

> Cabezazo brutal. Asoman
> las coronas a oír,
> pero sin traspasar los eternos
> trescientos sesenta grados.   (*Tr*, 88)

Later, in *Poemas humanos*, this sense of subjection to biological laws is even more intense, for in middle age Vallejo sees evolutionist theory confirmed by his own experience of hunger, illness and ageing, an experience which brings home to him the extent to which his existence is lived on an elemental level, through that frail, decaying body of his which constantly demands satisfaction of its appetites and constantly breaks down under the effects of illness and age. «Epístola a los transeúntes» (*PH*, 132) describes his daily life as the elemental routine of an animal. Each morning he cowers before the world like a hunted rabbit as he goes out fearfully to engage in the

[5] *Ibid.*, pp. 9–11.

daily struggle for survival, while at night his body acquires elephantine dimensions when he is back in the safety of his burrow and able to relax and be at his ease:

> Reanudo mi día de conejo,
> mi noche de elefante en descanso.

Mimicking Christ's words at the Last Supper–". . . this is my body . . . this is my blood" (Mark 14, 22–24)–to underline ironically the distance between the latter's divinity and his own animality, he surveys his body like a mechanic inspecting a machine which will not respond to the controls:

> ésta es mi inmensidad en bruto, a cántaros,
> éste es mi grato peso, que me buscara abajo para pájaro;
> éste es mi brazo
> que por su cuenta rehusó ser ala;
> éstas son mis sagradas escrituras,
> éstos mis alarmados compañones.

Though he is aware of the attractions of the flesh and is only too willing to partake of its pleasures, he feels completely dominated by the immense mass of his body, which seems to have a will of its own, its own idea of what is good for him. It condescends to give the inner man temporary liberation via its own lower regions, to afford him momentary fulfilment through sex, but it insists on remaining firmly anchored to the ground and steadfastly refuses to raise him to the heights of a spiritually satisfying existence. Hence the "scriptures" within which he sees the essential truth of his life contained are his testicles, in a state of constant arousal as they respond to the imperious demands of the species.

Trilce XXIII is also a poem about the disintegration of a once stable world. The break-up of the familiar, secure world of the provincial family home was already a major theme in *Los heraldos negros* in compositions such as «Los pasos lejanos», «A mi hermano Miguel» and «Enereida» and it recurs in *Trilce* in poems XVIII, XXVIII and LXI among others. That break-up of a personal world constitutes an important theme in itself, but it also runs parallel to, and indeed could be interpreted as an analogue of, the collapse of the traditional absolutes of the Christian world-view. In his student days Vallejo came under the influence of positivist and evolutionist thought, and *Los heraldos negros* expresses the existential anguish of a young man no longer able to accept the religious beliefs in which he was brought up. Thus, «Espergesia» is a variant on the theme of the death of God in the modern world, attributing the poet's anguish to his misfortune in being born at a time when God was ill and, it is implied by the final punch-line, on the verge of dying. In «La de a mil», on the other hand, God is still alive but, like the ragged lottery-ticket vendor who has no say in the distribution of the prizes, he has no control over the universe he is supposed to govern and defrauds men's expectations by his inability to live up to their image of him. In *Trilce* Vallejo's view of the world continues to be the disillusioned one of a man who can detect no meaningful pattern to existence. Thus, in poem LVI the oracle that once explained the enigma of life has now fallen silent and all man can perceive are disjointed fragments of a confusing reality whose overall coherence escapes him:

> Flecos de invisible trama,
> dientes que huronean desde la neutra emoción,
> pilares libres de base y coronación,
> en la gran boca que ha perdido el habla.   (*Tr*, 90)

Likewise, in *Poemas humanos*, «La rueda del hambriento» can be read as an ironic comment on the death of God in the modern world, for, parodying the Lord's Prayer and St. Matthew's Gospel ("Everyone that asks, will receive . . ." [7, 8–11]), it shows, on a symbolic level, a humanity whose pleas for the satisfaction of its spiritual hunger fall on deaf ears. Thus, the silence of the dead mother in *Trilce* XXIII can be read as an analogue of the silence of a dead God, and the poet's nostalgia for the lost paradise of childhood as a yearning for vanished ontological certainties.

Yet if *Trilce* XXIII is the lament of an alienated individual whose world has fallen apart, it is also a poem which points forward to the future. For the values of the disintegrating family home were to remain very much alive in Vallejo's poetry in the form of a communal ideal, and the home is evoked not merely as a lost paradise but also as a norm against which to measure the world in which he finds himself as an adult. Thus, poem LXV identifies the dead mother with enduring values which make her immortal. Addressing her as a kind of saint, the poet vows to undertake a pilgrimage to his home in Santiago to receive her blessing and to place himself under her care, and he makes ready by purifying himself of egoism and trying to live up to the legacy of love which she bequeathed to him:

> Estoy cribando mis cariños más puros.
> Estoy ejeando, ¿no oyes jadear la sonda?
>   ¿no oyes tascar dianas?
> estoy plasmando tu fórmula de amor
> para todos los huecos de este suelo.   (*Tr*, 97)

Implied in this poem is that the love the mother incarnated still has validity as the only force capable of overcoming man's alienation and that the orphaned son will once more enjoy her protection when others learn to live by her "formula of love" as he endeavours to do. Later Vallejo was to identify the alienating city with Capitalism and to embrace Communism as the elevation of that "formula of love" into a political ideology. In *España, aparta de mí este cáliz* the Spanish Republic is presented as a symbol of the future socialist society in the process of construction, and the repeated reference in the title-poem to "mother Spain" conveys not only a Spanish American's emotional identification with the mother country but also a characteristically personal view of socialist society as a mother providing her defenceless children with loving protection and reproducing on a universal scale the atmosphere of the poet's own childhood home. Likewise, the hero of Vallejo's politicial verse, the working-class militant, represents a new breed of man who has transcended the egoism of capitalist individualism to think and act in collective terms. Thus, «Salutación angélica» mimics the Annunciation (Luke 1, 26–36) to announce to the Russian Bolshevik that he has been singled out from all the men of the earth to assume the role of Redeemer. For though in most respects he is an ordinary man like any other, he stands apart in that he has elevated family love into a love of all mankind:

> Mas sólo tú demuestras, descendiendo
> o subiendo del pecho, bolchevique,
> tus trazos confundibles,
> tu gesto marital,
> tu cara de padre,
> tus piernas de amado,
> tu cutis por teléfono,
> tu alma perpendicular
> a la mía,
> tus codos de justo
> y un pasaporte en blanco en tu sonrisa.   (*PH*, 132)

In the same vein, *España, aparta de mí este cáliz* foretells the coming of a new Jerusalem brought into being by the worker militiaman, a socialist paradise created by a united humanity working together in solidarity and deploying the resources of science and technology to transform the conditions of life. Thus, «Himno a los voluntarios de la República» echoes the prophecies of Isaiah to give an utopian vision of a future in which every form of evil will have been eradicated and men will live in harmony and plenty:

> ¡Se amarán todos los hombres [. . .]!
> ¡Entrelazándose hablarán los mudos, los tullidos andarán!
> ¡Verán, ya de regreso, los ciegos
> y palpitando escucharán los sordos! [. . .]
> ¡Sólo la muerte morirá!   (*Esp*, 197)

Trilce XXIII also points forward in another direction. The final stanza, as we have seen, presents a picture of a young man overcome by childish bewilderment in face of a cruel world whose mysterious workings are beyond his understanding. The implications of that predicament are clarified by an ear-

lier text, the title-poem of *Los heraldos negros,* where the poet reacts with
confused bewilderment to the gratuitous cruelty of life, shaking his head dis-
believingly at the hardness of its blows, unable to understand or explain why
they should befall him:

> Hay golpes en la vida, tan fuertes . . . Yo no sé!
> Golpes como del odio de Dios; como si ante ellos,
> la resaca de todo lo sufrido
> se empozara en el alma . . . Yo no sé!   (*HN*, 3)

Here the poet is confronted by a reality with which his mind is unable to
cope. The traditional religious doctrines in which he has been brought up,
with their assumptions of an ordered universe and a benevolent God, simply
do not correspond to his experience of life. Nor does reason, the basis of
Western man's confidence in his ability to understand and control his world,
enable him to explain that experience. More than that, the language he has in-
herited does not equip him to define that experience, for he is unable to find
words capable of expressing the pain inflicted by life's blows and his attempts
to describe it taper off in an expression of hopeless inadequacy. Vallejo's de-
velopment as a poet could be said to stem from that basic situation, for he was
impelled to evolve a language of his own which would faithfully express his
experience of the world, a language which would enable him to define that ex-
perience and thereby come to terms with it. Ultimately, it is through poetry
that Vallejo strives to come to terms with a reality which is otherwise beyond
his grasp.

Some features of Vallejo's new poetic language have been noted in the text
analysed, but linguistically poem XXIII is comparatively straightforward
when viewed in relation to *Trilce* as a whole and conveys but a faint impres-
sion of the radical nature of the enterprise undertaken by Vallejo in that vol-
ume. *Trilce* represents one of the great landmarks of modern literature, for it
is a book which revolutionised poetry in the Spanish language. It is true that
it shares much in common with other modern poetry, but what sets it apart
as something quite distinctive is its extraordinarily original use of language.
Vallejo confounds the reader's expectations by his daring exploitation of the
line pause, which often leaves articles, conjunctions and even particles of
words dangling at the end of a line, by his frequent resort to harsh sounds to
break the rhythm, by employing alliterations so awkward as to be tongue-
twisters. He distorts syntactic structures, changes the grammatical function
of words, plays with spelling. His poetic vocabulary is frequently unfamiliar
and "unliterary", he creates new words of his own, he often conflates two
words into one, he tampers with clichés to give them new meaning, he plays
on the multiple meaning of words and on the similarity of sound between
words. He repeatedly makes use of oxymoron and paradox and, above all,

catachresis, defamiliarising objects by attributing to them qualities not normally associated with them. Vallejo, in short, deconstructs the Spanish language in an unprecedented manner, and by so doing he not only defines and expresses his own personal experience of the world, but breaks down accepted habits of thought and forces the reader to view reality in a new light.[6]

A final aspect of *Trilce* XXIII which deserves to be highlighted is that it conveys the experience of a writer from a provincial backwater of an underdeveloped country isolated on the periphery of the Western world, a writer whose relationship with that world, as represented by the urban environment of Lima, is a conflictive one. Despite his provincial background, Vallejo had a certain familiarity with contemporary trends in mainstream Western literature and was undoubtedly influenced by them. Nonetheless, it could be argued that, precisely because, as *Trilce* XXIII indicates, he did not feel himself to be at the centre of the Western cultural tradition and, indeed, felt that tradition to be alien, he was more inclined to question, to experiment, to develop a poetic voice of his own. Be that as it may, it is an incontrovertible fact that, just as the North Americans Eliot and Pound were to the forefront in renovating modern English poetry, so Vallejo emerged from the Peruvian hinterland to become the most innovative poet in the Spanish language in modern times.

---

[6] On the language of *Trilce*, see Franco, *César Vallejo*, ch. 3–5, and Vegas García.

CÉSAR VALLEJO

(1892–1938)

TRILCE LVIII

En la celda, en lo sólido, también
se acurrucan los rincones.

Arreglo los desnudos que se ajan,
se doblan, se harapan.

5 Apéome del caballo jadeante, bufando
líneas de bofetadas y de horizontes;
espumoso pie contra tres cascos.
Y le ayudo: Anda, animal!

Se tomaría menos, siempre menos, de lo
10 que me tocase erogar,
en la celda, en lo líquido.

El compañero de prisión comía el trigo
de las lomas, con mi propia cuchara
cuando, a la mesa de mis padres, niño,
15 me quedaba dormido masticando.

Le soplo al otro:
Vuelve, sal por la otra esquina;
apura . . . aprisa . . . apronta!

E inadvertido aduzco, planeo,
20 cabe camastro desvencijado, piadoso:
No creas. Aquel médico era un hombre sano.

Ya no reiré cuando mi madre rece
en infancia y en domingo, a las cuatro
de la madrugada, por los caminantes,
25 encarcelados,

enfermos
y pobres.

En el redil de niños, ya no le asestaré
puñetazos a ninguno de ellos, quien, después,
30 todavía sangrando, lloraría: El otro sábado
te daré de mi fiambre, pero
no me pegues!
Ya no le diré qué bueno.

En la celda, en el gas ilimitado
35 hasta redondearse en la condensación,
¿quién tropieza por afuera?

Obra poética completa, Edición con facsímiles, Edición
preparada bajo la dirección de Georgette de Vallejo, Lima
1968, S. 200.

ZEITLICHKEIT UND RÄUMLICHKEIT IN «TRILCE LVIII»*

Von ALBERTO ESCOBAR

Einführung

Es wird keine leichte Aufgabe sein, dem deutschen Leser das vielfältige Werk eines Schriftstellers wie César Vallejo angemessen vorzustellen. Unser Landsmann wurde gegen Ende des 19. Jahrhunderts 1892, in einer kleinen Ortschaft im nördlichen Gebirgsland Perus, in Santiago de Chuco, geboren. Der Ort liegt 3500 m über dem Meeresspiegel inmitten einer Hochgebirgslandschaft; er ist klein und hat keine Verbindung zu den wichtigen Zentren des Landes und auch nicht zu der Hauptstadt des Departements La Libertad, Trujillo. Diese – kolonialen Ranges und als Küstenstadt von vornehmem Zuschnitt – sollte Jahre später zum ersten Schauplatz der akademischen wie der schöpferischen Aktivitäten César Vallejos werden.

Jahre vor dem Pazifik-Konflikt (1879–1883) lag die Einwohnerzahl in dem Land nach Erhebungen aus dem Jahr 1873 bei 2 699 000, und der Vergleich zwischen Lima, dem Sitz der Zentralregierung, und den bedeutenderen Städten im übrigen Lande wies zahlenmäßig keine großen Unterschiede auf. Lima zählte 223 000, Arequipa 134 000 und La Libertad 183 000 Einwohner. Aber nach der Katastrophe, deren Ursache der verlorene Krieg war, und den darauf folgenden wirtschaftlichen und moralischen Krisen wie auch dem Verfall einer sozialpolitischen Vorstellung über den Wiederaufbau des darniederliegenden Landes ertönen weithin die mahnenden und anprangernden Worte González Pradas, seine Verurteilung der Elite, die schuld war an dem Niedergang des Landes, für das er sich einen nationalen Wiederaufbau auf seine Art vorstellt.

Vallejo lernte bei seiner ersten Reise nach Lima diesen Zustand kennen. Damals erkannte er den Horizont von Vorurteilen und Schwächen, aber auch von Qualitäten bei Politikern, Schriftstellern und Denkern seiner Zeit und er wird immer für González Prada, Eguren, Valdelomar und ein paar andere besondere Hochachtung hegen.

Geschickt und zielbewußt suchte Vallejo den Radius seiner Tätigkeiten und seines Wissens zu erweitern und folgte seinem Bildungsweg, der ihn von San-

---

* Titel des Originalbeitrags: Temporalidad y espacialidad en «Trilce LVIII». Aus dem Spanischen übersetzt von Maria Bamberg.

tiago de Chuco nach Trujillo, von dort nach Lima und schließlich nach Europa führen sollte. In seine Heimat kehrte er nicht einmal nach seinem Tod in Paris 1938 zurück.

Als er 1920 von Lima in seine Geburtsstadt zurückkehrt, um sich von seiner Familie zu verabschieden, wird er Opfer von kleinstädtischen Streitereien: Man bezichtigt ihn der Teilnahme an einem Aufruhr, der mit dem Brand des Hauses eines der Mächtigen am Ort endet. Dieser Vorfall, der sich zu einer polizeilichen Untersuchung und schließlich zu einem Gerichtsprozeß ausweitete, wurde Anlaß zu Vallejos Verhaftung und Verurteilung. Auf den entschiedenen Protest der kulturellen Vereinigungen und der Intelligenz der Hauptstadt hin wurde der Schriftsteller bedingt freigelassen und erhielt Gelegenheit, die Ereignisse, die zu seiner Festnahme geführt hatten, aufzuklären. Die Erfahrung der Haft bedeutete für ihn ein Beispiel der Unbegreiflichkeit peruanischer Justiz mit ihren vielfältigen Schlupflöchern und unbekannten, unvorhersehbaren Maßnahmen. Jedenfalls sollte sich das Verfahren eine Zeitlang hinziehen und eine tiefe Erschütterung in der Sensibilität und der Erinnerung César Vallejos hinterlassen.

Heute wissen wir, daß diese Erfahrung des Verlusts der persönlichen Freiheit und das peinigende Prozeßverfahren mit der Justizverwaltung nachhaltige Spuren in seinem Empfinden hinterlassen haben, die sowohl in César Vallejos Gedichten wie in seiner Prosa zu verschiedenen Zeiten seines Lebens auftauchen, vor allem aber in *Trilce* und *Escalas*.[1]

Wie oben erwähnt, wurde César Vallejo 1892 geboren und starb 1938 in Paris. Er verließ Peru endgültig im Jahre 1923, nachdem er zwei Gedichtbände, *Los heraldos negros* (1918, wenn auch der Band erst 1919 in Umlauf kam) und *Trilce* (1922), einen schmalen Band mit Erzählungen und Prosastükken, *Escalas melografiadas* (1923) und *Fabla salvaje* (Herausgeber *La novela peruana*, 1. J., Nr. 9), veröffentlicht hatte.

Vallejos persönliches Geschick führte ihn von Santiago de Chuco nach Trujillo, der Hauptstadt des Departements La Libertad. In dem Ambiente der dortigen Universität sollte unser junger Freund als Dichter, Student und Journalist seine ersten Erfolge erzielen, im Bunde mit der Gruppe Bohemia in Trujillo, die der Generation des Centenario so viele Persönlichkeiten geschenkt hat (z. B. Orrego, Haya de la Torre, Spelucín, Macedonio de la Torre).

Im Verlauf dieser Studie, die ich, der Erinnerung an Leo Spitzer und Hugo Friedrich folgend, „Zeitlichkeit und Räumlichkeit in *Trilce*" genannt habe, will ich versuchen, das Gedicht «Trilce LVIII» zu interpretieren, wobei ich auf Übereinstimmungen mit «Trilce II» und «Trilce XXIII» eingehen werde. Ich bin davon überzeugt, daß die sichtbarsten Konstanten der poetischen Tie-

---

[1] Alberto Escobar, *Cómo leer a Vallejo*, Lima 1973.

fenstruktur des Buches die Valenzen von Zeit und Raum und das bewußte Aufbrechen des Sprachgefüges sind. Diese Konstanten steigern sich im poetischen Diskurs von «Trilce LVIII», diesem Werk, das an einem Kreuzweg der nationalen wie der hispanoamerikanischen Literatur steht, zu wesentlicher Bedeutung.

Hypothese und Darlegung

Wir beginnen die Lektüre von *Trilce* in der Überzeugung, daß dieses Buch eine besondere Stellung in Vallejos Werk einnimmt und daß es eine Reihe von Fragestellungen hinsichtlich des Wandels aufgeworfen hat, der von den *Heraldos negros* bis zu *Trilce* stattfand. Die meisten heutigen Kritiker fragen sich immer wieder, wie eine so unerhörte Veränderung in der Sprachauffassung, in der Bildstruktur, in der Stellung zur *Welt,* zum *Ich* und zum *Anderen* in vergleichsweise so kurzer Zeit geschehen konnte. Die damaligen Kritiker César Vallejos und seine Freunde standen, mit der stets zitierten Ausnahme von Orrego, allesamt fassungslos vor einem solchen Abweg, eingeschlagen von einem Schriftsteller, der bereits bewiesen hatte, daß er innerhalb der anerkannten Zeitströmung aufzusteigen fähig gewesen wäre: jener Zeitströmung, die sich vom großen Darío herleitete und überall Widerhall fand, z. B. bei Herrera y Reissig. Ein Teil der späteren Forscher hat sich gefragt, woher Vallejo Impulse oder Motivationen erhalten haben mag, die diese Art seines Instrumentariums bestimmten, das seine Schreibweise zu etwas Ungewohntem, ja für den gängigen Geschmack Anstößigem machte und mit der er in so kurzer Zeit große Verwirrung bei den Lesern der damaligen Lyrik auslöste.

Wir wollen nicht die Versuche beschreiben, Vallejos Standort von Mallarmé und der Zeitschrift *Cervantes* oder von Huidobro oder anderen Schriftstellern herzuleiten, die ihn in die europäische Avantgarde einordnen. Gewiß gibt es einige Elemente, aber offenbar konnte keines davon im Lima jener Jahre (1920–1922) eine derart gewaltige Revolution der Weltsicht, der Sprachgewalt und des Blicks auf die Wirklichkeit hervorrufen, zünden und durchhalten.

Ich möchte nur noch einige eher beiläufige Daten nennen, die in verschiedenen Zeugnissen von Zeitgenossen des Schriftstellers aus Santiago de Chuco dokumentiert sind. Zwischen *Los heraldos negros* und *Trilce* geschieht einiges, das ohne jeden Zweifel bezeugt ist: die Reise nach Lima, Vallejos Abenteuer und Widrigkeiten in der Landeshauptstadt, seine Arbeiten und das Kennenlernen von Personen, die in jenem Augenblick für ihn wichtig waren; außerdem existiert eine Art Inventar seines Alltags- und Gefühlslebens, das uns über einen sehr engen Freund, Espejo Asturizaga, ebenfalls aus Trujillo, erreicht und sogar mit noch viel mehr Daten versorgt hat, als man hätte hoffen können.[2] Es steht außer Zweifel, daß Vallejo wegen kleinstädtischer Streitereien in Trujillo angeklagt und gefangengesetzt wurde. Es steht ebenfalls fest, daß ein Teil der Gedichte aus *Trilce* im Gefängnis geschrieben oder korrigiert und einige davon später auf einer Gesellschaft ihm zu Ehren den Freunden in Trujillo vorgelesen worden sind. Zu diesem Punkt ließe sich noch mehr sagen. Halten wir jedoch für den Moment hier inne.

Für einen Literaturwissenschaftler wie mich konzentriert sich die Betrachtung auf zwei immer wiederkehrende Elemente in der Dichtung von *Trilce*: eine Empfindung des *Raumes,* der etwas Geschlossenes oder etwas Offenes sein kann, der die Zelle oder das Land sein kann oder auch die Vision des Horizonts oder der offene Blick in die Außenwelt oder, umgekehrt, in die Innenwelt, d. h. in das Gedächtnis, Erinnerungen und Aufrechnungen, und das Empfinden für die eingegrenzte Welt im Gegensatz zur weiten Welt. Das andere Element ist die *Zeit.*

Von diesen Marksteinen, die der Dichter wieder und wieder erwähnt hat, und von seinem lyrischen Schreiben ausgehend, können wir leicht die ständige Präsenz der *Zeit* ableiten. Ich habe es bereits mehrfach erwähnt: Es gibt keine Gedichtsammlung, die mehr von Zeitstrukturen durchsetzt ist als *Trilce.* Wir finden kaum ein Gedicht in dieser Sammlung, in dem Handlung und Gegenhandlung, oder Endpunkte, uns nicht das Gefühl eines Zeitbruchs vermitteln, sei dieser beschleunigt oder zögernd, ferne oder wiederholt, wie die Erinnerung an immerwährende Hammerschläge oder Glockenklänge.

Nach dem Gesagten sei betont, daß der Mittelpunkt unserer Studie das Gedicht «Trilce LVIII» ist, und wir nur zu bestimmter Zeit auf die Gedichte Nr. II und Nr. XXIII verweisen werden, um die Gestaltung des *Trilce*-Diskurses sichtbarer zu machen, dieses herrlichen Buches, in dem sich für viele der Umbruch zeigt, von dem aus Vallejo mit einer bestimmten Schreibweise, mit einer Poetik bricht und sich auf die Suche nach einem anderen Horizont begibt, der ihm seinen Platz, nicht nur in der Literatur, sondern auch in der spanischen Universalkultur, sichert.

Wenn wir von linearer Zeit, d. h. horizontaler Perspektive, sprechen, pflegen wir darunter die Aufeinanderfolge von Vergangenheit, Gegenwart und Zukunft zu verstehen. Aber hier finden wir eine andere, komplexere Zeitlichkeit, aus Phänomenen bestehend, bei denen nicht erwartetes Erinnern mitspielt, das der Zukunft anzugehören scheint, in der man offensichtlich widersinnig sagt: «El traje que vestí mañana / no lo ha lavado mi lavandera» («Trilce VI»), eben Ausdrucksweisen, in denen die Zukunft wörtlich in die Vergangenheit eingebettet erscheint, wie wir, Mariano Ibérico (1965–1971) zufolge, in César Vallejos Lyrik entdecken können, wo sie sich als Wesens-

---

[2] Juan Espejo Asturizaga, *César Vallejo*, Itinerario del Hombre, Lima 1965.

struktur durch das gesamte Werk ziehen.[3] Damit befand er sich in Übereinstimmung mit dem französischen Denker Bachelard, der scheibt: «Por encima del tiempo vivido, existe el tiempo pensado.»[4] Nehmen wir uns das Gedicht «Trilce II» vor. Niemandem entgeht, daß die zeitliche Abfolge verändert wird, damit in der ersten Strophe Gegenwart herrscht, in der zweiten der Vergangenheit Raum gegeben und in der dritten die Zukunft dargestellt wird. Es ist Teil der Architektur dieses Gedichtes, in jeder Strophe die Zeit zu kennzeichnen und damit kurz eine Beispielform für die Nennungen oder Bezüge zu geben, die sich in der Tiefenstruktur verknüpfen; kein besseres Beispiel hierfür als die immer neue Wiederholung derselben Worte. Betrachten wir z. B. folgendes:

Tiempo tiempo / / Mediodía estancado entre relentes / Bomba aburrida del cuartel achica / tiempo tiempo tiempo tiempo. / / Era Era. / / Gallos cancionan escarbando en vano. / Boca del claro día que conjuga / era era era era. / / Mañana Mañana. / / El reposo caliente aún de ser. / Piensa el presente guárdame para / mañana mañana mañana mañana. / / Nombre Nombre / / ¿Qué se llama cuanto heriza nos? / Se llama Lomismo que padece / nombre nombre nombre nombrE (S. 144).

Man kann die Erklärung dieses Textes damit einleiten, daß die Wiederholung der Ausdrücke ein bevorzugtes Verfahren der Konstruktionstechnik von «Trilce II» ist; das soll aber nicht der Weg sein, den wir jetzt wählen, sondern der Hinweis darauf, daß die Zeilen vom Beginn der Strophe an aus unter sich gleichen und zwischen jeder kurzen Strophe verschiedenen Wörtern bestehen. Die Bezeichnung von *Gegenwart* als «tiempo», *Vergangenheit* als «era» und *Zukunft* als «mañana» kann also offenbar das euklidische Zeitschema nicht durcheinanderbringen; wenn man aber weiter analysiert und den semantischen Vergleich des Inhalts fortführt, kommt ein neues Element hinzu: «Mediodía estancado entre relentes / / Gallos cancionan escarbando en vano. El reposo caliente aún de ser / /» und schließlich: «Piensa el presente guárdame para / mañana mañana mañana mañana. / / Nombre Nombre / /.» An diesem Punkt verweist uns die letzte Sequenz: «¿Qué se llama cuanto heriza nos? / Se llama Lomismo que padece / nombre nombre nombre nombrE» auf zwei Erlebnisse aus verschiedenen Zeitquellen, die dem Leser einen plausiblen Sinnaufbau deutlich machen sollen. Ist der Name das, was uns die Haare sträubt? Was uns die Haare sträubt, heißt «Lomismo que padece nombre nombre nombre nombrE». Der Kritiker, oder der Leser, der mit seiner Lektüre tiefer in die Poesie von *Trilce* eingedrungen ist, kann ohne größeren

---

[3] Mariano Ibérico, «El sentido del tiempo en la poesía de César Vallejo», in: *Revista Peruana de Cultura* 4 (1965), S. 47–63 und *Ders.*, «El sentido del tiempo en la poesía de César Vallejo», in: *La Aparición Histórica*. Ensayos y notas sobre los temas de la Historia y el Tiempo, Lima 1971.

[4] Gaston Bachelard, *La Dialectique de la Durée,* Paris (1933) 1965, S. 151.

Zweifel schließen, daß der Sprecher durch die Personifizierung der Zeit (dieser Zeit, die wir an den von ihr hinterlassenen Spuren überprüft haben) uns nicht nur zum Überdruß, zur Ablehnung der gegenüber dem Ich gespiegelten Situation hinführt, sondern daß er *den Bedeutungsgehalt der Sprache* als solchen in Frage stellt.

Die dargestellte Krise ist nichts anderes als die Unmöglichkeit, auf menschliche Kommunikation zu vertrauen, weil die sprachliche Terminologie abgenutzt ist – das heißt, das Signifikat ist seiner Bedeutung entleert worden.

Wenden wir uns nun wieder der Erfahrung von Zeitlichkeit und Räumlichkeit in «Trilce LVIII» zu. Ich werde dabei jeweils nur die Numerierung der Gedichtzeilen unseres Textes anführen. Der Leser muß jedoch selbst auf den Textzusammenhang achten, um dem Gang meiner Argumentation zu folgen.

Die Lektüre der ersten beiden Zeilen von «Trilce LVIII» verweist ganz ersichtlich auf den Beginn von «Trilce XVIII», nämlich: «Oh las cuatro paredes de la celda. / Ah las cuatro paredes albicantes / que sin remedio dan al mismo número.»

Beide gehören zu der Reihe von Gedichten, in denen der Dichter bestimmte, durch die Hafterfahrung ausgelöste Reaktionen verarbeitet hat. Darum ist der Vergleich zulässig. Aber gleich darauf lesen wir aufmerksamer die Zeilen 1 und 2 von «Trilce LVIII», wobei uns einige Überraschungen ins Auge springen. Zunächst der Gebrauch der Präpositionen: «en la celda, en lo sólido». Der Vergleich, den zu betonen uns interessiert: Die Zelle besteht aus vier weißen Wänden oder Mauern: «blanco» = «albo», und diesem «albo» wird die Pluralendung angehängt: «-cantes», mit der Wirkung von Beginn und Dauer. Es ist also so, daß die vier Wände der Zelle unweigerlich dieselbe Zahl ergeben, nämlich vier. Es handelt sich um Mauern und nicht um Gitter oder Eisenstangen. Wenn wir noch einmal das ganze Gedicht «Trilce LVIII» lesen, möchte ich auf folgendes aufmerksam machen: daß wir auch in der 11. Zeile auf die Konstruktion: «En la celda, en lo líquido» stoßen und in der 34. Zeile auf eine analoge oder parallele: «en la celda, en el gas ilimitado». Es handelt sich nicht darum, die Zulässigkeit des festen, flüssigen und gasförmigen Aggregatzustands als jeweilige Veränderung des Zustandes in der Zelle in Frage zu stellen, obwohl man daran sicher denken sollte, da sich nämlich das Gedicht so lesen läßt, daß man die Tiefenstruktur der Zeilen 1 bis 8 und 9 bis 11 durchgeht, aber diese Vorbehalte wollen wir für den Augenblick außer acht lassen. Bis hierher wissen wir also, daß die Wände vier Ecken («ángulos») bilden und daher auch vier Winkel («rincones»). Was folgt, birgt keinerlei größere Schwierigkeit, verlangt jedoch besondere Aufmerksamkeit, um den Verlauf der Sequenz «También se acurrucan los rincones» zu verstehen. Es ist möglich, daß «también» bedeutet, etwas Vorheriges zu überwinden, und «se acurrucan» dasselbe ist wie sich zusammenzuziehen, um sich vor der Kälte zu schützen. Die Winkel kauern sich auch im Festen zusammen, in der Zelle. «Arreglo» in der Bedeutung von „Versöhnung" mag bedeuten, „ich ordne die Nackten die sich verschleißen, / sich zusammenfalten, zu Lumpen werden" («se ajan, se doblan, se harapan»). Als Metapher ist «desnudos» („die Nackten") dasselbe wie Menschen, denen es an Kleidung mangelt, oder an Anzügen, je nach den Dialektzonen, und die aus demselben Grund sich verschleißen, sich zusammenfalten, sich verbrauchen und schließlich zu Lumpen werden können.

Und vor dieser so gebauten Szenerie wird der Sprecher aktiv, steigt von seinem keuchenden Pferd ab, und das Folgende muß so verstanden werden, daß der Reiter in seiner Erregung «líneas de bofetadas y de horizontes» schnaubt, und allsogleich erscheint ein Zusammenwirken zwischen Mensch und Tier, denn in den Zeilen 7 und 8 lesen wir: «Espumoso pie contra tres cascos. / Y le ayudo: Anda, animal!»

Wir sind uns soeben darüber klar geworden, daß im Diskurs von «Trilce LVIII» eine „räumliche Umschaltung" stattgefunden hat. Mit anderen Worten, eine der symbolischen Magie eigene Übertragung, kraft deren und obwohl wir den geschlossenen Raum des Gefängnisses betrachteten, sich plötzlich der Diskurs weitet. Der Raum und die Szene des Reiters und des Pferdes treten auf und ziehen die verstehende Aufmerksamkeit des Lesers auf sich in einen offenen Raum außerhalb des Kerkers. Plötzlich blicken wir aus dem inneren Raum auf die äußere Ebene, und in deren Umkreis sind die Linien des Horizonts zu erkennen.

Das Vorige steht im Gegensatz zum folgenden Absatz, nämlich den Zeilen 9, 10 und 11: «se tomaría menos, siempre menos, de lo / que me tocase erogar, / en la celda, en lo líquido». Anscheinend hat «erogar» und «en lo líquido» hier keine lexikographische Bedeutung, sondern meint die Einpassung in den Ablauf der lyrischen Logik dieser Zeilen. Offensichtlich besteht kein Zweifel, daß «erogar» im Sinne von: «distribuir, repartir bienes a raudales» zu verstehen ist, und «líquido» ist Antinomie gegenüber »sólido», da der eine wie der andere Ausdruck als Elemente dienen, die „Zelle" zu modifizieren. Wenn «lo sólido» bis jetzt die Begrenzung für die eingeschlossene Welt umrissen hat, die sie von der äußeren, weiten, freien trennt, müßte «lo líquido» verstanden werden als das Einströmen, das gewissermaßen ein Sich-Hineinlegen, Sich-Einfalten in die inneren Welten bedeutet, welche die Erinnerungen des Gefangenen bevölkern. Wenn wir dieser Argumentation folgen, wird es uns nicht befremden, nun vor einer neuen Umschaltung zu stehen, die aber diesmal sowohl räumlich wie zeitlich ist. So schließt sich der Kreislauf, in dem sich der Aktant befindet, und er erklärt, daß das Fließen der Distanz und das Sich-Begeben «en lo líquido» ihn weniger koste und weniger Schaden verursache, denn jetzt sind wir zunächst bei den Zeilen 12 bis 15: «El compañero de prisión comía el trigo / de las lomas, con mi propia cuchara, / cuando, a la mesa de mis padres, niño, / me quedaba dormido masticando.»

Das Gedächtnis ist die Quelle, die sowohl die räumliche wie die zeitliche Verschiebung speist, aus der diese Sequenz besteht, die kraft ihrer Einbindung in den Fluß des Vallejo-Diskurses eine Art Tiefenstruktur innerhalb von «Trilce LVIII» bildet.

Jetzt sind wir Zeugen eines Gedankenganges, der eines der gelungensten symbolischen Beispiele in dem bis jetzt von uns untersuchten lyrischen Diskurs darstellt, ein Beispiel zugleich für die Komplexität und Expressivität des Gedichtes «Trilce LVIII».

Aber wenden wir uns nun den Zeilen 16 bis 21 zu, die sich in demselben, durch die vorigen Zeilen geschaffenen Raum entfalten, wenn auch mit einem plötzlichen Eintritt in die Welt der Zelle. Dafür lohnt es die Mühe, die Zeilen 16 bis 18 noch einmal zu lesen. Ich betone die Wichtigkeit der Verbindung von «soplo» mit «otro» und danach die Botschaft «vuelve, sal por la otra esquina; /» und nun eine grandiose, sich steigernde Alliteration in den folgenden Ausrufen «¡apura . . . aprisa . . . apronta!».

Nicht weniger eindrucksvoll ist die Lektüre der folgenden Zeilen: «E inadvertido aduzco, planeo / cabe camastro desvencijado, piadoso: /» Diesmal wandelt sich im Kerkerraum die Erinnerung durch die Vorstellung, nimmt mit der bewußten Betonung auf der vorletzten Silbe wieder einen ruhigen Rhythmus auf und versieht die lexikalischen und musikalischen Schattierungen mit markierten Pausen und neuen Anläufen. Neben dem Gesagten unterstreiche ich den archaischen Klang von «cabe camastro, desvencijado, piadoso». Das ist ein weit über eine bloße Alliteration hinausgehender Vers, der eher eine ironische Wiederhinführung in Raum und Zeit der poetischen Gegenwart suggeriert. Innerhalb des Gesamttextes von «Trilce LVIII» sind wir nun schon bei Zeile 21 angelangt und wenden uns dem Abschnitt bis Zeile 27 zu. Worum geht es jetzt? In welchem Raum befinden wir uns? Tatsächlich bin ich der Meinung, daß ein möglichst ungekünsteltes und ungelehrtes Lesen uns am sinnvollsten die Wirkung dieser Zeilen veranschaulichen wird. Ich möchte nur auf die Konstruktionen: «en» infancia, «en» domingo, «por» los caminantes, (por los) encarcelados, (por los) enfermos, (por los) pobres hinweisen.

In der Zeile 28 wäre nur über den Ausdruck «redil» (Herde) nachzudenken, denn damit läßt sich der Grad von Grausamkeit und Wildheit begreifen, der auch bei Kindern üblich ist, wenn sie die Gewohnheiten der Erwachsenen nachahmen. In den Zeilen 28 bis 32 ist die Rede von einer Art von Reue, die uns zu der Vision von der Mutter in «Trilce XXIII» zurückbringt: «Tahona estuosa de aquellos mis bizcochos / pura yema infantil innumerable, madre.»

Die Tiefenstruktur der Verse 22 bis 27 und 28 bis 33 läßt hinter den Geschehnissen des Diskurses die Figur der Mutter gegenwärtig werden, die von ausschlaggebender Bedeutung in Vallejos Dichtung ist, besonders in *Trilce*. So kann es sein, daß die Allgegenwärtigkeit des Bildes von der Mutter und den Kindern beim Austeilen der «bizcochos» – es heißt von ihnen: «aquellas ricas hostias de tiempo, para / que ahora nos sobrasen / cáscaras de relojes en flexión de las 24 / en punto parados» – eine Opposition bildet zur engen Verbindung von Mutter und Sohn, nun dem Erwachsenen und der gleich bei der Hafterfahrung erinnerten Mutter; sozusagen als eine Vervollständigung der beiden Bewegungsströme, die aus der Erinnerung und aus den Erlebnissen der Aktanten hervorgehen. Besonders hervorheben möchte ich die letzten Zeilen von «Trilce XXIII», die mit «Trilce LVIII» vergleichbar sind: «Y nos lo cobran, cuando, siendo nosotros / pequeños entonces, como tu verías, / no se lo podíamos haber arrebatado / a nadie; cuando tú nos lo diste, / ¿di, mamá?»

Diese letzte Frage, formuliert in regionalem Sprachgebrauch von Trujillo, gehört, obwohl beiläufig, in den Kontext; andererseits steht sie aber auch in ihrer Beziehung zum Gegentext von «Trilce LVIII» «en la celda, en el gas ilimitado / hasta redondearse en la condensación, / ¿quién tropieza por afuera?».

Zweifellos hätten wir den Schluß dieses Gedichtes etwas früher ohne Rückverweis auf «Trilce XXIII» untersuchen können; aber unsere Lesung zielt nicht nur auf das Verständnis eines einzigen Gedichts. Denn dieses steht innerhalb der gewaltigen Produktion eines Schriftstellers von dem Rang Vallejos, dem Schöpfer eines enormen lyrischen, erzählerischen, dramatischen, journalistischen, chronistischen und sozialkritischen Werkes einer Epoche mit besonderer Wirkung auf unsere Gegenwart. Deshalb lag uns daran, einige Aspekte aufzuzeigen, um von ihnen aus zu versuchen, Reichtum und Umfang des lyrischen Denkens einiger Gedichte Vallejos in *Trilce* aufzuhellen, dem bis heute meistdiskutierten Buch dieses wichtigen Schriftstellers.

Wir nehmen jetzt den letzten Faden unseres Diskurses auf. Dieser hat mit alledem zu tun, was die Bedeutung von «en la celda» einschließt, die zugleich Kerker, Haft, eingeschränkter Raum ist, aber auch bestimmt wird durch «en el gas ilimitado», wo zum drittenmal diese analogische, parallelistische Konstruktion auftaucht, die in drei Mustern das Gedicht «Trilce LVIII» durchzieht. Was bedeutet das nun für uns? Es ist uns gelungen, die Opposition zwischen «en lo sólido» und «en lo líquido» herauszuarbeiten, indem wir uns einerseits die Mauern, die Barrieren, das Eingeschlossensein in den Raum der Zelle vorstellten im Gegensatz zum «recogerse en sí mismo», nämlich, sich in das Gedächtnis und den Quell der Erinnerungen an die Kindheit, an das freie Feld, den Schoß der Familie und die geliebten Wesen zurückzuziehen. Nun müßten wir noch mit der gleichen Logik zu verstehen versuchen, welchen bestimmenden Unterschied zu Zelle die Konstruktion «en el gas ilimitado» deutlich macht. Versuchen wir, uns im Gegensatz zu der Konsistenz des Steins das Flüchtige eines Duftes, eines Windes, also des „Gases", vorzustellen, und im Gegensatz zu der Klausur, dem engen Raum der Zelle, das Unbegrenzte der Phantasie oder der Geschichte. Dann sind für mich die Unterschiede zwischen «en la celda, en lo sólido», «en la celda, en lo líquido», und «en la celda, en el gas ilimitado» durchaus verständlich. Und dann sind wir mittels einer größeren Umschaltung in den zeit- und grenzenlosen Raum hinausgelangt, wo auch die Frage des Sprechenden noch heute ihren Sinn hat: «¿Quién tropieza por afuera?» Wie in der echten Dichtung wird hier eine Frage gestellt, die nicht nur den Menschen angeht, sondern, entgrenzend, auch für die Religion, Wissenschaft und Philosophie gültig ist, und letztlich ebenso für den Dialog des Lesers mit dem Gedicht und der Sprache.[5]

---

[5] Anm. d. Hrsg.: Einer Andeutung des vorausgehenden Artikels folgend, möchten wir erwähnen, daß Juan Espejo Asturizaga in seinem Kommentar zu «Trilce LVIII» anmerkt, das Gedicht habe das vertrauliche Zwiegespräch mit einem Mitgefangenen behandelt. Der Dichter habe den ursprünglich sehr viel längeren Text zur Aufnahme in den Band *Trilce* stilisierend verkürzt (*op. cit.*, S. 124–125).

VICENTE HUIDOBRO

(1893–1948)

AIRE NAVAL

Tres marineros bailan ante la perla muerta
El oriente se fue hacia el oriente

Para contradecir la ruta del sol
Para cambiar las leyes establecidas

5   El primero dice yo soy el corazón
El segundo dice yo soy la cabeza con su libro de sueños
El tercero dice yo soy la boca
Y de mí dependen vuestras palabras

    Las palabras son mías dice el primero
10 Las tengo en mi árbol lleno de noticias
Yo creo que son mías dice el segundo
Son de mi sangre que sobrepasa sus visiones
Yo las muerdo y las mato dice el tercero
Y dejo sólo aquellas cuyo vivir me place

15 Qué vana discusión de sombras en la sombra
Todo depende de la estación y del paisaje semejante
Todo depende de la llama y el espanto de los dientes

    Tres marineros bailan su muerte con la muerte
Con tal fervor y tantos dibujos doloridos
20 Que lloran los faroles
Con sus fechas cosidas al origen
Las palabras vivas bailan ante la muerte muerta
Los marineros cantan para que el mar se duerma

    Soy hijo del tiempo dice el primero
25 Soy hijo de la noche dice el segundo
Soy hijo del viento dice el tercero

Los marineros bailan para que el mar no muera
Para que su oriente no se vaya de los ojos a sitios de mal augurio
A tierras lloradas por el aire de los perros

Obras completas, Prólogo de Hugo Montes, Bd. I,
Santiago 1976, S. 468 f.

LEKTÜRE EINES GEDICHTES VON VICENTE HUIDOBRO: «AIRE NAVAL»

Von Eberhard Geisler

Der ausgewählte Text stammt aus der Gedichtsammlung *Ver y palpar*, die zusammen mit dem gleichfalls 1941 veröffentlichten Band *El ciudadano del olvido* sowie den in seinem Todesjahr 1948 postum erschienenen *Ultimos poemas* als Huidobros Spätwerk gilt. Die Kritik hat sich diesen Arbeiten bislang nur zögernd zugewandt, ein Umstand, der seinen Grund vor allem darin haben dürfte, daß der 1893 in Santiago de Chile geborene Autor zu dem Zeitpunkt, als er sie abfaßt, seine großen dichterischen Experimente, die ihn zum Begründer und wohl auch bedeutendsten Vertreter hispanoamerikanischer Avantgarde gemacht haben, schließlich längst hinter sich hat: Versuche visueller Poesie wie in *Horizon carré* (1917) und einzelnen anderen, um 1921 verfaßten Gedichten;[1] die Entwicklung komplexer semantischer Strukturen, wie sie George Yúdice insbesondere für *Horizon carré* und *Poemas árticos* (1918) beschrieben hat;[2] schließlich die ludische Zertrümmerung von Grammatik und Bedeutung überhaupt in den Lautgedichten, mit denen sein großes lyrisches Opus *Altazor* (1931) endet. Die später publizierten Bände weisen dagegen tatsächlich keine spektakulären Neuerungen mehr auf; viele Beispiele wirken repetitiv und jedenfalls eher von Zweifeln als von dem charakteristischen dichterischen Elan der früheren Texte bestimmt. «Aire naval» dürfte jedoch deutlich machen, daß es gleichwohl lohnt, dieses Spätwerk zu durchforschen. Gerade dieses Gedicht stellt schließlich ein poetologisches Dokument dar, in dem Huidobro einmal mehr Situation und Möglichkeiten moderner Lyrik reflektiert und dabei zentrale, für sein gesamtes Werk geltende Spannungen mit besonderer Konsequenz zur Sprache bringt.

Wie ist dieses Gedicht zu lesen? Ist spätestens seit *Horizon carré* nicht überhaupt fraglich, ob Huidobros Lyrik noch zum Gegenstand einer hermeneutischen, auf Sinnerschließung bedachten Lektüre werden kann? Das Jahr

---

[1] Vicente Huidobro, *Obras completas*, Prólogo de Hugo Montes, Bd. I, Santiago 1976, S. 631, Anm. 1. – Vgl. dazu Harald Wentzlaff-Eggebert, „Textbilder und Klangtexte. Vicente Huidobro als Initiator der visuellen/phonetischen Poesie in Lateinamerika", in: *Lateinamerika-Studien* 22, München 1986, S. 91–122.

[2] George Yúdice, *Vicente Huidobro y la motivación del lenguaje*, Buenos Aires 1978.

1916, in dem der Dichter nach Paris übersiedelt, wo er rasch Kontakt zur literarischen und künstlerischen Avantgarde gewinnt und maßgebliche kubistische Künstler wie Picasso, Juan Gris und Jacques Lipschitz kennenlernt, markiert auch den Beginn seiner Ausformulierung einer avantgardistischen Poetik, die traditionellen Vorstellungen literarischer Produktion und Rezeption widerspricht. In Parallele zu Pierre Reverdy, mit dem er 1917 gemeinsam die Zeitschrift *Nord-Sud* gründet – er hat sich zwar stets als Urheber der von ihm unter dem Namen des Creacionismo zusammengefaßten Auffassungen verstanden, de facto entwickelt er diese aber in Gleichzeitigkeit zu seinem französischen Kollegen –, fordert Huidobro eine Bildlichkeit, die sich von jeder mimetischen Funktion befreien und ihren Reiz statt dessen aus der schockhaften Kombination weit voneinander entfernter Bildbereiche beziehen soll. Dichtung soll nicht mehr Natur nachahmen, sondern autonome sprachliche Objekte hervorbringen, deren Semantik eigenen, z. T. willkürlich gebildeten Gesetzen folgt. In dem programmatischen Vortrag «La Poesía», den er 1921 im Ateneo zu Madrid hält, bestimmt Huidobro das Verfahren zeitgenössischen Dichtens wie folgt:

Hace darse (sc. el poeta) las manos a vocablos enemigos desde el principio del mundo, los agrupa y los obliga a marchar en su rebaño por rebeldes que sean, descubre las alusiones más misteriosas del verbo y las condensa en un plano superior, las entreteje en su discurso, en donde lo arbitrario pasa a tomar un rol encantatario.[3]

Auch «Aire naval» präsentiert sich durchaus im Rahmen einer solchen Poetik, insofern sich in diesem Text sehr deutlich die Tendenz beobachten läßt, Referentialität weitgehend aufzuheben, jede Eindeutigkeit von Sinn zu sprengen und willkürliche Kombination von Bildern zum Prinzip zu machen. Bei näherem Zusehen erweist sich jedoch, daß das Gedicht durch besondere Metaphern, intertextuelle Beziehungen sowie weitere strukturierende Elemente bestimmt ist, die auf einen Sinnzusammenhang verweisen bzw. die Momente von Diskontinuität auf eine übergreifende Reflexionsebene stellen, die einer hermeneutischen Lektüre zugänglich ist. Diese Strukturelemente – in ihnen ist auch die genannte poetologische Ebene des Textes zu sehen – sollen im folgenden näher aufgezeigt werden.

Bereits der erste Abschnitt führt eine besonders anspielungsreiche Metaphorik vor. Zwei Licht-Metaphern tauchen auf: «el oriente» und «la perla». Vor allem erstere besitzt in ihrer Bedeutung „Osten, Morgenröte, Licht" eine ehrwürdige, im einzelnen kaum zu überblickende Tradition, deren gemeinsamer Nenner jedoch in der Vorstellung einer metaphysischen Instanz absoluten Ursprungs besteht. In den verschiedensten Kulturen zeigt der Osten die Gebetsrichtung an, und Licht symbolisiert in vielen Religionen Heilsgüter

---

[3] Huidobro, *Obras completas*, Bd. I, S. 717.

wie Wahrheit, Glaube und Gnade. Das Alte Testament siedelt den Garten
Eden – den Ursprung der Menschheit und den Ort, an dem der Baum der Er-
kenntnis zu suchen ist – im Osten an (Gen.
2, 8–9); die christliche Tradition
feiert Christus – „ex oriente lux" – im Bild des strahlenden Morgensterns als
Gestalt, die sowohl Anfang als auch Ende aller Geschichte verkörpert (Offen-
barung 22, 16). Im Gefolge des platonischen Vergleichs des höchsten Prin-
zips, des Guten, mit der Sonne entwickelt schließlich der Neoplatonismus
eine Metaphysik des Lichts als zentraler Wahrheitsmetapher.

«La perla» meint strenggenommen dagegen zwar eher ein reflektiertes
Licht – Perlenglanz –, ist hier aber der anderen Metapher nicht nur wegen der
gleichzeitigen Konnotationen von Seltenheit und Besonderheit als gleichge-
ordnet zu denken, sondern auch durch den lexikalischen Umstand, daß
«oriente» in einer Nebenbedeutung auch den «brillo especial de las perlas»[4]
bezeichnen kann.

Bemerkenswert ist nun, daß es sich bei der Perle, vor der die drei Seeleute
einen Tanz aufführen (Zeile 1), um eine «perla muerta» handelt, d. h. um eine
Perle, die gerade nicht mehr glänzt, sondern stumpf geworden ist («perlas sin
oriente llámanse *perlas muertas*»)[5]. Einerseits wird also ein bereits erlosche-
nes Licht thematisiert, andererseits aber die Möglichkeit, daß Licht fortbe-
steht, indem dieses sich von der Instanz, an die es ursprünglich gebunden
war, entfernt. Diese Bewegung des Lichts, das gleichsam aus der Perle ausge-
wandert ist, wird mit dem Wortspiel «El oriente se fue hacia el oriente» (2) be-
schrieben, das sich zwei Bedeutungen von «oriente», „Osten" und „Perlen-
glanz", zunutze macht. Die Möglichkeit, daß das erloschene Licht neu auf-
glänzt, wird dabei offenkundig durch einen revolutionären Akt gesetzt, der
die Naturgesetze aufhebt und das Licht entgegen der gewohnten Bahn der
Sonne umgekehrt von Westen nach Osten reisen läßt.

Die eigentümliche Metaphorik von einem Sonnenlicht, das bedroht und im
Schwinden begriffen ist, zugleich aber als neue Morgenröte begründbar er-
scheint, hat eine prominente Vorläuferin, die an dieser Stelle in Erinnerung
gerufen werden sollte. Auf den ersten Seiten seiner *Fröhlichen Wissenschaft*
(1882, endgültige Fassung 1886) diagnostiziert Nietzsche das historische
Ende christlicher Metaphysik und bekundet dabei zunächst Verständnis für
jene, für die sich die Erfahrung des Gültigkeitsschwunds theologischer Para-
digmen als bedrohliche Verlusterfahrung darstellt. Der neue Unsicherheiten
hervorrufende Abschied von gewohnten Kategorien müsse vielen, schreibt
er, gleichsam als Sonnenuntergang erscheinen, der die Welt befremdlichem
Dunkel preisgebe:

---

[4] *Diccionario de la Lengua Española de la Real Academia*, Art. «Oriente».
[5] *Enciclopedia universal ilustrada europea-americana*, Madrid 1908–1958, Art.
«perla».

Das größte neuere Ereignis – daß „Gott tot ist", daß der Glaube an den christlichen Gott unglaubwürdig geworden ist – beginnt bereits seine ersten Schatten über Europa zu werfen. Für die wenigen wenigstens, deren Augen, deren *Argwohn* in den Augen stark und fein genug für dies Schauspiel ist, scheint eben irgendeine Sonne untergegangen, irgendein altes tiefes Vertrauen in Zweifel umgedreht: ihnen muß unsre alte Welt täglich abendlicher, mißtrauischer, fremder, „älter" scheinen.[6]

Nietzsche selbst freilich teilt diese düstere Einschätzung nicht. Die Auswirkungen dessen, was er hier als Ereignis apostrophiert, kommen für ihn umgekehrt geradezu einer neuen Morgenröte gleich. Das Denken hat in seiner endgültigen Loslösung von den christlichen Gewißheiten eine Freiheit und Radikalität des Fragens zurückgewonnen, die den Philosophen jenen Abschied nicht nur verschmerzen, sondern sogar begrüßen und propagieren läßt. Er fährt fort:

... woran liegt es doch, daß wir selbst ohne rechte Teilnahme für diese Verdüsterung, vor allem ohne Sorge und Furcht für *uns* ihrem Heraufkommen entgegensehn? ... diese nächsten Folgen, seine Folgen für *uns* sind, umgekehrt als man vielleicht erwarten könnte, durchaus nicht traurig und verdüsternd, vielleicht wie eine neue schwer zu beschreibende Art von Licht, Glück, Erleichterung, Erheiterung, Ermutigung, Morgenröte ... In der Tat, wir Philosophen und „freien Geister" fühlen uns bei der Nachricht, daß der „alte Gott tot" ist, wie von einer neuen Morgenröte angestrahlt; unser Herz strömt dabei über von Dankbarkeit, Erstaunen, Ahnung, Erwartung – endlich erscheint uns der Horizont wieder frei, gesetzt selbst, daß er nicht hell ist, endlich dürfen unsre Schiffe wieder auslaufen, auf jede Gefahr hin auslaufen, jedes Wagnis des Erkennenden ist wieder erlaubt, das Meer, *unser* Meer liegt wieder offen da, vielleicht gab es noch niemals ein so „offnes Meer".[7]

Das Bild der Morgenröte hat in seiner neuen Anwendung dabei freilich eine wichtige Modifikation erfahren: Es ist paradoxerweise nicht mehr sicher, ob das Licht, das sie verbreitet, den Horizont noch einmal erhellt. Die Metapher wird übernommen, impliziert aber eben kein „Licht" im Sinne unumstößlicher metaphysischer Wahrheit mehr. Gerade dieser Umstand ist es jedoch, der den Denkenden in eine Situation des Neubeginns versetzt, für deren Pathos der Autor in der tradierten Metaphorik das geeignete Ausdrucksmittel sieht. In diesem Sinn hat er das Buch, das er vor der *Fröhlichen Wissenschaft* schrieb, denn auch selbst *Morgenröte* (1881) betitelt: ein Werk, das insbesondere die überlieferte Moral einer subversiven Kritik unterzieht.

Huidobros Nietzsche-Rezeption ist eine Tatsache, auch wenn erstaunlicherweise bislang an keiner Stelle der Versuch gemacht worden ist, deren Art und

---

[6] Friedrich Nietzsche, *Werke in drei Bänden*, hrsg. von Karl Schlechta, Bd. II, München 1966, S. 205.

[7] *Op. cit.*, S. 206.

Umfang näher zu untersuchen.[8] Bereits der Umstand, daß er den fünften Ge-
sang seines Hauptwerks *Altazor* nach eigener Aussage im selben Zimmer im
Oberengadin geschrieben haben will, in dem Nietzsche seinen *Zarathustra*
vollendet hat,[9] läßt es als überaus wahrscheinlich erscheinen, daß der chileni-
sche Dichter mit Nietzsches Philosophie vertraut gewesen ist und an be-
stimmte Motive derselben bewußt angeknüpft hat. Was er von Nietzsche
übernimmt, ist unserer These nach dabei vor allem eben die in der Metapho-
rik der beiden Morgenröten implizierte Problematik, die Kritik abendländi-
scher Metaphysik zu betreiben und sie mit dem gleichzeitigen Versuch eines
als deren Substitution konzipierten emphatischen Neubeginns des Denkens
bzw. Dichtens zu verbinden.

Wenn man diese Rezeption einmal genauer nachzeichnen würde – an dieser
Stelle können freilich bloß einige Hinweise gegeben werden –, dürfte eine
Entwicklung sichtbar werden, die von einer relativ naiven Aufnahme Nietz-
scheanischer Gedanken zu einer immer größeren Durchdringung der in
ihnen angelegten Problematik führt. Für die frühe Phase ist der Gedichtband

---

[8] Hinweise auf Huidobro finden sich weder bei Udo Rukser, *Nietzsche in der Hi-
spania. Ein Beitrag zur hispanischen Kultur- und Geistesgeschichte*, Bern/München
1962 noch bei Gonzalo Sobejano, *Nietzsche en España*, Madrid 1967. Die Vermutung,
in den Texten des Dichters mit Nietzsche-Reminiszenzen rechnen zu müssen, ist in
der Huidobro-Kritik dagegen allerdings schon verschiedentlich geäußert worden; so
bei Juan Larrea, «Vicente Huidobro en vanguardia», in: *Revista Iberoamericana* 45,
106/107 (Pittsburgh 1979), S. 213–273 hier: S. 236f.), René de Costa, *Vicente Huido-
bro. Las carreras de un poeta*, Mexiko 1986, S. 208, und Leo Pollmann, *Argentinische
Lyrik im lateinamerikanischen Kontext: Der Fall Roberto Juarroz*, Heidelberg 1987,
S. 103 f.

[9] In der Prosa- und Aphorismen-Sammlung *Vientos contrarios* (Santiago de Chile
1928) findet sich ein kurzer Text mit dem Titel «Silvana Plana», in dem er schreibt:
«Estoy aquí, en Silvana Plana (sic), alojado en el mismo cuarto en donde Nietzsche es-
cribió las últimas páginas de su *Zurathustra* (sic). . . . Aquí he escrito el capítulo V de
mi *Altazor*»; Huidobro, *Obras completas*, Bd. I, S. 819. Er macht sich zwar über den
Gedanken lustig, in Nietzsches ehemaligem Zimmer noch etwas von dessen Geist
spüren zu wollen, aber seinem Text zufolge offenbaren sich ihm in dem schweizeri-
schen Ort gleichwohl wichtige Gedanken Zarathustras: So zitiert er sowohl die Idee
des Übermenschen als auch – in leicht abgewandelter Form – dessen Bekenntnis zur
Hintanstellung des Lebensglücks hinter das Lebenswerk: «Ayer encontré escritas en
un árbol estas palabras: '¿Busco acaso la felicidad? ¡Busco mi obra, busco mi vida!'»
(„. . . ich trachte lange nicht mehr nach Glücke, ich trachte nach meinem Werke";
Werke, Bd. II, S. 477). Auffällig ist allerdings, daß Huidobro Silvaplana nennt, wäh-
rend der genaue Ort von Nietzsches Sommeraufenthalt der Jahre 1881–1888 Sils-Maria
war, das in der Nähe von Silvaplana und des Silvaplaner Sees liegt. Ob der Dichter nun
tatsächlich das Engadin besucht hat oder nicht – entscheidend ist jedenfalls die Nähe
bzw. sogar Parallele, in die er sich hier zum Autor des *Zarathustra* rückt.

Adán charakteristisch, den Huidobro 1916 in Buenos Aires publiziert. In einer Folge von Texten feiert der Autor dort eine säkular gewendete Genesis, in deren Zentrum nicht mehr der Schöpfergott mit seinem Geschöpf Adam steht, sondern ein «Adán científico», in dessen Figur eine sich selbst hervorbringende Natur zum Bewußtsein ihrer selbst gelangt. Auf einen möglicherweise schon zu diesem Zeitpunkt zu konstatierenden Einfluß des *Zarathustra*, der 1898 auf französisch und ein Jahr später auf spanisch erschienen war, verweist neben dem antimetaphysischen Impuls vor allem das Motiv der Ewigen Wiederkehr, das Nietzsche in dem genannten Werk der linearen Geschichtsauffassung entgegensetzte. Als Adán über das Woher, Wohin und Wozu seiner Existenz nachgrübelt («Adán va a las montañas») und darüber melancholisch zu werden droht, rät ihm der Dichter, bei der Vorstellung einer in Zirkelbewegungen sich perpetuierenden Zeit Trost zu suchen («Eso es el Universo: / Un eterno girar contradictorio / A un punto fijo»[10]). Die relative Unbekümmertheit, mit der Huidobro dem genannten Problemzusammenhang zu diesem Zeitpunkt noch gegenübersteht, erhellt dabei aus dem Umstand, daß er trotz der antimetaphysischen Wendung gleichwohl noch Kategorien beibehält, die jener Tradition zugehören, gegen die er sich wendet.

Ungeachtet des Eingeständnisses, daß auf Adáns Fragen nach Ursprung, Ziel und Deutung menschlicher Existenz keine Antworten mehr gegeben werden können, bleiben die entsprechenden Denkmuster paradoxerweise virulent. Um die entscheidenden Vorstellungen zu nennen: In den Texten in *Adán* wimmelt es gleichsam nur so von hymnischen Nennungen des Ursprungs oder von Ursprungsmetaphern («germen», «padre», «matriz»), wobei man feststellen muß, daß es für die Vorstellung einer absoluten, sämtliche Phänomene *ex nihilo* erzeugenden Instanz selbst eben gleichgültig ist, ob deren Platz von Gott oder einer an dessen Stelle getretenen Natur eingenommen wird. Als Adán vor dem Meer steht und dessen schöpferische Kraft bewundert, wird der Ozean gar als «Origen y término / De todo el universo» apostrophiert;[11] damit wird ein Muster der christlichen Theologie, nämlich Gott als Identität von *causa efficiens* und *causa finalis* zu denken, auf die Natur angewendet, und Huidobro verfällt unbemerkt jener Rhetorik, deren Überwindung er im Vorwort zu *Adán* zu seinem Programm erklärt hat. Schließlich wird in diesen Texten nach wie vor am Begriff der einen absoluten Wahrheit festgehalten – die Welt offenbart dem schauenden Adán ihre «quintaesencia»[12], und ihm gelingt es – trotz der genannten offenkundigen Zweifel des Autors –, den letzten Sinn der Dinge zu erkennen: «Comprendía de las

---

[10] Huidobro, *Obras completas*, Bd. I, S. 206.
[11] *Op. cit.*, S. 205.
[12] *Op. cit.*, S. 193.

cosas el único designio, / Veía en todo el verdadero sentido . . .»[13] Der Ein-
druck drängt sich auf, daß Huidobro in *Adán* das Pathos des Übermenschen
übernimmt, ohne sich jedoch auch schon Nietzsches kritische Wendung
gegen das Denken der Vergangenheit zu eigen zu machen. Dieser Wider-
spruch wäre freilich insofern nicht ganz unverständlich, als der Stil des *Zara-
thustra* ein ähnliches Paradox aufweist: Das antichristliche Manifest sucht
schließlich selbst noch einmal den Ton neutestamentlicher Gleichnisreden
anzuschlagen.

Die Hoffnung, die traditionelle Metaphysik durch ein Denken überwin-
den zu können, das sich zwar rein auf Weltimmanenz beziehen möchte, aber
gleichwohl noch immer von der Vorstellung eines absoluten Ursprungs be-
stimmt bleibt, prägt, wie sich jetzt erkennen läßt, auf dieser frühen Stufe vor
allem auch Huidobros Verständnis von Dichtung. Das Programm des Crea-
cionismo, das in den Jahren nach der Publikation von *Adán* formuliert wird,
besteht nämlich nicht nur in der genannten Metapherntheorie, sondern auch
in einer priesterlich-sakralen Deutung der Dichterrolle, die im 20. Jahrhun-
dert eigentümlich anachronistisch wirkt und insbesondere in auffälligem
Kontrast zu dessen avantgardistischen Aspekten formaler Art steht. Daß
Dichtung in Huidobros poetologischen Äußerungen mehr oder minder dazu
ausersehen sein soll, an die Stelle theologischer Größen zu treten, verwun-
dert jedoch dann eben nicht mehr, wenn man seine Lyrik vor dem Hinter-
grund jener beiden alternativ aufeinander bezogenen „Morgenröten" sieht.
Besonders aufschlußreich ist hier der bereits zitierte Vortrag, den Huidobro
1921 im Ateneo zu Madrid über sein Konzept zeitgenössischer Dichtung hält.
Er zeigt einmal mehr, wie fasziniert Huidobro zu dieser Zeit noch selbst am
Gedanken metaphysischen Ursprungs festhält. Neben der Forderung, ihre
benennende Funktion aufzugeben, soll Dichtung vor allem diesem Gedanken
verbunden bleiben. Wenn Poesie sich nicht von der absoluten Unmittelbar-
keit kosmischer Schöpfung entfernt, soll sie – weder durch Geschichte noch
durch andere Texte und Zeichen vermittelt – selbst noch einmal schöpferisch
und uranfänglich sein können. Das Morgenrot, das hier Ort und Mission von
Dichtung beschreiben soll, ist von Nietzsches Umdeutung der Metapher
recht weit entfernt:

La poesía es el vocablo virgen de todo prejuicio; el verbo creado y creador, la palabra
recién nacida. Ella se desarrolla en el alba primera del mundo. Su precisión no consiste
en denominar las cosas, sino en no alejarse del alba . . .
La Poesía está antes del principio del hombre y después del fin del hombre. Ella
es el lenguaje del Paraíso y el lenguaje del Juicio Final, ella ordeña las ubres de la
eternidad, ella es intangible como el tabú del cielo. La Poesía es el lenguaje de la
Creación. Por eso sólo los que llevan el recuerdo de aquel tiempo, sólo los que no

---

[13] *Op. cit.*, S. 197.

han olvidado los vagidos del parto universal ni los acentos del mundo en su formación, son poetas. Las células del poeta están amasadas en el primer dolor y guardan el ritmo del primer espasmo. En la garganta del poeta el universo busca su voz, una voz inmortal . . .[14]

Trotz z. T. humorvoller Wendungen herrscht in diesem Konzept noch immer eine traditionelle Rhetorik vor, die von einer Instanz spricht, welche Anfang und Ende der Geschichte übergreifen können soll. Am Ende des Vortragstextes taucht sogar die theologische Lichtmetapher auf. Sie ist auf den Dichter übergegangen, von dem Huidobro bemerkt: «. . . hay ese *Fiat Lux* que lleva clavado en su lengua.»[15] Vor dem Hintergrund dieses Sendungsbewußtseins des Autors als quasimetaphysischer Ursprungsinstanz – «El poeta es un pequeño Dios», heißt es entsprechend in der «Arte poética» aus dem Band *El espejo de agua* (1916)[16] – ist übrigens auch Huidobros Polemik gegen die Surrealisten zu begreifen, von deren metaphorischer Praxis er nicht weit entfernt ist, wohl aber von deren Bemühung um weitgehende Auflösung von Autor- und individueller Urheberschaft.[17]

Huidobros faszinierende Leistung besteht jedoch gerade darin, daß er im Lauf seiner dichterischen Produktion die theoretischen Implikationen der formalen Neuerungen des Creacionismo, die die gewohnte Eindeutigkeit von Sinnbeziehungen schließlich schon aufgelöst hatten, herausarbeitet und damit auch seine in den Manifesten formulierten Positionen, mit denen er sich sozusagen noch unterhalb des Niveaus der eigenen dichterischen Form bewegt, relativieren kann. Dabei ist vor allem sein Hauptwerk *Altazor* zu nennen. Dieses aus sieben Gesängen und einem einleitenden Prosatext bestehende Gedicht ist von der Einsicht bestimmt, daß der Versuch einer Neubegründung von Dichtung, die sich von Metaphysik abgewandt hat, zunächst im Aufspüren und konsequenten Infragestellen sämtlicher Kategorien bestehen muß, die der verabschiedeten Tradition entstammen.

Mit *Altazor* knüpft Huidobro an das ebenso vom Luzifer- wie vom Ikarus-Stoff her bekannte Motiv des Sturzes an: Die gleichnamige Figur, der er die Texte in den Mund legt und die als Verkörperung der Nöte und Hoffnungen des modernen Dichters konzipiert ist, stürzt vom Himmel nieder. Daß sie dies in einem Fallschirm tut, wie es im Vorwort zu dem Werk heißt, verschafft ihr Gelegenheit, die beklemmende Situation ausgiebig zu reflektieren. Es ist die Situation endgültig verlorener Transzendenz. Der „Tod Gottes" stellt für Altazor ein Faktum dar, dessen Anerkennung er fordert:

---

[14] *Op. cit.*, S. 716f.
[15] *Op. cit.*, S. 717.
[16] *Op. cit.*, S. 219.
[17] Zur Auseinandersetzung mit den Surrealisten siehe vor allem das «Manifiesto de Manifiestos», *op. cit.*, S. 722–731.

> Adiós hay que decir adiós
> Adiós hay que decir a Dios,[18]

und er selbst beschreibt sich in seiner Lage als

> Flor de contradicciones bailando un fox-trot
> Sobre el sepulcro de Dios
> Sobre el bien y el mal.[19]

Altazors Grundsituation ist nicht nur im wörtlichen Sinn Bodenlosigkeit. Es gibt für ihn keinerlei Fundament mehr, auf das er seinen Diskurs gründen könnte. Begriffe wie Gut und Böse, Wahrheit und sogar Schönheit sind hinfällig geworden: «No hay bien no hay mal ni verdad ni orden ni belleza.»[20] Zwar tauchen in dem Gedicht noch gelegentlich Instanzen auf, die solche Begründung zu stiften in der Lage zu sein scheinen, sie werden aber nicht mehr tatsächlich diskursbegründend. Im ersten Gesang wird in diesem Sinn die revolutionäre Arbeiterbewegung erwähnt und als letzte und einzige Hoffnung der Menschheit apostrophiert, wobei sie nicht von ungefähr, wie auch vermerkt wird, unter der Fahne des Morgenrots marschiert;[21] im zweiten Gesang ist es die geliebte Frau, der als «Dadora de infinito»[22] und als Wesen, das die Ordnung des Kosmos aufrechterhalte,[23] eine ähnliche Rolle zugeschrieben wird. Altazors Fahrt bleibt jedoch bodenlos, und so können auch Arbeiterbewegung und Eros nichts anderes als flüchtige, rasch vorüberziehende Verheißungen darstellen.

Die Bedeutung von *Altazor* besteht also darin, daß sich Dichtung in diesem Werk mit besonderer Radikalität von jeder Rhetorik zu befreien versucht. Poesie – das ist die Grundüberzeugung des Werks – findet außerhalb der Texte selbst keine Positionen mehr, von deren Glanz sie zehren könnte. Huidobro geht dabei so weit, auch die Frage zu stellen, ob Dichtung unter solchen Umständen überhaupt noch fortgesetzt werden kann. Denn muß es sich nach dem Ende der Evidenz metaphysischer Prinzipien nicht notwen-

---

[18] *Op. cit.*, S. 415.

[19] *Op. cit.*, S. 393.

[20] *Op. cit.*, S. 384.

[21]   Millones de obreros han comprendido al fin
        Y levantan al cielo sus banderas de aurora
        Venid venid os esperamos porque sois la esperanza
        La única esperanza
        La última esperanza. (*Op. cit.*, S. 387)

[22] *Op. cit.*, S. 401.

[23]   Si tú murieras
        Las estrellas a pesar de su lámpara encendida
        Perderían el camino
        ¿Qué sería del universo? (*Op. cit.*, S. 404)

digerweise bei jedem Licht, das ein dichterischer Text noch zu verbreiten scheint, um ein mit den Mitteln obsolet gewordener Rhetorik erzeugtes Täuschungsmanöver handeln? An der Stelle, an der er diesen Zweifel ausspricht – formuliert als Aufforderung an Altazor, wachsam zu sein –, taucht übrigens auch die Perlen-Metapher bereits auf:

> Altazor desconfía de las palabras
> Desconfía del ardid ceremonioso
> Y de la poesía
> Trampas
>   Trampas de luz y cascadas lujosas
> Trampas de perla y de lámpara acuática
> Anda como los ciegos con sus ojos de piedra
> Presintiendo el abismo a todo paso.[24]

Es ist aber gerade die Unerbittlichkeit dieser kritischen Haltung, die allein noch einmal die Möglichkeit einer Neubegründung von Dichtung schafft. Man sieht, daß sich Huidobro der Problematik der beiden Morgenröten mittlerweile äußerst bewußt ist. Wenn sich der «paracaídas» des Dichters noch einmal in einen «parasubidas» verwandeln,[25] ihm also noch einmal Gelingen beschieden sein soll, dann kann dieses nicht durch eine Reprise metaphysischer Kategorien, sondern nur durch deren Auflösung geschehen.

Daß Huidobros in *Altazor* erreichte Einsichten mit einer inzwischen erfolgten vertieften Auseinandersetzung mit Nietzsche einhergehen dürften, wird dabei nicht nur durch die genannte explizite Anknüpfung an den *Zarathustra* bzw. an dessen Entstehungsort im Engadin verdeutlicht, sondern auch durch die Metapher des Tanzes. Altazor, heißt es in dem zitierten Vers, begreift sich als Bündel von Widersprüchen, deren Einheit durch die Bewegung des Tanzes gegeben wird, den er über Gottes Grab und über die Unterscheidung von Gut und Böse hinweg aufführt. Es ist dies der Tanz Zarathustras. Der Philosoph hat den Tanz bekanntlich deshalb zu einem seiner Lieblingsmotive gemacht, weil er in ihm eine Befreiung vom christlich-idealistischen „Geist der Schwere" erblickte. Zum einen ist er das Bild der Überwindung der von Nietzsche als Lebensverneinung gegeißelten christlichen Moral, der gegenüber er dionysische Lebensbejahung verkörpert. „Ich würde nur an einen Gott glauben, der zu tanzen verstünde", läßt Nietzsche Zarathustra einmal sagen,[26] und: „. . . verloren sei uns der Tag, wo nicht *einmal* getanzt wurde! Und falsch heiße uns jede Wahrheit, bei der es nicht *ein* Gelächter gab!"[27] Zum andern scheint diese Metapher besonders geeignet, ein Denken

---

[24] *Op. cit.*, S. 398.
[25] *Op. cit.*, S. 384.
[26] Nietzsche, *Werke*, Bd. II, S. 307.
[27] *Op. cit.*, S. 457.

zu bezeichnen, das keine *eine* absolute Wahrheit mehr kennt, sondern die Welt als Reigen eben einer Vielzahl einander widersprechender Größen konzipiert und an die Stelle eines Geschichtsablaufs, der von seinem Ursprung aus irreversibel einem ihm gesteckten Ziel entgegeneilt, das heitere Spiel der Ewigen Wiederkehr setzt. Der jede Philosophie des Einen aufsprengende, statt dessen heidnischem Polytheismus Raum schaffende Tanz ist das Zeichen, unter dem Zarathustra die heraufkommende Epoche sieht, und seine Visionen führen ihn „in ferne Zükünfte",

Wo alles Werden mich Götter-Tanz und Götter-Mutwillen dünkte, und die Welt los- und ausgelassen und zu sich selber zurückfliehend: –
– als ein ewiges Sich-Fliehn und -Wiedersuchen vieler Götter, als das selige Sich-Widersprechen, Sich-Wiederhören, Sich-wieder-Zugehören vieler Götter: – . . .[28]

Wie zu erwarten ist, besteht Huidobros Neubegründung der Dichtung vor allem auch in der Schaffung einer neuen Formensprache. Als Beispiel für die *Altazor* auszeichnende Einheit von Reflexionsgehalt und Form sei in diesem Zusammenhang nur eine Passage zitiert, in der der Dichter von der Frage nach dem Ursprung parodistisch Abschied nimmt, um daraufhin als Konsequenz dieses Abschieds eines seiner typischen seriellen Sprachspiele in Gang zu setzen. Altazor spricht von einem Planeten, der, nachdem er die Nacht durchmessen – mit anderen Worten die Erfahrung der Lichtlosigkeit gemacht – habe, weder seinen Namen wisse noch wer seine „Eltern" gewesen seien. Wo es aber keine Gewißheit über Herkunft und Wesen der Dinge mehr gibt, kann das Spiel einer tendenziell unendlichen Sprachkette beginnen, in deren absurder Bilderfolge sich die Bedeutungen ebenso wechselseitig erzeugen wie negieren. An jenen heimatlos gewordenen Planeten gerichtet, formuliert Altazor:

> Dime ¿eres hijo de Martín Pescador
> O eres nieto de una cigüeña tartamuda
> O de aquella jirafa que vi en medio del desierto
> Pastando ensimismada las yerbas de la luna
> O eres hijo del ahorcado que tenía ojos de pirámide?
> Algún día lo sabremos
> Y morirás sin tu secreto
> Y de tu tumba saldrá un arco iris como un tranvía
> Del arco iris saldrá una pareja haciendo el amor
> Del amor saldrá una selva errante
> De la selva errante saldrá una flecha
> De la flecha saldrá una liebre huyendo por los campos
> De la liebre saldrá una cinta que irá señalando su camino
> De la cinta saldrá un río y una catarata que salvará a la liebre de sus
> / perseguidores.[29]

---

[28] *Op. cit.*, S. 444.
[29] Huidobro, *Obras completas*, Bd. I, S. 431. – Die Passage endet mit den beiden

Kehren wir nun aber wieder zu «Aire naval» zurück! Wir wissen inzwischen, an welches Projekt Huidobro im ersten Abschnitt des Gedichts anknüpft, und können jetzt daran gehen, den Text als einen weiteren Versuch ebenso der Entfaltung wie Problematisierung dieses Projekts zu lesen.

Auffälligstes Strukturmerkmal des Gedichts ist eine in drei Sequenzen gegliederte Abfolge von Äußerungen dreier Seeleute, wobei diese in jeder Sequenz jeweils nacheinander zu Wort kommen (5–9; 9–14; 24–26). Betrachtet man diese eigentümliche Debatte der drei Figuren vor dem Hintergrund der bisherigen Ausführungen, dann wird rasch klar, daß Huidobro mit ihr eine neue Form entwickelt, Zarathustras „Tanz" dichterisch zu reformulieren. Was vorgeführt wird, ist ein spielerischer Streit um eine Position, die als Ursprung und Grund des Diskurses schlechthin bestimmt wird. Herz, Haupt und Mund beanspruchen gleichermaßen, das entscheidende Zentrum zu sein (5–9), das die Sprachäußerungen des Subjekts regelt («... de mí dependen vuestras palabras», 8) bzw. dem Wortführerschaft zukommt («Las palabras son mías ...» usw., 9–14). Wie zu erwarten, besteht die Strategie des Gedichts jedoch nicht darin, diesen Streit zu entscheiden, sondern umgekehrt gerade darin, die Unmöglichkeit aufzuweisen, eine Instanz zu denken, die an den umstrittenen Platz treten könnte, und dem Leser statt dessen ein unabsehbar sich perpetuierendes, zu keinem Ende gelangendes Spiel einander widersprechender Elemente vorzuführen.

In der Mitte des Gedichts findet sich ein Kommentar dieser Debatte, der sie denn auch als «vana discusión de sombras en la sombra» (15) bezeichnet. Doch schafft dieser Kommentar trotz seiner zentralen Stellung keine neue Sinnmitte bzw. stellt nur eine scheinbare Metaebene zum Chor der Seeleute her, indem er eine absurde Reihe weiterer letzter „Begründungen" nennt – «Todo depende de la estación y del paisaje semejante» usw. (15f.) – und damit seinerseits das Spiel der scheinhaften Begründungen fortsetzt.

Eine ähnliche Funktion erfüllt auch die auffällige Häufung sprachlicher Elemente, die auf Kausalitäts- bzw. Finalitäts-Relationen verweisen. Dreimal werden Konstruktionen mit dem Verb «depender» verwendet (8, 16, 17); fünfmal finden sich Konstruktionen mit dem finalen «para» bzw. «para que» (3, 4, 23, 26, 27). Auch diese sich akkumulierenden sprachlichen Indizien tragen zur Fiktion der Existenz gültiger Sinnrelationen bei, und auch sie tun dies nur, um deren ständige Negation möglich zu machen.

Zeilen: «Hasta que la liebre empiece a trepar por una mirada / Y se esconda al fondo del ojo»; *op. cit.* Daß die Kette von Objekten hier in einem Auge endet, in welchem der Hase als deren letztes Glied verschwindet, scheint allerdings doch noch einmal auf eine Instanz des Ursprungs hinzuweisen: auf den Autor, dessen schöpferischer Blick diese Kette überhaupt erst ermöglicht bzw. hervorruft. «Aire naval» wird, wie wir sehen werden, unter seine Kritik der Ursprungsinstanzen konsequenterweise auch den Autor selbst einbeziehen.

Die Baum-Metapher, die dem ersten Seemann in den Mund gelegt wird –
er sei Herr der Wörter, argumentiert er, weil diese seinem «árbol lleno de
noticias» (10) entsprängen –, taucht in Huidobros Werk übrigens schon sehr
früh auf und nimmt einen wichtigen Platz in ihm ein. In ihrer Parallelisierung
von Natur und Dichtung ist sie noch typisch kreationistisch. Sie steht für
einen absoluten Ursprung, der mit der unendlichen Kraft der Natur eine
gleichfalls unendliche Fülle literarischer Manifestationen erzeugen kann. In
diesem Sinn wird bereits Adán als Baum apostrophiert: er ist der große Dich-
ter-Vater, der im Zentrum der kosmischen Genesis steht und immer neue
Textwunder aus sich hervortreibt[30]:

> ¡Oh Padre Adán! Arbol frondoso,
> Arbol de maravillas y prodigios,
> De actividades en reposo,
> Arbol lleno de anuncios infinitos.[31]

An der Dezentrierung dieser einst zentralen Metapher und ihrer Einfügung
in Zarathustras Tanz läßt sich die Entwicklung wohl besonders gut ablesen,
die Huidobros Werk seit seinen kreationistischen Anfängen genommen hat.

Auch der Seemann ist in Huidobros Lyrik eine vertraute Figur. Er liefert in
vielen Texten das Bild des Dichters.[32] Worauf jene drei ebenso miteinander
streitenden wie tanzenden Seeleute verweisen, ist also das dichterische Sub-
jekt selbst, das mittlerweile gleichfalls von jenem Strudel erfaßt worden ist,
der alle Einheiten mit sich fortreißt. Die Fragmentierung des dichterischen

---

[30] Diese Verwendung der Metapher findet sich übrigens schon in dem frühen Band
Las Pagodas Ocultas (Santiago 1914). In seiner Hymne auf den Baum schreibt Huido-
bro dort: «Mi cerebro te ama porque eres el libro de hojas infinitas siempre renovadas
y porque en cada una de tus hojas hay un poema exquisito para él.» (*Obras completas*,
Bd. I, S. 139) – Unter Bezugnahme auf die betreffende (unvollständig zitierte) Zeile
aus «Aire naval» bemerkt Yúdice: «. . . hay que tener presente la importancia del árbol
dentro del código creacionista y, desde esta perspectiva, algunas referencias a la crea-
ción de la poesía y del lenguaje: ‹Tengo (las palabras) en mi árbol de noticias› . . . El
árbol que, junto con el mar y las olas, sirve como sinécdoque de toda la naturaleza, se
relaciona con la poesía ya que, para Huidobro, la naturaleza tiene un lenguaje que
necesita expresar . . .» (Yúdice, *Vicente Huidobro*, S. 226; siehe auch S. 239).

[31] Huidobro, *Obras completas*, Bd. I, S. 216.

[32] Vgl. George Yúdice, *Vicente Huidobro*, S. 124f. – In dem Gedicht «Ecuatorial»
findet sich auch bereits die Verbindung von Seemanns- und Perlen-Metapher. Huido-
bro erinnert dort an alte Seeleute (Dichter), die im Pfeifenrauch (dem Produkt ihrer
dichterischen Schöpferkraft) noch Perlen (dichterische Trouvaillen im kreationisti-
schen Sinn) gefunden haben: «Y los más viejos marineros / En el fondo del humo de
sus pipas / Habían encontrado perlas vivas» (*Obras completas*, Bd. I, S. 287). – Zur
Deutung dieses Verses vgl. auch Jaime Concha, *Vicente Huidobro* (Col. Los Poetas
27), Madrid 1980, S. 72.

Ich war übrigens auch bereits in *Altazor* vorgenommen worden, wo das Ich Altazors sich verdoppelt bzw. in verschiedene Pronomina auflöst;[33] in «Aire naval» rückt sie aber in den Vordergrund und wird zum besonders politischen Bild.

Der Umstand, daß dabei gerade die Dreizahl gewählt worden ist, entbehrt ebensowenig der Logik. Sie kann nämlich als Symbol der Sprache aufgefaßt werden, also jenes überindividuellen Mediums, dessen Gesetzen sich das ehedem Autonomie behauptende dichterische Subjekt nun unterstellt hat. Die strukturale Psychoanalyse macht bekanntlich auf die entscheidende Rolle aufmerksam, welche die triadische Beziehung für die Genese des Subjekts spielt. Erst in der Triade kann nämlich die aus der Identifikation mit dem Gegenüber entstandene imaginäre Identität überwunden werden, und das Zerbrechen der spekulären Dyade markiert genau auch den Ort, an dem das Subjekt in die sprachliche Ordnung eintritt. Um diesen Zusammenhang anschaulich zu machen, brauchen wir allerdings den *Zarathustra* nicht zu verlassen. Auch der Philosoph stellt nämlich bereits fest, daß es stets des Dritten bedarf, wenn die in der Dyade drohende Fixierung verhindert werden und es zu einem kontinuierlichen Spiel lebendiger Sprache kommen soll: „Immer ist für den Einsiedler der Freund der Dritte: der Dritte ist der Kork, der verhindert, daß das Gespräch der Zweie in die Tiefe sinkt."[34]

Während dieses Zitat freilich weniger auf eine Übernahme als vielmehr auf eine Koinzidenz in der Sache weisen dürfte, enthält das Gedicht jedoch auch noch ein Motiv, das unmittelbarer auf die Lehren Zarathustras verweist. Als der dritte Seemann, der sich als Mund des fragmentierten Subjekts präsentiert, seinen Anspruch auf Wortführerschaft anmeldet, stützt er diesen allein auf die ungehemmte Willkür des eigenen Bisses. Was als Rede den Mund verläßt, soll nicht Produkt eines der beiden anderen „Seeleute" sein – Herz oder Kopf –, sondern vielmehr Resultat eines Auswahlverfahrens, welches dem rudimentären Lustprinzip jener Körperöffnung folgt. Bezogen auf «las palabras» heißt es: «Yo las muerdo y las mato dice el tercero / Y dejo sólo aquellas cuyo vivir me place» (12–13).

Wichtiges Ziel Zarathustras in seinem Kampf um die Überwindung der christlichen Metaphysik ist die Rehabilitierung des Körpers und seiner Impulse. Dabei stellt sich die gegen viele Widerstände zu vollziehende Bejahung des Lebens für ihn gerade auch als eine Bejahung der Willkür des Lebendigen dar. Denn wenn Schmerz und Lust als menschliche Grundgegebenheiten ernst genommen werden, muß die idealistische Vorstellung vom Subjekt als

[33] Siehe hierzu Yúdice, *Vicente Huidobro*, S. 162. – In der französischen Lyrik findet sich diese Auflösung des Subjekts in mehrere simultane Ich allerdings weitaus früher: in Apollinaires *Alcools* (1913).
[34] Nietzsche, *Werke*, Bd. II, S. 320.

einer primär geistigen, von Logos und Moral bestimmten Instanz fallen. Im Begriff des mit dem Körper und seinen Bedürfnissen und Gefühlen zu identifizierenden Selbst arbeitet Nietzsche Freuds Entdeckung des Unbewußten vor, wobei der Philosoph gerade dessen physische Wurzeln als Skandalon hervorhebt. Gegen die „Verächter des Leibes" gewandt, spricht Zarathustra zu den Seinen:

> Hört mir lieber, meine Brüder, auf die Stimme des gesunden Leibes: eine redlichere und reinere Stimme ist dies . . .
> „Ich" sagst du und bist stolz auf dies Wort. Aber das Größere ist, woran du nicht glauben willst – dein Leib und seine große Vernunft: die sagt nicht Ich, aber tut Ich . . .
> Hinter deinen Gedanken und Gefühlen, mein Bruder, steht ein mächtiger Gebieter, ein unbekannter Weiser – der heißt Selbst. In deinem Leibe wohnt er, dein Leib ist er.[35]

Daß also das Organ des Schmeckens – und d. h. der bewußten Auswahl dessen, was es schmecken will – in diesem Gedicht ein Mitspracherecht erhält über das, was Diskurs sein soll, ist ganz im Sinne Zarathustras gedacht:

> Allgenügsamkeit, die alles zu schmecken weiß: das ist nicht der beste Geschmack! Ich ehre die widerspenstigen wählerischen Zungen und Mägen, welche „Ich" und „Ja" und „Nein" sagen lernten.[36]

Der fünfte Abschnitt des Gedichts enthält jedoch ein Element, das sich mit Zarathustras Bejahung des Willens zur Macht und dem Pathos seines Pro-

---

[35] Op. cit., S. 300. – Bei der Infragestellung des Subjektbegriffs geht Nietzsche übrigens nicht nur vom Gedanken des verborgenen Leibgrunds menschlichen Handelns aus, sondern ebenso von seiner Kritik des Kausalitätsdenkens. In den späten Schriften aus dem sogenannten Nachlaß der achtziger Jahre findet sich beispielsweise folgende Überlegung: „Was uns die außerordentliche Festigkeit des Glaubens an Kausalität gibt, ist *nicht* die große Gewohnheit des Hintereinanders von Vorgängen, sondern unsre *Unfähigkeit*, ein Geschehen anders *interpretieren* zu können als ein Geschehen aus *Absichten* . . . es ist der Glaube, daß alles Geschehen ein Tun sei, daß alles Tun einen Täter voraussetze, es ist der Glaube an das ‚Subjekt‘. Sollte dieser Glaube an den Subjekt- und Prädikat-Begriff nicht eine große Dummheit sein?" (*Op. cit.*, Bd. III, S. 501).

[36] Op. cit., Bd. II, S. 441. – Bezogen auf Nietzsches Stilistik bemerkt Peter Sloterdijk, diese selbst ziele auf eine „Verdichtung allen Redens in den lustschmerzlichen Leibgrund der Erkenntnis", und formuliert: „Nietzsches Schriftstellerei liefert das Exempel für eine moderne philosophische Oralität. Denn was in Nietzsches Aussprechen der Wahrheit mehr und mehr die Oberhand gewinnt, ist, über den musikalisch-liedhaften Charakter seines Vortrags im allgemeinen hinaus, jene bittersüße Lust des In-den-Mund-Nehmens der Welt als einer geliebten und gehaßten, die wilde Freude am Beißen und Gebissenwerden, ohne welche die Dionysien dieser Wahrsagerei keinen Leibgrund besäßen . . . Die Philosophie steigt zurück zu ihren somatischen Quellen; die Welt ist ursprünglich etwas, das durch den Mund geht" (*Der Denker auf der Bühne. Nietzsches Materialismus*, Frankfurt a. M. 1986, S. 130f.).

gramms schwerlich mehr vereinbaren läßt. Der Tanz wird hier zum Totentanz («Tres marineros bailan su muerte con la muerte . . .», 18 ff.). Der Reigen der Seeleute bricht an dieser Stelle die Ausschließlichkeit des vitalen Kräftemessens auf und integriert das Gesetz menschlicher Sterblichkeit.[37] Dabei taucht hier zum zweitenmal die Lichtmetapher auf, die sich unter der Präsenz des Todes jedoch verwandelt hat. «. . . que lloran los faroles» (20): abgesehen davon, daß es sich um künstliches Laternenlicht handelt und im Gegensatz zum ersten Abschnitt, in dem von der Sonne die Rede war, folglich auch die Nacht hereingebrochen scheint, ist das Licht angesichts dieses *Memento mori* nun mit der Konnotation der Trauer versehen. Selbst der Verweis auf den Ursprung («con sus fechas cosidas al origen», 21) scheint nun weniger auf eine Identifikation dieses Lichtes mit einer absoluten Instanz hinzudeuten als vielmehr auf den Umstand unentrinnbarer Zeitlichkeit, und die Bewegung, die dieses Licht vollzieht – explizit man das Bild –, ist keine Bewegung erneuernder Substitution mehr, wie dies bei dem in den ersten beiden Zeilen vorgeführten «oriente» der Fall war, sondern nur noch eine des Schwindens: es entfernt sich in Gestalt schimmernder Tränen. Von hier aus betrachtet, muß in der Zeile, in welcher der Streit der Seeleute als «vana discusión de sombras en la sombra» (15) bezeichnet worden ist, damit möglicherweise bereits eine Konnotation von Vanitas mitgelesen werden; auf jeden Fall leitet diese Wendung aber auf das Dunkel bzw. zur Bedrohung des Lichts in der zweiten Hälfte des Textes über.

Selbstverständlich ist dieser Abschnitt nicht isoliert, sondern nur im Gesamtzusammenhang des Gedichts zu lesen, aber entscheidend ist, daß er in Beziehung zum Projekt eben einer der Verabschiedung abendländischer Metaphysik folgenden alternativen „Morgenröte" gesetzt ist. Er relativiert dieses Projekt. Mit anderen Worten: je mehr es Huidobro gelingt, die kategorialen Konsequenzen dieses Abschieds durchzubuchstabieren und Zarathustras Tanz zur Struktur seiner Dichtung zu machen, desto fragwürdiger wird ihm der Gestus des Übermenschen, der sich und seine Lehre an die vakant gewordene Stelle setzt und von Nietzsche denn auch entsprechend als „Morgensonne" apostrophiert worden war.[38] Während er sich in *Adán* diesen pathetischen Gestus selbst noch zu eigen gemacht hatte, belegt der späte Gesang auf dem Schiff, daß der Dichter mittlerweile bei jener Offenheit des Meeres angelangt ist, von der Nietzsche in den einleitenden Sätzen zur *Fröhlichen Wissenschaft* geschrieben hatte, daß sie möglicherweise mit keinem hellen Horizont

---

[37] Huidobros Spätwerk ist insgesamt von einer stärkeren Beschäftigung mit dem Thema des Todes geprägt. Jaime Concha stellt im Blick auf Huidobros letzte drei Gedichtbücher fest: «No es una reducción arbitraria considerar estos libros como signados por una honda y central preocupación ante la muerte. Es el gran tema de esta poesía» (*Vicente Huidobro*, S. 103).

[38] Nietzsche, *Werke*, Bd. II, S. 561.

mehr verbunden sein würde. Nietzsche hatte an dieser Stelle zwar selbst be-
dacht, daß die neu errungene Offenheit möglicherweise nur um den Preis der
Ungewißheit zu haben sein würde, im *Zarathustra* und dessen vitalistischer
Theorie vom Willen zur Macht aber letztlich doch noch einmal alles daran-
gesetzt, eine neue nach-metaphysische Gewißheit zu begründen.

Im ersten Abschnitt war an das dichterische Projekt erinnert worden, in ei-
nem semantische Gesetze sprengenden Akt der Sprachschöpfung das Erbe des
mit der Lichtmetapher bezeichneten Bereichs anzutreten. Hoffnung auf die
Sprache besteht jetzt zwar nach wie vor – so wird sich auch die Zeile «Las pala-
bras vivas bailan ante la muerte muerta» (22) interpretieren lassen können –,
aber diese Hoffnung ist weitaus verhaltener geworden. Was die besondere
Spannung des Gedichts ausmacht, ist der Umstand, daß das Projekt der
neuen Dichtung gerade in dem Augenblick, in dem es die höchste Bewußtheit
seiner eigenen Voraussetzungen erreicht hat, wenig triumphale Züge mehr
aufweist. Nachdem auch kein *acte gratuit* dichterischen Ingeniums mehr dar-
über hinwegtäuschen kann, daß die gesicherte Beziehung zum Unendlichen
verloren ist, droht die Hoffnung auf Sprache sich allein noch auf die bloße
Kontinuität ihrer Operationen, auf das Spiel von Antithesen und Variationen
richten zu können. Dichtung wird damit letztlich zu tautologischem Spre-
chen.[39] Wendungen wie «bailar su muerte con la muerte» (18) und «bailar
ante la muerte muerta» (22) stehen zwar jeweils innerhalb grundsätzlich inter-
pretierbarer Kontexte, wie wir sahen, signalisieren in ihrer Verdopplung
zugleich aber auch, daß sich das Sagen vom Bedeuten abzulösen beginnt und
vor allem daß angesichts des Todes nur Sagen bleibt, aber kein Sinn. Die
eigentümliche, schwer zu benennende Wirkung dieses Gedichts beruht darum
wohl nicht zuletzt auf der Eindringlichkeit, mit der sich hier in die übermü-
tige Feier von Dichtung die Ahnung eines nahenden Verstummens mischt.
Das einzige, was durch Poesie noch zu Evidenz gebracht werden kann, wird
am Ende möglicherweise nur die reine Mechanik sprachlicher Funktionen
sein, deren leere Geschäftigkeit dem Text denn auch aller Tanzmetaphorik
zum Trotz einen etwas gespenstischen Hintergrund verleiht. Auch wenn sich
die Bemerkung erübrigen dürfte, sei im Blick auf die eingangs erwähnte Skep-
sis Huidobros Spätwerk gegenüber dennoch festgestellt, daß dieses tautologi-
sche Element jedoch kaum als Ausdruck nachlassender Schaffenskraft des
Dichters, sondern umgekehrt eben der weit vorgeschobenen poetologischen
Position anzusehen ist, die er auf dieser Stufe erreicht hat.

Angesichts des drohenden Sinnverlusts bleibt der Appell zur Diesseitigkeit
letzter Sinn. Der letzte Abschnitt übernimmt es, diesen antimetaphysischen

---

[39] Zum Zusammenhang zwischen Todesthema und tautologischem Diskurs beim
späten Huidobro vgl. die hervorragende Deutung Jaime Conchas von «La gran
palabra» aus den *Ultimos poemas* (*Vicente Huidobro*, S. 111–114).

Appell noch einmal deutlich zu machen. Nachdem die „Seeleute" ein weiteres Mal ihren Tanz aufführen – dessen dionysische Mutwilligkeit aber nun äußerst gedämpft wirkt: die drei behaupten nicht mehr selbst, Ursprünge zu sein, sondern verweisen nur noch auf solche; überdies sind es recht anonyme Instanzen, die dabei genannt werden: Zeit, Nacht und Wind (24–26) –, spricht der Text von der Gefahr, Licht, das hier wieder in Gestalt des Wortes «oriente» auftaucht, könne verlorengehen. Als Ort, an dem das Licht unterzugehen droht, werden «sitios de mal augurio» (28) bzw. «tierras lloradas por el aire de los perros» (29) genannt.

Um diese Zeilen zu verstehen, muß man eine berühmte Passage aus Lautréamonts *Chants de Maldoror* (1869) heranziehen. Im ersten Gesang dieses Werks erwähnt Maldoror nächtliches Gebell von Hunden, die auf diese Weise ihrem unstillbaren Hunger nach Unendlichkeit Ausdruck geben:

Un jour, avec des yeux vitreux, ma mère me dit: «Lorsque tu seras dans ton lit, que tu entendras les aboiements des chiens dans la campagne, cache-toi dans ta couverture, ne tourne pas en dérision ce qu'ils font: ils ont soif insatiable de l'infini, comme toi, comme moi, comme le reste des humains, à la figure pâle et longue. Même, je te permets de te mettre devant la fenêtre pour contempler ce spectacle, qui est assez sublime.» Depuis ce temps, je respecte le vœu de la morte. Moi, comme les chiens, j'éprouve le besoin de l'infini . . . Je ne puis, je ne puis contenter ce besoin! Je suis fils de l'homme et de la femme, d'après ce qu'on m'a dit.[40]

Schon in *Altazor* hat Huidobro dieses Motiv einmal aufgegriffen und variiert, indem er dort die verzweifelte Situation des Dichters mit derjenigen eines den Sternenhimmel durchstreifenden und – wie bei Lautréamont – Unendlichkeit suchenden Hundes vergleicht. Auch an dieser Stelle hat er bereits die Vergeblichkeit dieser Suche insinuiert bzw. das von ihr erstrebte Ziel als ein unwiderruflich Entschwundenes bezeichnet («Perro del infinito trotando entre astros muertos / Perro lamiendo estrellas y recuerdos de estrella / Perro lamiendo tumbas / Quiero la eternidad como una paloma en mis manos . . .»[41]). Die

---

[40] Isidore Ducasse, Comte de Lautréamont, *Œuvres Complètes*, Paris 1966, S. 54. – Das Motiv der Hundemeute, die den nächtlichen (dort als sternenlos beschriebenen) Himmel voll Jammer und Klage anbellt und dabei zur Projektion menschlicher Sehnsüchte wird, taucht übrigens bereits sieben Jahre vor den *Chants de Maldoror* in dem Gedicht «Les Hurleurs» von Leconte de Lisle auf, das sowohl Lautréamont als auch Huidobro gekannt haben kann; das Objekt dieser Sehnsucht bleibt unbestimmt, ist jedoch auch hier schon ein für immer entschwundenes («ô chiens qui hurliez sur les plages, / Après tout de soleils qui ne reviendront plus . . .»); Leconte de Lisle, *Œuvres II, Poèmes barbares* (1862), hrsg. von Edgard Pich, Paris 1976, S. 150 f. (für diesen Hinweis danke ich Frau Prof. Beutler).

[41] Huidobro, *Obras completas*, Bd. I, S. 389; vgl. Yúdice, der im Zusammenhang dieser *Altazor*-Passage auch die Beziehung zu dem zitierten Text von Lautréamont herstellt (*Vicente Huidobro*, S. 160f.).

Aufforderung, das bedrohte Licht nicht jenem von den Hunden beheulten Gebiet anheimzugeben, kann folglich als Warnung gelesen werden, menschliche Aufmerksamkeit nicht noch einmal außerirdischer Unendlichkeit zuzuwenden. Indem Huidobro zwischen dem «aire de los perros» und dem «aire naval» einen Gegensatz konstruiert, kehrt er hervor, daß es trotz aller Ungewißheiten für seinen Gesang noch eine Bastion gibt, die es zu verteidigen gilt. In diesem Impuls weiß er sich nach wie vor mit Nietzsche einig, dessen Zarathustra wiederholt ausgerufen hatte:

Ich beschwöre euch, meine Brüder, *bleibt der Erde treu* und glaubt denen nicht, welche euch von überirdischen Hoffnungen reden![42]

Bleibt mir der Erde treu, meine Brüder, mit der Macht eurer Tugend! Eure schenkende Liebe und eure Erkenntnis diene dem Sinne der Erde! Also bitte und beschwöre ich euch!
Laßt sie nicht davonfliegen vom Irdischen und mit den Flügeln gegen ewige Wände schlagen! Ach, es gab immer so viel verflogene Tugend![43]

---

[42] Nietzsche, *Werke*, Bd. II, S. 280.
[43] *Op. cit.*, S. 338.

JORGE LUIS BORGES

(1899–1986)

POEMA CONJETURAL

El doctor Francisco Laprida,
asesinado el día 22 de setiembre
de 1829 por los montoneros
de Aldao, piensa antes de morir:

Zumban las balas en la tarde última.
Hay viento y hay cenizas en el viento,
se dispersan el día y la batalla
deforme, y la victoria es de los otros.
5 Vencen los bárbaros, los gauchos vencen.
Yo, que estudié las leyes y los cánones,
yo, Francisco Narciso de Laprida,
cuya voz declaró la independencia
de estas crueles provincias, derrotado,
10 de sangre y de sudor manchado el rostro,
sin esperanza ni temor, perdido,
huyo hacia el Sur por arrabales últimos.

Como aquel capitán del Purgatorio
que, huyendo a pie y ensangrentando el llano,
15 fue cegado y tumbado por la muerte
donde un oscuro río pierde el nombre,
así habré de caer. Hoy es el término.
La noche lateral de los pantanos
me acecha y me demora. Oigo los cascos
20 de mi caliente muerte que me busca
con jinetes, con belfos y con lanzas.

Yo que anhelé ser otro, ser un hombre
de sentencias, de libros, de dictámenes,
a cielo abierto yaceré entre ciénagas;
25 pero me endiosa el pecho inexplicable

un júbilo secreto. Al fin me encuentro
con mi destino sudamericano.
A esta ruinosa tarde me llevaba
el laberinto múltiple de pasos
30 que mis días tejieron desde un día
de la niñez. Al fin he descubierto
la recóndita clave de mis años,
la suerte de Francisco de Laprida,
la letra que faltaba, la perfecta
35 forma que supo Dios desde el principio.
En el espejo de esta noche alcanzo
mi insospechado rostro eterno. El círculo
se va a cerrar. Yo aguardo que así sea.

Pisan mis pies la sombra de las lanzas
40 que me buscan. Las befas de mi muerte,
los jinetes, las crines, los caballos,
se ciernen sobre mí . . . Ya el primer golpe,
ya el duro hierro que me raja el pecho,
el íntimo cuchillo en la garganta.

Obras completas, Buenos Aires 1969, S. 146–147.

BORGES' POETIK UND POESIE *

Von Roberto Paoli

I

Wenn ich mich anschicke, diese Thematik zu behandeln, möchte ich darauf hinweisen, daß ich zumindest in einem Punkt von der Poetik dieses Autors abweiche. Seine Poetik, ebenso wie seine Metaphysik, verleugnet die Zeit, verleugnet die Geschichte; sie besteht in einer Idee seines gegenwärtigen „poiein" (griech.: dichten, schaffen [Anm. d. Übersetzers]), die danach strebt, mit einer ahistorischen, zeitlosen Dichtung zusammenzufallen, welche alle früheren Phasen, ihre Entwicklung vergißt, ja sogar zurückweist. Aus diesem Grund hat Borges den Neudruck der Essays seiner Jugendzeit verboten, die uns indessen geradezu unverzichtbar erscheinen, um Entstehung und Werdegang der Ästhetik des Autors, und damit seiner Poetik, zu untersuchen. Aus demselben Grunde erfuhren die drei nahezu zeitgleichen Gedichtbände (*Fervor de Buenos Aires,* 1923; *Luna de enfrente,* 1925; *Cuaderno San Martín,* 1929) trotz ihrer Neuauflagen mehrfach einen Überarbeitungsprozeß, der sie wesentlich verändert hat. Ich will nicht leugnen, daß z. B. *Fervor de Buenos Aires* in der letzten Fassung der *Obras completas* (oder der *Poesías completas*) ein Buch von größerer poetischer Schönheit ist, aber es ist in seiner heutigen Form kein echtes historisches Dokument mehr, noch kann man ihm weiterhin das Datum von 1923 zuschreiben, wie man es aus Bequemlichkeit bis zu den jüngsten Ausgaben hin getan hat. Wer die Entwicklung von Borges' poetischer Theorie und Praxis nachzeichnen will, muß deshalb dem heutigen Willen des Autors zuwiderhandeln und auf die verworfenen Erstausgaben sowohl der Gedichtbände als auch der Essays zurückgreifen, er muß die authentischen Werke von Borges aus den zwanziger Jahren erforschen. Bei den Gedichtbänden, deren Titel Urbilder von verschiedenen Gestaltungen geworden sind, kann man nicht auf die Betrachtung der ersten

* Erweiterte Fassung eines Vortrages, gehalten am Lateinamerika-Institut der Freien Universität Berlin am 29. 11. 1984 («Poética y poesía de Borges»). Aus dem Spanischen übersetzt von Veronika Schmidt.
Die spanischen Zitate aus Borges' Werken wurden, soweit sie in Übersetzungen in den Bänden: Jorge Luis Borges, *Gesammelte Werke,* München/Wien, 1980–1987, vorliegen, dort entnommen. Die übrigen Texte wurden neu übersetzt.

Form verzichten noch auf den Vergleich mit den insgesamt drei späteren Versionen, [1] denn in den vom Dichter vorgenommenen Änderungen spiegelt sich notwendigerweise die allmähliche Herausbildung seines dichterischen Stilwillens.

Zu Anfang dieser Untersuchung werde ich mich besonders den drei Bänden der Essays aus der Jugendzeit widmen. Wohl wissend, damit gegen den Willen des Autors zu verstoßen, erachte ich es für notwendig, sie zu Rate zu ziehen. Wie jeder Leser von Borges weiß – auch wenn nur wenige im Besitz dieser Originalausgaben sein mögen –, handelt es sich um folgende Titel: *Inquisiciones* (1925); *El tamaño de mi esperanza* (1926); *El idioma de los argentinos* (1928). Es sind nicht, wie der spätere Borges urteilt, mißlungene Werke oder Jugendsünden, sondern Bücher von hohem kritischem, ausdrucksstarkem und dokumentarischem Wert, auf dem Niveau der übrigen Werke des Autors. Im Gegensatz zur Befürchtung des argentinischen Schriftstellers, der mit seinem Verhalten nahezu die Vaterschaft leugnet, zeigen diese Bände keinen „anderen" Borges – jenes Bild eines avantgardistischen oder barocken oder lokalen Borges, das er verabscheut –, sondern sie dokumentieren statt dessen, daß die Ästhetik seines ganzen Lebens gerade in diesen Jugendwerken wurzelt, freilich noch durchsetzt mit andersartigen, aber eher nebensächlichen Interessen, von denen sich der Dichter schnell befreit hat. In den drei Büchern wird ein sehr ausdrucksvolles Instrumentarium verwandt, das, wennschon es in seinem Konzeptismus, den Anklängen an Quevedo, der allgemeinen Schönheit der Formulierungen und in einigen Geziertheiten durchaus seiner selbst willen geschätzt (oder einfach zur Kenntnis genommen) werden könnte, doch bereits in vieler Hinsicht die feine, elegante und fast unsichtbare Rhetorik erkennen läßt, die die durchsichtige Prosa der Reife durchwirkt.

Nur im ersten der drei Bücher, *Inquisiciones*, finden wir noch offensichtliche Spuren der ultraistischen Phase. Auf der Seite über Norah Lange [2] erinnert Borges die Epoche von dem „Willen zur Erneuerung", von der Zeitschrift *Prisma*, von der „Wandzeitung" und von *Proa*, dem Blättchen von „drei Seiten", als entfernte Vergangenheit, obwohl sie nur drei Jahre zurückliegt. Noch spricht er mit Sympathie vom Enthusiasmus jener Bewegung, aber die notgedrungen kurze Erfahrung gilt ihm bereits als abgeschlossen. In seiner Kritik an *Prismas*, dem Gedichtband eines anderen Ultraisten, Eduardo González Lanuza, geht er noch weiter: Unter dem Deckmantel einer

---

[1] Ergänzend zur ersten ist hinzuzuziehen: die Revision im Zusammenhang mit dem Prolog, datiert vom 29. August 1964 (*Obra poética*, 1923–1964, Buenos Aires 1964), und die Revision im Zusammenhang mit dem Prolog, datiert vom 18. August 1969 (*Obras completas*, Buenos Aires 1969).

[2] «Norah Lange», in: *Inquisiciones*, Buenos Aires 1925, S. 76–78.

sehr zweideutigen Laudatio spielt er dem Autor übel mit, denn er bezeichnet sein Werk als „das Musterbeispiel des Ultraismus . . . ein Mäanderband unserer gefühlsmäßigen Übereinstimmung . . . ein Buch, schwach in seiner persönlichen Absicht, (aber) archetypisch für eine Generation". Folglich sind Persönlichkeit und Originalität eher in den ketzerischen Büchern der Avantgarde zu suchen, von denen Borges im gleichen Artikel eine Liste anbietet, in welche er auch sein eigenes Werk *Fervor de Buenos Aires* mit seiner „stetigen metaphysischen Beunruhigung" [3] aufnimmt. „González", fügt Borges hinzu, „hat unser Buch geschrieben, das Buch unserer Heldentat in der Zeit, und unserer Niederlage im Absoluten." Dieses ist gleichbedeutend mit der Aussage, daß, wenn der Ultraismus auch dazu beitrug, die blasse, farblose modernistische Sprache zu überwinden, er poetisch dennoch gescheitert ist, denn wie Borges hier und auch an anderen Stellen bemerkt, gab es in dieser Bewegung über die Metaphern hinaus kein tiefschürfendes Erkennen (oder Erfühlen) der Welt.

Zahlreiche Gründe mag es für das frühe Abfallen vom avantgardistischen Glauben gegeben haben. Insbesondere wird ihn seine Idee der Geschichtsverleugnung, die er von Schopenhauer übernahm, dazu gebracht haben, bald den Wert der Avantgarde zu negieren und sich später von ihr loszusagen. *Después de las imágenes* (ein aufschlußreicher Titel) ist eine Art Beichte, die in das ernüchternde Klima der Post-Avantgarde einführt und die Widerrufe vorwegnimmt, die Borges während seiner ganzen langen Laufbahn geäußert hat. Ein Beispiel für diese, und erinnernd an jene Seite aus *Inquisiciones,* könnte die «Invocación a Joyce» in *Elogio de la sombra* sein. Wenn sich dieser Essay in *Inquisiciones* findet, so bedeutet dies, daß der Dichter schon 1925 die ultraistische Phase des Metaphernkultes überwunden hat. Hier spricht Borges auch mit freundlicher Nachsicht von dem ultraistischen Phänomen und zugleich mit kritischem Abstand, indem er es als literarisches Abenteuer betrachtet, als unwiederbringlichen Moment der Jugendzeit. In anderen Artikeln der folgenden Bücher («La aventura y el orden» in *El tamaño de mi esperanza* und «La simulación de la imagen» in *El idioma de los argentinos*) wiederholt er die Überzeugung, daß jedes Abenteuer trügerisch und unzugänglich ist und nach kurzer Zeit unvermeidlich zu Norm und Gewohnheit wird.

Wir wollen hier nicht detailliert auf ein Thema (die Metapher) eingehen, das uns zu weit führen würde. Es mag genügen festzustellen, daß es wiederholt ein zentrales Thema der drei Prosawerke aus Borges' Jugendzeit ist. Natürlich spiegelt es das Interesse wider, das die literarische Avantgarde Argentiniens während dieser Epoche bewegte, aber was ins Auge springt, ist die kritische Analyse, die der Autor der Metapher widmet, womit seine Entfer-

---

[3] «E. González Lanuza», *ibid.,* S. 99.

nung von den ultraistischen Postulaten bestätigt wird. Die Diskussion der Metapher beschränkt sich aber nicht auf die Werke dieser Schaffensperiode, sie durchzieht auch die Bücher der Reifezeit.[4] So finden wir z. B. in *Historia de la eternidad* das Geständnis: „Der verstorbene Ultraist, der als Gespenst immer noch in mir fortlebt, hat seine Lust an diesen Spielen."[5] In der Tat wird zu Beginn eines Artikels aus *Idioma de los argentinos* die Position des Autors sehr deutlich dargelegt: Einerseits beschäftigt ihn die Reflexion über die Metapher, andererseits glaubt er nicht an die Metapher als ein zentrales Element echter Dichtung: „Der schmeichelhafteste Irrtum unserer Poesie ist die Annahme, daß die Erfindung von Ereignissen und Metaphern Hauptaufgabe des Dichters und daran sein Wert zu messen sei. Selbstverständlich gestehe ich meine Schuld an der Verbreitung dieses Irrtums. Ich will mich nicht als verlorener Sohn aufspielen; wenn ich es erwähne, dann um darauf hinzuweisen, daß die Metapher gewohnheitsmäßiger Bestandteil meines Denkens ist. Gestern habe ich die Argumente gehandhabt, die ihr einen bevorzugten Platz einräumen, ich war entzückt von ihnen, heute will ich ihre Labilität aufzeigen, ihre Seele des *tal vez y quien sabe*."[6] Zu welchem Ergebnis gelangt letztendlich Borges' ausgedehnte Meditation über die Metapher? Ich glaube, dazu kann uns ein Artikel aus *Otras inquisiciones* eine abschließende und befriedigende Antwort geben: „auch ist es wohl irrig, zu wähnen, Metaphern ließen sich erfinden. Die echten, die zwischen einem Bild und einem anderen innere Beziehungen herstellen, hat es von jeher gegeben, die jetzt noch von uns erfunden werden können, sind die falschen, die zu erfinden nicht der Mühe wert ist."[7]

Es dauerte nicht lange, bis sich das klassische Ideal bei Borges durchsetzte; ich würde vielmehr sagen, daß sogar in den Jahren des avantgardistischen Abenteuers seine Stellungnahme, seine Sympathie, seine heimliche Neigung im allgemeinen in diese Richtung zu weisen scheint. Schon in seiner Novizenzeit als Autor und Kritiker zeigte er sich unwillig gegenüber dem „schwankenden Gespinst aus Zufall und Ungefähr"[8]. Zu seinem eigenen Vorgehen

---

[4] Siehe insbesondere: «Después de las imágenes» und «Examen de metáforas», *ibid.*, S. 26–29 und S. 65–75; «Otra vez la metáfora» und «La simulación de la imagen», in: *El idioma de los argentinos*, Buenos Aires 1928, S. 55–63 und S. 83–92; «Las kenningar» und «La metáfora», in: *Historia de la eternidad*, Buenos Aires 1969, S. 43–58 und S. 69–74.

[5] *Historia de la eternidad*, S. 66.

[6] «Otra vez la metáfora», in: *El idioma de los argentinos*, S. 55.

[7] «Nathaniel Hawthorne», in: *Otras inquisiciones*, Buenos Aires 1968, S. 71. Vgl. auch Georges Charbonnier, *El escritor y su obra (entrevistas con J. L. Borges)*, Mexiko 1967, S. 15–16; María Esther Vázquez, *Borges: imágenes, memorias, diálogos*, Caracas 1977, S. 126.

[8] «Acotaciones», in: *El tamaño de mi esperanza*, Buenos Aires 1926, S. 97.

äußert er sich nicht ohne einen Anflug von Stolz auf der letzten Seite von *El tamaño de mi esperanza*: „Ich habe meine Armut schon erobert; ich habe schon, unter tausenden, die neun oder zehn Wörter erkannt, die sich mit meinem Herzen vertragen; ich habe schon mehr als ein Buch geschrieben, um vielleicht eine Seite schreiben zu können: Die Seite der Rechtfertigung, die zur Chiffre meines Schicksals wird, die zum Zeitpunkt des Jüngsten Gerichtes vielleicht nur die beisitzenden Engel hören werden." [9] Dennoch bildet ein recht gehobener Grad an barocker Rhetorik den üppigen Nährboden der Prosa seiner Jugendzeit, und nicht zufällig ist die kritische Aufmerksamkeit, die er schon in *Inquisiciones* barocken, rhetorischen oder expressivistischen Autoren wie Thomas Browne, Quevedo, Torres Villaroel, Unamuno und Joyce widmet. Aber es handelt sich um eine alternative Neigung, die im Begriff ist sich abzuschwächen, wie man auch aus seiner «Profesión de fe literaria», mit der *El tamaño de mi esperanza* endet, ableiten kann. Er sieht sich genötigt, seine radikale Ablehnung Góngoras ungefähr zu der Zeit zu betonen, als in Spanien die jungen Dichter das Bild des Dichters aus Córdoba wieder aufrichten. Dieser frühen Zurückweisung Góngoras ist Borges dann sein ganzes Leben treu geblieben. [10] In dem Artikel «La simulación de la imagen» in *Idioma de los argentinos* finden wir schon eine nicht unbegründete Kritik am Vorwort von Dámaso Alonso zu *Las soledades*. Und in einer Anmerkung im gleichen Buch wird rundheraus festgestellt: „Góngora ist – hoffentlich zu Unrecht – Symbol der sorgfältigen Spielerei mit Sprachtechnik, der Vorspiegelung von Geheimnissen, der rein syntaktischen Abenteuer; das heißt, des Akademikertums, das sich schlecht benimmt und Anstoß erregt; das heißt, dieser melodiösen und vollkommenen Nicht-Literatur, die ich immer verschmäht habe." [11]

Dagegen ist seine Haltung zu Quevedo, der lange Zeit die andere Facette der barocken Literatur verkörperte, positiv, ja ich würde sagen, in gewisser Hinsicht enthusiastisch. [12] Die Einschätzung beider Dichter als Vertreter antinomischer Kategorien (Akademikertum auf der einen, Vitalität auf der anderen Seite) behielt ihre Gültigkeit für Borges, und er war sich darin einig mit Unamuno (einem weiteren Autor mit überaus polemischer Einstellung gegenüber den Neo-Gongoristen der «Generación del 27»), Quevedo zu rühmen und Góngora herabzusetzen.

[9] «Profesión de fe literaria», *ibid.*, S. 153.

[10] Vgl. vor allem in den Büchern, die nicht wieder veröffentlicht wurden: «Examen de un soneto de Góngora», in: *El tamaño de mi esperanza*, S. 123–130; «El culteranismo» und «Fechas: Para el centenario de Góngora», in: *El idioma de los argentinos*, S. 65–74 und S. 123–124.

[11] «Fechas: Para el centenario de Góngora», *ibid.*, S. 124.

[12] Vgl. insbesondere «Menoscabo y grandeza de Quevedo», in: *Inquisiciones*, S. 39–45; «Un soneto de don Francisco de Quevedo», in: *El idioma de los argentinos*, S. 75–82; «Quevedo», in: *Otras inquisiciones*, S. 55–64.

Unamuno hielt sich von den Avantgarden immer fern: Zeugnis davon geben noch seine beißend formulierten Gedichte des *Cancionero* gegen den Neo-Gongorismus der jungen spanischen Dichtkunst. Dennoch, oder vielleicht deswegen, bewunderte Borges ihn, wie aus dem Artikel «Acerca de Unamuno, poeta», enthalten in *Inquisiciones,* zu ersehen ist. Was er hier von der Poesie Unamunos sagt, ist eine sehr wichtige Äußerung, um zu erkennen, an welchen ästhetisch-literarischen Werten sich Borges' Poetik von Anfang an – mit Ausnahme seiner streng ultraistischen Phase – orientiert hat: „Schon lange lebt mein Geist in der leidenschaftlichen Intimität seiner Verse. Ich glaube, daß ihr wechselseitiges Eindringen in meine Erkenntnis und mein Bewußtsein, sie in geschäftigem Schweigen auszukosten, mir heute das Recht gibt, sie zu beurteilen, angesichts der Geduld derer, die ihre Aufmerksamkeit diesen Aufzeichnungen zuwenden wollen."[13] Erstens, Borges ordnet Unamuno dem Stamm der Konzeptisten zu, der seiner Ansicht nach glaubwürdiger ist als die Kulteranisten. Zweitens, Unamuno findet keinen Gefallen an Metaphern und anderen Äußerlichkeiten, er denkt und schreibt die wesentlichen Gedanken mit Gefühl, was ihn universeller und weniger spanisch macht (also weniger ähnlich Góngora). Mag auch die Ausführung seiner Verse nicht einwandfrei sein, so bietet er doch zum Ausgleich vieles von dem, was so vielen guten Handwerkern des Verses fehlt.

Es scheint zunächst merkwürdig, doch bei genauerem Hinsehen natürlich, daß Unamuno der einzige von Borges bewunderte spanische Autor des XX. Jahrhunderts sein soll, sieht man von Rafael Cansinos Assens ab, dem er besonders zu Dank verpflichtet war. Es ist hier nicht mein Anliegen, den «parti pris» von Borges gegen die spanische Literatur, besonders gegen die zeitgenössische, zu erörtern, sondern die Vorliebe für einen Autor zu erklären, mit dem er sich in vielem im Einklang fühlte. In der Tat, wie könnte er auch nicht eine innere Übereinstimmung mit einem Dichter empfinden, der betonte, der meditativen englischen Dichtkunst (insbesondere Robert Browning) so viel, und der französischen, hedonistischen und sinnlichen, so wenig zu verdanken? Weiterhin waren die Sympathie für Quevedo und die entsprechende Antipathie für Góngora – deren Gemeinsamkeit bei beiden Dichtern wir erwähnten – zusätzliche Elemente zur Vertiefung der bereits vorhandenen Vorliebe. Und zu guter Letzt schrieben beide, der Spanier und der Argentinier, philosophische Dichtung: Im gleichen Artikel aus *Inquisiciones* erkennt Borges Unamuno Fähigkeiten zu metaphysischer Intuition zu, und zum Nachweis zitiert er jene Verse aus dem *Rosario de sonetos líricos,* in denen Unamuno die Zeit mit einem Fluß vergleicht, der von der Zukunft zur Vergangenheit hin fließt: «nocturno el río de las horas fluye / desde su manantial, que es el mañana / eterno . . .»[14]

---

[13] «Acerca de Unamuno, poeta», in: *Inquisiciones,* S. 101.
[14] *Ibid.,* S. 104; vgl. auch *Historia de la eternidad,* S. 12.

Die Tatsache einer spezifischen Divergenz, weniger psychologischer als philosophischer Art, hat die Erkenntnis der generischen Formverwandtschaft der beiden Dichter, Borges und Unamuno, verhindert. Diese Divergenz beruht wesentlich auf Folgendem: Borges teilt nicht die angstvolle Leidenschaft, mit der Unamuno der Komplexität der Welt und den Schwierigkeiten der Metaphysik entgegentritt; das heißt, er teilt nicht sein tragisches Lebensgefühl. Für Borges ist Metaphysik vielmehr ein Feld der Abenteuer und Entdeckungen, der Erfahrung und Erholung für Intellekt und Phantasie. Obwohl Borges die maligne Wurzel und die unvollkommene Beschaffenheit der Welt sieht, überläßt er sich dem Staunen und der freudigen Erregung, die man angesichts des Mysteriums verspürt. Unamuno hat ein Leben lang die romantische Rebellion gegen den individuellen Tod ausgerufen; Borges, im Einklang mit Schopenhauer, dem Buddhismus und anderen antiken und modernen Lehren, hat immer an die tiefe und notwendige Gerechtigkeit des Todes geglaubt[15] und das Streben nach individueller Unsterblichkeit als törichte Anmaßung verurteilt.

Der zweifache zeitgenössische Einfluß von Miguel de Unamuno und Macedonio Fernández hat dazu beigetragen, die metaphysische Richtung der Poesie von Borges seit seinem ersten Gedichtband *Fervor de Buenos Aires* zu bestimmen. Aber schon in den ersten Essays manifestiert sich eine Überzeugung, die das Borgessche Schaffen entscheidend prägen sollte, nämlich das Postulat, daß „das bleibende Ziel der Literatur die Darstellung von Schicksalen" ist;[16] das heißt, die Aufdeckung oder Erahnung einer Seele, eines Charakters, eines menschlichen Abenteuers, die sich auch vermittels Symbole mitteilen können. Es besteht kein Zweifel, daß das, was für den Autor eine Idee von Literatur überhaupt darstellt, für uns die umfassendst mögliche Definition gerade der Literatur von Borges, seiner Gedichte, seiner Erzählungen ist, denn beide sind im allgemeinen prägnante Enthüllungen von Schicksalen.

II

Schicksale, als Synthese oder in der Verkürzung, Reflexionen über den Charakter oder irgendeinen geheimen, bedeutungsvollen Zug oder ein Ereignis im Leben von berühmten oder unbekannten Personen, Hypothesen über das innerste Wesen von Menschen, das, nie offenbart, jedoch Mutmaßungen zuläßt, Fragen und Kommentare zum eigenen Schicksal, Schicksalsmeta-

---

[15] Vgl. z.B. Richard Burgin, *Conversations with J. L. Borges* (italienische Übersetzung: Mailand 1971, S. 103–104).

[16] «Profesión de fe literaria», in: *El tamaño de mi esperanza*, S. 150; «La felicidad escrita», in: *El idioma de los argentinos*, S. 45.

phern im allgemeinen, all das sind viele der Gedichte Borges' von Anfang an, besonders aber seit *El hacedor* (1960). Einziges Objekt des Poeten ist der Mensch, und er senkt seine Sonde in die menschliche Natur, so wie diese sich beispielhaft in den zahlreichen Protagonisten seines Werkes darbietet. Sie verhalten sich kontemplativ oder aktiv und umreißen so die beiden generellen und sich komplementierenden Tendenzen der menschlichen Seele. In diesen Gedichten stoßen wir auf Philosophen und Literaten (Ariost, Milton, Poe, Emerson, Spinoza, Heraklit, Joyce, Snorri Sturluson) wie auf Männer der Waffen, seien es berühmte Kriegshelden, finstere Gauchos der Pampa oder die *compadritos* der Vorstädte von Buenos Aires (der Oberst Suárez, Karl XII. von Schweden, Tamerlán, Juan Muraña, Nicanor Paredes). Messerhelden aus Buenos Aires bevölkern gemeinhin Borges' *milongas*, deren Thema fast immer das Schicksal eines tapferen Mannes, sein Verhältnis zum Tod ist.

Die Poesie von Borges ist, auf ihre Weise, Geschichte; sie stellt sich dar als die einzig mögliche Geschichte des Wahren, des Wahrscheinlichen, denn sie vermittelt nicht das Vergängliche der Zeit, sondern das Bleibende der Menschheit. Im Einvernehmen mit dem, was Schopenhauer in Kapitel 51 von *Die Welt als Wille und Vorstellung* schreibt, erfaßt die Poesie jenes innerste Wesen des Menschen, welches der Geschichtsschreibung entgeht. Poesie ist gleichzeitig menschliche Mutmaßung und Geschichte des Ewigmenschlichen. In seinen Erzählungen und Gedichten pflegt Borges, der damit ein Verfahren anerkannter Meister wie Dante und Robert Browning befolgt, ein Leben auf eine Szene zu reduzieren, „auf zwei oder drei Szenen"[17], denn wie er in seiner *Biografía de Tadeo Isidoro Cruz* sagt, besteht „jedes Schicksal, wie weitläufig und verschlungen es auch sein mag, in Wirklichkeit in *einem einzigen Augenblick*, dem Augenblick, in dem der Mensch für immer weiß, wer er ist"[18].

Wenn wir das *Poema conjetural* als Ausgangspunkt nehmen, in dem Borges die schnelle Bilanz erfindet, die einer seiner Vorfahren in dem Augenblick aus seinem Leben zieht, als seine Feinde bereits im Begriff sind, ihn zu erreichen und zu töten, dann sehen wir, daß dieser Titel eine erhellende Definition für die ganze Lyrik, ja die ganze Literatur von Borges enthält. Wenn man nämlich zugrunde legt, daß die Vergangenheit unwiederherstellbar ist, daß die Welt und die empirischen Einzelwesen unergründlich sind und wir unser Schicksal wie in einem Traum erleben, ohne zu wissen, wer wir sind,[19] dann ist Literatur ein Gegenstand der Vermutung *par excellence,* eine Einbildung

---

[17] *Historia universal de la infamia*, Buenos Aires 1969, S. 7.

[18] *El Aleph*, Buenos Aires 1969, S. 55.

[19] «Los gauchos», in: *Obra poética (1923–1976)*, Madrid 1979, S. 345; «El gaucho», *ibid.*, S. 386.

oder eine Reihe sich widersprechender Einbildungen, hinter denen, wie in der Erzählung *La otra muerte*, möglicherweise nichts und niemand steht.

Das «Poema conjetural», das die dramatischen Monologe Robert Brownings nachahmt und eine Person einführt, um die Ich-Form zu ermöglichen, soll eine Vermutung dessen sein, was ein Kriegsheld, Borges' Vorfahre Francisco Narciso de Laprida, gedacht haben könnte, als er sich, verwundet, besiegt und gehetzt, von seinen Todfeinden erreicht sah. Während er diese Szene erfindet, stellt sich in Borges' Geist sofort die Parallele zu einer Danteschen Figur ein, Bonconte da Montefeltro (Purgatorio, 5. Gesang), der, ebenfalls in der Schlacht verwundet, gehetzt umherirrt, so daß man niemals etwas über seine Grabstätte erfuhr. In einem kleinen Mosaik Dantescher Zitate läßt der Dichter seine Figur folgende Verse sprechen:

> Como aquel capitán del Purgatorio
> que, huyendo a pie y ensangrentando el llano,
> fue cegado y tumbado por la muerte
> donde un oscuro río pierde el nombre,
> así habré de caer.

Hier erkennt man leicht die zugrunde gelegten Originale: «fuggendo a piede e 'nsanguinando il piano» («huyendo a pie y ensangrentando el llano»); «quivi perdei la vista . . .» («fue cegado»); «Là 've 'l vocabol suo diventa vano» («donde un oscuro río pierde el nombre»). In einer seiner bekanntesten Äußerungen hat Borges, wobei er sich auf das «Poema conjetural» bezieht, scherzend dieses Plagiat Dantescher Formulierungen kommentiert: „Und außerdem ist der beste Vers von allen natürlich nicht von mir: *fuggendo a piede e 'nsanguinando il piano*, das ist dieser Vers, der von jenem Capitán im Purgatorio von Dante gesagt wird. Es ist eine wörtliche Übersetzung aus dem Italienischen. Aber unsereiner schuldet Dante so viel, warum soll man ihm nicht auch einen Vers schulden?" (*Borges el memorioso*, zitiert in Anmerkung 26, S. 103.) Auf dieses Gedicht Borges' wirkt nicht nur die Erinnerung an das Ende Boncontes, sondern auch die Reminiszenz des gewaltsamen Todes des Iacopo del Cassero, vielleicht auf Grund einer unbewußten Assoziation, ausgelöst durch die Nähe der Episoden im fünften Gesang des *Purgatorio*. So wird auch bei Borges der Verfolgte erreicht und von den Gauchos getötet, weil Sumpf und Morast seine Flucht aufhalten und sich so zu Komplizen der Verfolger machen, genau wie in der Erzählung, die Iacopo del Cassero von seinem Ende gibt: er läuft «a la ciénaga» («al palude»), verfängt sich «en las cañas» («canucce») und im «lodo» («braco»), er fällt, wird von den Feinden überwältigt und erstochen.

Die Literatur ist ein Traum.[20] Die Gedichte von Borges sind Träume um

---

[20] «Nathaniel Hawthorne», in: *Otras inquisiciones*, S. 72 und S. 94.

Personen, die ihm gleichzeitig ihr Leben und ihre Kultur darbieten, zwei Dimensionen, die, bei einem Autor wie Borges, eher übereinstimmen als sich unterscheiden. Zu diesem Schatz von Träumen gehören die Helden, die Gauchos, die *compadritos,* die Tyrannen, die Könige, die Feigen und die Tapferen, die tapferen Feiglinge, die Henker und die Opfer und die Opfer-Henker ebenso wie die Dichter, die Philosophen, die Phantasten und die Bibliothekare. Die Waffen und die Wissenschaft sind in der Tat die wichtigsten Archetypen des Traumes von Borges. Aber zu einer weiteren beachtlichen Serie von Träumen tragen auch die Schauplätze der Welt bei: Buenos Aires, England, Israel, Island, Japan etc. Und die bedeutendsten Symbole Borges', die es zu größter Bekanntheit gebracht haben (das Schachspiel, das Labyrinth, der Spiegel, die Bibliothek), sind im Grunde nicht mehr als poetisch geglückte Formen, um die unfaßbare Vielfalt der Träume der Phantasie zu vereinheitlichen, zu strukturieren und zu definieren. Um mit einem Begriff aus einem Gedicht von Borges selbst zu sprechen, könnte man diese Literatur als „Traumchronik" [21] eines unersättlichen Lesers bezeichnen. Auch die Krieger- und Messerstecherepik des argentinischen Dichters ist nichts anderes als der Traum eines Quijote oder Quijano unserer Tage, der seine Bibliothek nie verlassen hat. [22] Kaum ein Wort oder semantisches Feld durchzieht so eindringlich die Texte dieses Leser-Träumers wie das Wort „Traum" und seine Verknüpfungen. Dieser Metapher vom Traum nachzuspüren und sie zu erläutern bedeutet, zu dem Herzen von Borges' Poetik, zu den Wurzeln seiner Einstellung zu Mensch und Universum vorzudringen.

III

Borges' Poesie ist also häufig eine Mutmaßung über den entscheidenden Augenblick eines individuellen Schicksals, und ihr typisches Schema ist die Präsentation einer Szene, in der sich das Leben des Protagonisten zusammendrängt. Die Darstellung eines symbolischen Augenblickes bildet also einen Pol der Borgesschen Vorgehensweise bei der Strukturierung eines Gedichtes. Einem Gegenpol ist das entgegengesetzte Verfahren zuzuordnen, nämlich den Gesamtzusammenhang individuell oder überindividuell durch eine andere Art von Reduktion zu umreißen: die Mitteilung einer Reihe von Elementen oder Fragmenten der Gesamtheit, in einem Wort: durch die Aufzählung.

Dieses sind die beiden dauerhaften Pole bei unserem Dichter, aber bei dia-

---

[21] «Lectores», in: *Obra poética*, S. 214.
[22] *Ibid.;* «Hengist Cyning», *ibid.,* S. 226–227; vgl. vor allem «Epílogo», in: *Historia de la noche,* Buenos Aires 1977, S. 140.

chronischer Betrachtungsweise können wir vielleicht bestätigen, daß Borges'
Dichtung mit der Zeit immer mehr zur Aufzählung neigt. Es handelt sich
nicht um eine Verarmung, sondern um eine Bestätigung seiner Vorgehens-
weise, oder besser um eine Art der Darstellung, die ihre tiefe Seinsberechti-
gung hat.

> . . .
> La palabra. El hexámetro. El espejo.
> La Torre de Babel y la soberbia.
> La luna que miraban los caldeos.
> Las arenas innúmeras del Ganges.
> Chuang-Tzu y la mariposa que lo sueña.
> Las manzanas de oro de las islas.
> Los pasos del errante laberinto.
> El infinito lienzo de Penélope.
> El tiempo circular de los estoicos.
> . . .[23]

Ausgehend von Whitman greift er bei der Wiederanwendung dieser Verfah-
rensweise auf den Stil der mittelalterlichen Visionen (z. B. Dante und, sehr
viel früher, die Antike) zurück, denn wie er in *Discusión* sagt, ist „die Aufzäh-
lung eines der ältesten poetischen Kunstmittel – man denke nur an die Psal-
men der Bibel, an den ersten Chor der *Perser* und an den Schiffskatalog von
Homer – und . . . ihre Haupttugend ist nicht die Länge, sondern die feinfüh-
lige Wortfügung, die *Sympathien und Differenzen* der Wörter"[24]. Bei genaue-
rer Betrachtung der aufzählenden Kompositionen von Borges und der visio-
nären Aneinanderreihung in Erzählungen wie *La escritura del Dios* und *El
Aleph* stellen wir fest, daß er der Gruppe moderner Dichter (Whitman, Rim-
baud, Rilke, Werfel, Claudel, Neruda) zuzuordnen ist, die dieses Verfahren
anwandten, aber mit dem Vorbehalt, daß ihm ein besonderes Bewußtsein um
dieses Stilmittel und eine besondere Nuancierung des Ausdrucks zugestan-
den werden.

Allseits bekannt ist die Abhandlung Leo Spitzers zur chaotischen Aufzäh-
lung in der modernen Dichtkunst.[25] Borges hat sich bei verschiedenen Gele-
genheiten gegen die Definition eines solchen Stilmittels als chaotisch, zumin-
dest in seiner Poesie, gewandt, denn in der Reihenfolge der einzelnen Bilder
seiner Gedichte ist der Übergang von einem Bild zum anderen klar zu

[23] «Las causas», in: *Historia de la noche*, S. 127. Vgl. andere Beispiele, auf die wir
aufs Geratewohl hinweisen, in: *Obra poética*, S. 267–269, 353, 426–427, 504, und in:
La cifra, Mailand 1981 (zweisprachige italienische Ausgabe), S. 18, 30, 34, 109–110,
112, 114, 128, 148, 166.
[24] «El otro Whitman», in: *Discusión*, Buenos Aires 1969, S. 52.
[25] Leo Spitzer, «La enumeración caótica en la poesía moderna», in: *Lingüística e
historia literaria*, Madrid 1955, S. 295–355.

sehen.[26] In einer Anmerkung zu einem Gedicht aus *La cifra* macht er noch deutlicher, was er von dieser Form der Darstellung hält: „Diese Komposition", merkt er zu dem Gedicht «Aquel» an, „treibt, wie fast alle anderen, Mißbrauch mit der chaotischen Aufzählung. Von dieser Figur, die Walt Whitman mit solch verschwenderischem Glück verwendet hat, kann ich nur sagen, daß sie einem Chaos, einer Unordnung ähneln und innerlich ein Kosmos, eine Ordnung sein soll."[27] Deswegen vermittelt die Zerstreuung und Neuordnung vereinzelter Elemente des Kosmos, im Fortgang des Gedichtes, in Borges' Diskurs immer das geordnete und deutliche Bild eines Inventars, dessen Bestandteile in makellose Wortformeln übersetzt oder verwandelt wurden. Anders als bei vielen modernen Dichtern, die dem Unbewußten verhaftet, Vorläufer des Surrealismus, Surrealisten oder vom Surrealismus infiziert sind, strebt bei Borges das durch die Aufzählung bewirkte Chaos innerhalb des Gedichtes eine geordnete Gliederung, eine einwandfreie Aneinanderreihung an, die durch Übereinstimmung an den Bibliothekskatalog oder gar an die Anordnung der Bücher einer Bibliothek denken läßt.

Seit Borges' Dichtung sich zunehmend in Richtung auf eine reine Katalogisierung von symbolischen Elementen,[28] platonischen Urbildern,[29] kleinen Fragmenten der Wirklichkeit, von der Erinnerung herausgefiltert und aufbewahrt, von literarischen Hinweisen und Zitaten entwickelte, hat sie sich dieses Modell geschaffen, eines der Lieblingsmodelle zur Entfaltung seines Gedächtnisses. «La memoria que elige y que reescribe», wie er es in einem Gedicht aus *La cifra* schreibt,[30] hat sich einen Stil der Erinnerung zugelegt, „dessen Wesen nicht die Verästelung des Geschehens, sondern die Fortdauer von Einzelzügen ist"[31]. Ich möchte hinzufügen, daß, wenn Dauerhaftigkeit ihr Wesen ausmacht, die Art der Darstellung auf der Verkettung der gleichen Züge beruht, die niemals einen chaotischen Strudel bilden, sondern vielmehr im Einklang Ordnung, Maß und geistige Klarheit ausdrücken. Das Universum verwandelt sich zu einer ausgewählten Reihe klarer Fragmente, die, wie vom Gedächtnis gefeilt, zu kristallinen Gebilden verfestigt, sich im Regal des Gedichtes eines dem anderen zuordnen, als wären es Bücherbände.

Der Dichter hingegen ist Bibliothekar, nicht nur weil seine aufeinander abgestimmten Wörter und Sätze, seine reimlosen Elfsilber, seine Verszeilen ausgerichteten Bücherreihen gleichen, sondern auch, weil diese Einheiten zum großen Teil Nachschriften, Neufassungen oder kurze Zusammenfassungen

---

[26] *Borges el memorioso*, Conversaciones de J. L. Borges con Antonio Carrizo, Mexiko/Buenos Aires 1982, S. 115.

[27] *La cifra*, S. 148.

[28] *Ibid.*, S. 122; vgl. auch «El Zahir», in: *El Aleph*, S. 103 und S. 106.

[29] Vgl. besonders «El ruiseñor de Keats», in: *Otras inquisiciones*, S. 165–169.

[30] «Poema», in: *La cifra*, S. 92.

[31] *Evaristo Carriego*, Buenos Aires 1969, S. 16.

von Werken oder deren Fragmenten sind, die zum Allgemeingut des literarischen Gedächtnisses der gebildeten Menschheit gehören. Der Cento hat sich bei Borges zu einem epistemologischen und poetischen Modell von ungeahnter Kraft entwickelt. Seine Poesie verbindet sich also sowohl in den Formen wie den Inhalten mit der Bibliothek. Die Literatur ist die erste Referenz und die Bibliothek die erste repräsentative Homologie. „Wird es mir erlaubt sein, zu wiederholen, daß die Bibliothek meines Vaters der wichtigste Tatbestand meines Lebens gewesen ist? Die Wahrheit ist, daß ich sie nie verlassen habe, wie auch Alonso Quijano nie die seine verlassen hat." [32] Und zudem, wie der Dichter in dem gerade zitierten Epilog zu *Historia de la noche* bemerkt, ist ihm das Buchhafte nicht nur eine reichhaltige Serie literarischer Bezüge und ein Schlüssel zum Verständnis oder zumindest zur Strukturierung der Welt, sondern auch eine Form von Vertrautheit. Wahrscheinlich bilden die Werke von Borges die Minderheit, in denen sich nicht irgendeine wörtliche oder metaphorische Bezugnahme auf das Buch oder ein Buch, die Bibliothek, die Schrift, das Lesen, die Sprache, das Alphabet, die Ethymologie, den Vers findet, denn das Buch, die Bibliothek, die Schrift usw. sind nicht nur Metaphern des Universums, sondern das Universum selbst, außerhalb seines chaotischen Strudels und innerhalb des Kristalls der Literatur, in den die Erinnerung es gefiltert, geordnet und besänftigt zurückgibt.

Betrachten wir nun anhand eines Beispiels, wie das Modell Bibliothek in einigen Gedichten von Borges wirkt. In «Ronda», der ersten Komposition des Gedichtbandes *La cifra*, lesen wir:

> El Islam, que fue espadas
> que desolaron el poniente y la aurora
> . . .
> y la rosa y el vino del sufí
> y la rimada prosa alcoránica
> y ríos que repiten alminares
> y el idioma infinito de la arena
> y ese otro idioma, el álgebra,
> y ese otro jardín, las Mil y Una Noches,
> y hombres que comentaron a Aristóteles
> . . .
> es aquí, en Ronda,
> en la delicada penumbra de la ceguera,
> un cóncavo silencio de patios,
> un ocio del jazmín
> y un tenue rumor de agua, que conjuraba
> memorias de desiertos.

[32] *Historia de la noche*, S. 140.

Es ist ein typisches Gedicht des Alters, in dem der Dichter, der die Welt durchquert, einen geschichtsträchtigen Raum vorfindet. Er kann ihn nicht sehen, aber mit den übrigen Sinnen ertasten, die Essenz der historischen Spur begreifen. Er erweitert sie durch eine Evokation, sein enzyklopädisches Wissen mobilisierend, und zieht aus ihm das symbolische und wesentliche Bild heraus. Und dann, in einem langen Polysyndeton, zählt er diese Syntagmen oder synthetischen und transparenten Darstellungen auf oder reiht sie aneinander, so daß der Gedichtkörper zu einer Art Summe von historischen Wesenszügen des Islam wird, deren Bände in der Versfolge von meist Elfsilbern einer neben dem anderen aufgestellt werden.

Lesen wir einen Teil eines anderen Gedichtes aus *La cifra*, mit dem Titel «Descartes»:

> Soy el único hombre en la tierra y acaso no haya tierra ni hombre.
> Acaso un dios me engaña.
> Acaso un dios me ha condenado al tiempo, esa larga ilusión.
> Sueño la luna y sueño mis ojos que perciben la luna.
> He soñado la tarde y la mañana del primer día.
> He soñado a Cartago y a las legiones que desolaron a Cartago.
> He soñado a Virgilio.
> He soñado la colina del Gólgota y las cruces de Roma.
> He soñado la geometría.
> He soñado el punto, la línea, el plano y el volumen.
> He soñado el amarillo, el azul y el rojo.
> He soñado mi enfermiza niñez. . . .[33]

Es handelt sich hier um das gleiche Modell wie beim vorigen Gedicht, obgleich hier nicht ein berühmter geographischer Ort den Ausgangspunkt bildet, sondern ein berühmter literarischer Passus aus dem *Discours de la méthode*, in dem Descartes die Hypothese des Bösen Geistes formuliert. Dieser berühmte Passus legt die aufzählende Vorgehensweise nahe (diesmal auch als Anapher), mit der der Dichter, ausgehend vom kartesianischen Zweifel, die in seinem Gedächtnis aufbewahrte Enzyklopädie der Welt mittels einer Reihe rascher Sätze nach Beispielen durchgeht. Nur abstrakt verstanden, können diese Beispiele einen chaotischen Eindruck vermitteln, als sprängen sie von einem Bereich der Enzyklopädie zum nächsten: Wenn sie aber einmal auf der Seite festgehalten sind, ordnet sich das Universum wie eine Bibliothek mit der ihr eigenen Ordnung, Klarheit, Einheitlichkeit.

Sogar sein Lebensprofil – das man in der Malerei und Literatur gemeinhin als „Selbstporträt" bezeichnet, sofern die verschiedenen Linien zu einem Zentrum streben – hat Borges in derselben kürzlich erschienenen Gedichtsammlung in Form einer Aufzählung dargestellt, das heißt durch die Katalo-

---

[33] *La cifra*, S. 22.

gisierung einzelner Aspekte, die, obgleich sie nur aneinandergereiht scheinen, eine vollendete Einheit bilden:

> Haber visto crecer a Buenos Aires, crecer y declinar.
> Recordar el patio de tierra y la parra, el zaguán y el aljibe.
> Haber heredado el inglés, haber interrogado el sajón.
> Profesar el amor del alemán y la nostalgia del latín.
> Haber conversado en Palermo con un viejo asesino.
> Agradecer el ajedrez y el jazmín, los tigres y el hexámetro.
> Leer a Macedonio Fernández con la voz que fue suya.
> Conocer las ilustres incertidumbres que son la metafísica. Etc.[34]

Aber vielleicht ist das Gedicht «El cómplice» aus der gleichen Gedichtsammlung noch aufschlußreicher:

> Me crucifican y yo debo ser la cruz y los clavos.
> Me tienden la copa y yo debo ser la cicuta.
> Me engañan y yo debo ser la mentira.
> Me incendian y yo debo ser el infierno.
> Debo alabar y agradecer cada instante del tiempo.
> Mi alimento es todas las cosas.
> El peso preciso del universo, la humillación, el júbilo.
> Debo justificar lo que me hiere.
> No importa mi ventura o mi desventura.
> Soy el poeta.[35]

Man braucht nicht zu betonen, daß dieser Text an das bekannte Ende von «Nueva refutación del tiempo» in *Otras Inquisiciones* erinnert:

> El tiempo es un río que me arrebata, pero yo soy el río;
> es un tigre que me destroza, pero yo soy el tigre; es un fuego
> que me consume, pero yo soy el fuego. El mundo, desgraciadamente,
> es real; yo, desgraciadamente, soy Borges.[36]

Unser Autor hat verschiedentlich erklärt, daß jene Gedichte, in denen Whitman zur Meisterschaft gelangte, und die aus einer Reihe vermischter und sich häufig widersprechender Aussagen bestehen, einer sehr alten pantheistischen Typologie zuzuordnen sind.[37] Ist dieses Vorgehen Besonderheit einer pantheistischen Haltung, so sind doch die Aufzählungen nur scheinbar heterogen, tatsächlich ist eine solche Vielfalt Form und Identitätsäußerung. Um mit Hinduisten und Anhängern Schopenhauers zu sprechen, ist es ein und derselbe Lebensdrang, der sich in der gelegentlich antithetischen Vielfalt der

---

[34] «La Fama», *ibid.*, S. 108–111.
[35] *Ibid.*, S. 114.
[36] *Otras inquisiciones*, S. 256.
[37] «Nota sobre Walt Whitman», in: *Discusión*, S. 124–125.

Phänomene äußert. Der Dichter vermittelt uns das Erstaunen des Menschen angesichts des Schleiers der Maya, in dem der Lebenswille spürbar wird. Die pantheistische Aufzählung in Form heterogener Aussagen zum selben Subjekt kann in bestimmten Fällen mit der Doktrin oder dem Mythos der Seelenwanderung ursprünglich hinduistischer Herkunft in Verbindung gebracht werden.[38]

Dieser literarische Pantheismus, dem Borges sich nicht nur zuzuwenden scheint, um einen Teil seines reichen poetischen Quells formal einzudämmen, ist auch eine *forma mentis,* ein Modus, Literatur zu schaffen, der sich ganz und gar mit dem erklärten Klassizismus des Autors deckt. In dem bewundernswerten Essay aus *Otras Inquisiciones* «La flor de Coleridge» äußert er in der Tat: „Der Pantheist, der behauptet, die Pluralität der Autoren sei illusorisch, findet einen unerwarteten Bundesgenossen in dem Klassizisten, demzufolge die Pluralität kaum ins Gewicht fällt. Für die klassisch denkenden Köpfe ist die Literatur das Eigentliche, nicht der einzelne oder die einzelnen.“[39] Hier stoßen wir wieder auf die x-te Negation des historischen Werdens, die, auf die Literatur angewandt, entscheidende Konsequenzen für die Poetik und die Praxis der Dichtkunst bei unserem Autor hat.

Borges erklärt, keine eigene Ästhetik zu besitzen. „Ästhetik“ ist das von ihm verwandte Wort, da ihm der Gebrauch des Terminus „Poetik“ als die Reflexion des Dichters über seine eigene Dichtkunst offensichtlich fernliegt. Fremd ist ihm so das Wort in seiner heutigen Bedeutung, d. h. als Programm der poetischen Realisierung. Doch kennt er zweifellos den Begriff, auch wenn er ihn mit einem allgemeineren Namen belegt oder zur Definition auf die klassische Wendung «arte poética» zurückgreift. Im Gegenteil, in seinem gesamten Werk, seinen Essays, seinen Vorworten zu den Gedichtbänden, sogar in den Gedichten hat er allgemeine und besondere Äußerungen hinterlassen, die zusammen mit den formalen Optionen bei der sogenannten «poética operante», unterschieden von der «programática», einen Ideenkomplex bilden, der Etappe für Etappe die poetische Entwicklung begleitet.

Nach unserem Autor haben die Theorien, die wir zur Literatur verkünden, für unsere eigene Literatur kaum einen Wert. Sie können als Mittel oder Stimuli agieren, manchmal auch als Grenzen oder Fesseln,[40] aber tatsächlich geschieht es, daß das Werk die Absichten ignoriert oder ihnen sogar wider-

---

[38] Vgl. «Qué es el budismo», in: *Obras en colaboración,* Buenos Aires 1979, S. 740 ff. Auf dieses Beispiel verweist das Gedicht «Juan, 1, 14», in: *Obra poética,* S. 319–320.

[39] *Otras inquisiciones,* S. 22.

[40] Vgl. «Prólogo» zu «Elogio de la sombra», in: *Obra poética,* S. 315–316; «Prólogo» zu «La rosa profunda», *ibid.,* S. 420; «Prólogo» zu «La moneda de hierro», *ibid.,* S. 469.

spricht.[41] Bei Betrachtung des sehr jungen Borges, des Ultraisten, sehen wir eine gewisse Divergenz zwischen einem entschieden polemischen Programm des Bruchs mit der Vergangenheit und einer literarischen Praxis, die sich in Form und Inhalt schon zu klassischen, rationalen Optionen hin orientiert. Aber in der post-ultraistischen Phase, die nun schon mehr als fünfzig Jahre literarischen Schaffens umfaßt, ist die Diskrepanz zwischen Programm und Ausführung allmählich verschwunden; denn als Borges sich von der Ästhetik der Gruppe bereits löste, entschied er sich endgültig, seine persönliche ästhetische Botschaft in das Werk selber einzuschließen, in das, was wir seine immanente Poetik nennen könnten.

Es fehlt dennoch nicht an Äußerungen, die zum Verständnis der Besonderheit von Borges' Schaffen beitragen können. Erstens durch das, was sie ablehnen, insbesondere die „kalte, ausgefeilte Nichtigkeit" [42] des Barock und ähnlicher Stile; zweitens durch das, was der Dichter, ohne es offen abzulehnen, als ihm versagt darstellt: der empfindsame oder auch aufdringliche Zauber des Verses, die Überfülle von Bildern, pathetische Gefühle, die Suche und das Zustandebringen einer strukturellen Einheit, das lange Gedicht.[43] Und schließlich noch durch das, wozu er sich bekennt. Manchmal handelt es sich wirklich um ein Ei des Kolumbus, so wenn er erklärt, er glaube nicht an literarische Schulen; zwänge man ihn aber zu einer Aussage über die Herkunft seiner Verse, so würde er sie vom Modernismus herleiten.[44] In der Tat hindert uns das jugendliche Engagement von Borges in den Reihen der Avantgarde gegen den „Rubenismus" und „Lugonismus" daran, die modernistische Ausprägung seiner Elfsilber-Quartette, seiner Sonette und sogar seiner Kompositionen in freien Versen à la Whitman zu erkennen. Manchmal ist der Versuch, seine eigene Poesie positiv zu charakterisieren, sehr zutreffend, wie z. B. im Prolog zu *La cifra:* „Mein Los ist das, was man intellektuelle Poesie zu nennen pflegt. Das Wort ist fast ein Oxymoron, der Intellekt (die Überwachung) denkt mittels Abstraktionen, die Poesie (der Traum) mittels Bildern, Mythen oder Fabeln. Die intellektuelle Poesie muß diese zwei Prozesse angenehm verflechten ... Diese Seiten suchen, nicht ohne Ungewißheit, einen Mittelweg." [45]

Einen Mittelweg: dies ist die stilistische *aurea mediocritas,* nach der Borges im Verlauf eines der Poesie gewidmeten Lebens gesucht hat. Weder reine Wort- und Klangmagie nach der Art Verlaines noch der nackte, wenn auch leidenschaftliche Intellektualismus gewisser Gedichte Unamunos. Borges sucht

---

[41] «Nathaniel Hawthorne», in: *Otras inquisiciones,* S. 89.
[42] «Baltasar Gracián», in: *Obra poética,* S. 202.
[43] «Prólogo» zu *La cifra,* S. 12.
[44] «Prólogo» zu *El oro de los tigres,* in: *Obra poética,* S. 365.
[45] *La cifra,* S. 12–14.

ein Ideal des klassischen Stiles, fern aller Extreme, klar und ruhig. Aus diesem Grunde hat er die drei Prosabücher der Jugendzeit verworfen, die drei zeitgleichen Gedichtbände ließ er nicht ohne Gegenwehr neu auflegen: er unterschlug Gedichte, fügte andere ein, die späteren Phasen zuzuordnen sind, schrieb die übrigen um und kritisierte im Prolog selbst alle, die seiner Meinung nach Jugendsünden sind.

Als er 1964 sein gesamtes dichterisches Werk in einem einzigen Band zusammenstellt, weist er darauf hin, daß er „die eine oder die andere Übung, deren Fehlen niemand betrauert oder bemerkt und die (wie der Arabist Edward William Lane von einigen Märchen aus 1001 Nacht sagt) nicht ohne Zerstörung überarbeitet werden konnte", ausgelassen und „einige Unschönheiten, exzessive Hispanismen oder Argentinismen" bereinigt hat, obwohl er im allgemeinen vorzog, sich mit „den verschiedenen und monotonen Borges von 1923, 1925, 1929 und 1960 ebenso wie dem von 1964" zufriedenzugeben.[46] Als die gleichen Bücher fünf Jahre später, weiterhin verändert, herausgegeben werden, weist Borges erneut darauf hin, daß er sie zwar nicht neu geschrieben, aber „ihre barocken Ausschweifungen" abgemildert, an ihren „Unebenheiten" gefeilt und „Überempfindsamkeiten und Verschwommenheiten" gestrichen habe, und dies obwohl er fühlte, daß der Junge, der sie verfaßte, schon im wesentlichen dem Herrn glich, der sie heute berichtigt, beide mißtrauisch gegenüber literarischen Schulen, beide Anhänger Schopenhauers, Stevensons und Whitmans.[47] Um anhand der Erscheinungsform eines Gedichtes den Weg zu verfolgen, den Borges einschlug, um zu einer möglichst ungekünstelten Ausdrucksweise zu gelangen, genügt es, die Varianten zu vergleichen. Wenn wir z. B. die drei Versionen eines Textes der ersten Gedichtbände betrachten, z. B. «Singladura» aus *Luna de enfrente,* sehen wir, daß die umfassendsten Veränderungen beim Übergang von der Originalfassung von 1925 zur Zwischenversion von 1963 vorgenommen wurden: das Gedicht wurde einem Prozeß der Kürzung, der Klärung, der Milderung unterzogen, wie bei einem Baumbeschnitt. In der letzten, der von 1969, finden sich schon weniger Korrekturen, die aber ebenso darauf abzielen, den Ausdruck präziser, klarer und einfacher zu gestalten. Ein alter Traum des Schriftstellers ist das Erreichen der Ausdruckskargheit,[48] die, nach Borges, weitaus schwieriger zu verwirklichen ist als eine üppige Form.

Nach Überwindung der ultraistischen Phase findet sich in Borges' Dichtung keine Spur mehr von dem Wunsch, um jeden Preis neuartig zu sein, der Obsession der Avantgarden dieses Jahrhunderts. Im Prolog zu seiner letzten Fassung von *Luna de enfrente* (1969) finden wir diese entscheidende Aussage:

---

[46] «Prólogo» zu *Obra poética (1923–1964),* Buenos Aires 1964, S. 11–12.
[47] «Prólogo» zu *Fervor de Buenos Aires,* in: *Obra poética (1923–1976),* S. 25.
[48] «Profesión de fe literaria», in: *El tamaño de mi esperanza,* S. 153.

„Um 1905 entschied Hermann Bahr: ‚Die einzige Pflicht ist, modern zu sein.‘ Einige zwanzig Jahre später unterzog auch ich mich dieser völlig überflüssigen Pflicht. Modern heißt, zeitgenössisch sein, gegenwärtig sein; wir alle sind dies zwangsläufig. Niemand – abgesehen von einem gewissen Abenteurer, den Wells erträumte – hat bisher die Kunst gemeistert, in der Zukunft oder in der Vergangenheit zu leben." [49] Daraus folgt, daß auch derjenige, der ein Werk der Vergangenheit schreibt (oder wieder-schreibt), wie Pierre Menard, die verblüffendste Figur der Borgesschen Erzählungen, notwendigerweise modern ist: Obwohl sein Quijote im Inhalt und in seiner Prosa des beginnenden 17. Jahrhunderts mit dem früheren übereinstimmt, strahlt er unvermeidlich moderne Signifikate aus. Für dieses literarische Ideal, das durch die Ernüchterung nach dem irrationalen Abenteuer der Avantgarden, die „lichten Freuden des Denkens und die geheimen Abenteuer der Ordnungskraft . . ." [50] entdeckt hat, wird es sinnvoller oder bahnbrechender sein, ein Werk der Vergangenheit zu kopieren (was dem Lesen oder Wieder-Schreiben entspricht), als aus einem absurden Zwang heraus modern sein zu wollen und jede Bindung an die Tradition zu zerreißen. „Angenommen jemand kopiert einen Schriftsteller Wort für Wort, so tut er es unter Ausschaltung des persönlichen Anteils, so tut er es, weil er den Schriftsteller mit der Literatur verwechselt, so tut er es, weil er argwöhnt, daß von ihm auch nur in einem Jota abzuweichen soviel bedeute, wie von der Vernunft und der rechten Lehre abzuweichen." [51] Pierre Menard ist also ein Klassiker. Und nur wenn man Klassiker ist, nur wenn man sorgfältig das Vergangene kopiert, kann man modern, kann man zeitgenössisch sein. Modernität ist kein Ziel, das man durch Vorsatz und Anstrengung erreicht, sondern eine Bestimmung, der sich niemand entziehen kann: Und mit mehr Recht werden wir zu Zeitgenossen, wenn wir die wenigen bekannten, ewigen Metaphern wiederholen, sie mit notwendigerweise neuen Bedeutungen wieder formulieren, als wenn wir nutzlos nach ebenso raren wie unpoetischen neuen Metaphern suchen. [52]

Diese Schlußfolgerung ist Konsequenz der schon erwähnten philosophischen Haltung, die von Schopenhauer und der orientalischen Philosophie beeinflußt ist. Nach Borges gibt es nichts in der Welt, was nicht schon vorgekommen wäre, und auch nichts, was nicht schon geschrieben worden wäre.

[49] «Prólogo» zu *Luna de enfrente*, in: *Obra poética (1923–1976)*, S. 71. Rufen wir uns ins Gedächtnis, daß der Satz von Hermann Bahr den Imperativ «Il faut être absolument moderne» von Rimbaud *(Une saison en enfer)* wiederholt.
[50] «Valéry como símbolo», in: *Otras inquisiciones*, S. 107.
[51] «La flor de Coleridge», *ibid.*, S. 23.
[52] Vgl. unter anderem «Epílogo» zu *Otras inquisiciones*, S. 263; G. Charbonnier, *El escritor y su obra*, S. 16–17; «La señora mayor», in: *El informe de Brodie*, Buenos Aires 1970, S. 79; «El otro», in: *El libro de arena*, Madrid 1975, S. 17; «La fama», in: *La cifra*, S. 108.

Und da immer das gleiche geschieht, ist es immer das gleiche, was geschrieben wird. Und es ist immer ein und dieselbe Person, die handelt und schreibt. Diese Auffassung von Geschichte als Wiederholung, die ebenso wie der Ekklesiast jede Neuerung leugnet,[53] ist grundlegend für die post-ultraistische Poetik von Borges, denn mit der Aussage, daß alle künstlerischen Erfahrungen in irgendeiner Weise analog verlaufen, bekundet er seine ganze anti-avantgardistische Position. «Y sólo lo pasado es verdadero», beschließt er eines seiner Sonette.[54] «La eternidad está en las cosas / Del tiempo, que son formas presurosas»[55] ist eine weitere seiner Schlußfolgerungen. Und ein jüngst erschienenes Gedicht aus La cifra mit dem Titel «La dicha» beendet er mit vielleicht noch mehr Kraft und Präzision: «Todo sucede por primera vez, pero de un modo eterno. / El que lee mis palabras está inventándolas.»[56]

Der Anti-Historismus Borges' ist in direkten Äußerungen bei verschiedenen Gelegenheiten in Erscheinung getreten, wie z. B. bei dieser Erklärung in Borges el memorioso: „Das Wichtige ist die Poesie, nicht die Geschichte der Poesie. Ich glaube, daß das in den östlichen Ländern so verstanden wird . . . In Persien wurde Dichtkunst auch nicht historisch betrachtet. Man überlegt nicht, ob ein Autor den anderen beeinflußt hat; ob er Vorläufer ist oder Nachfolger. Er ist bereits in einer Art von Ewigkeit; alle sind Zeitgenossen. Wir hingegen leiden unter diesem Übel: die Geschichte, die Daten . . . Denn wenn ein Text gut ist, ist es gleichgültig, ob er an diesem Morgen geschrieben wurde oder ob er vor zwanzig Jahrhunderten geschrieben wurde oder ob er der Zukunft angehört. Der Text wirkt für sich."[57]

Ein Gedicht von Borges aus El hacedor spielt vermittels seiner Bilder auf ein Modell der Poetik an. Dies ist auch sein Titel «Arte poético», der, indem er auf Horaz und Boileau verweist, schon an sich an einen klassizistischen Vorsatz denken läßt. Der Dichter drückt das Lebensgefühl mittels weniger unveränderlicher wesentlicher Metaphern oder Vergleiche aus: Die Zeit ist wie ein Fluß, und die Gesichter, aus Zeit erschaffen, fließen vorbei wie Wasser; der Tod ist Schwester des Traums, und Wachsein ist nichts anderes als ein Traum, der träumt, wach zu sein; das menschliche Leben ähnelt in seinem Ablauf dem Tag oder dem Zyklus der Jahreszeiten; Dichtung ist auch wie der Fluß des Heraklit, der in seinem Spiegel so viele verschiedene und dennoch immer denselben Menschen widerspiegelt. Auch die Struktur des Gedichtes, wiederholend, kreisförmig, spiegelnd, suggeriert die ewige Wiederkehr der Essenz der Poesie, die Illusion und die Unmöglichkeit, neue Grenzen zu erreichen, das höhere Wissen um Ordnung und Sitte.

---

[53] Historia de la eternidad, S. 96.
[54] «A una espada en York Minster», in: Obra poética (1923–1976), S. 230.
[55] «Al hijo», ibid., S. 280.
[56] La cifra, S. 60.
[57] Borges el memorioso, S. 296.

«Cuentan que Ulises, harto de prodigios, / Lloró de amor al divisar su Itaca / Verde y humilde. El arte es esa Itaca / De verde eternidad, no de prodigios.»[58] Die Ernüchterung des Odysseus ist die frühzeitige Ernüchterung Borges', der bald der falschen Wunderwerke der Metaphern müde wurde und mit seinen Gedanken zu seinem bescheidenen Ithaka der grünen Ewigkeit zurückkehrte, das heißt, zu einer authentischen Poesie, entzogen den Launen einer neuen Empfindsamkeit oder einer noch ungesprochenen Sprache. Nicht der romantische Odysseus Dantes, der es nie müde wird, nach neuen Grenzen Ausschau zu halten, ist Symbol von Borges' Poetik, sondern der Odysseus Homers, der kämpft, um seinen Bereich zurückzuerobern, seinen Habitus, seine begrenzte Macht, seine Armut: die ganze unbewegliche Unermeßlichkeit seines kleinen Kosmos aus Ordnung und Ruhe. Einem solchen Schutzhelden konnte Borges sein literarisches Ideal des Klassizismus weihen.

---

[58] «Arte poético», in: *Obra poética (1923–1976)*, S. 162.

JAIME TORRES BODET *

(1902–1974)

PROSERPINA

(I)   Tenías
en la memoria de los silencios interrumpidos
un nombre tan sonoro,
de vocales tan duras y tan densas
5   – Atalanta, Ifigenia, Proserpina –
un nombre todo de mármol,
que daba miedo pronunciar de prisa
por temor de romper,
al dejarlo caer sobre las frases,
10   los secretos de las palabras . . .

(II)   Y vivías envuelta de cristal,
como las Reinas de los Telescopios,
bajo la lluvia esmerilada
de una aurora de talco.

(III) 15 Llama de mármol en la antorcha fría
de la estatua de un ángel funerario,
no proyectabas sombra pasada ni futura
sobre el presente universal del sueño.

(IV)   Profesora de invierno del paisaje,
20   un equilibrio exacto de triángulos isósceles

* Jaime Torres Bodet: 17. 4. 1902–13. 5. 1974; Selbsttötung. *Autobiographisches* (bis 1932) im unten abgedruckten Brief, S. 152–154, sowie in Ders., *Tiempo de Arena*, Mexiko 1955. – Bibliographische Orientierung insbesondere durch Sonja Karsen, *J. T. B. A Poet in a Changing World*, New York 1963; Sonja Karsen, *Selected Poems of J. T. B. A Bilingual Edition with Translations*, Bloomington 1964; Sonja Karsen, *J. T. B. Versos y Prosas. Introducción, Selecciones y Bibliografía* (Biblioteca de Autores Hispanoamericanos V), Madrid 1966; Sonja Karsen, *J. T. B.*, New York 1966 (mit Werkverzeichnis und kritischer Bibliographie); Sonja Karsen, „I.T.B. (1902–1974)", in: *Latin American Writers*, II (Hrsg. C. A. Solé/M. I. Abreu), New York 1989, S. 933–939.

hacía suspirar a los pintores
en todos tus retratos
por el «Embarque hacia la Geometría».

(V)   Inclemente y astral
25   como el rostro de eclipse que los ojos sinceros añaden
a la luna en menguante de las máscaras,
el peso de tu nombre te arrastraba
al fondo del espejo en que vivías.

(VI)   Porque tu nombre era
30   de sílabas tan duras y tan francas
que nadie supo articularlo nunca
sin dejarlo caer,
en medio de los sueños más felices,
sobre las alas tiernas de las frases.

Destierro, Madrid/Barcelona 1930, S. 91–93.

JAIME TORRES BODET: «PROSERPINA».
VERSUCH EINER WECHSELSEITIGEN ERHELLUNG
SPRACHLICHER KUNSTFORMEN

Von WALTER PABST

Unsere Übersetzung:
PROSERPINA. / Du hattest / in der Erinnerung an Zwischenräume des Schwei-
gens / einen so klangvollen Namen, / mit so festen und dichten Vokalen / – Atalanta,
Ifigenia, Proserpina – / einen Namen ganz aus Marmor, / den auch nur flüchtig aus-
zusprechen Angst machte / aus Furcht man zerbreche, / ließe man ihn auf die Sätze
fallen, / die Geheimnisse der Worte . . ., / (II) Und du lebtest in Kristall gehüllt / wie die
Königinnen der Teleskope, / unter dem mattgeschliffenen Regen / einer Morgenröte
von Talkum. / (III) Flamme aus Marmor in der kalten Fackel / der Statue eines Fried-
hofengels, / warfst du keinen Schatten, / weder zurück noch voraus / auf die weltweite
Gegenwart des Traumes. / (IV) Lehrmeisterin du des Winters über der Landschaft, /
ein exaktes Gleichgewicht gleichschenkliger Dreiecke / ließ die Maler ersehnen / bei
jedem deiner Porträts / die „Einschiffung zur Geometrie". / (V) Unbarmherzig und
sternenfern / wie das ekliptisch verschattete Gesicht, das ehrliche Augen ergänzen / am
abnehmenden Mond der Halbmasken, / riß dich die Last deines Namens / auf den
Grund des Spiegels, in dem du lebtest. / (VI) Denn dein Name war / von so harten und
offenen Silben, / daß niemand ihn jemals aussprechen konnte, / ohne ihn fallen zu las-
sen, / inmitten der seligsten Träume, / auf die zarten Schwingen der Sätze.

Der Text ist graphisch in sechs ungleiche Gruppen ungleich langer, nicht
reimender und nicht assonierender Verse gegliedert: zehn in (I), je vier in (II)
und (III), je fünf in (IV) und (V) und sechs Verse in (VI), also insgesamt 34
freie Verse; nur die vorherrschenden a-Laute in (V) zeigen assonierende
Tendenz, vielleicht als klangliche Akzentuierung des suggerierten Dunkels.
Thematisch relevante Rahmenbildung liegt im Ausdruck der Befürchtung,
der Titelname werde mit seinem Klanggewicht auf die Sätze fallen und das
Geheimnis der Aussage aufbrechen oder preisgeben (I) (VI). Jede Versgruppe
– so zeigt die Interpunktion – bildet eine syntaktische Einheit, je einen Satz.
Die sechs Sätze werden von einem nicht hervortretenden lyrischen Ich als
Apostrophen, in Du-Anreden, aus der Erinnerung (im Präteritum) an die
Namensträgerin Proserpina gerichtet; diese wird mehrfach metaphorisch ver-
wandelt, als «Llama de mármol» (III), als «Profesora de invierno» (IV), als
in Kristall gehüllte, schattenlose Erscheinung zwischen Teleskopen und Drei-
ecken enthumanisiert. [Unsere Zählung: Versgruppen römische, Verse arabi-
sche Ziffern.]

Der titelgebende Name «Proserpina», der im Text nur einmal, in Vers 5, als Exempel von Sonorität begegnet, evoziert, noch bevor der Text gelesen ist, das Bild der Sagengestalt, die seit archaischer Zeit die Mythentradition und Literatur durchwandert hat. Die Geschichte der vom Beherrscher der Unterwelt gewaltsam entführten und dann zur Mitregentin des Schattenreichs erhobenen, liebreizenden Proserpina – ihr ursprünglich vorgriechischer Name Persephatta, dann Persephone, bedeutete Lichtträgerin – wird in Ovids *Metamorphosen* (Buch V, von Vers 341 ab) von der Muse Calliope in epischer Breite den alten Quellen des 8.–7. vorchristlichen Jahrhunderts nacherzählt und von Claudius Claudianus am Ende des 4. christlichen Jahrhunderts unter dem Titel *De raptu Proserpinae* zum Gegenstand jener selbständigen Dichtung in drei Büchern gemacht, die in der Literaturgeschichte den Namen „Claudianus Minor" führt. Für unser Vorhaben genügt es, die wohl kürzeste antike (achtzeilige) Version zu notifizieren, die in den *Fabulae* eines unbekannten, fälschlich „Hyginus Mythographus" benannten Handbuchautors aus dem zweiten christlichen Jahrhundert begegnet, einem Werk, das als Stoffquelle zahlreicher und namhafter Autoren der Weltliteratur berühmt geworden ist:

Proserpina

PLUTON petit ab Jove Proserpinam filiam ejus & Cereris in conjugium daret. Jovis negavit Cererem passuram, ut filia sua in Tartaro tenebricoso sit: sed jubet eum rapere eam, flores legentem in monte Ætna, qui est in Sicilia, in quo Proserpina dum flores cum Venere & Diana & Minerva legit, Pluton quadrigis venit, & eam rapuit. Quod postea Ceres ab Jove impetravit, ut dimidia parte anni apud se, dimidia apud Plutonem esset.[1]

Von der pittoresken Geschichte des Raubes der Proserpina, die seit dem 17. Jahrhundert in den bildenden Künsten und in den neueren Literaturen in zahlreichen Versionen und Variationen wiederbegegnet und die bis an die Schwelle unseres Jahrhunderts unverdrossen wiedergestaltet wurde,[2] verlau-

[1] Zit. nach Th. Munckers Ausgabe: *Mythographi Latini. C. Jul. Hyginus ...* Thomas Munckerus omnes ex libris MSS. partim, partim conjecturis verisimilibus emendavit ... Praemissa est dissertatio de auctore, stylo, & aetate Mythologiae, quae C. Jul. Hygini Aug. Liberti nomen praefert. Amstelodami ... [A. D. MDC] LXXXI [1681]. Außer dem *Fabularum Liber*, S. 1–337, enthält der Band: C. Jul. Hygini *Poeticon Astronomicon*, S. 339–488. – Unser Zitat S. 216, unter der Nr. CXLVI. – Zu Hyginus und Claudianus „minor" vgl.: Paul Kroh, *Lexikon der antiken Autoren* (Kröners Taschenausgabe 366), Stuttgart 1972.

[2] Zur literarischen Herkunft und Entwicklung des Proserpina-(Persephone-)Stoffs: Elisabeth Frenzel, *Stoffe der Weltliteratur* (Kröners Taschenausgabe 300), Stuttgart S. 509–511. Dort nicht verzeichnet: „Der Garten der Proserpina" in Algernon Charles Swinburnes *Poems and Ballads* (1866–1889). – Zahlreiche Darstellungen des Raubes der P. in der bildenden Kunst der Italiener seit dem 17. Jahrhundert, dazu das Marmor-

tet in unserem mexikanischen Text auf den ersten Blick nichts. Und doch hat der Autor auf Leser gezählt, denen die Sage bekannt ist und die imstande sind, seiner Modernisierung dieser Mythe zu folgen. Ein Zeichen des Zusammenhangs seines Gedichts mit den ältesten Versionen hat der Dichter gesetzt: die «Llama de mármol en la antorcha fria / de la estatua de un ángel funerario» (V. 15 f.) säkularisiert die archaische Persephatta, die 'Lichtgebende' im Dunkel und Mondgöttin, die mit einer Fackel in der erhobenen Hand dargestellt wurde. Und fragen wir, was das Du des Gedichts, das mit leiser Anspielung auf die Zeitform der Mythe im Präteritum apostrophiert wird – wie eine verlorene Geliebte –, mit der göttlichen Proserpina sonst gemeinsam hat, so erkennen wir eine Reminiszenz in der Wendung: «. . . tu nombre te arrastraba / al fondo del espejo» (V. 27 f.). Dort war es das Mit- und Fortgerissenwerden durch den Entführer Pluton auf seinem Viergespann, das Durchbrechen der Erdoberfläche oder des Wasserspiegels des Quellteichs der Cyane in Sizilien (Ovid, *Metamorphosen*, V. 408 ff.); doch hier kann nicht jener von der mythischen Proserpina nie zuvor gesehene Wasserspiegel gemeint sein: ist der «espejo en que vivías» (28), wie in einem herkömmlichen Liebesgedicht, der Toilettespiegel der Dame?

Der Text scheint nichts als Rätsel aufzugeben. Repräsentiert diese metonymische Proserpina eine Kontrastfigur zur antiken Namensträgerin und zur lyrischen 'Protagonistin', dem Objekt des Eros, überhaupt? Hat das lyrische Ich dieses Du nicht andere als die willenlose Grenzüberschreitung der mythisch Entführten vollziehen sehen? Statt in den Tartarus hinab scheint die neue Proserpina in ganz anderer Weise hingerissen zu sein. Deuten die Teleskope (12) auf ihre Beschäftigung mit Astronomie hin? Wäre ihr Spiegel dann derjenige des Spiegelteleskops? Ist der neue Entführer nicht Pluton, sondern die Wissenschaft? Ist die forschende Frau, die Gelehrte, die dem einstigen Reich der Frau, der Welt der Gefühle, entflohene als «Profesora de invierno del paisaje» (19) apostrophiert, weil sie das Klima der menschlichen Beziehungen verändert und abgekühlt hat? Erkennen doch alle, die sich ein Bild von ihr machen wollen, ihre Hinwendung zu einer mathematischen Ordnung und seufzen über ihr unwiderrufliches «Embarque hacia la Geometría» (21–23)! Diese Abwandlung des berühmten, unkorrekten Titels «L'Embarquement pour Cythère»[3] des Gemäldes von Antoine Watteau (1717) kann nur

---

relief *Enlèvement de Proserpine* des François Girardon (1628–1715), Mitarbeiter von Charles Le Brun in der 'Equipe de Versailles'.

[3] Die korrekte Bezeichnung des Bildes von J. Antoine Watteau (1684–1721) war «Le Pèlerinage à l'isle de Cythère»; der populäre, den Sinn des Bildes verfehlende Titel «L'Embarquement pour Cythère» wurde einer Reproduktion von Tardieu (1733) beigegeben. Es handelt sich eigentlich um die Abreise zu Schiff aus Kythera. Vgl.: *Die französische Malerei des 18. Jahrhunderts am Hof Friedrichs II.* (Ausstellung in Paris,

die Auffassung bestätigen, daß die Titelheldin des Gedichts sich den exakten Wissenschaften zugewandt hat. Dabei läge es nahe zu unterstellen, daß «Geometría» der vollkommene Kontrast zu Kythera, dem Namen der Insel der Liebesgöttin, sei; doch war in Kythera der Kult der 'himmlischen Aphrodite' mit dem Beinamen Urania angesiedelt, also einer eher den Sternen Zugewandten. Auf Watteaus Gemälde sind in der Tat vor dem Altarbild der Göttin die Insignien der Wissenschaft und Kunst aufgebaut.[4]

Nicht überzeugend erscheint daher die metapoetische Auslegung, die bald nach Erscheinen von *Destierro,* der ecuadorianische Lyriker Jorge Carrera Andrade (1903–1979) mit «Filiación poética de Jaime Torres Bodet» in *La Gaceta Literaria* (Nr. 108, Madrid, 15. 6. 1931) gab:

Y ahora es el poeta que nos hace la más aguda insinuación de esta hora con su *Embarque hacia la Geometría,* que es el viaje hacia las líneas disciplinadas, la perfección, la nitidez y la medida. No hay duda que allegará innumerables espíritus su propaganda de belleza, su mensaje de sobriedad y de altura.

Nein, es war nicht die Bestimmung dieser Proserpina, zu einer neuen mexikanischen Muse der Dichtkunst erhoben zu werden; die negativen Akzente, die der Dichter ihrem Aufbruch und ihrem Namen anheftet, lassen eine solche Deutung nicht zu.

Nun ist zu fragen, ob nach unseren bisherigen Überlegungen «Proserpina» ein leicht polemisches, vielleicht gegen die Emanzipation der Frau gerichtetes Zeitgedicht darstellt. Würde es sich als solches in den Kontext der lyrischen Sammlung *Destierro* einfügen, die während der diplomatischen Tätigkeit des Autors an der Botschaft seines Landes in Madrid um 1930 entstand?[5] Wenden wir, um solchem Fragen gerecht zu werden, jetzt den Blick auf das lyrische Ich, das – ohne ausdrücklich als «yo» hervorzutreten – in allen Teilen dieser «tú»-Apostrophe präsent ist. Wichtig erscheint, daß dieses redende, anredende Ich sich vom Schatten des Du verdecken läßt; wie ein Schlüssel steht das Wort «eclipse», auf die Angeredete bezogen, in Vers 25. Es ist, als wolle das Ich vermeiden, eigene, persönliche Empfindungen oder Eindrücke zu äu-

Palais du Louvre, 25. April bis 31. Mai 1963. Veranstaltet vom Land Berlin.) Nr. 36: *Pilgerzug auf Cythere.* Im Schloß Charlottenburg befindet sich eine durch mehrere Figuren bereicherte Komposition.

[4] Vgl. ibid. die Bildbeschreibung Nr. 36, sowie die Hinweise Nr. 88 „Einschiffung nach Cythera" und Nr. 94 „Die Einschiffung nach Cythera", in: *Meisterwerke aus den Schlössern Friedrichs des Großen* (Ausstellung im Schloß Charlottenburg zum 250. Geburtstag Friedrichs des Großen. Der Senator für Volksbildung . . .), Berlin 1962.

[5] Laut brieflicher Mitteilung des Autors (vgl. unten S. 153) entstand das Gedicht vor der Publikation des Buches *Proserpina Rescatada.*

ßern, als suche es Bestätigung in denjenigen einer anonymen Allgemeinheit, die auf Wesen und Verhalten des Du reagiert haben soll: Dein Name war von solcher Art, daß *es* Angst erregte, ihn schnell auszusprechen, aus Furcht, *man* könne ihn auf die Sätze fallen lassen usw. (7–9); das exakte Gleichgewicht ihm zugeordneter gleichschenkliger Dreiecke ließ *alle Maler* seufzen etc. (20–21); Dein Name war von solcher Art, daß *niemand* ihn *je* aussprechen konnte, ohne ihn fallen zu lassen etc. (29–32).

Die Teilnahme, das Engagement des Ich, von alters her eines der wesentlichen Kennzeichen von Lyrik, scheint hier verdrängt zu sein. Das Ich will seine Bekenntnisse dämpfen oder verschleiern. Und doch klingen sie wie Bezeichnungen oder Beschreibungen von Empfindungen und Gefühlen in dunkler Begleitmelodie an. Könnte das Ich sie bezeugen, ohne mit betroffen oder selbst davon betroffen gewesen zu sein? Sie sind zwar gedämpft, aber als rahmenbildende Hinweise in den Versgruppen (I) und (VI) doch zweimal gegeben und dadurch hervorgehoben: die tiefe Furcht, durch Artikulation der Vokale *o – e – i – a* oder der Silben *pro – ser – pi – na* ein Unheil anzurichten, etwas zu verderben, zu verraten, zu zerstören, eine bestehende oder im Entstehen begriffene menschliche Beziehung zu ersticken, zu vernichten. Wäre also dieser Name ein kränkendes Attribut, die Enthüllung eines vernichtenden Urteils, ein schlimmer Beiname? Könnte sein Aussprechen, während einer zarten Begegnung, den angesponnenen Faden einer Zuneigung wieder zerreißen? Hier deutet sich das Dilemma oder der Gewissenskonflikt an, um derentwillen diese Verse geschrieben sein dürften, die Reminiszenz einer schmerzlichen (schuldhaften?) Frustration, das Andenken an ein erlittenes 'Destierro' von Gefühlen: «romper . . . los secretos de las palabras» (8–10) und – unter dem starken Schlußakzent – die Gefährdung der «sueños más felices», der «alas tiernas de las frases» (33–34). Liegt hier der verhüllte lyrische Kern des Gedichts?

Die «secretos de las palabras» geben die Verse jedoch nicht preis. Möglicherweise wird der Dichter als Prosaautor zu Hilfe kommen, hat er doch, kurz vor der Abfassung des Gedichts, eine Erzählung über eine Protagonistin gleichen Namens vollendet, die unter dem Titel «Muerte de Proserpina» 1930 als Vorabdruck in der *Revista de Occidente*,[6] in Buchform aber erst 1931 unter dem Titel *Proserpina Rescatada* in Madrid erschien.

Fiktiver Ich-Erzähler ist ein 38jähriger Klinikchef und Chirurg, Schauplätze des Geschehens sind das Direktorzimmer der Klinik (als Standort des Rückblickenden), die medizinische Hochschule in Mexiko mit Seziersaal sowie Hotelzimmer und andere Räume in New York, zuletzt wieder in Mexiko (als Szenarien der Retrospektive und des Schlusses). Unsere Analyse be-

---

[6] *Revista de Occidente* XXIX/85 (1930), S. 1–36; 86, S. 177–215. Wir zitieren nach der Buchausgabe.

schränkt sich auf die für die Aufhellung des Gedichts relevanten Elemente der Erzählung. Einführend bekennt sich der Ich-Erzähler zu seiner Vorliebe für antike Mythologie und das Schwelgen in Reminiszenzen aus griechischen und römischen Autoren, das bis zur Heimsuchung ausarten kann, weil ihm mancher alte Name als böses Omen erscheint – in merkwürdigem Kontrast zu seiner nüchternen Haltung als Mann der Wissenschaft:

Argos, Jano, Narciso, Imágenes barrocas, . . . sus nombres me suben a la boca siempre que alguna desgracia me cerca. ¿Será, acaso, que Proserpina? . . . ¡Dios mío, ayúdame a olvidar esta palabra terrible! (19)

Und schon meldet sich am Telefon die Trägerin dieses 'Namens', die sich nicht zu nennen braucht, da sie sich, wie durch Gedankenübertragung, «desde su cielo de diosa» vorangemeldet hat (21). Ihr unvergeßlich strenges Gesicht steht dem Angerufenen lebhaft vor Augen, während er ihren Hilferuf vernimmt: «Te necesito» (21). Zwischen den Anruf der Kranken und die Arzt-visite an ihrem Sterbebett (165–181) schiebt sich im Geist des Ich-Erzählers, un-widerstehlich und schrecklich zugleich, der Rückblick auf die vierzehn Jahre seit seiner ersten Begegnung mit dieser Partnerin, die ihm zur Re-Inkarnation der Proserpina geworden ist. Es ist die ungewöhnliche Geschichte einer, psy-chologischen Erklärungen scheinbar verschlossenen, sprunghaften Existenz, eine bizarre, surrealistisch anmutende Erinnerung. Tatsächlich ordnet sie der Erzähler – und wir greifen damit auf die Schlußseite voraus – in die Tradition des Phantastischen ein. Vom Bett der soeben Verstorbenen sich abwendend, hat er eine überraschende und unheimliche Erkenntnis:

Súbitamente atroz, me electriza la idea de estar abandonando a alguno de esos persona-jes de Poe, muertos hace mucho tiempo y conservados en cierta vida aparente, hipnó-tica, por el esfuerzo de una voluntad invisible.

Me detengo, la mano en la cerradura. Siento miedo de que el menor gemido de la puerta, la menor frescura del aire, deshagan en polvo los órganos de este cuerpo vacío, tendido ya sobre el lecho, en la sombra, con la elegancia difícil de un viejo cadáver. (181)

Um 1919 – so begann die Retrospektive nach dem Telefonanruf – hatte der Erzähler in der Escuela de Medicina die Studentin Dolores Jiménez kennen-gelernt. Wegen ihres leidenschaftlichen Verhältnisses zu ihrem Fach erhielt sie – niemand weiß, von wem zuerst – «el mote con que la designábamos», den mythischen Beinamen 'Proserpina' (23). Über die reizende und elegante Ten-nisspielerin gab es zwar böse Klatschgeschichten, doch neben der Bewun-derung für ihren Charme gewann die Anerkennung ihrer überragenden Leistungen in den Praktika am Seziertisch wie überhaupt ihrer geistigen Überlegenheit die Oberhand (24–27). Sie variierte das Vergilische *labor om-nia vincit* (*Georgica*, I, 145) zu dem Wahlspruch «El trabajo fácil todo lo vence» (28).

Auf ihr Briefpapier hatte sie als Devise die Worte drucken lassen: «Pour-quoi-Pas?» (28). [Der Leser erinnert sich, daß der Ozeanograph Jean Char-cot diese Apostrophe zum Namen seines berühmten Forschungsschiffs erho-ben hatte, das dann 1936 vor Island unterging.] Und so wurde 'Proserpina' zur leidenschaftlichen Gelehrten, zur beharrlichen Forscherin: Während ihre Gefährtinnen Vorwände suchten, um zeitweilig vom Seziertisch in den Park zu entkommen, harrte sie aus: «sólo ella iba y venía entre los cadáveres, acari-ciándolos, con decisión respetuosa de especialista; disecándolos, con respe-tuosa indiferencia de Parca» (27). Ihre gepflegte Sprache lehrte den Erzähler geradezu «a inventar el ingenio de Proserpina» (31); gleichzeitig empfand jedermann die wachsende Distanz von der Unübertrefflichen; von Mal zu Mal wuchs mit der Eifersucht auch eine allgemeine Abneigung gegen die Ehr-geizige. Ihr Mythos begann sie von den anderen zu scheiden:

Proserpina – le decía yo . . . – usted me da la impresión de que cada año . . . va a des-aparecer de la tierra. Si creyése en las fábulas, si su seudónimo fuese capaz de impresio-narme, pensaría que algo – que alguien – la reclama durante el invierno, del otro lado del mundo. No ría usted. Confiéselo: ¿qué la aleja de nosotros? . . . ¿Una divinidad oculta? ¿Plutón? (32)

Nüchtern, aber auch etwas makaber klingt Proserpinas Bekenntnis zu der Forscherleidenschaft, die sie 'der Erde entfremdet', die sie allmählich ver-zehrt:

Le encantaban – me lo declaró – esos cadáveres esbeltos de mujeres que la marea del opio, de la morfina, de los suicidios, de los crímenes pasionales arroja todas los noches sobre las mesas del hospital. Prefería a las vírgenes. Ponía el amor de un artista en aca-riciar el volumen de un torso. La astucia de un abogado en divorciar los goznes de una clavícula . . . (32 f.)

Für den Beobachter entwickelt sich die wissenschaftliche Leichenbeschau bei Proserpina zu einer Manie, zur Nekrophilie, und so wird sie für ihn immer mehr zum Spiegel- oder Zerrbild der stygischen Göttin, zur Inkarnation der noblen und keuschen, aber schrecklichen Persephone Homers (*Odyssee*, X, 491–495, XI, 226–360, 385–386, 643; *Ilias*, IX, 457). Charakteristisch er-scheint ihm die Ambivalenz ihres Wesens, die ihn an die Gespaltenheit der mythischen Existenz der Göttin erinnert: Den Winter verbrachte sie im Schattenreich bei Pluton, den Sommer bei ihrer Mutter in der Oberwelt. Die mexikanische Proserpina sieht er gespalten zwischen erotischer Zuneigung und Furcht vor Bindung, plötzlich sich hingebend, aber jäh sich entziehend und fliehend:

Una vida extraordinaria, imprevisible, de mujer cortada en dos partes, como la Tierra, por una línea geográfica pura, por el Ecuador. (79)
Siempre el papel de mi amiga había de consistir en trazar un límite entre dos atmós-

feras. Una frontera entre el verano – al que pertenecían sus mejillas, sus cabellos riza-
dos, la sonoridad de su voz y el invierno en el que se precisaban sus ojos, sus dientes,
la fragilidad de su risa, la solidez de sus uñas, su modo inimitable de decir que no a los
recuerdos. (135 f.)

An die Stelle menschlicher Entwicklung sieht er bei Proserpina auch eine jähe
Perversion ihres Wissensdrangs und seiner Methodik treten: Die früher fana-
tische Elevin der Anatomie trifft er nach Jahren unversehens als leidenschaft-
liche Anhängerin von Okkultismus und Spiritismus und als Medium wieder,
das Verbindung mit den Abgeschiedenen im Dialog beim 'Tischrücken'
sucht; dies geschieht in New York (dem Ursprungsort diverser okkulter
Doktrinen). Ihre Hörigkeit gegenüber dem Tartarus hat offenbar nur den
Stil und das Verfahren gewechselt. Aber der Erzähler erschrickt vor dem
Kontrast zwischen der jetzigen Ehrendoktorin der "Human Body Re-
demption" von Filadelfia (81) und der einst beflissenen Studentin, die mit
philologisch archaisierendem Eifer in ein altes Exemplar der *Anatomie* des
Franzosen Léo Testut altgriechische Bezeichnungen der menschlichen Or-
gane «con la ortografía escrupulosa de las obras de Homero, en las traduc-
ciones pedantes de Leconte de Lisle» (71) handschriftlich eingetragen
hatte.

Doch wir dürfen das Bild der 'gespaltenen Proserpina', wie es aus den Be-
obachtungen des erzählenden Ich hervortritt, kaum als getreues und objekti-
ves Porträt anerkennen. Der Autor, der sich keineswegs mit diesem Ich identi-
fiziert, hat Zeichen gesetzt, die den Leser zur Vorsicht mahnen und auf die
Ambivalenz der Perspektiven in der Erzählung hinweisen. Schon die Selbst-
charakterisierung des Ich, die oben von S. 19 zitiert wurde (seine Furcht vor
antiken Namen, deren Nennung ihm als böses Omen erscheint), ist eine sol-
che Warnung: Hinter der Attitüde des strengen Wissenschaftlers verbirgt sich
(mit der humanistischen Schulbildung erworbener) Aberglaube; wo dieser
einsetzt, muß notwendigerweise die exakte Beobachtung von Vorgängen und
Menschen versagen. Vertuscht er nicht auch seine Urheberschaft, die Erfin-
dung des Spitznamens Proserpina, mit der Ausrede, man wisse nicht, wer das
böse «mote» zuerst gebrauchte?

Das Opfer dieser – ominösen – Namengebung sieht die Dinge ganz anders,
offenbar viel nüchterner, mit klarem Blick: Sie hat sich der um sie gewobenen
Legende unterworfen; aus Zuneigung zu ihrem antikisierenden Interpreten
hat sie gute Miene zum bösen Spiel gemacht. Wie gern hätte sie sich – so
gesteht sie auf dem Sterbebett – in ihrer 'irdischen' Existenz von ihm zurück-
halten, sich ans menschliche Leben binden lassen:

Pero tú no creíste jamás que fuese yo otro personaje que un mito. El enigma de una
mujer partida por dos. (173)
    Te he mentido siempre, para ponerme a la altura de la leyenda en que me rodeabas.
(174)

Nun stirbt sie an der Ungeduld («Impaciencia»), dieser Hölle zu entrinnen:

Mi cuerpo me ha impuesto un límite demasiado opaco entre el mundo del sueño, en que soy Proserpina, sin epítetos, sin apellido, sin dogmas, señora de mi infierno, y esa tierra de la vigilia en que me llamo Dolores Jiménez, doctora . . . (174)

Schon lange zuvor hatte Dolores diese Überzeugung ihrem Freund demonstrieren wollen, doch er hatte sie nicht verstanden, hatte ein symbolisches Zeichen nur als erotischen Reiz empfunden. Nach gemeinsamem Besuch eines Vortrags über archaisches Brauchtum auf Samoa, bei dem Filmaufnahmen vom Tätowieren der Kinder gezeigt wurden (die das Mädchen stark schockierten, ihren Freund jedoch ganz unberührt ließen), ließ sie auf dem Heimweg flüchtig sehen, daß sie selbst als Kind – wer weiß in wessen Auftrag und unter dem Gebot welches archaischen amerikanischen Totemismus? – das gleiche Los wie die tahitianischen Kinder erlitten hatte:

. . . se desgarró la blusa, con un solo y violento ademán. En el espacio de un relámpago, lo que dura un centésimo de segundo, me enseñó – sobre el mármol de la garganta desnuda – un arbolito de ramas azules, idéntico al que habíamos visto brotar del pecho del niño dormido en el tatuaje del cinematógrafo. De un lado y otro del tórax, las hojas más separadas del tronco se apoyaban sobre el coral de un agudo seno delgado. De un seno de virgen, extraordinariamente conciso. (62)

Die Bedeutung dieser Geste begreift der Leser, ohne ausdrücklichen Kommentar im Text: Dolores hat in diesem Augenblick begriffen, daß, was sie in der Kindheit durch die Tätowierung erlitt, sich in der Gegenwart durch ihre Mythisierung und Umbenennung an ihrem innersten Wesen wiederholt; wie durch jenen Vollzug uralter Glaubensvorstellungen, durch schmerzhaftes Injizieren von Farbstoff unter die Haut, fühlt sie sich heute wieder gebrandmarkt durch das gewissenlose Namenspiel und das Oktroyieren einer phantastischen Metamorphose, aus dem Arsenal humanistischer Bildung, seitens ihrer Gefährten. Die Interpretation durch die anderen, diese geistige Tätowierung, ist Proserpinas diesseitige Hölle.

Signalisiert die Episode der enthüllten Tätowierung dem Leser den Makel, den für Dolores/Proserpina ihre Umbenennung bedeutet, so legt sie zugleich und schlagartig die literarische Methode des Verfassers, sein Point-of-view-Verfahren, offen: Die Sicht des Ich-Erzählers wird durch die Sicht seines Objekts relativiert und korrigiert; damit wird das Opfer des männlichen Interpretenspiels zum überlegenen Deuter des Geschehens. Durch die Geste der Enthüllung nimmt Proserpina sogar eine Erkenntnis vorweg, die Jean-Paul Sartre 1944 mit dem (seitdem 'geflügelten') Wort formulierte: «l'enfer, c'est les Autres.»[7]

Die Brücke hinüber zum Gedichttext schlägt der Ich-Erzähler am Sterbe-

---

[7] «Huis clos», in: J.-P. Sartre, *Théâtre I,* Paris 1944, S. 182.

bett seiner Freundin durch eine Rückblende, die wiederum alles perspektivisch entrückt und verjüngt, die Erinnerung an ein gemeinsames Spiel, bei dem Dolores/Proserpina sich in einer anderen Gestalt der Antike darstellte:

La atravesaban personajes abstractos, fantasmas nacidos de la sola literatura . . . Nosotros – tú, yo – vivíamos en una casa pequeña . . . *Tenías un nombre sonoro, un nombre de mármol. Daba miedo decirlo* en voz alta. *Al caer, hubiera hecho pedazos las frases.* Te llamabas Augusto. Todas las noches, para ir al teatro, te ceñías la frente con una pequeña corona . . . Hacía juego . . . con *tu nombre de mármol,* con *los consonantes del nombre de mármol* que llevabas inscrito sobre la camisa, en el pedestal de tu busto de emperador . . .

O bien, alterando el orden del diálogo, me preguntaba: – ¿Por qué traes los ojos oscuros, manchados *de talco,* como un cielo nocturno, lleno de *estrellas* . . .? (154–155)

Die in diesem Text von uns hervorgehobenen Wörter und Sätze sind zugleich Bestandteile des Gedichts «Proserpina». Fragmentarisch läßt sich der Hintergrund des Gedichts durch verbale Übereinstimmungen mit der erzählenden Prosa aufhellen. Zwar ist dort der «nombre sonoro», der «nombre de marmol» nicht Proserpina, sondern der Name des von ihr gemimten Kaisers Augustus; und keine Identität besteht offenkundig zwischen der Medizinstudentin oder der Spiritistin und dem Du des Gedichts, das zwar als «estatua de un ángel funerario» und als «Profesora de invierno» apostrophiert, gleichzeitig aber mit den «Reinas de los telescopios» verglichen und durch «un equilibrio exacto de triángulos isóceles» der «Geometría» angenähert erscheint. In der gleichen Weise aber, wie die 'Königinnen der Teleskope' als Unternehmerinnen, und mit ihnen die Proserpina der Prosa, wissenschaftlicher Astronomie ganz fernstehen, hat die Sterbende, deren Umrisse der Ich-Erzähler so beschreibt: «La luz de la veladora recorta su cuerpo, bajo las sábanas, en dos triángulos isóceles . . .» (170) (vgl. die Verse 19–20), keinerlei professionelle Beziehung zur Geometrie. Nur der mit dem Tod vielfach vertraute Mediziner – dieser moderne Pluton, der nun seine Proserpina-Fabel endgültige Realität werden sieht – beobachtet, wie das Schwinden der menschlichen Rundungen, die Reduktion der Umrisse der Moribunden, das Sterben gleichsam als einen Aufbruch in die Geometrie (nur noch zwei gleichschenkelige Dreiecke, vgl. Vers 23) erscheinen lassen.

Mit der beim Vergleich aufspringenden Frage, ob das Gedicht die am Ende der Prosa abgebrochene Rede einfach wiederaufnimmt, ob also die Verse gleichsam ein Epilog und eine Sinndeutung der Geschichte aus Distanz und auf höherer Ebene oder ein abstrahierendes Resümee seien, stellt sich zugleich das Problem: Ist das lyrische Ich identisch mit dem Erzähler-Ich von *Proserpina Rescatada?* Wie die Heldin bereits in der letzten Retrospektive des Erzählers durch das Mimen anderer Persönlichkeiten wie Kaiser Augustus der 'Tätowierung' durch das «mote» Proserpina sich zu entziehen trachtete, so scheint sie im Gedicht von der Neigung zur Nekrophilie, von den makabren Gaben ihrer Prosa-Inkarnation befreit zu sein. Aber auf den Argwohn des Ich-Erzählers spielen hier noch Wendungen an wie «las Reinas de los Telescopios» in Vers 12, Erinnerung an die Repräsentantin eines Trusts der optischen Geräteindustrie, der «viuda del rey de los telescopios . . .» aus Kansas City (85), und an die angebliche Manie gewisser Yankeedamen, Namen als Omina zu bewerten oder sich mit mythologischen Vornamen aufzuputzen. Noch scheint aus den Versen jener Verdacht leise nachzuhallen, die ehemalige Geliebte feiere mit ihrer überraschend erworbenen Manieriertheit in mondänen Milieus Triumphe. Und spüren wir nicht Reste jenes Grolls, mit dem der um die Früchte seiner höllischen Strategie bangende plutonische Ich-Erzähler die späte Evasion der einstmals dem Tartarus schon halb gewonnenen Anatomie-Elevin in den genießerischen Snobismus der New Yorker Society und in die eitlen Attitüden ihres High Life wahrgenommen hatte?

Im Gedicht streift das Ich die Maske des frustrierten Pluton ab – im Erzähltext wird der männliche Protagonist natürlich niemals Pluton genannt; bezeichnenderweise redet Proserpina ihn aber auch nicht mit seinem bürgerlichen Namen, Delfino Castro-Valdés, an –; die lyrische Klage der Rahmenverse 8–10 und 33–34 widmet das Ich dem Verlust der ursprünglich zärtlichen menschlichen Verbindung mit der durch den Beinamen Proserpina Geopferten.

Sogar die lyrische Umdeutung des mythischen Raubs der Proserpina durch Pluton – ihr Hinabgerissenwerden durch den Spiegel der Cyanequelle in Sizilien (Versgruppe V unseres Gedichts) – hat ihr grausames Präludium in der Imagination des Ich-Erzählers. Während er sich anschickt, der Sterbenden einen letzten ärztlichen Beistand zu leisten, setzt er seinem stummen Monolog einen Schlußakzent voller Haß und Zynismus:

Proserpina me aguarda. En el cuarto 508 del Hotel Bristol, dentro del simulacro de sus últimas mitologías, sobre un fondo de frascos llenos de drogas, imagino su rostro de agonizante, todavía adherido al espejo de la mesa de noche, con los alfileres de las pestañas artificiales, del *rimmel*, de la postiza boca de afeite, en ridícula forma de corazón. (167)

Durch die Konfrontierung mit der Erzählung *Proserpina Rescatada* hat das Gedicht «Proserpina» eine überraschende und fast dramatische Transparenz gewonnen. Demaskiert aber ein solcher, gleichsam von außen herangezogener Kommentar mit dem Gewebe so vieler narrativer Zusammenhänge nicht zugleich die ungewöhnliche Problematik der 34 Verszeilen als lyrisches Gebilde? Bei der Konzeption dieser Verse mußte der Dichter mit zwei Kategorien von Lesern rechnen: auf der einen Seite mit den wenigen, die auch seine Erzählung kennen; auf der anderen mit einer – relativen – Majorität, die, als ausschließlich an Lyrik Interessierte, die Sammlung *Destierro* rezipieren. Während die Kenner der Erzählung über eine Fülle von außen mitgebrachter

Informationen verfügen und in der Lage sind, die Hermetik der Verszeilen mit einem nahezu rationalen Instrumentarium aufzuschließen, sind die 'Uneingeweihten' allein auf ihre Imagination und auf etwaige Erfahrungen auf dem Gebiet der Hermeneutik angewiesen. Wir haben vor der Lektüre der Erzählung das Experiment einer Sinndeutung des Gedichts ohne zureichendes Resultat, quasi in statu nascendi, abgebrochen. Nun ist wiederum der Bericht über den Dialog der beiden Proserpina-Texte in der Erkenntnis abzubrechen, daß sie einander, trotz aller verbalen und thematischen Anklänge, strukturell ebenso fremd gegenüberstehen wie das von Einbildungen gequälte und frustrierte Erzähler-Ich mit seinen kalten Urteilen dem empfindsamen, eine gescheiterte Bindung beklagenden lyrischen Ich.

Um jetzt in die letzte Phase dieser Textanalyse einzutreten, ist es erforderlich, alles mythologische und durch komparatistische Operationen gewonnene Vorwissen über die archaischen und die neuen narrativen Gegebenheiten zu stornieren: Der ausschließlich auf Erschließung der lyrischen Substanz eingestellte Leser rezipiert im Gedicht als erstes ein Signal, das unmißverständlich auf eine Gewichtung zugunsten der auditiven Elemente, also auf die geringere Bewertung des mitteilenden Gehalts abzielt. Der in die Stille einbrechende Klang wird sogleich in den Eingangsversen thematisiert. Die Sonorität, die Tonstärke der Vokale, die Furcht vor der Artikulation des wie Marmorgewicht fallenden und durch sein Dröhnen erdrückenden Namens wird beschworen (1–10), nicht seine mythische Bedeutung. Sollte das dem Plautus zugeschriebene *nomen atque omen* hier insinuiert werden, so liegt sein Ominöses nicht im Wesen der Person, sondern ganz und gar in der Wucht ihres Namens. Der Schluß des Gedichts nimmt diese *Ton*lage mit allem Nachdruck wieder auf, zum lyrischen Geschehen wird das akustische Unheil des Silbensturzes in die Träume vom Glück und auf die feingeflügelten Sätze eines zarten Dialogs (25–34).

Dies lehrt uns, die zwischen solchen 'musikalischen' Ecksätzen stehenden vier Versgruppen nicht als zur Lösung gestellte Verrätselungen oder als Objekte hermeneutischer Exerzitien aufzufassen, sondern als *parti* eines mehrstimmigen Tonstücks, einer Partitur in spanischer Sprache. Ohne Zweifel handelt es sich um ein poetisches Experiment.

Den Zyklus *Destierro* durchzieht als Leitmotiv, oft andere Sinneseindrücke metaphorisierend oder mit ihnen korrespondierend, d. h. synästhetisch, das Syndrom: Hören – Klang – Stimme – Schweigen – Musik – Echo – Wörter – Namen. Hier die markantesten Belege:

Pórtico: . . . esta melodía de una piel que la sal / de las mareas no enjuga, ni robustece, ni bruñe. (V. 14–15) – Me sabía la voz, al hablar, / a las voces de los poetas que el oído narcotizaba en los libros. / Y odié la voz. Y el eco. Y el espejo mismo del eco. (V. 23–25)

Invierno: Se oyen pisadas que no se acercan, testigos / que no declaran, tambores que no redoblan, cornetas . . . (V. 7–8) – . . . la reja de una sonata desierta / los últimos peldaños de sus notas . . . / Liras / con cuyas cuerdas inútiles . . . (V. 11–14)

Abecedario: Yo cantaré alguna vez la alegría de las palabras . . . / Su materia dura y fructuosa. / Su levedad / que sólo puede pesarse en una balanza de música. (V. 1–4) – Yo cantaré alguna vez, como todos, / la alegría, la suntuosa alegría de las palabras. / Pero, ahora, sólo el destino de los silencios me atrae. (V. 11–13) – ¡Los silencios! / Madurez de la voz que no jugó con el eco. / Crepúsculo de las notas en el caracol de los pianos marinos. / Ultima llamarada / de los clarines opacos . . . (V. 14–18) – Ya que toda la poesía / no es sino la vacación de un silencio. (V. 89–90)

Diamante: Aristas luminosas, púas vivas, / claras espadas y saetas finas / en tu nombre me hieren todavía. (V. 2–4) – Batallas del sonido contra el aire, / de la voz contra el eco . . . (V. 10–11)

Danza: . . . y a cada nueva línea / que las flautas dibujan en la música . . . (V. 24–25) – No resonéis ahora, / címbalos (V. 27–28)

Salmo, I: cuando la luz no proyecta en el canto desnudo del eco / sino el tamaño de esa palabra que la sombra no precede ni sigue. (V. 2–3) – cuando el rumor de una hoja caída / podría manchar el silencio de una cisterna / (V. 6–7)

Biografía, I: Eres / la que escucha envejecer una selva en el trino de un ruiseñor. (V. 9–10)

Pereza: De tus manos abiertas / caían secas las hojas últimas de las palabras (V. 13–14)

Biografía, II: en ese tiempo abstracto de los alambres / que marchita las hojas / de las palabras atadas a la yedra de los teléfonos (V. 14–16)

Cultura: No sabemos / como decir una palabra / sin condensar una aureola / sobre el pasado de un fantasma. / Y nos queda el lenguaje / tan amplio en los ensayos del espejo . . . (V. 13–18)

Regreso: Finas voces / sangrando en los fonógrafos suspensos (V. 9–10) – Dedos hacia el clamor . . . (V. 13)

In der Kette solcher wesentlich das Auditive betonenden Strukturen hebt sich das Gedicht «Proserpina» wie ein Solitär ab: Sein die Information weitgehend aussparender Lakonismus, sein Verzicht auf nahezu alles Deiktische kennzeichnen diesen Text als einen Versuch auf jener lyrischen Ebene, die fünf Jahre zuvor in Frankreich als das Ideal der «Poésie pure» definiert worden war. Dem leidenschaftlichen Beobachter der europäischen Literaturentwicklung Jaime Torres Bodet kann die internationales Aufsehen und lebhafte Polemiken erregende Proklamation von «La Poésie pure» (im Gefolge der Edgar A. Poe, Charles Baudelaire, Stéphane Mallarmé und Paul Valéry) nicht entgangen sein, die der Abbé Henri Bremond am 24. Oktober 1925 vor den fünf Pariser Akademien verlesen hatte.[8] Neben dem – hier nicht näher zu be-

---

[8] H. Bremond, *La Poésie pure*. Avec *Un Débat sur la Poésie* par Robert de Souza,

gründenden – Postulat des Verzichts auf jegliche Belastung der dichterischen Kreation mit didaktischen, erzählenden, berichtenden, polemischen oder sonstigen 'Aussagen' erhebt Bremond die Forderung:

Tout poème doit son caractère poétique à la présence, au rayonnement, à l'action transformatrice et unifiante d'une réalité mystérieuse que nous appelons poésie pure. (*La Poésie pure*, S. 16)

Eine höchst unklare Beschreibung, nicht Definition, die viel Spott und Kritik hervorgerufen hat. Überzeugender waren die Beispiele poetischer Wirkung, die nach Bremonds Überzeugung von manchen Konstellationen wohlklingender Orts- oder Eigennamen, ohne Rücksicht auf etwaige Vertrautheit der Leser mit ihrem realen, historischen, geographischen oder mythischen Hintergrund, ausgehen können. So rühmte er die poetische Suggestionskraft von Namentriaden, die er aus dem Kontext herausgelöst zitierte:

La strophe cristalline: «Orléans, Beaugency . . . Vendôme, Vendôme . . .» ne présente même pas le simulacre d'un jugement. Qui néanmoins ne la préfère à cent volumes de vers raisonnables? . . . Songez . . . à l'indiscutable chef-d'œuvre:

> Lorsque Maillart, juge d'enfer, menoit
> A Montfaulcon Semblançay l'âme rendre . . .

Le poète des *Châtiments* ne fera pas mieux.

(*La Poésie pure*, S. 20)

Wie ein Echo auf solche Preisung französischer Namentriaden als poetischer Muster steht in unserem mexikanischen Gedicht die mehr oder weniger aus dem Sinnzusammenhang herausfallende Namentrias

> de vocales tan duras y tan densas
> – Atalanta, Ifigenia, Proserpina –   (4–5).

Nach solchen Hinweisen dürfte nunmehr jeder Leser imstande sein, die Klangreize der 34 «Proserpina»-Verse und die Suggestionen der darin kunstvoll angeordneten Wortfolgen – frei von dem Zwang, einen rationalen Sinn darin zu suchen oder hineinzulegen – als Experiment nur auf sprachlichen Suggestionen basierender 'Poesía pura' zu bewerten und zu rezipieren.

Paris 1926. Zur Polemik vgl. W. Pabst, *Zur Satire vom Lächerlichen Mahl. Konstanz eines antiken Schemas durch Perspektivenwechsel* (Antike und Abendland 32), 1986, S. 152–156, betr. Tristan Derème; sowie W. Pabst, Kap. «Poésie pure – Poésie absolue», in: Ders., *Französische Lyrik des 20. Jahrhunderts. Theorie und Dichtung der Avantgarden* (Grundlagen der Romanistik, 12), Berlin 1983, S. 142–164.

Eine unbekannte Selbstdarstellung des Dichters

Der Verfasser des vorliegenden Aufsatzes stand zwischen Januar 1932 und Juni 1935 im Briefwechsel mit J. Torres Bodet. Der vom 13. Januar 1932 aus Paris datierte erste und eingehende Brief des Dichters, der hier, nur geringfügig gekürzt, erstmals veröffentlicht wird, dürfte wegen seiner Bezugnahme auf die Erzählung *Proserpina Rescatada* und auf die Auffassung des Autors von der Wechselbeziehung zwischen Prosa und Poesie der wertvollste Beitrag zum Verständnis der oben angesprochenen Problematik sein.

Muy estimado compañero y amigo:

Me refiero, con gusto, a sus atentas líneas del 7 de los corrientes. En efecto, el envío de *Proserpina Rescatada* obedeció a la expresión de un deseo que tanto Benjamín Jarnés[9] como Valentín Andrés Alvarez[10], nuestros excelentes amigos españoles, me hicieron conocer oportunamente . . .

Me hace usted, en su carta, dos preguntas precisas. I$^{era.}$ – ¿Qué datos puedo proporcionarle respecto a mis trabajos literarios anteriores a «Proserpina» y, en cierto modo, a los sucesos más destacados de mi vida? 2$^{a.}$ – ¿Qué creencias me animan frente al problema de la prosa contemporánea? – Mi existencia y mis trabajos están tan unidos a la idea que, hasta ahora, he podido formarme del arte que no vacilo en responder a estas dos cuestiones al mismo tiempo.

Nací en México, el 17 de abril de 1902. Tengo treinta años. Mi padre, español de origen, y mi madre, limeña, de padre y madre franceses. Soy pues, como tantos millones de hombres en estos días de mezcla internacional y de cosmopolitismo involuntario, el producto de un extraño cruce de razas y de paisajes. De esta incapacidad natural para las realizaciones de una visión parcial y apasionada se encontrará usted, sin duda, algún reflejo en mis escritos. No me alabo de ello. Al contrario, otro tono, querría yo

---

[9] B. Jarnés (1888–1949), führender spanischer Repräsentant der lyrischen Prosa, der literarischen Biographie und Kritik seit den zwanziger Jahren. Werke: Über 20 Bde. Über Torres Bodet: «El Desterrado», in: *Ariel Disperso*, Mexiko 1946. Versuchte die von J. Ortega y Gasset rational dargestellte *Deshumanización del Arte* (1925) in die Romanpraxis einzuführen. Vgl. F. Wälderlin, „Geisteswende in Spanien". Benjamín Jarnés, Dichter, Sucher und Spötter", in: *Die Literatur* 34/2 (1931/32), S. 84f.; B. Jarnés, „Im Bannkreis des Todes", Deutsch von W. Pabst (Übs.-Probe aus dem Roman *Escenas junto a la Muerte*, 1931), in: *Europäische Revue* 7/7 (1931), S. 522–539.

[10] V. Andrés Álvarez, dem Jarnés-Kreis zugehöriger Lyriker und Vertreter der lyrischen Prosa: *Reflejos. Poesías* (1925); *Sentimental-Dancing. Novela* (1925); *Tararí. Farsa cómica en dos actos y un Epílogo* (1929); *Naufragio en la Sombra. Novela* (1930); «La Templanza» [Essay], in: B. Jarnés (Hrsg.), *Las siete Virtudes* (1931), S. 25–61; B. Jarnés präsentiert V. A. A. in der «Antesala» (*ibid.*, S. 7): «He aquí a V. A. A., amigo de jugar con los muy locos y de estudiar con los muy cuerdos. Lo mismo escribe un *Tararí* que acabará de escribir . . . *Los siglos de España*. Como ve *telarañas en el cielo*, puede ver tambien la más ligera arruga en la honestidad de su predilecta dama. En todo caso es muy ducho en vestir a las abstracciones de paisano.»

darle al lector, más regionalista y más fuerte. Pero los Goncourt decían ya, hace tiempo, que nadie escribe los libros que quiere. Y no sólo nuestros libros, sino nuestra vida misma nos está brutalmente impuesta, al nacer, por una serie de circunstancias y de caprichos, de cuya red nuestro temperamento no deberá tanto evadirse como saberse hábilmente adaptar. – Hasta los quince años, hice mis estudios de bachiller en la Escuela Nacional Preparatoria de México. A los 17, ingresé en la Facultad de Jurisprudencia, siguiendo allí varios cursos de Sociología, Derecho Público, Economía Política y Derecho Romano. El contacto, obligatorio como complemento de ciertas clases, con la pequeña realidad inmediata de algunas cuestiones jurídicas – los procedimientos judiciales –, me convencieron de que mi espíritu no estaba hecho para caber en el casillero del buen abogado. Opté, entonces, por la Facultad de Filosofía y Letras, en donde más tarde, de 1924 a 1928, obtuve y serví la cátedra de Literatura Francesa. – Antes de 1924, fuí invitado a colaborar en el Ministerio de Educación Pública, como Jefe del Departamento de Bibliotecas, cargo que desempeñé desde el mes de marzo de 1922 hasta el de diciembre de 1924. – Una viva curiosidad de comparar con mis propias conclusiones las conclusiones humanas de un mundo que no conocía, por así decirlo, sino en el espejo cóncavo y analizador de los libros me hizo elegir a la postre, en 1928, la carrera diplomática, en cuyo ejercicio me encuentro. Fuí Secretario de la Embajada de mi país en Madrid de 1929 a 1931 y, a partir de julio de 1931, he sido trasladado a París, con igual carácter.

Desde muy joven – en América la literatura es un vicio precoz – tuve una gran inquietud de expresión poética. Recuerdo que, a los quince años, mis profesores de Literatura Castellana sonreían de ver alternar con mis trabajos puramente escolares, en mis cuadernos, algunos balbuceos líricos mal imitados de Fray Luis de León o de San Juan de la Cruz. En la adolescencia, sarampión literario del que muy pocos hispanoamericanos escaparon por completo, no sé qué amigo o qué azarosa lectura me contagiaron el «modernismo». De los 18 a los 23 años hice un buen centenar de poesías sin importancia, de las que ahora no tengo – a pesar de los libros en que las resumí – sino un recuerdo penoso. No creo, en verdad, que un solo renglón de todo aquello se salve.

Mi camino hacia la prosa, como usted ve, es el mismo de todos los que debutaron, demasiado pronto, en la poesía. Sólo que yo, al buscar una expresión más personal y más libre en la novela y el relato lírico, no quise desposeerme de la intensidad del instrumento poético mismo. Así es como, algunos meses antes que «Proserpina Rescatada» – a que usted alude – publiqué en Madrid *Destierro,* libro de poesías del que, con esta carta, le remito un ejemplar.

Proserpina Rescatada es mi tercer ensayo en el género narrativo. El primero, *Margarita de Niebla,* apareció en México en 1927 y el segundo, *La Educación Sentimental,* vió la luz en Madrid, en diciembre de 1929. Ninguno de ellos es propiamente una novela. Son – o, a lo sumo, pretendieron ser – pequeños organismos dichosos en donde una sensibilidad en tensión tratase de adivinar el retrato de un alma. Dos almas de mujer en *Margarita de Niebla* y *Proserpina Rescatada.* Un alma de adolescente en *La Educación Sentimental.* La novela me impondría obligaciones de observación y de realidad coherente que no he querido asumir hasta ahora. Prefiero el juego de la fantasía, un temblor de imágenes a través del cual, como el cuerpo de una mujer bajo la cortina de agua de la ducha, el lector vea brillar y morir una forma inasible.

Y aquí me acerco al segundo punto de su interrogatorio. ¿Qué fe me anima frente al problema de la prosa contemporánea? Es difícil ser preciso en este terreno pues se corre siempre el peligro de afirmar como virtud general lo que no es sino un procedimiento propio y, a menudo, una limitación de nuestras capacidades. No principiaré por decirle lo que me seduce en un fragmento ajeno, sino, precisamente, cuanto de él no me atrae. Ante todo, me desagrada esa prosa «naturalista» que trata de eludir, con pretexto de ser fiel a la realidad, el compromiso eterno del arte; es decir: la alegría y el esfuerzo del descubrimiento. Inventar y descubrir, a mi juicio, son una misma cosa. Reproducir me parece no solamente menos interesante sino que, desde un estricto punto de vista, lo considero imposible. De ahí esa voluntad de evasión que, acaso, establezca un parentesco lejano, en mis relatos, entre la prosa y la poesía. Pero, de ello, usted juzgará con más serenidad.

Muerto Proust y absolutamente aceptada la maestría de Gide en su doble calidad de artista y de crítico, Valéry, Giraudoux y el joven Giono son todavía hoy los prosistas que leo con mayor gusto, entre los franceses. De los españoles, Azorín, Jarnés y Ramón Gómez de la Serna tienen cualidades excepcionales – y muy diversas. A Azorín es posible que le perjudique un poco su aliento breve, su frase corta, que se lima y se muerde siempre a si misma. En Gómez de la Serna no es la limitación sino, al contrario, la ilimitada codicia y gula lo que me atrae. Más cerca aún me siento de Benjamín Jarnés, tan equilibrado, tan latino y de estilo tan melodioso y tan plástico . . . A esta lista, de fijo incompleta, habría que añadir el nombre de otro gran prosador: José Ortega y Gasset, quien no por dedicarse de un modo concreto a las disciplinas filosóficas deja de ser un estilista excelente y un verdadero maestro de la joven prosa española. De los poetas que podrían enriquecerla – y que la han enriquecido ya con un libro valioso – recuerdo a Pedro Salinas, cuya obra *Víspera del Gozo* tiene páginas deliciosas.[11]

[. . .]

Hasta pronto. Le envío, además de los libros que desea conocer, algunas opiniones de autores franceses sobre *Proserpina*. Y, también, algunas notas españolas o hispanoamericanas.[12]

Mande lo que guste a su devoto compañero y amigo,

J. Torres Bodet

---

[11] Pedro Salinas (1892–1951), Angehöriger der Generación del 27, die – inspiriert von Luis de Góngora († 1627) – eine Erneuerung der spanischen Dichtung unseres Jahrhunderts bewirkte. *Víspera del Gozo*, das sieben lyrische Prosa-Erzählungen enthält, war 1926 in der von der *Revista de Occidente* (J. Ortega y Gasset) edierten Reihe 'Nova Novorum' erschienen. Seit 1984 liegt eine zweisprachige Auswahl seiner Lyrik, übertragen von R. Wittkopf, in Deutschland vor: *Generation von 27 – Gedichte* (Bibliothek Suhrkamp 796), hrsg. von J. M. Castellet und Pere Gimferrer, Frankfurt a. M., S. 286–335.

[12] Beigefügt waren der zitierte Aufsatz von J. Carrera Andrade, «Filiación poética de J. T. B.» (vgl. S. 141) und eine Rezension von Francis de Miomandre «J. T. B. et *Proserpine Rachetée*», in: *L'Esprit Français* (1931), S. 204–207. – Im Mai 1932 erschien eine kurze Impression von W. Pabst, „Mexiko: Jahrgang 1902. Der Weg des Dichters J. T. B.", in: *Die Literatur* 34/8 (1931/32), S. 431 f.

Nachschrift

Den «tono más regionalista y más fuerte» spürt der Leser, trotz aller Phantastik, in der Erzählung *Proserpina Rescatada:* er tönt aus der sarkastischen Darstellung der Umwertung humanistischer Bildung in Mexiko. Ist Gegenstand nicht die Prädisposition mittelamerikanisch-hispanischer Intellektueller für das Mysterium tremendum, das sie im numinosen Bereich archaischer Mythen spüren?

Das Grundmotiv unseres Gedichts «Proserpina» und der Erzählung *Proserpina Rescatada*, die Präsenz des Todes im Fleisch, der Ruf des Tartarus, der die Lebenden und die Liebenden mahnt, ist auch in der späteren Lyrik von Jaime Torres Bodet ein bedeutungsvolles Thema geblieben. Wie ein Schlußakzent zu dem von uns behandelten Gegenstand klingt ein Gedicht aus dem Zyklus *Cripta* (1937), das Erwin Walter Palm in seine zweisprachige Anthologie moderner spanischer und spanisch-amerikanischer Dichtung, *Rose aus Asche* (1955 und 1981),[13] aufgenommen hat:

[13] *Rose aus Asche. Spanische und spanisch-amerikanische Gedichte 1900–1950* (Bibliothek Suhrkamp 734), hrsg. u. übertr. von E. W. Palm, Frankfurt a. M., S. 98–99. [Abdruck mit freundlicher Genehmigung des Suhrkamp Verlags.]

Den Zugang zu 'schwieriger' Lyrik wie unserer mexikanischen «Proserpina» erleichtern zweifellos die Überlegungen und Einsichten, die, anhand angelsächsischer Textproben exemplifiziert, in dem Buch *The Well Wrought Urn* (1947) von Cleanth Brooks vorgelegt wurden; fünf Kapitel daraus deutsch in: C. B., *Paradoxie im Gedicht. Zur Struktur der Lyrik* (Edition Suhrkamp 124), Frankfurt a. M. 1965. Besonders wichtig ist darin folgender Appell an den Leser moderner Lyrik: „Aber ein großer Teil der modernen Dichtung ist für den Leser nur deshalb schwierig, weil verhältnismäßig wenige Menschen daran gewöhnt sind, *Dichtung als Dichtung* zu lesen. Die Kommunikationstheorie bürdet dem Dichter . . . die Beweislast auf. Der Leser zum Dichter: Hier bin ich; es ist deine Aufgabe, es mir ‚klar zu machen' – dabei sollte er die Last des Beweises selber auf sich nehmen. / Nun hat der moderne Dichter . . . die Last der Verantwortung auf den Leser abgewälzt" (S. 37f.).

Mit der Kompetenz und Autorität des Lyrikers und Kritikers der älteren Generation würdigte der Mexikaner Alfonso Reyes (1889–1959) den Band *Destierro* unmittelbar nach seinem Erscheinen: «. . . Poéticamente es un valor; historicamente . . . es un aviso . . . Esta vez ha dado un salto: hay una crisis . . . ahora nos aparece todo abierto de ventanas, cruzado de ráfagas y (sólo en apariencia) deshecho. De disciplina en disciplina, ahora conquista su mayor libertad y acaso se somete a su más dura experiencia. Cantar así, con ese tono de sonámbulo que tiene ahora la poesía, haciendo que cada palabra sobresalte a la que salió antes, si es la tentación mayor y aun la perdición segura para los abandonados, los laxos, los que creen que el poema ha de escurrir como una secreción del cuerpo, tambien tiene que ser la prueba por excelencia para los que saben gobernarse . . . TORRES BODET – en quien saludo a una pléyade que dará a nuestras letras lo que no supimos darle los de mi tiempo – . . . (*Monterrey*. Correo Literario de Alfonso Reyes, 4, Rio de Janeiro 1931, S. 8).

HUESO

Shall I compare thee to a summer's day?
Shakespeare

Le toqué, entre la rubia
y delicada pulpa – ¿de qué fruta? –,
el hueso negro y áspero al verano.

Y me sentí de pronto, ante la muda
sinceridad cruel de la semilla,
como quien halla en una tumba el nombre
de la mujer que nunca
imaginara, en vida, sustentada
por el recóndito esqueleto
– de miseria, de cólera y de tedio –
que todavía, muerta, la desnuda.

NICOLÁS GUILLÉN: VOM «SONERO» ZUM «POETA NACIONAL» (ZWEI «SONES» UND EINE ELEGIE)

Von FRAUKE GEWECKE

A su memoria

Am 20. April 1930 erschienen auf der einseitigen Sonntagsbeilage «Ideales de una raza» des *Diario de la Marina* in Havanna acht kurze Gedichte, deren schlichter Titel – *Motivos de son* – eher zu verschleiern schien, was ihr Erscheinen bewirkte: für die Leser, je nach Perspektive, die Entdeckung einer authentisch kubanischen Poesie oder einen unerhörten Skandal, für den Autor, Nicolás Guillén, den Beginn einer literarischen Karriere, die ihn aus dem engeren Umfeld von *negrismo* und *afrocubanismo* herausführen und zu einem Werk beflügeln sollte, das in seinen ethnisch-kulturellen und politisch-gesellschaftlichen Implikationen als genuiner Ausdruck einer nationalen (oder mestizischen) Identität und eines nationalen (oder kollektiven) Willens gelten kann.

Guillén, 1902 in Camagüey geboren, entstammte einer Mulattenfamilie der Mittelschicht. Über die reichhaltige Bibliothek des Vaters, eines angesehenen Politikers und Journalisten, hatte er früh Zugang zu den Klassikern der spanischen Literatur gefunden und sich zu ersten lyrischen Versuchen inspirieren lassen. Der Tod des Vaters 1917 – er wurde bei einem Aufstand der Liberalen von Regierungstruppen erschossen – bedeutete für den jungen Guillén neben dem emotionalen Schock den Verlust einer wenn auch bescheidenen materiellen Basis und die Notwendigkeit, nach vorzeitigem Abbruch der Schulausbildung durch Gelegenheitsarbeiten in subalterner Position zum Unterhalt der Familie beizutragen. Die hier erfahrene rassisch-soziale Diskriminierung – «mi tragedia de negro cubano»[1] – zu kompensieren gelang auf zwei Wegen: durch die Absolvierung von Abendkursen, die Guillén mit dem *bachillerato* den Weg in die Universität und damit in einen angesehenen bürgerlichen Beruf eröffnete, und die Betätigung als Poet, die ihm zumindest in den provinziellen literarischen Zirkeln einige Anerkennung bescherte. Doch das in Havanna begonnene Jurastudium endete 1922, noch vor dem Abschluß des ersten Studienjahres, in Enttäuschung und Ernüchterung; und die bei der

---

[1] Nach dem Zeugnis Guilléns in dem 1929 im *Diario de la Marina* erschienenen Artikel «El camino de Harlem»; Nachdruck in: N. G., *Prosa de prisa*, Bd. I, Havanna 1975.

Rückkehr nach Camagüey geplante Publikation der bis zu diesem Zeitpunkt verfaßten Gedichte, unter dem Titel *Cerebro y corazón* zusammengefaßt, unterblieb, da sie dem Lebensgefühl wie dem ästhetischen Empfinden des mittlerweile gereiften Guillén nicht mehr entsprachen.

Die Jugendgedichte der Sammlung *Cerebro y corazón* waren unter dem Einfluß Bécquers und Rubén Daríos entstanden – des „schlechtesten" Darío, wie Guillén später bekannte.[2] Die ab 1927, nach mehrjährigem Schweigen, publizierten neuen Gedichte orientierten sich an der Ästhetik des *vanguardismo*; und auch sie hatten nach dem Urteil ihres Verfassers, wie dieser bereits 1929 äußerte, als Ausfluß einer vorübergehenden Mode keinen Bestand.[3] Das Jahr 1929 sollte schließlich für die Formulierung des eigenen Selbstverständnisses und den Entwurf einer eigenen Ästhetik die entscheidenden Anstöße bringen. Guillén, der sich mittlerweile endgültig in Havanna niedergelassen hatte und sich als Journalist über Wasser zu halten suchte, wurde nach Aufforderung durch den Herausgeber Mitarbeiter der Sonntagsbeilage des *Diario de la Marina*, die es sich auf ihrer «Ideales de una raza» titulierten Seite zur Aufgabe machte, der rassischen, sozialen und kulturellen Diskriminierung des farbigen Bevölkerungsteils in Kuba entgegenzuwirken. Die hier publizierten Artikel – etwa «El camino de Harlem» und «El blanco: he ahí el problema» – sowie das 1930 veröffentlichte Interview mit Langston Hughes[4] ließen erkennen, daß Guillén die Rehabilitierung des Farbigen als dezidiert gesellschaftspolitisches Anliegen vertrat; und in der 1929 in derselben Beilage veröffentlichten «Pequeña oda a Kid Chocolate», von der Kritik als erstes «poema negro» Guilléns bezeichnet, warnte dieser vor der drohenden Vereinnahmung durch den zu jener Zeit in Europa florierenden „Primitivenkult", der zwar Jazz und *son* in Harlem und Havanna feiern, die Träger dieser Kultur aber vergessen lassen mochte, worauf ihre Identität sich gründete und ihr Streben gerichtet sein sollte: «hablar en negro de verdad».[5]

Das programmatische Konzept einer authentischen künstlerischen Artikulierung von Identität und Lebensgefühl des Farbigen (in der Hauptstadt) knüpfte Guillén an die musikalische Struktur ebenjenes *son*: einer aus dem Orient stammenden, in den 20er Jahren in ganz Kuba überaus populären Tanzliedform, in der während ihrer Jahrhunderte zurückreichenden Ge-

---

[2] Guillén in einem Vortrag 1945; abgedruckt in *Prosa de prisa* («Charla en el Lyceum»).

[3] Guillén in einem Brief an Félix Nápoles, vom Mai 1929; teilweise abgedruckt in: Angel Augier, *Nicolás Guillén. Estudio biográfico-crítico* (erweiterte und aktualisierte Ausgabe), Havanna 1984, S. 73 f.

[4] Alle drei genannten Beiträge finden sich in *Prosa de prisa*.

[5] Das Gedicht wurde – mit einigen Abweichungen – unter dem Titel «Pequeña oda. A un negro boxeador cubano» in den 1931 publizierten Band *Sóngoro cosongo* aufgenommen.

schichte Elemente der spanischen Tradition, vor allem der Romanzen, mit afrikanischen Stilelementen zu einer genuin kubanischen Liedform verschmolzen waren. Der *son* gliedert sich in zwei Teile: eine in der Regel vierzeilige Eingangsstrophe *(largo)*, die, von einer Solostimme gesungen, das zentrale Thema entwickelt, und einen Refrain *(montuno)*, der zumeist nur aus einer, im Prinzip *ad libitum* wiederholbaren Phrase besteht und, vom Chor im Wechselgesang mit der Solostimme in einem schnelleren, scharf skandierenden Rhythmus vorgetragen, die erzählte Begebenheit auf witzigironische Weise kommentiert. Der Text, so wird stets betont, ist nur Vorwand für die variationsreiche, an verschiedene Perkussionsinstrumente gebundene musikalische Gestaltung,[6] deren Figuren innerhalb des gleichen Taktes (2/4) eine polyrhythmische Strukturierung gestatten.

Die nur als rhythmisches, nicht aber strophisches Grundmuster festgelegte Form des *son* erfuhr nun – als *poema-son* – durch Nicolás Guillén weitere Variationen. Und daß die rhythmische Gestaltung, gestützt durch die kunstvollen Klangfiguren, selbst in den ersten, noch eng an die traditionelle Form des Tanzliedes geknüpften «motivos de son» keinesfalls die verbale Aussage überlagert, sondern beide Teilstrukturen in der Gesamtstruktur aufeinander bezogen sind, soll nachfolgend an einem Beispiel gezeigt werden.

MULATA[7]

(1) Ya yo me enteré, mulata,
(2) mulata, ya sé que dise
(3) que yo tengo la narise
(4) como nudo de cobbata.

(5) Y fíjate bien que tú
(6) no ere tan adelantá,
(7) poqque tu boca e bien grande,
(8) y tu pasa, colorá.

(9) Tanto tren con tu cueppo,
(10) tanto tren;
(11) tanto tren con tu boca,
(12) tanto tren;
(13) tanto tren con tu sojo,
(14) tanto tren.

(15) Si tú supiera, mulata,
(16) la veddá;
(17) ¡que yo con mi negra tengo,
(18) y no te quiero pa na!

---

[6] Vgl. die Charakterisierung des *son* bei Alejo Carpentier, *La música en Cuba*, Mexiko 1972, S. 43–49 und 241–249.

[7] Zitiert nach der Ausgabe *Obra poética 1920–1972*, Bd. I, Havanna 1974, S. 104.

Das Gedicht entspricht in seiner strophischen Gliederung und seiner Aussagestruktur dem Grundmuster des *son*, weist jedoch einige signifikante Erweiterungen auf. Die Eingangsstrophe *(largo)* benennt das zentrale Thema: die rassische Diskriminierung der Schwarzen durch die Mulatten, exemplarisch vorgeführt an einem Einzelfall, der konkreten Erfahrung des (männlichen) Sprechers mit einer Mulattin. In einer zweiten *largo*-Strophe wird der Akt der Diskriminierung – auf der Basis der ihm zugrunde liegenden Wertvorstellungen – argumentativ zurückgewiesen, indem die Mulattin daran erinnert wird, daß sie selbst aufgrund hinreichend erkennbarer äußerer Merkmale der diskriminierten Rasse angehört. Der Refrain unterbricht den Argumentationsgang, indem er das (vorläufige) Ergebnis in einer spöttisch-ironischen Wendung kommentiert; gleichzeitig versichert sich der Sprecher durch die Einbeziehung der Chorstimme der kollektiven Zustimmung. In der Schlußstrophe wird der eingangs benannte Konflikt gelöst: Der Zurückweisung durch die Mulattin begegnet der Sprecher seinerseits mit Zurückweisung; doch gründet sich diese nunmehr auf die bewußte Akzeptanz – auf seiten „seiner *negra*" – der diskriminierten rassischen Merkmale und damit auch der eigenen Rassenzugehörigkeit und Identität.

Die kommunikative Binnenstruktur signalisiert bereits die erste Zeile des Gedichts: Ein Sprecher-Ich wendet sich an einen Adressaten («mulata»), dessen Aufmerksamkeit durch die unmittelbar anschließende emphatische Wiederholung der Anrede zu Beginn der zweiten Zeile gesichert werden soll. Dieser Adressat erweist sich im Verlauf des Gedichts als stumm, wird aber durch die wiederholte Ansprache am Ende der Eingangszeilen der nachfolgenden *largo*-Strophen («tú», «mulata») in die Rede einbezogen.

Weder Sprecher-Ich noch Adressat sind individualisiert. Von der «mulata» erfährt der Leser nur einzelne äußere Merkmale und eine psychische Disposition, die für die von ihr repräsentierte „rassische" Gruppe (implizit) als typisch erachtet wird. Das Sprecher-Ich ist gleichermaßen durch ein als gruppenspezifisch zu betrachtendes „rassisches" Zeichen charakterisiert; doch enthüllt es sich darüber hinaus – durch den Argumentationsgang und (insbesondere) die sprachliche Realisierung – als Angehöriger einer spezifischen Klasse, der (urbanen) Unterschicht. Vorherrschend sind einfache Satzmuster mit glatt gefügter, den üblichen grammatischen Strukturen angepaßter Syntax; die Phrasenbildung folgt der natürlichen Rede ebenso wie (mit zwei signifikanten Ausnahmen in den Versen 5/6 und 15/16) dem metrischen Ordnungsprinzip; und jeder Strophe entspricht ein geschlossenes Satz- und Sinngefüge. Wortwahl und Bildlichkeit verweisen auf die sinnlich faßbare Wirklichkeit; Abstrakta sind – entsprechend dem auf den Einzelfall bezogenen, an ebenjener sinnlich faßbaren Wirklichkeit orientierten Argumentationsgang – ausgespart. Das auffälligste die Klassenzugehörigkeit signalisierende Merkmal aber sind die im Schriftbild wiedergegebenen phonetischen Eigenheiten, die im Fall des *seseo* («dise», «narise») in Lateinamerika der Regelfall sind, ansonsten aber als Normverletzung gelten können: etwa die progressive Assimilation des -r- an den nachfolgenden Konsonanten («cobbata», «poqque», «cueppo», «veddá») und der Wegfall von auslautendem -s («la narise», «ere», «e», «tu sojo» = «tus ojos», «supiera») sowie intervokalischer Konsonanten (-d-, -r-) bei Reduktion um eine Silbe («adelantá», «colorá», «pa», «na»).

Fragen wir nach den Sprachfunktionen des Textes,[8] so ist auffällig, daß in der verbalen Aussage die auf den Mitteilungsgegenstand gerichtete referentielle Funktion dominiert. Die zur Stützung der kommunikativen Binnenstruktur notwendige phatische oder Kontaktfunktion verwirklicht sich in dem häufigen Gebrauch der Personalpronomina und in der Anrede, die auf die Beeinflussung des Adressaten abzielende konative oder imperative Funktion in einem Imperativ («fíjate») und durch die umgangssprachliche Verstärkung der Schlußaussage («que yo con mi negra tengo»). Verwirklicht werden bestimmte Funktionen aber auch durch die sprachliche Realisierung; und hier zeigt sich, daß – wie bereits betont – verbale Aussage und rhythmische Gestaltung, einander ergänzend, verknüpft sind.

Das Gedicht ist in regelmäßigen Versen verfaßt: die *largo*-Strophen in 8-Silbern zu je 4 Zeilen (mit einem *pie quebrado* in der letzten Strophe); die *montuno*-Strophe in 7-Silbern (3 Zeilen), die entsprechend dem zugrunde gelegten responsorischen Schema mit einem *quebrado* alternieren. Da der spanische Vers nur eine unentbehrliche feste Tonstelle fordert – bei paroxytonem oder *llano*-Ausgang auf der vorletzten, bei oxytonem oder *agudo*-Ausgang auf der letzten Silbe[9] –, ergibt sich für die rhythmische Ausgestaltung eine sehr große Variationsbreite. Folgen wir im einzelnen der Differenzierung in der Verteilung der Tonstellen, um über die Länge und Gestaltung der rhythmischen Periode – sie reicht vom ersten Versakzent bis zur Silbe vor der letzten Tonstelle – die rhythmische Aussage einzelner Verse und mögliche Brüche oder Gegenbewegungen in der Gesamtstruktur in Funktion zur verbalen Aussage zu bestimmen.

In Vers 1 und 2 der ersten Strophe fällt der erste Hauptton auf die zweite Silbe und akzentuiert somit die beiden für die kommunikative Ausgangssituation entscheidenden Pole «yo» und «mulata». Zur weiteren Verstärkung wird der Auftakt beschwert: in der ersten Zeile durch das dem «yo» vorgeschaltete alliterative «ya», in der zweiten Zeile (mit allerdings geringerer Intensität)

---

[8] Nach Roman Jakobson, "Closing Statement: Linguistics and Poetics", in: Thomas A. Sebeok (Hrsg.), *Style in Language*, Cambridge, Mass. 1960, S. 353 ff.

[9] Es sei hier daran erinnert, daß im spanischen Vers bei oxytonem Ausgang über die Silbe mit der letzten Tonstelle hinaus eine weitere Silbe gezählt wird. (Vgl. hierzu Rudolf Baehr, *Spanische Verslehre auf historischer Grundlage*, Tübingen 1962, S. 2.)

durch die Figur der Wiederholung («mulata/mulata»). Die rhythmische Periode umfaßt – nach einsilbigem Auftakt – einen Daktylus und einen Trochäus (x̀ x́xx x́x x́x).[10] Durch die Länge der rhythmischen Periode, die Variation der Versfüße und die zusätzliche Beschwerung der Anakrusis vermittelt der Rhythmus den Eindruck der Bedeutungsschwere und Dringlichkeit, die ihrem inhaltlichen Gewicht entsprechen. In Vers 3 und 4 fällt der erste Versakzent hingegen auf die dritte Silbe (das hier wiederholte Personalpronomen «yo» bleibt tonlos). Die rhythmische Periode, gebildet aus zwei Trochäen (xx x́x x́x x́x), ist kürzer und regelmäßig, der Versrhythmus erscheint ausgeglichener, weniger dramatisch. Die rhythmische Gesamtstruktur der Strophe verweist somit auf eine wesentliche inhaltliche Aussage: Der Akt der Diskriminierung (Zeilen 1 und 2) ist gewichtiger als das vorgeblich diskriminierende Faktum (Zeilen 3 und 4).

Die zweite Strophe besitzt eine noch größere rhythmische Variationsbreite (verstärkt durch den *agudo*-Schluß in drei Verszeilen): (5) x x́xx x́x x́(x); (6) x́xx x́xx x́(x); (7) x x́x x́xx x́x; (8) xx x́x x́x x́(x). Die emphatische rhythmische Gestaltung der ersten drei Zeilen entspricht wiederum der bedeutungsschweren Aussage; wobei die längste, aus zwei Daktylen bestehende rhythmische Periode in Zeile 6 («no ere tan adelantá») als Einleitung des Gegenangriffs nicht nur die erste, sondern auch die schwerwiegendste, alle Einzelattributionen umspannende diskriminierende Aussage beinhaltet. Der abschließende Vers 8 fällt mit seiner – wie in Vers 3 und 4 – aus zwei Trochäen (xx x́x x́x x́(x)) gebildeten rhythmischen Periode aus der Struktur der Strophe heraus. Sein leichter Rhythmus könnte hier den Triumph markieren, mit dem das Sprecher-Ich den diskriminierenden Vorwurf zurückgegeben hat; er mag aber auch – in Parallelsetzung zu Vers 3 und 4 – signalisieren, daß die auch hier artikulierte rassische Diskriminierung zwar als Abwehrmechanismus Gewicht hat, letztlich aber doch nicht allzu ernst zu nehmen ist.

Die *montuno*-Strophe charakterisiert der regelmäßige Wechsel von 7-Silbern mit kurzer rhythmischer Periode (xx x́xx x́x) in den Versen ungerader Zahl und dem streng markierten 4silbigen Kombinationsvers *(quebrado)* mit *agudo*-Schluß (x́x x́(x)) in den Versen gerader Zahl: ein fröhlicher, das perkussive Element des *son* skandierender Rhythmus, dessen Lebhaftigkeit noch dadurch unterstrichen wird, daß Vers und *quebrado* in gegenläufiger rhythmischer Bewegung verlaufen.

---

[10] Für den mit der spanischen Verslehre wenig vertrauten Leser sei darauf hingewiesen, daß im Spanischen nur Versfüße, die mit einem Akzent anheben, als rhythmische Einheit empfunden werden, ein (entsprechend der klassischen Metrik) jambischer bzw. anapästischer oder amphybrachischer Vers somit als trochäisch bzw. daktylisch gilt (mit ein- bzw. zweisilbiger Anakrusis). (Vgl. hierzu Baehr, *Spanische Verslehre*, S. 3 ff.)

Die den Argumentationsgang wiederaufnehmende Schlußstrophe kehrt schließlich zu längeren rhythmischen Perioden zurück, bringt aber in Vers 16 mit dem *quebrado* die einzige (signifikante) Abweichung in der Strukturierung der *largo*-Strophen: Vorbereitung und Akzentuierung der entscheidenden Aussage («la veddá»). Diese Aussage wird – in teilweiser Parallelsetzung zur ersten Strophe, jedoch mit wiederum signifikanten Abweichungen – durch die Tonstellen markiert. Sie fallen auf die bedeutungtragenden Wörter, der Rhythmus unterstreicht und resümiert somit die Gesamtaussage des Gedichts: (15) Diskriminierung: «tú» – «mulata» (x x́x x́xx x́x); (17) Identität: «yo» – «negra» (x x́xx x́x x́x); (18) Zurückweisung der Diskriminierung: «no» – «na(da)» (x x́x x́xx x́(x)).

Die Aussage der rhythmischen Struktur wird gestützt durch ein subtil gesponnenes Netz von Klangverbindungen, das hier nur angedeutet werden kann: etwa (in der ersten *largo*-Strophe) die Klanggestalt der Vokale mit Dominanz der dunklen, volltönenden («ya yo», «mulata», «como nudo de cobbata») und auffälliger Plazierung der kontrastierenden hellen Vokale («dise», «narise»); die durch Konsonanten gebildeten Klangmuster («tanto tren con tu cueppo»); oder die Gestaltung von Reim (1. Strophe) und Assonanz im *agudo*-Schluß (2. und 4. Strophe).[11] Durch die Gestaltung der Klangbilder und ihre Kombination in Teilstrukturen wie in der Gesamtstruktur (etwa Strophe 1 zu Strophe 4) verwirklicht sich – ebenso wie für die rhythmischen Strukturen – ihre Funktion; sie kann eine referentielle, phatische, konative oder auch emotive sein.

Die *Motivos de son* werden – wie die 1931 publizierte (durch die *Motivos* aufgefüllte) Sammlung *Sóngoro cosongo* – im Gesamtwerk Guilléns von der Kritik der sogenannten «etapa negra» oder «negrista» zugerechnet;[12] doch sind sich dieselben Kritiker darin einig, daß Nicolás Guillén im Kontext der Bewegung des *negrismo* oder *afrocubanismo* eine Sonderstellung zukommt. *Negristas* wie Ramón Guirao, José Zacarías Tallet und Emilio Ballagas, allesamt Weiße, betrachteten die ihnen kulturell fremde Welt der Farbigen von außen und erschöpften sich in einer mit afrikanischen (oder nur pseudo-afrikanischen) Klangelementen angereicherten, „verfremdenden" Typisierung

---

[11] Die erste Strophe ist eine *redondilla* mit verschränktem Vollreim (abba); die dritte und vierte Strophe sind *cuartetas asonantadas*, die dasselbe Reimschema aufweisen wie die unstrophische Romanze: Assonanz in den Versen gerader Zahl, keine Reimentsprechung in den Versen ungerader Zahl (abcb). Der Wechsel von Vollreim (1. Strophe) zu Assonanz (2. Strophe) bringt dem Leser die Ent-täuschung einer zuvor geschaffenen Erwartungshaltung und unterstreicht die inhaltliche Zäsur, d. h. den Übergang zum Angriff durch das Sprecher-Ich.

[12] Nach Angel Augier, «Notas sobre la evolución estético-ideológica», u. a. in: *Revista de literatura cubana*, I/O (1982), S. 75.

und Stilisierung. [13] Auch Guillén hat sich zweifellos, wie die genannten Autoren, pittoresk-folkloristischer und typisierender Elemente bedient; verwiesen sei hier nur auf die Wortverformungen in den *Motivos de son* (auf die er in seinem späteren Werk verzichtete), die an bekannte Negativ-Stereotype erinnernden Typen und Situationen (was ihm von zeitgenössischen Vertretern der Farbigen-Bourgeoisie als nachgerade skandalöse Diskriminierung der eigenen Rasse angelastet wurde) oder die zwar kunstvollen, in der Gesamtstruktur der Gedichte bisweilen aber nur vordergründig motivierten „afrikanisierenden" lautmalerischen Klanggebilde der *jitanjáforas*. [14] Doch Guillén vermochte als Farbiger vor dem Hintergrund der eigenen, gelebten Erfahrung die geschilderte Welt von innen zu sehen; und die in den *sones* – als Spiegelbild einer durch Entfremdung, Erniedrigung und Promiskuität geprägten alltäglichen Wirklichkeit – mit liebevoller Ironie skizzierten Typen und Situationen sind gleichzeitig Reflex einer die Gesamtgesellschaft tangierenden Realität von rassischer Diskriminierung und sozialer Ungerechtigkeit.

Guillén selbst, mit den Termini *negrismo* und *afrocubanismo* konfrontiert, hat diese für sein Werk stets verworfen. [15] Im Vorwort zu *Sóngoro cosongo* nannte er die publizierten Gedichte «versos mulatos». Denn, so fuhr er fort, «el espíritu de Cuba es mestizo». [16] Das Programm einer authentischen «poesía criolla» als Ausdruck der *cubanidad* mußte, so Guillén, dem Phänomen des *mestizaje* Rechnung tragen; und hier erschien ihm das *poema-son* als besonders geeignetes Ausdrucksmittel. Die *Motivos de son* mochten aufgrund ihrer Nähe zu den Texten beliebter Musikgruppen manchem Kritiker noch allzu folkloristisch oder (unangemessen) populär erscheinen – als Zugeständnis (so ein Zeitgenosse) an die «musa callejera, fácil, vulgar y descoyuntada» [17]; daß Nicolás Guillén jedoch weit mehr war als ein (demselben Zeitgenossen suspekter) *sonero*, mag das nachfolgend vorgestellte Beispiel zeigen.

---

[13] Zum *afrocubanismo* im Gesamtzusammenhang afroamerikanischer Dichtung vgl. (unter der leicht zugänglichen deutschsprachigen Literatur) Horst J. Rogmann, *Die Thematik der Negerdichtung in spanischer, französischer und portugiesischer Sprache*, 1966 (Diss. Univ. München), sowie – als Einführung in den Themenkomplex – mein eigenes Buch: *Die Karibik. Zur Geschichte, Politik und Kultur einer Region*, 2., akt. u. erw. Auflage Frankfurt a. M. 1988, S. 144 ff.

[14] Z. B. in «Si tú supiera . . .» aus den *Motivos de son* der Beginn der *montuno*-Strophe, der Guillén für den nachfolgend publizierten Band den Titel lieferte: «Sóngoro cosongo, / songo bé . . .»

[15] Die Einwände Guilléns erscheinen gewiß berechtigt; doch hat er den von Fernando Ortiz geprägten Begriff «afrocubanismo» mißdeutet. Er meint nicht: „afrikanisch", sondern faßt das Gesamtphänomen von *mestizaje* und Transkulturation unter Betonung der afrikanischen Komponente (im Gegensatz zu «hispanocubano»).

[16] In: *Obra poética 1920–1972*, Bd. I, S. 114.

[17] Ramón Vasconcelos, zit. bei Angel Augier, *Nicolás Guillén*, S. 109.

SON NÚMERO 6 [18]

(1) Yoruba soy, lloro en yoruba
(2) lucumí.
(3) Como soy un yoruba de Cuba,
(4) quiero que hasta Cuba suba mi llanto yoruba,
(5) que suba el alegre llanto yoruba
(6) que sale de mí.

(7) Yoruba soy,
(8) cantando voy,
(9) llorando estoy,
(10) y cuando no soy yoruba,
(11) soy congo, mandinga, carabalí.
(12) Atiendan, amigos, mi son, que empieza así:

(13)   Adivinanza
(14)   de la esperanza:
(15)   lo mío es tuyo,
(16)   lo tuyo es mío;
(17)   toda la sangre
(18)   formando un río.

(19) La ceiba ceiba con su penacho;
(20) el padre padre con su muchacho;
(21) la jicotea en su carapacho.
(22) ¡Que rompa el son caliente,
(23) y que lo baile la gente,
(24) pecho con pecho,
(25) vaso con vaso
(26) y agua con agua con aguardiente!
(27) Yoruba soy, soy lucumí,
(28) mandinga, congo, carabalí.
(29) Atiendan, amigos, mi son, que sigue así:

(30)   Estamos juntos desde muy lejos,
(31)   jóvenes, viejos,
(32)   negros y blancos, todo mezclado;
(33)   uno mandando y otro mandado,
(34)   todo mezclado;

[18] Zitiert nach der Ausgabe *Obra poética 1920–1972*, Bd. I, S. 231–233. Das Gedicht erschien zuerst in der Anthologie *Sóngoro cosongo y otros poemas* (Buenos Aires 1942) in einer Reihe bis dahin noch unveröffentlichter Gedichte, die für die (erst 1947 publizierte) Sammlung *El son entero* konzipiert waren. Der Titel verweist auf die ursprünglich geplante Anordnung des Bandes, in dem alle Gedichte ohne Titel, nur mit einer Nummer versehen, erscheinen sollten. Das hier zitierte Gedicht stand an 6. Stelle.

(35)   San Berenito y otro mandado
(36)   todo mezclado;
(37)   negros y blancos desde muy lejos,
(38)   todo mezclado;
(39)   Santa María y uno mandado,
(40)   todo mezclado;
(41)   todo mezclado, Santa María,
(42)   San Berenito, todo mezclado,
(43)   todo mezclado, San Berenito,
(44)   San Berenito, Santa María,
(45)   Santa María, San Berenito,
(46)   ¡todo mezclado!

(47)   Yoruba soy, soy lucumí,
(48)   mandinga, congo, carabalí.
(49)   Atiendan, amigos, mi son, que acaba así:

(50)   Salga el mulato,
(51)   suelte el zapato,
(52)   díganle al blanco que no se va . . .
(53)   De aquí no hay nadie que se separe;
(54)   mire y no pare,
(55)   oiga y no pare,
(56)   beba y no pare,
(57)   coma y no pare,
(58)   viva y no pare,
(59)   ¡que el son de todos no va a parar!

Die Gesamtstruktur des Gedichts bilden zwei eigenständige und in sich ge-
schlossene, jedoch aufeinander bezogene und sich ergänzende Teilstruktu-
ren, deren Bauprinzip zwei verwandte Grundformen variiert: das in der spa-
nischen mittelalterlichen Tradition wurzelnde *estribote* (mit Kontamination
der aus ihm weiterentwickelten Formen des *villancico*, der *canción trovado-
resca* und des *cosante*) und den *son* der kolonialen kubanischen Tradition.
Beide Teilstrukturen sind, strophisch alternierend, im Schriftbild gegeneinan-
der abgesetzt; [19] ihre Verknüpfung und damit die Einheit des Gedichts sichert
– neben einem fortschreitend variierten *verso de enlace* («Atiendan, amigos,
mi son, que empieza / sigue / acaba así») – eine Reihe von Gemeinsamkeiten:
die sich in der Phrasenbildung, der Wortwahl und der Bildlichkeit manifestie-
rende einheitliche Stilebene; der Wechsel von Lang- und Kurzversen (*arte
mayor* und *arte menor*); der Vorrang der musikalischen gegenüber der metri-
schen Struktur, bedingt durch die ursprüngliche Gestaltung von *son* und

---

[19] Die strophische Anordnung ist in den mir vorliegenden Ausgaben sehr unter-
schiedlich und durchgehend fehlerhaft (so auch in der Ausgabe der *Obra poética*). Die
hier angenommene Anordnung ergibt sich aus der Analyse.

estribote als volkstümliche Gesangsstücke; die Klangfiguren besonderer Art, etwa die Klanggestalt der Vokale, der konsonantisch gebildeten Klangmuster und insbesondere die parallel oder chiastisch angeordneten Wiederholungs- figuren des *lexaprende*; schließlich das gemeinsame Grundthema der Identität, das nun allerdings in *estribote* und *son* unterschiedlich akzentuiert wird und durch die wiederum unterschiedliche Gewichtung der Teilstrukturen in der Gesamtstruktur – Dominanz des *estribote* in der ersten Hälfte (1–29), Domi- nanz des *son* in der zweiten Hälfte (30–59) – eine für die Gesamtaussage des Gedichts entscheidende Wendung erfährt.

Das Gedicht hebt an mit zwei anisometrischen 6-Zeilern, die der ersten gedanklich-strukturellen Einheit des *estribote,* dort als 1- oder 4strophig markiert, entsprechen. Die 2zeilige *cabeza* oder Eingangsformel benennt das Grundthema: Identität und seelische Verfaßtheit eines Sprecher-Ich, wo- bei die Eigenbenennung als «yoruba» auf den afrikanischen Ursprung und die sprachlich-emotionale Entäußerung in «yoruba lucumí»[20] auf die kol- lektive Erfahrung als afrikanischer Sklave in Kuba verweist. Auf die *cabeza* folgen zwei *mudanzas* oder Variationen, in denen das gesetzte Grundthema paraphrasiert und erweitert wird. Dies geschieht vorzugsweise durch das rhetorische Mittel des *lexaprende,* die variationsreiche wörtliche oder sinn- gemäße Wiederaufnahme gedanklicher Elemente der *cabeza* und jeweils vor- aufgehender Verszeilen, wodurch beiden Strophen eine strukturelle Einheit verliehen wird, auch wenn sie in der Verslänge und der rhythmischen Gestal- tung ebenso wie in der Akzentuierung der zentralen Aussageelemente variie- ren. Die erste, 4zeilige *mudanza* (3–6) – ihr Gang ist vorwiegend daktylisch – ist gekennzeichnet durch ihre auf- und wieder absteigende Verslänge, wobei in den Langversen die Versmitte die wichtigsten gedanklichen Elemente mar- kiert: «yoruba», «Cuba» (als Variation der *cabeza*) und – als für die Gesamt- aussage des Gedichts entscheidendes, neues und nur vordergründig parado- xes Element – «alegre» für die Kennzeichnung der Klage und damit auch der seelischen Verfaßtheit des lyrischen Ich ebenso wie des angestimmten Gesangs. In der zweiten, nur 3zeiligen *mudanza* (7–9) werden, nunmehr in regelmäßig rhythmisierten, trochäischen 5-Silbern – gewissermaßen im Vor- griff auf den Rhythmus der nachfolgenden, in 5-Silbern verfaßten *largo*-Stro- phen des *son* – die Identität und die gegenüber der *cabeza* signifikant differen- zierte Stimmungslage zusammengefaßt. Unmittelbar daran anschließend wird in der 2zeiligen *vuelta* (10–11) die Eingangsformel wiederaufgenom- men und durch die Einbeziehung weiterer, in der kubanischen Sklavenhalter- gesellschaft vertretener afrikanischer „Nationen" in Richtung auf den hier noch nicht endgültig gefaßten Refrain ergänzt. Der im traditionellen *estribote* vor der *vuelta* stehende *verso de enlace* erscheint versetzt; er bildet – am Ende

---

[20] *Lucumí* ist die in Kuba gebräuchliche Bezeichnung für die „Nation" der *Yoruba.*

einer hinsichtlich der Verslänge aufsteigenden Periode und zum nachfolgen-
den *son* überleitend – den Schlußvers dieser ersten *estribote*-Sequenz, deren
gedankliche und strukturelle Einheit durch die Reimsetzung (ab/aaab ccc/
ab/b) unterstrichen wird.

Die einleitende erste Strophe des *son* (*largo*, 13–18), in rhythmisch variie-
renden 5-Silbern verfaßt, setzt gleichermaßen das für die gesamte Teilstruktur
gültige Grundthema, das ebenso wie im *estribote* unter den Begriff der Iden-
tität gefaßt werden kann, jedoch nicht den afrikanischen Ursprung und das
kollektiv erfahrene Leid als kubanischer Sklave, sondern den biologischen
Mischungsprozeß des *mestizaje* akzentuiert. Dies geschieht jedoch nicht
durch Nennung und Erörterung abstrakter Begriffe, sondern – dem volks-
tümlichen Grundton des *son* angemessen – in Form eines Rätsels, das, einem
direkt angesprochenen Adressaten zur Lösung aufgegeben, die zu erratende
Antwort in Bilder kleidet, die der sinnlich faßbaren, belebten Welt entlehnt
sind.

Auf dieselbe bildhaft-anschauliche Weise verfährt die nachfolgende zweite
estribote-Sequenz in der Ausführung abstrakter Gedankengänge. Die rhyth-
misch einheitlich strukturierten, jedoch um eine Zeile verkürzten Verse der
ersten *mudanza* (19–21) betonen – unter Rekurs auf zwei (im kubanischen
Kontext über religiös-magische Praktiken mit der menschlichen Sphäre ver-
knüpfte) Elemente aus der natürlichen Umwelt und ein Element aus dem
menschlich-privaten Bereich – die Eigenständigkeit und Unverwechselbarkeit
des je Individuellen. Die um eine Zeile verlängerte, polyrhythmisch struk-
turierte zweite *mudanza* (22–26) beschwört hingegen in der Aufforderung
zum Tanz die Gemeinsamkeit, der die in der *vuelta* (27–28) wiederholte Aus-
sage der Identität des lyrischen Ich nicht widerspricht. Diese hat nunmehr in
der Evozierung des kollektiven afrikanischen Ursprungs ihre für die erste
Teilstruktur gültige definitive Benennung erfahren; damit hat der *estribote*
seine aussagenspezifische Funktion erfüllt, und die gesetzte Formel wird nur
noch einmal (47 f.) als Refrain wiederaufgenommen.

Die in der zweiten Gedichthälfte markierte Dominanz des *son* – vorbereitet
durch die rhythmische Gestaltung der *estribote*-Sequenz (Vorherrschen der
für den *son* charakteristischen 5- und 10-Silber) und die Aussage der zweiten
mudanza (Aufforderung zum gemeinschaftlichen Tanz) – signalisiert bereits
die außergewöhnliche Länge der *montuno*-Strophe, die durch ihre rhythmi-
sche Gestaltung und die Wiederholungsfiguren den Charakter eines kirch-
lichen Bittgesangs, einer Litanei, gewinnt. Auf die Gemeinsamkeit beschwö-
rende Eingangsphrase («estamos juntos»), hervorgehoben durch ihren tro-
chäischen Gang, folgt eine Periode aus zusammengesetzten 10-Silbern (mit
Reihenschluß) und 5-Silbern (als *quebrado*), die ausnahmslos daktylisch
sind. Durch die Wiederholung nur weniger Satzelemente gewinnt die zen-
trale Aussage («todo mezclado») eine außergewöhnliche, wiederum be-

schwörend wirkende Intensität; doch unterliegt dem spielerisch anmutenden Umgang mit den Einzelelementen der Wiederholungsfiguren ein Strukturwille, der auf die Akzentuierung differenzierender Einzelaussagen abzielt. In den ersten drei Versen der Periode (30–32) wird zunächst die Untrennbarkeit der Elemente in ihrer räumlichen und zeitlichen Dimension als historisch gewachsener Prozeß festgestellt. Die Zeile «negros y blancos, todo mezclado» suggeriert den spezifisch biologischen Mischungsprozeß; die nachfolgend durch das Setzen des Refrains herausgehobenen Verse (33–40) bringen ein anderes Element ein: die ökonomisch-gesellschaftliche Komponente, d. h. die Praxis von Unterdrückung und Ausbeutung, in der Schwarz und Weiß gleichermaßen Befehlsgeber und – wie die Setzung des «mandado» als Reimwort suggeriert, allerdings mehrheitlich – Befehlsempfänger sind. Die abschließenden Verse (41–46), in denen nur zwei, zuvor eingeführte Satzelemente – der „schwarze" Heilige „San Berenito" und die „weiße" Heilige „Santa María" – mit dem Refrain in zumeist chiastischen Figuren alternieren, unterstreichen den Litanei-Charakter, den die Periode charakterisiert.

Nach dem gleichermaßen in 10-Silbern gefaßten, jedoch in gegenläufigem Rhythmus verlaufenden Refrain des *estribote* folgt die Schlußstrophe des *son*, mit der das Gedicht endet. Sie resümiert die Gesamtaussage des *son* und akzentuiert das *son* und *estribote* verbindende Element: die Aufforderung zum gemeinschaftlichen (hier rhythmisch markierten) Tanz als Aufforderung, das Leben gemeinsam zu gestalten.

Vergleichen wir die beiden zitierten Gedichte, «Mulata» und «Son número 6», so sind Gemeinsamkeiten und Unterschiede offenkundig: Gemeinsamkeiten in der rhythmischen Gestaltung, den Klangfiguren, der Bildlichkeit; Unterschiede hingegen in der strukturellen Variierung des vorgegebenen Grundmusters und der Ausdifferenzierung des gemeinsamen Themas der Identität. Nicht äußere rassische Merkmale, sondern die kollektive historische Erfahrung bestimmen im «Son número 6» (im *estribote*) die Identität des Sprecher-Ich, das sich hier nicht als Angehöriger einer spezifischen Klasse offenbart, sondern als „lyrisches Ich" die Identifikation mit dem Dichter ebenso wie mit der Gesamtgruppe der Farbigen suggeriert. Desgleichen führt die Akzeptanz der eigenen Identität (in der letzten *mudanza* des *estribote* und im *son*) nicht zu einem Rückzug auf die eigenen Positionen und Zurückweisung des anderen, sondern zur Aufhebung der Trennung durch die Einsicht in den biologischen und kulturellen Mischungsprozeß und die Weißen wie Farbigen gemeinsame Erfahrung von Ausbeutung und Unterdrückung. Und diese Einsicht führt schließlich zu einer konkreten Handlungsanweisung, durch die das „Ich" ohne Aufgabe der eigenen Identität im „Wir" aufgeht – eine zu Beginn des *son* noch als Hoffnung, am Ende jedoch als Gewißheit artikulierte Perspektive.

Die *sones* – in *Motivos de son, Sóngoro cosongo, Cantos para soldados y sones para turistas* (1937) und der «suma poética» *El son entero* (1947), der «Son número 6» entnommen ist – begründeten Guilléns Ruhm als «poeta popular». Doch enthüllt er sich, wie insbesondere von der kubanischen Kritik (Augier, Fernández Retamar u. a.) hervorgehoben, in seinem facettenreichen Werk auch als «poeta culto»: etwa in dem 1937 in Valencia veröffentlichten epischen Gedicht *España, poema en cuatro angustias y una esperanza* und den Elegien, von denen sechs, zwischen 1947 und 1958 verfaßt, Ende 1958 zusammen mit der Sammlung *La paloma de vuelo popular* in Buenos Aires erschienen. Sie sind – so Angel Augier im Prolog zu der (unter dem bezeichnenden Titel *Las grandes elegías y otros poemas*) publizierten Werkausgabe der «Biblioteca Ayacucho» – mit Blick auf das Gesamtwerk und seine Bedeutung «su exponente más alto y expresivo»[21]; und sie bilden – so Roberto Fernández Retamar[22] – den Schnittpunkt der das Bewußtsein und Werk Guilléns gleichermaßen prägenden ethnisch-kulturellen „Linien" und Traditionen, der afrokubanischen und der hispanischen. Beiden „Linien" begegneten wir bereits im Guillén-«poeta popular» des «Son número 6»; folgen wir ihnen (abschließend) im Guillén-«poeta culto» mit einer Elegie.

EL APELLIDO[23]

Elegía familiar

I

(1) Desde la escuela
(2) y aún antes . . . Desde el alba, cuando apenas
(3) era una brizna yo de sueño y llanto,
(4) desde entonces,
(5) me dijeron mi nombre. Un santo y seña
(6) para poder hablar con las estrellas.
(7) Tú te llamas, te llamarás . . .
(8) Y luego me entregaron
(9) esto que veis escrito en mi tarjeta,
(10) esto que pongo al pie de mis poemas:
(11) las trece letras
(12) que llevo a cuestas por la calle,
(13) que siempre van conmigo a todas partes.
(14) ¿Es mi nombre, estáis ciertos?
(15) ¿Tenéis todas mis señas?
(16) ¿Ya conocéis mi sangre navegable,
(17) mi geografía llena de oscuros montes,

21 *Las grandes elegías y otros poemas*, Caracas 1984, S. IX.
22 In (u. a.): *El son de vuelo popular*, Havanna 1979 (¹1972), S. 16.
23 Zitiert nach der Ausgabe *Obra completa 1920–1972*, Bd. I, S. 394–399.

(18) de hondos y amargos valles
(19) que no están en los mapas?
(20) ¿Acaso visitasteis mis abismos,
(21) mis galerías subterráneas
(22) con grandes piedras húmedas,
(23) islas sobresaliendo en negras charcas
(24) y donde un puro chorro
(25) siento de antiguas aguas
(26) caer desde mi alto corazón
(27) con fresco y hondo estrépito
(28) en un lugar lleno de ardientes árboles,
(29) monos equilibristas,
(30) loros legisladores y culebras?
(31) ¿Toda mi piel (debí decir),
(32) toda mi piel viene de aquella estatua
(33) de mármol español? ¿También mi voz de espanto,
(34) el duro grito de mi garganta? ¿Vienen de allá
(35) todos mis huesos? ¿Mis raíces y las raíces
(36) de mis raíces y además
(37) estas ramas oscuras movidas por los sueños
(38) y estas flores abiertas en mi frente
(39) y esta savia que amarga mi corteza?
(40) ¿Estáis seguros?
(41) ¿No hay nada más que eso que habéis escrito,
(42) que eso que habéis sellado
(43) con un sello de cólera?
(44) (¡Oh, debí haber preguntado!)

(45) Y bien, ahora os pregunto:
(46) ¿No veis estos tambores en mis ojos?
(47) ¿No veis estos tambores tensos y golpeados
(48) con dos lágrimas secas?
(49) ¿No tengo acaso
(50) un abuelo nocturno
(51) con una gran marca negra
(52) (más negra todavía que la piel),
(53) una gran marca hecha de un latigazo?
(54) ¿No tengo pues
(55) un abuelo mandinga, congo, dahomeyano?
(56) ¿Cómo se llama? ¡Oh, sí decídmelo!
(57) ¿Andrés? ¿Francisco? ¿Amable?
(58) ¿Cómo decís Andrés en congo?
(59) ¿Cómo habéis dicho siempre
(60) Francisco en dahomeyano?
(61) En mandinga ¿cómo se dice Amable?
(62) ¿O no? ¿Eran, pues, otros nombres?

(63) ¡El apellido, entonces!
(64) ¿Sabéis mi otro apellido, el que me viene
(65) de aquella tierra enorme, el apellido
(66) sangriento y capturado, que pasó sobre el mar
(67) entre cadenas, que pasó entre cadenas sobre el mar?
(68) ¡Ah, no podéis recordarlo!
(69) Lo habéis disuelto en tinta inmemorial.
(70) Lo habéis robado a un pobre negro indefenso.
(71) Lo escondisteis, creyendo
(72) que iba a bajar los ojos yo de la vergüenza.
(73) ¡Gracias!
(74) ¡Os lo agradezco!
(75) ¡Gentiles gentes, thank you!
(76) ¡Merci!
(77) ¡Merci bien!
(78) ¡Merci beaucoup!
(79) Pero no . . . ¿Podéis creerlo? No.
(80) Yo estoy limpio.
(81) Brilla mi voz como un metal recién pulido.
(82) Mirad mi escudo: tiene un baobab,
(83) tiene un rinoceronte y una lanza.
(84) Yo soy también el nieto,
(85) biznieto,
(86) tataranieto de un esclavo.
(87) (Que se avergüence el amo.)
(88) ¿Seré Yelofe?
(89) ¿Nicolás Yelofe, acaso?
(90) ¿O Nicolás Bakongo?
(91) ¿Tal vez Guillén Banguila?
(92) ¿O Kumbá?
(93) ¿Quizá Guillén Kumbá?
(94) ¿O Kongué?
(95) ¿Pudiera ser Guillén Kongué?
(96) ¡Oh, quién lo sabe!
(97) ¡Qué enigma entre las aguas!

II

(98)   Siento la noche inmensa gravitar
(99)   sobre profundas bestias,
(100) sobre inocentes almas castigadas;
(101) pero también sobre voces en punta,
(102) que despojan al cielo de sus soles,
(103) los más duros,
(104) para condecorar la sangre combatiente.

(105) De algún país ardiente, perforado
(106) por la gran flecha ecuatorial,
(107) sé que vendrán lejanos primos,
(108) remota angustia mía disparada en el viento;
(109) sé que vendrán pedazos de mis venas,
(110) sangre remota mía,
(111) con duro pie aplastando las hierbas asustadas;
(112) sé que vendrán hombres de vidas verdes,
(113) remota selva mía,
(114) con su dolor abierto en cruz y el pecho rojo en llamas.
(115) Sin conocernos nos reconoceremos en el hambre,
(116) en la tuberculosis y en la sífilis,
(117) en el sudor comprado en bolsa negra,
(118) en los fragmentos de cadenas
(119) adheridos todavía a la piel;
(120) sin conocernos nos reconoceremos
(121) en los ojos cargados de sueños
(122) y hasta en los insultos como piedras
(123) que nos escupen cada día
(124) los cuadrumanos de la tinta y el papel.
(125) ¿Qué ha de importar entonces
(126) (¡qué ha de importar ahora!)
(127) ¡ay! mi pequeño nombre
(128) de trece letras blancas?
(129) ¿Ni el mandinga, bantú,
(130) yoruba, dahomeyano
(131) nombre del triste abuelo ahogado
(132) en tinta de notario?
(133) ¿Qué importa, amigos puros?
(134) ¡Oh, sí, puros amigos,
(135) venid a ver mi nombre!
(136) Mi nombre interminable,
(137) hecho de interminables nombres;
(138) el nombre mío, ajeno,
(139) libre y mío, ajeno y vuestro,
(140) ajeno y libre como el aire.

Die metrische Gestaltung der in zwei Abschnitte untergliederten Elegie ist die der *silva*, einer in ihrer Ausdehnung nicht festgelegten unstrophischen Gedichtform mit Reihung anisometrischer Verse, die seit dem 17. Jahrhundert in Spanien besonders gepflegt und von den Modernisten in Richtung auf eine noch größere Flexibilität in der rhythmischen Ausgestaltung variiert wurde. Guillén folgte hier der modernistischen Variante: Die klassischen 7- und 11-Silber sind, bei Dominanz der *versos de arte mayor*, mit anderen, rhythmisch verwandten Versarten vermischt (3-, 5-, 9- und 14-Silber in der Gliederung 7:7 oder 9:5); Assonanzen in beliebiger Anordnung wechseln

mit *versos sueltos*. Die durch kein metrisches Ordnungsprinzip einge-
schränkte Möglichkeit der freien Kombination gestattet eine gleichermaßen
variable Phrasenbildung. Sie ist gekennzeichnet durch den rhythmisch span-
nungsreichen Wechsel von kurzen Hauptsätzen, knappen Ausrufen und ellip-
tischen Konstruktionen (bisweilen als unvermittelter Abbruch der Rede) mit
langen, häufig durch parallele Anordnung einzelner Satzglieder gefügten
Perioden – eine der Unmittelbarkeit des Gedankens und Gefühls wie der Na-
türlichkeit des Sprachduktus folgende Redeweise, die der Aussagestruktur
des Gedichts entgegenkommt.

Diese ist Aussprache und Ansprache zugleich: Selbstaussprache der Ge-
fühle und Reflexionen des mit dem Dichter sich identifizierenden „lyrischen
Ich" und direkte Ansprache an einen – von Teil I zu Teil II wechselnden –
Adressaten (im Plural), der zwar nicht benannt wird, der aber (als Kollektiv)
annähernd bestimmt werden kann. Die kommunikative Binnenstruktur ist
also – wie in den voraufgehend analysierten zwei Gedichten – die eines Dia-
logs mit einem stumm bleibenden Partner, doch wird sie hier weit stärker ak-
zentuiert. Deiktische Partikel wie «esto que» (9, 10) und «ahora» (45, 126)
vermitteln den Eindruck einer szenisch präsenten, aktuellen Gesprächssitua-
tion, und die Fülle der drängenden Fragen wie insbesondere das emphatische
Insistieren auf eine Antwort («¡Oh, sí decídmelo!», 56) zeugen von dem Be-
mühen des dichterischen Ich, einen wirklichen Dialog herzustellen. Doch die
Antworten bleiben aus: „Leerstellen", die der Fragende bei einigen seiner
Fragen erwartet haben mag und rasch übergeht, die aber in jedem Fall, als
Zeichen der Verweigerung oder Unwissenheit der Adressaten, ein für die
Gesamtaussage des Gedichts wesentliches Element beinhalten.

Folgen wir zunächst – in einem kurzen Aufriß – Selbstaussprache und (fru-
striertem) Dialog, um anschließend, vor dem Hintergrund der Aussagestruk-
tur, die Entfaltung und Funktion der dominanten Bildstrukturen zu bestim-
men. Das zentrale Thema wird auch hier – wie in der *largo*-Strophe des *son*
und der *cabeza* des *estribote* – in einer einleitenden, durch die symmetrische
Abfolge von Lang- und Kurzversen sowie die ungewöhnliche Häufung und
Anordnung der Assonanzen auch formal als Einheit ausgewiesenen Sequenz
eingeführt (1–13). Wiederum stellt sich (in der keineswegs beliebig ausge-
wählten Elegie) dem Sprecher-Ich die Frage nach der eigenen Identität und
Geschichte, hier gebunden an den Namen, der ihm ursprünglich, bei Eintritt
in die Welt, genannt wurde und der, in selbstbestimmter Annahme, die Kom-
munikation mit ebendieser Welt zu ermöglichen vermag. Der Name wurde
vom Sprecher-Ich angenommen, doch raubte er diesem die Freiheit wie die
Möglichkeit der selbstbestimmten Persönlichkeitsentwicklung, da er in der
gesellschaftlichen Realität, fremdbestimmt, in (tote) Buchstaben gefaßt
wurde.

Der zentrale Konflikt ist somit der Konflikt zwischen Eigenbild und

Fremdbild. Folglich richtet sich die erste Reihe der – wie sich herausstellen wird, zunächst nur gedachten – Fragen auf die Korrektur des Fremdbildes (14–44): Evozierung der von diesem nicht erfaßten „Seelenlandschaft" und Hinweis auf einen von diesem ausgeblendeten, die individuelle Identität des Sprecher-Ich jedoch mitbestimmenden Teil der Geschichte. Nach einem typographisch markierten Einschnitt folgt eine zweite Serie von Fragen (45–97), die vom reflektierenden Ich, sofern es dazu in der Lage ist, beantwortet werden und die nun nicht mehr nur gedacht, sondern an ebenjene, das kollektive Eigen- und Geschichtsbild bestimmende Gruppe (der kolonialen und post-kolonialen Gesellschaft/en) als direktem Dialogpartner adressiert sind. Sie richten sich auf ein das dichterische Ich in seiner individuellen Identität und gesellschaftlichen Realität direkt tangierendes Moment der zuvor benannten kollektiven historischen Erfahrung: die Identität und die Geschichte des versklavten afrikanischen Vorfahren, die dem Nachfahren – aus vorgeblicher Rücksicht auf dessen Schamgefühl – verschwiegen wurden, von diesem aber – unter ironischem Verzicht auf diese Rücksichtnahme – in einem Akt der Selbstbehauptung als Erbe angenommen werden, auch wenn dieses Erbe in seiner individuellen und konkret-historischen Entfaltung nicht mehr faßbar und rekonstruierbar ist. Der zweite Teil des Gedichts ist über die Zukunft auf die Gegenwart gerichtet. In der Gewißheit, daß jene, die gleich ihm das historische Erbe auf seiten der Opfer übernommen haben, sich gemeinschaftlich zur Wehr setzen werden, tritt für das dichterische Ich das individuell geprägte vor dem kollektiv erlebten Schicksal zurück. So vermag das Ich in dem von dieser Gemeinschaft kollektiv gebildeten Namen endlich auch den eigenen, ihm Freiheit und Selbstverwirklichung weisenden Namen zu erkennen und ihn in der abschließend an dieselbe Gemeinschaft gerichteten Botschaft zu verkünden.

Die hier in gänzlich unbildhafter Rede grob strukturierte Aussage des Gedichts ist nun dort – und darauf beruht gerade die besondere ästhetische Qualität dieser Elegie – in eine metaphorische Sprache gefaßt, die vor dem Hintergrund traditioneller Bildfelder und teils idiomatisch habitualisierter Metaphern neue, überraschende Bildmuster entwirft (die wiederum nur in ihren dominanten Strukturen nachgezeichnet werden können). Den für die metaphorische Dimension des Gedichts grundlegenden Begriffs- und Vorstellungsrahmen setzt die einleitende Sequenz der ersten 13 Verse, die auch das thematische Grundmuster entfaltet.

Die erste dominante Bildstruktur ist funktional mit einer im Text großflächig entwickelten Oppositionsstruktur verknüpft. Sie zeigt sich (zunächst) als zeitliche Antonymie – «desde la escuela y *aún antes* . . .» (hervorgehoben durch Hebungsprall): «y luego» –, die biographische Stationen des dichterischen Ich markiert. Doch der Gegensatz ist auch ein existentieller und metaphysischer: Der Eintritt in die Welt («el alba») ist ein kosmisches Ereignis, das den Menschen, allein den Gesetzen der Natur unterstellt und mit ihrer schöpferischen Kraft ausgestattet, als Teil des Kosmos dessen Sprache sprechen und mit diesem kommunizieren läßt («hablar con las estrellas»). Demgegenüber steht der Eintritt in die Gesellschaft («la escuela»), der lebendige und identitätsstiftende mündliche Sprache fixiert und sie damit ihrer magisch-formenden Kraft beraubt, bis schließlich – nach Einnahme des dem Individuum von der Gesellschaft zugewiesenen Platzes (Ausstellung der «tarjeta» und Verwendung des dort festgeschriebenen Namens) – das Wort, hier: der Name («las trece letras»), seine Einheit wie seine dynamische Kraft verliert und, statt dem Menschen als Schlüssel Welt zu eröffnen, diesem zur drückenden, ihn seiner Freiheit beraubenden Last wird.

Die hier aufgezeigte Opposition umspannt das ganze Gedicht, wobei die Pole eindeutig eine positive (den afrikanischen Wurzeln konnotierte) und eine negative (den spanischen Wurzeln bzw. der kolonialen/post-kolonialen Wirklichkeit konnotierte) Wertung erfahren: Gegensatz zwischen dynamischem vor-gesellschaftlichen/vor-geschichtlichen Naturzustand und statischer organisierter Gesellschaft; aber auch Gegensatz zwischen lebendiger Natur (17 ff.: «mi geografía llena de oscuros montes . . .») und Kultur, die Identität nicht zu fassen vermag («mi geografía . . . que no está en los mapas»), Identität und Geschichte sogar tilgt (69: «disuelto en tinta inmemorial»; 131: «ahogado en tinta de notario»), sie allenfalls in starren, kalten Formen ohne Relief gefangensetzt (32 f.: «estatua de mármol español»).

In Analogie zu Erscheinungen der Natur entfaltet sich folgerichtig die Identität des dichterischen Ich dort, wo sie dem afrikanischen Erbe assoziiert ist: der in ihm wurzelnden seelischen Substanz ebenso wie dem in den kolonialen Sklavenhaltergesellschaften wurzelnden Leiden. Die gedanklich-bildliche Grundstruktur liefert – durch Kombination von Polysemie, Metaphorik und Symbolik – der die Befindlichkeit des dichterischen Ich bei Eintritt in die Welt benennende Satz

era una brizna yo   de sueño   y de llanto (3).

Diese Grundstruktur, auch Aussage zur Grundbefindlichkeit des Menschen schlechthin, wird variiert und vertieft; zunächst durch die – in gegenläufiger Bewegung zum Vorfahren («el apellido sangriento y capturado, que pasó sobre el mar entre cadenas», 65 ff.) unternommene – Reise über die «sangre navegable» in die verborgenen Tiefen der Seele, die sich als Landschaft offenbart (16 ff.):

	oscuros montes	
	hondos . . . valles	amargos valles
	abismos	
	galerías subterráneas	con grandes piedras
donde un puro chorro	islas sobresaliendo en	húmedas
siento de antiguas aguas	negras charcas	

caer desde mi alto cora-	lugar lleno de ardientes
zón con fresco y hondo	árboles, monos equili-
estrépito	bristas, loros legis-
	ladores y culebras

sodann in der gegenwärtigen Befindlichkeit des dichterischen Ich:

yo estoy limpio (80)	estas ramas oscuras	estas flores abiertas
	movidas por los sueños	en mi frente (38)
	(37)	esta savia que amarga
		mi corteza (39)

und schließlich in der kollektiven Identität/Realität und der auf die Zukunft gerichteten Aktion:

amigos puros/puros amigos	siento la noche inmensa	los insultos como
(113 f.)	gravitar sobre profundas	piedras (122)
	bestias (98 f.)	
	voces en punta, que despo-	
	jan al cielo de sus	
	soles (101 f.)	
	hombres de vidas verdes,	
	remota selva mía (112 f.)	

Die als dominant herausgehobenen Bildstrukturen werden durch weitere Bildfelder ergänzt und zu einem metaphorischen Muster verwoben, das durch visuelle Anschaulichkeit und assoziative Ausdruckskraft fasziniert und jene „semantische Dichte" [24] bewirkt, in der sich – neben anderen Sprachfunktionen – auch die (von Jakobson definierte) „poetische" oder ästhetische Funktion des Textes verwirklicht.

Die hier vorgestellte Elegie [25] enthüllte den «poeta culto» Nicolás Guillén; doch bilden die beiden „Linien" seines Werks, «vena culta» und «vena popular», keinen Gegensatz. Guillén verstand sich stets als gesellschaftlich engagierter, politisch denkender und handelnder Autor, ohne deshalb die „poeti-

[24] Vgl. hierzu Peter Blumenthal, *Semantische Dichte. Assoziativität in Poesie und Werbesprache,* Tübingen 1983, passim.

[25] Auf den Untertitel «*Elegía* familiar» wurde hier kein Bezug genommen, da die Elegie hinsichtlich ihrer äußeren und inneren Struktur in der modernen Dichtung zu unbestimmt ist, als daß sich aus ihr als spezifischem Gedichttypus für die Interpretation brauchbare Parameter ableiten ließen. Zutreffend ist allgemein die Charakterisierung als leidvolle Klage und Reflexion über Trennung und Verlust (im Kontext der spanischen Literatur in der Tradition der *Coplas por la muerte de su padre* von Jorge Manrique, 1440–1479). Darüber hinaus erfüllt sich das von Klaus Weissenberger (*Formen der Elegie von Goethe bis Celan,* Berlin/München 1969) aufgestellte Strukturprinzip der Antithetik, die zu abschließender, ausgleichender Erkenntnis führt.

sche Funktion" des literarischen Textes zu vernachlässigen. «El poeta», so sagte er 1937 in einem Interview, «puede hacer revolución, pero al mismo tiempo *debe* hacer poesía, esto es, hacer arte.»[26] Doch Dichten ist nach Guillén – auch dort, wo kein Adressat angesprochen oder gar als szenisch präsent in die Rede einbezogen wird – nicht monologisches, sondern kommunikatives Schreiben, Lyrik nicht hermetische oder (wie für Gottfried Benn) anachoretische Kunst. Und so identifizierte er sich, auch als «poeta culto», mit José Ramón Cantaliso, dem *sonero* der *Sones para turistas*, «[que] de fiesta en fiesta, / con su guitarra protesta», «que les canta liso, muy liso / para que lo entiendan bien»[27].

Nicolás Guillén, «poeta culto» und «poeta popular», gilt den Kubanern als «poeta nacional». Gelegentlich wurde ihm jedoch vorgeworfen (etwa in der zitierten Elegie), einseitig dem afrikanischen Kulturerbe den Vorrang gegeben und den Rassismus der Weißen mit einem schwarzen Rassismus beantwortet zu haben.[28] Guillén selbst ist diesem Vorwurf stets entschieden entgegengetreten. So rechtfertigte er sich 1930, nach Erscheinen der ersten *sones*, in einem Zeitungsartikel: «Los *Motivos de son* . . . más que deshonrosamente negros, como se pretende por algunos, son específicamente cubanos . . . Si esos versos me han salido un poco oscuros, es porque Cuba no es de otra manera. Nuestra patria . . . es una población negra de mayoría blanca.»[29] Und in dem bereits zitierten Vorwort zu *Sóngoro cosongo*, in dem er den „mestizischen" Charakter der kubanischen Wesenheit oder Mentalität wie seiner Gedichte hervorhob, heißt es: «Y del espíritu de Cuba hacia la piel nos vendrá el color definitivo. Algún día se dirá: ‹color cubano›.»[30]

Mit *Sóngoro cosongo* hatte Guillén nach eigenem Zeugnis diesem Tag vorgreifen und sein Anbrechen beschleunigen wollen; und mit den nachfolgend verfaßten Gedichten – *sones*, Elegien, *décimas* oder Sonette – verfolgte er konsequent den eingeschlagenen Weg. Dieser führte ihn schließlich auch aus dem engeren kubanischen Kontext heraus, und die „Farbe" seiner Gedichte wurde – entsprechend seinem Bewußtsein und seinem politischen Anspruch – „kubanisch", „antillanisch", „amerikanisch" zugleich, ohne dabei jene „Farbe" einzubüßen, die Miguel de Unamuno unter der afroamerikanischen Tönung bereits in *Sóngoro cosongo* entdeckte: «[el] color humano, universal o integral»[31]. Mit *West Indies, Ltd.* war Guillén endgültig aus dem Umfeld des

---

[26] Zitiert nach Angel Augier, Prolog zu *N. G., Las grandes elegías,* S. XIX.

[27] Zitiert nach der Ausgabe *Obra poética 1920–1972,* Bd. I, S. 199.

[28] Cintio Vitier, «Hallazgo del son» (1958); nachgedruckt in: *Recopilación de textos sobre Nicolás Guillén,* Havanna 1974, S. 147ff., hier S. 151f.

[29] «Sones y soneros» (12. 6. 1930); nachgedruckt in: N. G., *Prosa de prisa,* Bd. I.

[30] In: *Obra poética 1920–1972,* Bd. I, S. 114.

[31] Der Brief ist abgedruckt in: N. G., *Páginas vueltas. Memorias,* Havanna 1982, S. 82f.; hier S. 83.

negrismo herausgetreten, und sein gesellschaftspolitisches Engagement wurde entschiedener und in seiner allgemein politischen Aussage eindeutiger. Die «Elegía familiar» veröffentlichte Guillén 1958, am Vorabend der Kubanischen Revolution, im Exil. Er, der 1937 der Kommunistischen Partei beigetreten war, sah in dem Sieg der Rebellen die Erfüllung dessen, was er am Ende der Elegie noch als hoffnungsvolle Vision in die Zukunft projiziert hatte. Und so erscheint der (hier nur im Auszug zitierte) *son* aus der 1964 erschienenen Sammlung *Tengo* als Echo und Berichtigung zugleich:

> Soy como un árbol florido
> que ayer flores no tenía; . . .
> a leer me enseñó el pueblo, caramba,
> aunque el pueblo
> leer tampoco sabía.
> [. . .]
> Yo sé ya juntar las letras,
> juntarlas unas con otras; . . .
> y hasta sé poner mi nombre, caramba,
> nombre y hombre
> José Miguel Carnesoltas.[32]

---

[32] Zitiert nach der Ausgabe *Obra poética 1920–1972*, Bd. II, S. 164.

PABLO NERUDA

(1904–1973)

SABOR

De falsas astrologías, de costumbres un tanto lúgubres,
vertidas en lo inacabable y siempre llevadas al lado,
he conservado una tendencia, un sabor solitario.

De conversaciones gastadas como usadas maderas,
5 con humildad de sillas, con palabras ocupadas
en servir como esclavos de voluntad secundaria,
teniendo esa consistencia de la leche, de las semanas muertas,
del aire encadenado sobre las ciudades.

Quién puede jactarse de paciencia más sólida?
10 La cordura me envuelve de piel compacta
de un color reunido como una culebra:
mis criaturas nacen de un largo rechazo:
ay, con un solo alcohol puedo despedir este día
que he elegido, igual entre los días terrestres.

15 Vivo lleno de una substancia de color común, silenciosa
como una vieja madre, una paciencia fija
como sombra de iglesia o reposo de huesos.
Voy lleno de esas aguas dispuestas profundamente,
preparadas, durmiéndose en una atención triste.

20 En mi interior de guitarra hay un aire viejo,
seco y sonoro, permanecido, inmóvil,
como una nutrición fiel, como humo:
un elemento en descanso, un aceite vivo:
un pájaro de rigor cuida mi cabeza:
un ángel invariable vive en mi espada.

Obras Completas, Bd. I, Buenos Aires 1967, S. 178. Abdruck mit freundlicher Genehmigung der Editorial Losada S.A.

PABLO NERUDAS «SABOR». DIE VERGILBTE SUBJEKTIVITÄT

Von José Morales Saravia

1. Einführung

Als Neruda 1924 *Veinte poemas de amor y una canción desesperada* veröffentlichte, hatte er bereits ein Jahr zuvor eine Gedichtsammlung *(Crepusculario)* herausgegeben und die meisten Texte für das erst 1933 publizierte Werk *El hondero entusiasta* schon geschrieben. Geschichte innerhalb der hispanoamerikanischen Literatur machte er jedoch mit jenem 1924 entstandenen Gedichtband. *Veinte poemas* machten ihn in kurzer Zeit zum weltberühmten Lyriker, und der Band verlor bis heute nichts von dieser ursprünglichen Beliebtheit, die er zur Zeit seiner ersten Veröffentlichung genossen hatte.[1] Die Gründe dafür liegen vor allem in dem subjektiven Erleben des lyrischen Ichs, in der Intensität der Sprache und in der selten schönen Art und Weise, wie das Erlebte zum Ausdruck gebracht wird. Neruda selbst hat in seinen Memoiren das Erlebte, das sich hinter jedem dieser Gedichte verbirgt, angesprochen und ihm den Namen einer „melancholischen und feurigen Poesie" gegeben.[2] Die Subjektivität, die sich darin ausmachen läßt, ist sicher von einer zweiseitigen, melancholischen und zugleich feurigen Liebeserfahrung durchdrungen, ihr Erscheinen ist jedoch in bezug auf die verschiedenen, in diesem Band behandelten Gedichte – sogar bei den schwermütigsten – prinzipiell ein begeistertes und besingendes. Die Liebe wird als etwas Außergewöhnliches, als Ereignis dargestellt; die Sprache ist bunt, fließend wie ein Strom, reich an Metaphern und Bildern, denen die Natur als Quelle dient. Das Kosmische steht in freundschaftlicher Verbindung mit dem menschlichen Schicksal des Liebenden; seine Selbstdarstellung erfährt alle Gaben der verwirklichten oder gerade verlorenen Liebe, trotz des häufigen Aufkommens von Worten, die negative Stimmungen beschreiben. Nicht selten wird das Frauenbild als Natur, als

---

[1] «En junio de 1961, la editorial Losada ponía a disposición del público su edición conmemorativa del millón de ejemplares impresos hasta entonces de *Veinte poemas de amor y una canción desesperada*. En diciembre de 1972, la misma editorial sacaba a la luz la edición conmemorativa de los dos millones de ejemplares de esta obra» (Guillermo Araya, «Veinte poemas de amor y una canción desesperada», in: *Bulletin Hispanique* LXXXIV/1–2 [1982], S. 184).

[2] Vgl. P. Neruda, *Confieso que he vivido. Memorias*, Barcelona 1974, S. 75 ff.

kosmische Kraft oder Welt gestaltet, was in dem ersten Gedicht der *Veinte poemas* deutlich zum Ausdruck kommt[3]:

> Cuerpo de mujer, blancas colinas, muslos blancos,
> te pareces al mundo en tu actitud de entrega. (1, 1–2)

Um der Liebe willen verklärt sich die Sprache, läßt wohlklingende poetische Worte entstehen, die von der Subjektivität aus besprochen werden:

> Para que tú me oigas
> mis palabras
> se adelgazan a veces
> como las huellas de las gaviotas en las playas.
>
> Collar, cascabel ebrio
> para tus manos suaves como las uvas. (5, 1–6)

Begeisterte Ausrufe ziehen sich durch die Gedichte, und selbst die negativen Momente der Verse stellen die Welt nicht als eine verfallene dar:

> Ah vastedad de pinos, rumor de olas quebrándose,
> lento juego de luces, campana solitaria,
> crepúsculo cayendo en tus ojos, muñeca,
> caracola terrestre, en ti la tierra canta! (3, 1–4)
>
> Puedo escribir los versos más tristes esta noche.
> Escribir, por ejemplo: «La noche está estrellada,
> y tiritan, azules, los astros, a lo lejos». (20, 1–3)

Ähnliches geschieht mit der Wahrnehmung der Zeit, mit den Tagen, Stunden und Momenten, die vom Wiederholten und Routinehaften vollkommen entfernt zu sein scheinen:

> Inclinado en las tardes echo mis tristes redes
> a ese mar que sacude tus ojos oceánicos (7, 10–12)
>
> Es en ti la ilusión de cada día. (12, 5)
>
> Juegas todos los días con la luz del universo.
> Sutil visitadora, llegas en la flor y en el agua (14, 1–2)
>
> Se fatiga mi vida inútilmente hambrienta.
> Amo lo que no tengo. Estás tú tan distante.
> Mi hastío forcejea con los lentos crepúsculos.
> Pero la noche llega y comienza a cantarme. (19, 17–20)

Zwischen *Veinte poemas* und der ersten, 1933 erschienenen Ausgabe von *Residencia en la tierra* ist fast ein Jahrzehnt vergangen. Neruda war in dieser Zeit,

---

[3] Die Zitate stammen aus P. Neruda, *Poesías completas*, Buenos Aires 1951.

ab 1927, in mehreren Ländern Südostasiens als Konsul tätig; zunächst in Rangoon (Birma), dann in Colombo (Ceylon), danach in Batavia auf Java und schließlich in Singapur. Über diese schwierigen Zeiten seiner Aufenthalte in fremden Ländern und Kulturen berichtete er später ausführlich.[4] Als die Gedichtsammlung veröffentlicht wurde, erfreute sie sich bei einem kleinen Leserkreis, dem sie damals zugänglich war, einer begeisterten Rezeption, und das Buch wurde als eine der wichtigsten Erscheinungen der literarischen Avantgarde Hispanoamerikas gefeiert. Die in der Sammlung angewandte poetische Sprache galt als düster und hermetisch, die Visionen als apokalyptisch, und die Modernität der sprachlichen Mittel faszinierte nicht nur wegen ihrer Unreinheit, ihren Brüchen, Disharmonien und Unvollkommenheiten, sondern auch aufgrund der Angst-, Entfremdungs- und Zerrissenheitsdarstellung.[5]

Neruda hat sich mit der Meinung, er sei von esoterischen Glaubensrichtungen Südostasiens beeinflußt worden, auseinandergesetzt und diesbezüglich geäußert[6]:

Todo el esoterismo filosófico de los países orientales, confrontado con la vida real, se revelaba como un subproducto de la inquietud, de la neurosis, de la desorientación y del oportunismo occidentales; es decir, de la crisis de principios del capitalismo.

Diese im zeitgeschichtlichen Zusammenhang stehenden Worte sagen einiges über die damals allgemein verbreiteten negativen Gefühle aus. Auf den folgenden Seiten geht es dennoch vorwiegend um eine punktuelle Betrachtung des zu dieser Zeit entstandenen poetischen Ichs Nerudas. Das vielzitierte und wenig analysierte Gedicht «Sabor» eignet sich gut als Beispiel, um Näheres über die Subjektivitätsgestaltung Nerudas zu erfahren, da es sich um eine Selbstdarstellung dieser Subjektivität handelt. Es ist klar, daß eine solche Gestaltung Nerudas dichterisches Schaffen nur für eine gewisse Zeit beherrschte und daß einige Jahre später etwas Neues in Hinsicht auf die Selbstdarstellung entstanden ist, als eine verstärkte Subjektivität einen neuen Gesang hervorrief. Dennoch bleibt dies eine Tatsache, mit der man sich auf den folgenden Seiten nicht auseinandersetzen kann. Trotzdem sollen Nerudas Worte, die er über alle diese Etappen geschrieben hat, zitiert werden[7]:

El subjetivismo melancólico de mis *Veinte poemas de amor* o el patetismo doloroso de *Residencia en la tierra* tocaban a su fin . . . Ya había caminado bastante por el camino de lo irracional y de lo negativo. Debía detenerme a buscar el camino del humanismo . . . enraizado profundamente en las aspiraciones del ser humano. Comencé a trabajar en mi *Canto General*.

---

[4] Vgl. P. Neruda, *Confieso que he vivido*, S. 81–153.
[5] Amado Alonso, *Poesía y estilo de Pablo Neruda*, Buenos Aires 1966, S. 7–9.
[6] Vgl. P. Neruda, *Confieso que he vivido*, S. 120.
[7] *Ibid.*, S. 196.

2. Die Subjektivität

Das in der ersten Ausgabe der Sammlung *Residencia en la tierra* veröffent-
lichte Gedicht «Sabor» besteht aus fünf nicht gleichversigen und -silbigen
reimlosen Strophen, deren Verslängen zwischen zwölf und neunzehn Silben
variieren. Es ist das sechste Gedicht dieser Sammlung, dessen Entstehungs-
zeit nicht genau zu datieren ist. Das Gedicht läßt sich in drei Abschnitte ein-
teilen. Die zwei ersten Strophen bilden einen ersten Abschnitt, der die aus
der Erfahrung entstandene, erhaltene Stimmung beschreibt. Die dritte Stro-
phe entspricht einem zweiten Abschnitt, der die Reaktionen der Subjektivität
als Resultat dieser Stimmung darlegt. Vierte und fünfte Strophe thematisieren
den Inhalt der Innerlichkeit dieser Subjektivität und bilden einen dritten
Abschnitt.[8]

a) Die Stimmung

Syntaktisch gesehen handelt es sich im ersten Abschnitt um einen einzigen
Satz der Art «he conservado A de B», der sich über zwei Strophen erstreckt.
Beim Lesen erfährt man unmittelbar die Rede des lyrischen Ichs, das von sei-
ner Stimmung spricht. Das auf das Ich bezogene und im Perfekt konjugierte
Verb «conservar» beschreibt eine in der Vergangenheit erlebte und in der
Gegenwart erhaltene Handlung, die diese Stimmung als direktes Objekt hat.
Das Objekt wird durch zwei aneinandergereihte Ausdrücke angegeben: «una
tendencia, un sabor solitario.» Der 'Richtung' oder 'Neigung' schließt sich
erläuternd und bedeutungserweiternd der einsame «sabor» an. Dieses Wort
ist in mehreren spanischen Redewendungen wie «tener un sabor amargo en la
boca» oder «dejar una cosa mal sabor» zu finden, scheint sich jedoch hier von
der wörtlichen Bedeutung 'Geschmack' sehr zu entfernen und eher dem Sinn
'Stimmung' gleichzukommen.[9] Ungewöhnlich, zugleich sehr poetisch, ist

[8] Carlos F. Cortínez schlägt im Unterschied zu meiner Einteilung folgendes vor:
«Hay dos momentos nítidamente diferenciados en este poema. El primero, que abarca
las dos primeras estrofas y parte de la tercera, describe la sensación apagada de la vida
ordinaria y el sabor ingrato que esta le deja a cualquiera que aspire a una mayor intensi-
dad. Luego de aludir brevemente a una posibilidad de escapar mediante algunas de las
fáciles formas del suicidio cotidiano – y rechazarla –, se entra en el poema (estrofa IV)
a describir las fuerzas que el poeta describe latentes en su interior» (*Comentario crítico
de los diez primeros poemas de «Residencia en la tierra»*, Ph. D. University of Iowa
1975, S. 198–199).

[9] Erich Arendt übersetzt in seiner deutschen Version des Gedichts «sabor» mit dem
Wort 'Begierde'; vgl. Pablo Neruda, *Aufenthalt auf Erden*, Hamburg 1960, S. 14. Hans
Magnus Enzensberger bevorzugt in seiner Übertragung die Worte 'Nachgeschmack'
und 'Geschmack', vgl. Pablo Neruda, *Poésie Impure*, Hamburg 1968, S. 75–76.

hier das Adjektiv «solitario», da «sabor solitario» wortwörtlich verstanden unvorstellbar ist; dennoch verleiht das Adjektiv dem neutralen Wort «sabor» eine negativ abgrenzende Funktion. Der Akzent im Satz liegt nicht auf dem Wort 'Stimmung'; betont ist eher seine durch die Präposition «de» eingeleitete Herkunft. Es handelt sich also um eine dreiteilige Aufzählung, die die Ursache der Stimmung darlegt.

Das Gedicht beginnt mit diesem ersten Teil. «De falsas astrologías» stellt die Falschheit der Tätigkeit dar, die sich mit den menschlichen Schicksalen und mit den von den Sternen ausgehenden Einflüssen befaßt. Die im Wort «astrologías» implizierte Erwähnung der Sterne referiert den Bereich des Himmlischen und alles andere, was mit ihm verbunden sein dürfte: Glaube, Zukunft und Ordnung; all dies scheint von der Falschheit berührt zu sein. Mit anderen Worten: Die hier verneinte Wahrheit der Astrologien würde eine Übereinstimmung der himmlischen und irdischen Ordnung zulassen, den Glauben an eine festgelegte Zukunft. An diesem Ausdruck läßt sich der Prozeß der Säkularisierung ablesen.[10]

Zunächst geht es um den Bereich der menschlichen Erfahrung und deren Gewohnheiten. Der in den Worten «de costumbres» vertretene zweite Teil der Aufzählung wird von drei Attributen abgegrenzt. «... un tanto lúgubres» trägt die Bedeutung des Todes, die «un tanto» abschwächt und relativiert. Es sind ja nicht die aus dem strahlenden Leben stammenden Gewohnheiten, es ist auch nicht etwas Vergängliches und Endendes, wie es der Ausdruck «vertidas en lo inacabable» unterstreicht, sondern immer anwesende und abgetragene Erscheinungen, wie sie der Satz «siempre llevadas al lado» festlegt. Wenn die Wiederholbarkeit charakteristisch für die Gewohnheiten ist, dann trägt sie immer ein negatives Zeichen in sich. Vergleichsweise könnte man dabei das anführen, wovon nicht die Rede ist, nämlich die Ebene des Nicht-Alltäglichen und Außergewöhnlichen. Das einmalige und außergewöhnliche Ereignis stellt sich der wiederholten, ständigen Gewohnheit gegenüber, die im Gedicht zum negativ dargestellten Alltag gehört.

Der dritte Teil der Aufzählung betrifft den Bereich des menschlichen kom-

---

Seinerseits übersetzt Angel Flores in der englischen Version «sabor» mit dem Wort 'savor', vgl. Pablo Neruda, *Residence on Earth*, New York 1976, S. 23. Amado Alonso bestätigt meine 'Übersetzung': «... las expresiones sensoriales, especialmente del gusto, (sirven) para sugerir estados de ánimo» (*Poesía y estilo*, S. 300).

[10] Es scheint, der Ausdruck ist nicht richtig interpretiert worden. C. F. Cortínez kommentiert ihn folgendermaßen: «Llama la atención que PN califique de ‹falsas› a las astrologías pues jamás sostuvo que la astrología fuera verdadera» (*Comentario crítico*, S. 183). Antonio Melis meint dazu folgendes: «In *Sapore* ritroviamo l'idea della magia, della divinazione (‹Di false astrologie›) unita alle immagini dell'inautenticità della vita quotidiana» (*Neruda*, Florenz 1967, S. 24).

munikativen Handelns. «... conversaciones» werden als drittes bezeichnet, aus dem der einsame «sabor» entsteht, und sie verfügen auch ihrerseits über drei, ihren eigenen Sinn erläuternde Attribute: «gastadas» adjektiviert die Gespräche; der Vergleich «como usadas maderas» akzentuiert die Bedeutung des Verbrauchten und Abgegriffenen, die ausschließlich in bezug auf die wiederholten und abgenutzten Themen zu verstehen ist. Man denkt hier an die anderen Gespräche, die den gerade erwähnten Gesprächen gegenüberstehen: Die neuen, originellen, glanzvollen und interessanten erfüllen glänzend ihre kommunikative Funktion. «... con humildad de sillas» erweitert den bisher verstandenen Sinn. «... sillas» erwähnt die Gegenstände, worauf die Sprechenden sitzen, benennt diese und ihre Gesprächsthemen.[11] Das Wort «humildad» präzisiert die niedrige Herkunft der «sillas» und der «conversaciones», bezieht sich aber außerdem auf die „genera elocutionis", auf das Nicht-Erhabene, das Unbedeutende und Niedrige. Ihre Worte dienen wie willenlose Sklaven, ist dem Gedicht weiter zu entnehmen. Der Satzteil «palabras ocupadas en servir» negiert in den Gesprächen die Freiheit der Rede; der Vergleich «como esclavos» verstärkt den Sinn des Wortes «ocupadas»; «de voluntad secundaria» betont erneut diese Bedeutung, d. h. den zweiten und untergeordneten Willen. Man könnte vergleichenderweise die nicht erwähnten, aber in Abwesenheit anwesenden, freien, unabhängigen, inspirierten und nicht versklavten Worte anderer Gespräche andeuten.

Das Gedicht aber fügt den «palabras» weitere Attribute hinzu; diese 'Worte' haben eine dreifache «consistencia», einen Bestand, der ihre Materialität und Struktur benennt. Hier stellt das Gedicht seine poetischen Bilder als eine dreiteilige Aufzählung vor: «teniendo esa consistencia de» leitet den ersten Teil ein: «la leche». Dieses Wort ist im übertragenen Sinn zu verstehen. Spanische Redewendungen, wie «estar con la leche en los labios» oder wie «dientes de leche», zeigen, daß dieser Begriff nur in Zusammenhang mit Unreife, Kindlichkeit und Unvollkommenheit gebracht werden kann.[12]

«... las semanas muertas» ist der zweite Teil und bezieht sich auf eine Zeiterfahrung. «... muertas» setzt «vivas» in ihrer Abwesenheit voraus: Die Zeit und ihr Verlauf bzw. «las semanas» vergehen, ohne etwas Lebendiges erfahren zu haben; so bezeichnet «muertas» nicht die Verneinung der Zeit, die dennoch, ohne etwas anderes als ihren Verlauf zu erleben, weiterläuft:

---

[11] Im Gegensatz zu Cortínez' Interpretation sehe ich in dem Ausdruck eine zweifache Synekdoche. Cortínez erklärt den Ausdruck folgendermaßen: «conversaciones que están ahí, en indiferente disposición, como una silla en la que uno puede sentarse o no» (*Comentario crítico*, S. 187).

[12] Hier verzichtet Cortínez auf eine genauere Auslegung, ihm genügt es zu schreiben: «La consistencia de la leche es algo neutral, un poco apagada, opaca» (*Comentario crítico*, S. 187).

kein Ereignis, kein Geschehen. Die 'toten Wochen' möchten diese Erfahrung des Zeitverlaufs ausdrücken, die unter dem Namen Routine geläufig ist.

Zu dem Routinehaften und Unvollkommenen gesellt sich der dritte Teil der Aufzählung: «aire encadenado sobre las ciudades» wiederholt die Bedeutung des Unfreien. «... encadenado» steht dem nicht erwähnten Wort «libre» gegenüber; nun bezieht sich dieses Adjektiv auf «aire» und gibt ihm den Charakter des Nicht-Fließenden, Nicht-Strömenden, des Stagnierenden. In diesem Satz ist keine Frische und kein Wind zu spüren. Der Vers gibt eine weitere Angabe über den Standort der gefesselten Luft: Sie ist «sobre las ciudades». «... ciudades» bezeichnet das Zusammenleben der Menschen und die Menschen selbst, hinter deren Umgang das Stagnierte liegt. «... palabras» haben den Bestand der stillstehenden Luft, aber auch des Unvollkommenen und Routinehaften, so daß sie als Vehikel des Gesprächs im Gedicht eine mangelhafte Existenz besitzen.[13]

Zu diesen unfreien Worten gesellen sich die Bedeutungen, die als Attribute der «conversaciones» fungieren: Niedrigkeit, Banalität, Unfreiheit und Abgegriffenheit bilden ihr Sinnfeld, das den 'Gesprächen' den kommunikativen Charakter abspricht. Diese Verneinung des Kommunikativen gestaltet eine Herkunft des einsamen «sabor». Hinzu kommen die unaufhörlich düsteren, Todessinn tragenden, ewig vorhandenen «costumbres» und das Falsche des himmlischen Bereichs. Alle diese Elemente lassen die Erfahrung entstehen, aus der die vom lyrischen Ich negativ dargestellte Stimmung herrührt.

b) Die Reaktionen

Vier Sätze bestimmen die dem zweiten Abschnitt entsprechende dritte Strophe. Sie scheint eine Folge der in den zwei ersten Strophen negativ dargestellten Stimmung zu sein. Im Hinblick auf diese Negativität fragt das lyrische Ich einen unbestimmten Menschen, ob es noch irgendeinen gibt, der Gleiches erfahren hat. Das Interrogativpronomen «Quién» bezeichnet diesen rhetorischen Gesprächspartner. Das Hilfsverb «puede» führt die Fähig-

[13] Diesbezüglich stimmen alle Meinungen überein. H. Loyola meint, es handele sich um eine «constante de degradación» (vgl. «Residencia revisitada», in: *Cuadernos Americanos* 5 [1985], S. 136). Alain Sicard erklärt: «Al igual que las cosas, las palabras le parecen estar aprisionadas en el tiempo al poeta» (*El pensamiento poético de Pablo Neruda*, Madrid 1981, S. 603). Alfredo Lozada behauptet: «... el lenguaje sirve a intereses secundarios de la voluntad» (*El monismo agónico de Pablo Neruda*, Mexiko 1971, S. 128). Antonio Melis schreibt in bezug auf die zweite Strophe folgendes: «Domina un'atmosfera di oppressione e di ristagno» (*Neruda*, S. 24). Carlos F. Cortínez erwähnt diesbezüglich den Ausdruck *tedium vitae* («La vía onírica en un poema de 'Residencia en la tierra'», in: *Filología* XVII–XVIII [1976–1977], S. 370).

keit des lyrischen Ichs an, eine Handlung des «jactarse» unternehmen zu können. Das Verb drückt sowohl den Stolz über einen Erfolg oder eine Leistung wie auch die höchste Befriedigung über etwas aus. Das Objekt des Verbs ist «paciencia más sólida». «... paciencia» bezieht sich auf die schon erwähnte und zum einsamen «sabor» führende Erfahrung der Negativität; sie ist eine passive Haltung dieser Erfahrung gegenüber, wobei die Steigerung des Adjektivs die Härte der Haltung verstärkt und bekräftigt. Nun scheint die Bedeutung von «jactarse», der Stolz auf Erfolg und Leistung, mangelhaft zu sein, da diese ihren Eigenschaften nicht gerecht werden. Die höchste Befriedigung über etwas setzt einen aktiv affirmativen Moment voraus. So erlaubt der negative Aspekt des Ertragens keine Haltung des «jactarse», ohne im Vers einen ironischen Beiklang anklingen zu lassen.[14] Folglich erscheint die oben benannte Fähigkeit als gemildert. Die höchste Befriedigung über das Ertragen kann überhaupt nicht so sehr befriedigend sein. Betrachtet man die nächsten beiden Verse, ragt der ironische Beiklang noch deutlicher heraus. Es ist von einer «cordura» die Rede, die sich in einer prekären Situation hält. «... cordura» und «paciencia» haben komplementäre Funktion und sollten zusammen betrachtet werden. Der Vers stellt folgendes dar: Das lyrische Ich erfährt die Handlung der «cordura» und läßt sich von ihr umgarnen. Nun wird hier das Instrumentale durch ein kompliziertes Bild ausgedrückt: «de piel compacta de un color reunido». «... compacta» adjektiviert die das lyrische Ich umgebende Hülle, «piel», und intensiviert die Bedeutung des Umhüllten und des mit großer Spannung Zusammengepreßten, was «de un color reunido» noch mehr verstärkt. Dieser Satz bezieht sich unmittelbar auf «compacta» und erklärt, woraus «piel» die Qualität ihrer Enge bezieht. Die nicht beschriebene Farbe wird durch das Adjektiv «reunido» charakterisiert. So bilden «reunido» und «compacto» ein gleiches Sinnfeld. Das Wort «color» behält seine Neutralität – weder grün noch rot noch gelb – und wird weiterhin von diesem Sinnfeld bestimmt: wie «sabor» bezeichnet auch «color» die Stimmung. Der Vergleich «como una culebra» ist zweideutigen Charakters, und sein Sinn hängt vom Bezugspunkt ab. Man hat «la cordura» als das Verglichene verstanden, und «culebra» wird «cordura» zugeordnet, wodurch das komplizierte Bild weniger schwierig erscheint. Wenn man «color reunido» als das Verglichene versteht, vermittelt das Wort «reunido» dem

---

[14] Carlos F. Cortínez hat auch den ironischen Beiklang gehört, interpretiert ihn aber anders: «Hay un gesto irónico en esta articulación de ‹paciencia› y ‹cordura› que se otorga el poeta. Es un modo de decirnos: ‹soy un buen burgués, todos los días.› ¿Y qué poeta quiere alabarse, en serio, de ser un hombre paciente y cuerdo?» (*Comentario crítico*, S. 190). Alain Sicard versteht *paciencia* als ‘Ertragen’, hört aber nicht den ironischen Beiklang: «La ‹paciencia› que se practica en la primera *Residencia* es más una manera de soportar la condición temporal, para el poeta, que una forma de responsabilizarse de ella verdaderamente» (*El pensamiento poético*, S. 106).

Wort «culebra» das Bild der in sich verschlungenen Schlange, und «color» bzw. die Stimmung nimmt die Eigenschaften des Tieres an, was ihre Neutralität auslöscht, da der negative Sinn der Schlange als bösartiges Tier nicht geleugnet werden kann. Sowohl bei der ersten wie auch bei der zweiten Interpretation bleibt der ironische Beiklang des «jactarse» erhalten. Hier also fungiert «cordura» als eine Haltung, die aus dem mit höchster Spannung Zusammengezogenen und -gepreßten resultiert und die von einer bösartigen geballten Stimmung bestimmt wird. Dieser prekäre Zustand und die ihm entsprechende «paciencia» stehen kurz davor, diese Situation aufzugeben und aus dem Zusammengepreßten herauszuspringen, so daß sich das Gesicht der bisher versteckten Ungeduld entblößen würde. So läßt sich die noch nicht aufgebrochene, durch «cordura» und «paciencia» verkleidete Reaktion gegenüber der Negativität ablesen.[15]

Der vierte Vers befaßt sich mit dieser Reaktion. Ein Doppelpunkt führt die Zeile ein und könnte eine explikative oder eine konsekutive Funktion haben. «... cordura» umgibt das lyrische Ich mit einer gespannt gezogenen Hülle; diese Hülle ist eine Stimmung, die das Aussehen einer eingerollten Schlange hat. Wird die Spannung gelockert, kommt die der Negativität entsprechende Reaktion zum Vorschein: «mis criaturas nacen de un largo rechazo». Indem das lyrische Ich von «mis criaturas» spricht, stellt es seine eigene Identität fest: Es handelt sich um den Schöpfer. Nun ist der Zusammenhang, in dem sich das Verhältnis «criaturas – creador» ergibt, im weitesten Sinne zu verstehen. Der Schöpfer läßt sich als der Handelnde beschreiben, seine Kreaturen als sein Handeln erfassen. Im engsten Sinne kann sich der Zusammenhang nur auf das poetische Handeln beziehen, und die hier sprechende Subjektivität läßt einen Lyriker erkennen.[16] In beiden Auslegungen scheint es jetzt wichtiger zu sein, daß die Kreaturen eher in direkter Verbindung zu «rechazo» stehen als zu «paciencia» und «cordura». Ihre Herkunft wird aus der nun nicht mehr beherrschten Haltung hergeleitet, wie «paciencia» und

---

[15] Carol J. Bergen schreibt diesbezüglich folgendes: "But 'sabor' of which the 'I-figure' speaks is more than a bitter aftertaste. It is also a 'paciencia fija' which looks to the future, exuding a muted optimism in the midst of discouragement. It is a patience, a passivity, fashioned of energies in a state of suspended animation. Prudence and wisdom have restrained the foolhardy enthusiasm of 'Galope muerto' within a 'piel compacta', but its color is coiled like a snake ready to spring" (*Pablo Neruda's Poetry of Quest*, Ph. D. Brown University 1976, S. 105).

[16] Carlos F. Cortínez sieht auch beide Möglichkeiten, diesen Vers zu interpretieren: «...sus ‹criaturas› (hemos de entender por ello, primeramente sus poemas, pero acaso, en sentido más amplio, todo lo que hay en él de vivo y creador: sus sueños y sus amores) ...» (*Comentario crítico*, S. 190). Alain Sicard sieht den Vers in einem engeren Sinne: «Se trata de un ejercicio que es la condición misma de la escritura poética ...» (*El pensamiento poético*, S. 107).

«cordura» sie vorgegeben hatten. Dieser Betrachtung nach steht «rechazo» dem durch Vernünftigsein und Geduld bestimmten Benehmen gegenüber und expliziert noch einmal den obengenannten ironischen Beiklang, obwohl das Adjektiv «largo» eine Anspielung auf die andauernde Haltung der «paciencia» zu sein scheint. So ist «rechazo» doch eine Reaktion, zwar verteidigend und passiv, aber in direkter Verbindung zu der in den ersten zwei Strophen dargestellten Negativität: Das «re-» von «rechazo» (das „zurück-" der Zurückweisung) impliziert die Handlung einer vom Subjekt erlebten gefährlichen Erfahrung. Diese Reaktion wird vom lyrischen Ich als Ursprung der Kreaturen bezeichnet, was das Verb «nacen de» noch mehr verdeutlicht.

Ein zweiter Doppelpunkt führt den schmerzhaften Ausruf «ay» ein, der dem Gedicht den subjektiven Aspekt gibt. Dieser Ausruf unterstreicht noch einmal die Negativität der Erfahrung. Die zwei folgenden Verse sollten in bezug auf «rechazo» gelesen werden. Sie beschreiben jetzt die Handlung des Zurückweisens als ein «despedir». Das lyrische Ich weist die Negativität zurück, wirft «este día» ab. Der Tag verfügt jedoch über die Qualität des Ausgewählten, des vom lyrischen Ich Bevorzugten. Die Qualität wird dennoch unmittelbar mit einer sich selbst widersprechenden, ironischen Aussage verneint. «. . . igual entre los días terrestres» stellt den ausgewählten Tag und all die anderen möglichen Tage auf die gleiche Ebene; sie unterscheiden sich nicht in ihrer Negativität. «. . . terrestres» sollte hier als Gegensatz zu ‘himmlisch' verstanden werden und in Verbindung zu dem grundlegenden Sinnfeld des Schmerzhaften stehen, das den Gedichtband *Residencia en la TIERRA* bestimmt. Der ausgewählte und zurückgewiesene Tag gleicht den anderen Tagen; alle sind vom Schmerzhaften durchwoben, und so kann hier das Adjektiv «largo» einen anderen Bezugspunkt gewinnen: Die andauernde Zurückweisung wiederholt sich täglich, was den Charakter der negativen Erfahrung noch vergrößert.

Das Hilfsverb «puedo» erscheint durch «alcohol» bestimmt und herrscht über die Handlung des «despedir». «. . . alcohol» bezeichnet das Instrumentale der Handlung, das das lyrische Ich von der negativen Wirklichkeit bzw. von den schmerzhaften Tagen entfernt. Nun wird das Instrumentale durch «un solo» abgegrenzt. Der Ausdruck läßt sich nicht eindeutig erklären. Man könnte «solo» als ‘einzig', als ‘eine Art' oder sogar als «solitario» interpretieren. Wichtiger scheint aber zu sein, daß sich der Ausruf «ay» auf diese Handlung des Zum-Alkohol-Greifens bezieht, was mit der zurückweisenden Handlung des «despedir» eine weitere Erscheinung der erwähnten Negativität bedeutet. So werden die ironisierten «cordura» und «paciencia» auch als etwas anderes begriffen; sie sind zurückweisende Reaktionen, die vom Negativen geprägt sind.[17]

---

[17] Es scheint, daß Alain Sicard diese Verse nicht verstanden hat, wenn er schreibt:

c) Die Innerlichkeit

Der dritte Abschnitt besteht im Grunde genommen aus wenigen Sätzen, die durch eine beachtliche Anzahl vergleichender Attribute bestimmt sind und die im Unterschied zum zweiten Abschnitt eher einen Zustand als eine Handlung aufzuweisen scheinen. So ist die vierte Strophe eine zweimal wiederholte syntaktische Struktur der Form «estar lleno de»; die fünfte weist eine 'Es-gibt'-Struktur auf; die beiden Strophen geben eine weitere Beschreibung der Subjektivität. Die Aussage wird immer noch vom lyrischen Ich beherrscht. Seine im Präsens konjugierten Verben «vivo» und «voy» beziehen sich auf seine Existenz und drücken das gleiche aus; das eine wiederholt sich in dem anderen als anaphorische Konstruktion: «vivo lleno de», «voy lleno de». «. . . lleno de» verlangt nach Objekten; sie sind «substancia, paciencia» und «aguas», nun deutet der Ausdruck einen Inhalt an. «. . . lleno de» spielt ebenfalls auf das Innere des lyrischen Ichs an, in dem der Inhalt ruht. Dieser Inhalt wird erst mit dem durch Attribute explizierten Wort «substancia» benannt, und so läßt sich dieses Wort aus seiner Neutralität herausholen: «de color común» ist die erste Abgrenzung. Im Unterschied zur Bedeutung von «color» im zweiten Abschnitt, in dem der Sinn des Wortes 'Stimmung' ist, weist «color» die Bedeutung 'Qualität' auf. «. . . común» erklärt die Stufe der Qualität, das heißt eine nicht-hervorgehobene, niedrige und gemeine. Im Vergleich dazu sollte man an die erhabenen und kostbaren Farben denken, die hier nicht als Eigenschaft der Innerlichkeit miteinbezogen werden. «. . . sub-

---

«Gracias a la ascesis de la ‹paciencia›, el alcohol . . . ha dejado de ser el remedio indispensable en la angustia del crepúsculo» (*El pensamiento poético*, S. 107). C. F. Cortínez kommentiert diese Verse anders: «El alcohol sería aquí un símbolo para cualquier modo de evasión» (*Comentario crítico*, S. 191–192). Man kann einige Zeilen aus den Memoiren zitieren, in denen alle in Frage kommenden Elemente erscheinen: «La verdadera *soledad* la conocí en aquellos días y años de Wellawatha [Ceylon, Anm. d. Verf.] . . . No tuve más compañía que una mesa y dos *sillas*, mi trabajo, mi perro, mi mangosta y el *boy* que me servía . . . Este hombre no era propiamente compañía; su condición de servidor oriental lo obligaba a ser más silencioso que una *sombra* . . . No era preciso ordenarle nada, pues todo lo tenía listo: mi comida en la mesa, mi ropa acabada de planchar, la botella de *Whisky* en la verandah» (Pablo Neruda, *Confieso que he vivido*, S. 130–131). In bezug auf das Wort *solo* hat Cortínez die Zweideutigkeit des Ausdrucks erkannt; er schreibt in seinem Kommentar folgendes: «Hay una ambigüedad lingüística en la expresión: puede significar: a) sólo hay un alcohol con el cual yo puedo lograrlo (despedir el día), o bien b) basta con un solo alcohol para lograrlo» (*Comentario crítico*, S. 191). Er gibt aber einige Zeilen weiter eine andere Auslegung: «Y en la expresión ‹con un solo alcohol›, puede estar operando un cruce de significado con los modismos ‹de un golpe›, ‹de un trago›, que quieren decir: ‹de una vez para siempre›, ‹súbitamente›, ‹rápidamente›» (*Ibid.*, S. 192).

stancia» besitzt ein zweites Attribut, dessen Bedeutung das lyrische Ich mit einem Vergleich abzurunden versucht. «... silenciosa» beschreibt die Substanz in ihrer Stille, Schweigsamkeit und Geräuschlosigkeit. Nach «color común» sollte dieses Adjektiv das Sinnfeld des Gemeinen erweitern und die Bedeutung des Stummen und Lautlosen bekommen. «... como una vieja madre» akzentuiert diese Bedeutung: Bei den im Wort «madre» enthaltenen guten Eigenschaften denkt man unmittelbar an Geborgenheit, Liebe und Schutz; hinzu kommt noch das Adjektiv «vieja» mit einer pejorisierenden Wirkung. Es handelt sich nicht um eine positive Figur der Mutter, sondern um ein Bild der müden, alten, aufgrund ihrer Müdigkeit und ihres Alters schweigsam gewordenen Mutter; weder Freude noch Lebendigkeit sind im Bild vorhanden.

«... una paciencia fija» besitzt eine zweideutige syntaktische Position. Man könnte den Satz in bezug auf «vivo lleno de» verstehen und eine parallele Struktur zu «substancia» finden oder den Satz als eine Apposition zu «vieja madre» betrachten. Eine dritte Möglichkeit wäre, nach «vieja madre» ein elidiertes «como» zu lesen, so daß «paciencia fija» in bezug auf «silenciosa» gesehen werden könnte, was eine unnatürliche Konstruktion ergäbe.[18] Der Akzent liegt im Satz auf «fija», da die zwei folgenden Vergleiche auf diesem Adjektiv beruhen. «... fija» deutet auf das Festsein der «paciencia» hin. Dieses Wort weist in diesem Zusammenhang, im Unterschied zur zweiten Strophe, eine andere Nuance auf. «... paciencia» scheint hier eher ein passives Verhalten, ein bis zur Bewegungslosigkeit geführtes Handeln zu sein, das gar kein Handeln mehr ist, sondern ein passives Dasein. «... fija» wird andererseits durch zwei Vergleiche abgegrenzt, die dazu dienen, die Starrheit und Unbeweglichkeit zu unterstreichen. «... fija como sombra de iglesia» spricht von der ständigen Dunkelheit im Innern der Kirche. «... sombra» bezeichnet in diesem Zusammenhang die Abwesenheit des Lichts und erlaubt dem Wort «iglesia» keine positive oder negative Anspielung auf den Glauben und den Schutz, auf die Geborgenheit; «iglesia» fungiert als ein Wort, das den Ort beschreibt, in dem permanente Dunkelheit herrscht.

«... fija como reposo de huesos» erwähnt die Ruhe und Stille des Todes. «... reposo» verneint jede Bewegung oder Verwandlung und steht für das Festsein. Nun ist die Abgrenzung des Wortes «fija» durch diesen Vergleich zum Sinnfeld des Leblosen und Toten geworden. «huesos» bezeichnet nicht das Gerüst des menschlichen Körpers, sondern eher dessen Überreste nach dem Leben. Obwohl die Vergleiche die Bedeutung des Festseins erklären soll-

---

[18] So hat Erich Arendt den Vers verstanden, wenn er ihn folgendermaßen übersetzt: „Von einer Substanz von gewöhnlicher Färbung erfüllt, lebe ich schweigsam / wie eine alte Mutter, *eine Geduld*, beständig / wie Kirchendunkel..." (*Aufenthalt auf Erden*, S. 14, Hervorhebung d. Verf.).

ten, sind sie über das gemeinsam Vergleichende hinausgegangen und bringen andere Sinnfelder mit ein: die Abwesenheit des Lichtes, Bewegungslosigkeit, die Ruhe des Todes, das Tote. So bilden diese Sinnfelder neben dem Festsein der «paciencia» eine Signifikation, die nicht aus dem oben negativ Dargestellten herauskommt: das passive Dasein bzw. das Warten, das die «paciencia» zu deuten scheint, bleibt unveränderlich, unbeweglich, lichtlos, leblos und tot. Folglich kommt zu dem negativen Sinn der Substanz aus gemeiner Farbe das feste, aber leblose Verhalten hinzu, das auch den Inhalt der hier beschriebenen Innerlichkeit darstellt.

Die zwei nächsten Verse ähneln in ihrer syntaktischen Struktur dem gerade Beschriebenen. Anstelle von «vivo» findet man jetzt das Verb «voy», das das Leben als den Topos des Gehens, des Unterwegsseins versteht. «. . . lleno de» wiederholt die Andeutung auf den Inhalt der Innerlichkeit; «esas aguas» bezeichnet jetzt den Inhalt. Das Demonstrativpronomen «esas» setzt Erwähntes voraus, das hier nur «substancia» und «paciencia» sein kann, was als Gewässer verstanden werden soll. «. . . esas aguas» läßt sich durch verschiedene Attribute widersprüchlich bestimmen. «. . . dispuestas profundamente» erklärt den Ort, wo das Gewässer liegt, das heißt die Tiefe der Innerlichkeit; dort befindet es sich als «dispuestas» und «preparadas». Diese Anordnung und die Bereitschaft, irgend etwas zu unternehmen, werden unmittelbar verleugnet. «. . . durmiéndose» läßt das Gewässer in eine Art Schlaf und Ruhe versinken, was in sich wiederum ein Wachsein enthält, das vom Adjektiv pejorisiert wird: Das eine neutralisiert das andere; das Wachsein ist aufgehoben. So wird hier das Gewässer, wie die in der zweiten Strophe dargestellte Luft, als etwas Stagniertes gesehen: Es besitzt nicht die Eigenschaft des fließenden Stroms. Das lyrische Ich spricht über sein Innerstes und stellt fest, woraus es besteht: lautlose und gemeine Substanz; festes, dunkles, passives, dem Tod ähnliches Dasein; stagniertes Gewässer.[19]

Die letzte Strophe erweitert die Darstellung dieser Innerlichkeit und gibt ihr ausdrücklich diesen Namen: «en mi interior de guitarra». Die Strophe hat eine syntaktische Struktur der Art «hay A en B», wobei der Akzent auf dem in diesem Innern Existierenden liegt. «. . . guitarra» bezeichnet das Instrument zum Singen.[20] Die Innerlichkeit gleicht dem Innern einer Gitarre, in

[19] Cortínez sieht in dieser Strophe, im Unterschied zu meiner Auslegung, eine positive Charakterisierung der Innerlichkeit: «Es el reconocimiento de que hay en su interior ciertas fuerzas dispuestas que, aunque adormecidas por la rutina, están allí poderosas y vivas» (Comentario crítico, S. 192). Mit folgenden Worten kommentiert dagegen Vicente Campos diese Strophe: «Percibe [el poeta, Anm. d. Verf.] a su alrededor lo patético y miserable de la condición humana, vida y muerte se arrastran a su alrededor como las cadenas de un condenado» («Pablo Neruda. Residencia en la Tierra I», in: Norte VIII/2–3 [1967], S. 41).

[20] Amado Alonso schreibt in bezug auf dieses Wort folgendes: «Guitarra es la con-

der sich jedoch kein Gesang befindet. Das lyrische Ich spricht ausschließlich von «aire»[21]. Dieses Wort bedeutet im Spanischen sowohl Luft als auch Melodie oder Lied. Die Bestimmung des Wortes wird dennoch durch verschiedene Adjektive gegeben. «. . . viejo» kommt im Gedicht jetzt zum zweiten Mal vor und trägt auch dieses Mal eine negative Bedeutung. Im Satzteil «substancia silenciosa como una vieja madre» unterstreicht «vieja» das Lautlose, das Schweigsame einer müden Mutter. Bei «aire viejo» verneint das Adjektiv das Frische und Junge von «aire»: also weder frische Luft noch junge Melodie. Es scheint eher die Eigenschaften der in der zweiten Strophe als stagniert beschriebenen Luft zu haben. «. . . seco» bedeutet viel mehr das Rauhe und Harte als das Trockene, was auch eine negative Abgrenzung von «aire» ist. «. . . sonoro» sollte die wohlklingenden Laute bezeichnen und eine positive Bedeutung haben, die aber von den umstehenden Adjektiven neutralisiert wird und vielleicht eher das Laute andeutet. Man könnte fast meinen, «sonoro» stehe im Widerspruch zu «substancia silenciosa»; betrachtet man jedoch die folgenden Adjektive eingehender, entdeckt man doch einige Übereinstimmungen mit diesem Sinnfeld: das Festsein der unveränderlichen und bewegungslosen «paciencia fija» und das Stagnierte des Gewässers richten sich auf das gleiche Sinnfeld wie «permanecido» und «inmóvil»; sie charakterisieren ein passives Dasein.[22]

Zwei Vergleiche bleiben aber noch in bezug auf «aire» offen; der eine verstärkt das Unveränderliche und Unbewegliche durch eine positive Perspektive: «como una nutrición fiel». Das Adjektiv «fiel» bezeichnet das immer Anwesende, aber auch das Nicht-Aufgegebene, was mit «permanecido» und «inmóvil» in Zusammenhang zu sehen ist. Die aufwertende Funktion von «fiel» deutet jetzt im voraus die Zweideutigkeit der Strophe an; so wird «viejo» «fiel» angenähert, und «aire» «nutrición», wobei sich eine neue positive und auf das Leben bezogene Seite zeigt. Dieser Moment verschwindet jedoch beim nächsten Vergleich: «un aire viejo como humo». Dieses letzte Substantiv hat in der spanischen Lyrik, neben «sombra» und «polvo», oft eine todestragende Bedeutung, wie man es z. B. bei dem vielzitierten Vers

dición lírica, no el ejercicio lírico, el ser, el vivir a lo poeta, no necesariamente el hacer poemas» (*Poesía y estilo*, S. 266).

[21] Erich Arendt übersetzt *aire* mit dem Wort 'Singen', was mir eine einseitige Interpretation zu sein scheint (vgl. *Aufenthalt auf Erden*, S. 14). Ähnlicherweise verfährt Hans Magnus Enzensberger in seiner Übertragung, er bevorzugt das Wort 'Lied' (Vgl. *Poésie Impure*, S. 75).

[22] Cortínez versteht die Adjektive, die in bezug auf *aire* vorkommen, eher positiv: «Los adjetivos tienen valor positivo. ‹Viejo› insiste en la antigüedad ya aludida en el v. 16. ‹Seco› viene a corregir un aspecto de las ‹aguas› del v. 18, su humedad. Y ‹sonoro›, finalmente, es cualidad de lo intacto, lo que no ha sido penetrado por el sabor amordazante de los primeros versos» (*Comentario crítico*, S. 195–196).

eines Sonetts von Góngora vermerken kann: «en tierra, en humo, en polvo, en sombra, en nada» (nebenbei sollte man bemerken, daß im Gedicht «terrestres», «lúgubres», «sombra», «muertas», «reposo de huesos», «humo» ein ähnliches Sinnfeld zu bilden scheinen).[23]

Nach «humo» leitet der Doppelpunkt anscheinend eine zusammenfassende Aussage ein, in der die obengenannte Zweideutigkeit mit ihrer Bewertung umgestellt wird. «... un elemento en descanso» und «una nutrición fiel» sind parallel gesetzt; der Wert des ersten ist jedoch eher negativ (wie bei «descanso», «reposo», «permanecido», «inmóvil»), während «fiel» über eine ausgesprochen positiv tragende Funktion verfügt. Ähnliches geschieht mit «aceite vivo» und «humo». Beide haben das Brennen gemeinsam, dennoch sind die Werte bei «humo» negativ und bezeichnen das Nicht-Existierende, während sich «un aceite vivo» als etwas Lebendiges zeigt. Diese Dualität sollte den Inhalt des Innern konstituieren, scheint das lyrische Ich zu sagen: das passive und ertragende Dasein, und das von «un aceite vivo» vertretene Lebendige. Dieses Lebendige erfährt aber noch eine weitere Abgrenzung, da ein zweiter Doppelpunkt den Sinn des Satzes weiter expliziert: «un pájaro de rigor cuida mi cabeza» soll die Bedeutung des heißen Öls erklären. Das Verb «cuida» referiert eine Handlung, deren direktes Objekt ein Teil des lyrischen Ichs ist. «... mi cabeza» steht zum lyrischen Ich in einer synekdochenartigen Beziehung der Form *pars pro toto,* wobei sich die schützende Funktion des Verbs auf das lyrische Ich bezieht. Das Subjekt «un pájaro de rigor», zusammen mit seinem Objekt, läßt sich hier syntaktisch gesehen durch den Doppelpunkt als eine Erweiterung und Erklärung von «un aceite vivo» verstehen. So könnte man hinzufügen, daß das in «aceite vivo» vertretene Lebendige eine vor dem Negativen schützende Funktion hat. Ähnliches darf man beim Betrachten des ebenfalls durch einen Doppelpunkt eingeführten nächsten Verses behaupten: «un ángel invariable vive en mi espada». Die westliche Tradition unterrichtet hier über die schützende Rolle des Engels. So resultieren «ángel invariable», «pájaro de rigor» und «un aceite vivo» als verschiedene Ausdrücke des gleichen. Andererseits gibt der letzte Vers in seiner parallelen Stellung zum vorletzten weitere Erklärungen und korrigiert teilweise die bisher gesehene Auslegung: «MI espada» wie «MI cabeza» bezeichnet etwas dem lyrischen Ich Zugehöriges. Sieht man in der genannten Synekdoche eher eine Relation Organ *pro* Funktion anstatt des vorherigen *pars pro toto,* dann bezeichnet man statt «cabeza» ihre Funktionen, die das Wort Ingenium zusammenfassen könnte, so daß «cabeza» bzw. Ingenium die Identität

---

[23] Es handelt sich um das sehr bekannte 149. Sonett Góngoras, das 1582 geschrieben wurde und dessen erster Vers lautet: «Mientras por competir con tu cabello». Dieses Gedicht behandelt das Thema des *carpe diem.* Vgl. Luis de Góngora, *Sonetos completos,* Madrid 1980, S. 230.

des Schwertes bekommen würde und als Waffe eine schützende und verteidigende Rolle spielen sollte.[24]

Betrachtet man nun die fünfte Strophe als Ganzes, kommt man zu dem Ergebnis, daß die durchgehende 'Es-gibt'-Struktur in der Innerlichkeit einen dualen Inhalt darstellt: ein passives Element und ein schützendes, dessen Aktivität aus dem Verteidigenden, das gegen das Negative handelt und trotzdem vom Negativen geprägt ist, besteht.[25] Der dritte Abschnitt beschreibt dann diese Dualität, indem er die gemeine und lautlose Substanz, das feste und passive Dasein, das stagnierte Gewässer und die ruhende, aber gleichzeitig schüt-

---

[24] Amado Alonso hat sich in seinem Buch über Neruda mit der Symbolik des Schwertes befaßt. Diesbezüglich schreibt er: «las *espadas* son en esta poesía expresión simbólica del esencial impulso aventurero, hermoso, brillante, de tono heroico» (*Poesía y estilo*, S. 256). In der Auslegung dieses Gedichts kann ich diese Meinung nicht vertreten.

[25] Es ist sehr interessant, die verschiedenen und widersprüchlichen Interpretationen zu betrachten, die diese letzte Strophe verursacht hat. Hernán Loyola behauptet: «Pero Pablo contrapone a la degradación, con simétrica regularidad, una constante compensatoria de *profecía* . . . El ‹sentido profético› tiene alas de ángel, vuelo de pájaro, fuerza de espada y de aceite vivo, pero está hecho también de paciencia u obediencia» («Residencia revisada», *op. cit.*, S. 137 und 139). Der gleiche Verfasser paraphrasiert diese Verse folgendermaßen: «. . . con una ‹atención triste› sobrellevo mi vigilia. Porque en mi corazón de poeta – ‹en mi interior de guitarra› – subsisten antiguas ilusiones, viejas esperanzas que no me abandonan todavía: ellas son ‹como una nutrición fiel› o como una presión de vapor que me impulsa (‹como humo›), o como un material vitaminado, reconstituyente (‹un aceite vivo›). Todo esto es la causa de que, aun en mi penosa circunstancia, todavía efectúo mis trabajos y mi poesía con responsabilidad y con un antiguo entusiasmo (‹un pájaro de rigor cuida mi cabeza: / un ángel invariable vive en mi espada›)» (*Ser y morir en Pablo Neruda*, Santiago de Chile 1967, S. 99–100). Carol J. Bergen meint ihrerseits folgendes: "Finally, it is the speaker as poet who refers to his 'interior de guitarra', and here, too, there is an 'elemento en descanso' which is like an inner 'nutrición fiel'. The inflexible bird that guards his head and the invariable angel which inhabits his sword could refer either to his tenacious reserve of energy (his 'paciencia fija') or to his temporary immobility brought on by defeat, but in any case, it is clear that the speaker-poet intends to wield his dynamic sword-song again" (*Pablo Neruda's Poetry of Quest*, S. 105). Cortínez schreibt folgendes: «Mediante el uso de expresiones y simbología teológica el poeta concluye la descripción. Son imágenes comparativas de aquello que lo constituye esencialmente. Hay un tono de gravedad y respeto» (*Comentario crítico*, S. 194). Cortínez selbst schreibt in einem Aufsatz diesbezüglich: «Avanzando por la primera *Residencia*, cuando vuelve a presentarse esa forma solapada de aniquilamiento, el ‹tedium vitae›, vemos que el poeta intenta una vía diferente para superarlo. En el poema ‹Sabor›, por ejemplo, es a través de la interiorización, senda que le conduce hasta las honduras serenas de su alma, donde pareciera encontrar una certeza y una fuerza salvadoras» («La vía onírica en un poema de ‘Residencia en la tierra’», *op. cit.*, S. 370).

zende Luft als Inhalt dieser Innerlichkeit vorstellt.[26] Dieser Dualismus aber umfaßt das ganze Gedicht. Die einsame Stimmung des ersten Abschnitts findet im zweiten gegen die Negativität der Erfahrung eine zurückweisende Reaktion. Der dritte Abschnitt stellt innerhalb der Betrachtung der Innerlichkeit eine der negativen Stimmung entsprechende passive Haltung dar, die eine zurückweisende und schützende Reaktion kennt. So gesehen unternimmt das Gedicht, aus der Perspektive des erzählenden Ichs, die Beschreibung einer von Stimmung, Erfahrung, Reaktionen und Innerlichkeit konstituierten Subjektivität. Daß der Dichter den Titel «Sabor» gewählt hat, zeigt, worauf er den Akzent setzen wollte, nämlich auf die aus der negativen Erfahrung resultierende einsame Stimmung, und diese letzte prägt das Verständnis und die Auslegung dieser Subjektivität. Möchte man andererseits den auf die Poetik bezogenen Zusammenhang vorziehen, dann könnte man das Gedicht als eine *ars poetica* verstehen, in der Poesie als zurückweisende und schützende Waffe gegen das Negative angeführt wird, jene aber trotzdem von ihm gefärbt bleibt.[27]

[26] In bezug auf dieses Gedicht kann man mit dem von John M. Bennett beschriebenen Dualismus übereinstimmen, aber nicht mit dem positiven Charakter, den er in diesem Dualismus sieht: «... frecuentemente en la poesía de *Residencia en la tierra* una imagen o un tema encuentra su contrario o negación en el mismo poema y de que lo que expresa es frecuentemente doble: el sentido de destrucción, de desintegración, del morir de las cosas y el mundo, pero ese morir es un proceso de comunión, de integración de contrarios...» («Estructuras antitéticas en ‹Galope muerto› de Pablo Neruda», in: *Revista Hispánica Moderna* 3 [1974–1975], S. 113).

[27] Der positive Moment, den viele Kritiker im Gedicht gesehen haben, scheint mir nicht ganz deutlich vorhanden zu sein. Geht es hier um eine *ars poetica*, dann würde ich sie als Poetik der Negativität verstehen. Wenn man aber die Adornosche Meinung teilt, durch absolute Negativität spricht Kunst das Unaussprechliche aus, die Utopie, dann könnte man im Gedicht freilich diesen positiven Moment finden. Vgl. T. W. Adorno, *Ästhetische Theorie*, Frankfurt a. M. 1973, S. 55–56.

THE BUILDING OF NERUDA'S «ODA AL EDIFICIO»

By Robert Pring-Mill

Contributors were asked to justify their choice of poem, and to state their theoretical approach. In my case the second is the harder question, as I follow no one 'theory': I rate practice above theory, seeing most 'theoretical' approaches chiefly as useful providers of 'tools' among which to choose those which may prove helpful in particular cases. The individual poem dictates the actual choice of tools. The process of commentary is, for me, chiefly a systematic enquiry into what has made me like a poem, refining and deepening (yet sometimes also revising or correcting) my original response. I would say that this commentary was 'empirical', 'pragmatic', and 'eclectic' (belonging to no one 'school') but readers formed in other traditions would probably describe it as a 'typically British' example of 'close reading'.

I do firmly believe in the primacy of text over context, but I use contextual information—biographical, historical, ideological, social, rhetorical, or generic—whenever this can help to illuminate a text. I do not frown on evaluation (even the choice of a poem to discuss involves a value judgement). I enjoy finding out what makes a poem work: I am, naturally, interested in *what* it says, or does, but I am even more interested in seeing *how* it says what it says and does what it does. I must add that whether I agree or disagree with what it says has always seemed to me to be irrelevant: this is a necessary *caveat* because so much criticism of *poesía de compromiso* (the area of modern poetry in which I chiefly work) is bedevilled by partisan assessments which masquerade as critical analysis.

I have chosen to discuss Neruda's «Oda al edificio» (*Odas elementales*, 1954) both because it has long been one of my favourites (although my feelings about it have changed in various respects over the years) and because it is a very successful example of a particular kind of poem which Neruda chose to write at a particular stage of his career.[1] It is, in other words, both good in

---

[1] A reader new to Neruda's odes should seek out six sources (although other useful items are also listed in the Bibliography): Rodríguez Monegal 1966, Alazraki 1974, Debicki 1976, de Costa 1979, Concha 1982 (an excellent edition of the earliest collection) and Anderson 1987. Pring-Mill 1970 examines the draft of «Oda a la cebolla» to ascertain Neruda's manner of proceeding, and Pring-Mill 1979 explores the poet's attitudes in the odes: both these items lie behind the present commentary.

itself and good of its kind, but my commentary will be primarily concerned with the things which seem to me to make it good in itself.

At some points a look at Neruda's original draft will shed light on the growth of his final text: I first examined this draft at Isla Negra in 1968, and when I stayed with Neruda at the Chilean Embassy in Paris four years later he made me a photocopy of the manuscript. We then chose this poem as a key text to read and to record in Oxford in October 1972, when we were going to hold a dialogue about the poet's rôle in the Third World, but that visit sadly fell through when he had to have a second cancer operation. I first analysed the poem in lectures soon after Neruda's death and have been coming back to it in revision classes periodically for many years–with a deepening appreciation which owes not a little to the comments of many of my Oxford pupils.[2]

Here is the definitive text of the poem:

ODA AL EDIFICIO

```
      Socavando
      en un sitio,
      golpeando
  4   en una punta,
      extendiendo y puliendo
      sube la llamarada construída,
      la edificada altura
  8   que creció para el hombre.

      Oh alegría
      del equilibrio y de las proporciones.
      Oh peso utilizado
 12   de huraños materiales,
      desarrollo del lodo
      a las columnas,
      esplendor de abanico
 16   en las escalas.
      De cuántos sitios
      diseminados en la geografía
      aquí bajo la luz vino a elevarse
 20   la unidad vencedora.
```

[2] I have learnt most from long debates with Geoffrey Bennington (who will find that I now agree with him more closely than I did in 1976), Daniel Waissbein, Chiara Menage, and Jeremy Robbins (though he goes far further than I dare, in a commentary of a very different kind which I hope he may soon publish); but L. Tunbridge, D. Leech, V. Relton, P. Somervell, C. Scott, S. Hand, S. Hellawell, M. Lloyd, S. Downie, R. Turner and K. Bull have each contributed in some measure to the way I now enjoy this ode.

La roca fragmentó su poderío,
se adelgazó el acero, el cobre vino
a mezclar su salud con la madera
24 y ésta, recién llegada de los bosques,
endureció su grávida fragancia.

Cemento, hermano oscuro,
tu pasta los reúne,
28 tu arena derramada
aprieta, enrolla, sube
venciendo piso a piso.
El hombre pequeñito
32 taladra,
sube y baja.
Dónde está el individuo?
Es un martillo, un golpe
36 de acero en el acero,
un punto del sistema
y su razón se suma
al ámbito que crece.
40 Debió dejar caídos
sus pequeños orgullos
y elevar con los hombres una cúpula,
erigir entre todos
44 el orden
y compartir la sencillez metálica
de las inexorables estructuras.
Pero
48 todo sale del hombre.
A su llamado
acuden piedras y se elevan muros,
entra luz a las salas,
52 el espacio se corta y se reparte.

El hombre
separará la luz de las tinieblas
y así
56 como venció su orgullo vano
e implantó su sistema
para que se elevara el edificio,
seguirá construyendo
60 la rosa colectiva,
reunirá en la tierra
el material huraño de la dicha
y con razón y acero
64 irá creciendo
el edificio de todos los hombres.

This text differs from that of the first edition only by the omission of an intrusive inverted question-mark at the beginning of l. 34.[3]

This poem is typical of most odes in the 1954 collection in at least three respects: it is about an object in the external world–in this case a man-made object (the *edificio*)–, it discovers beauty in something reasonably mundane, and it ends with a social message. It is, however, untypical in being less concerned with the object than with the process of its construction, i.e. it is less about "the building" itself (whose specificity is limited to the fact that it has *columnas, escalas, pisos* and a *cúpula*) than about "the building of the building", namely its construction out of natural substances *(roca, cobre, madera)* and *acero* (iron already transformed by man) all brought together by man-made *cemento*–addressed as «hermano oscuro» in the fourth stanza. It is also untypical in that its social conclusion is not literal (as in the «Oda a la madera», where wood finds its ultimate fulfilment in the construction of «la vivienda») but analogical: the process of building the actual *edificio* (visibly accomplished in the here-and-now of the earlier stanzas) provides the poet with a concrete analogy for the as yet unfinished process of building «el edificio de todos los hombres», namely the New Society. The analogy seems to go beyond mere equivalence, however, into prophetic certainty («así / como . . . / . . . implantó su sistema / para que se elevara el edificio, / seguirá construyendo / la rosa colectiva») so that the tangible construct becomes an outward and visible sign of the future completion of an inward and almost spiritual developmental process.

The analogy is so forcefully stated that some of my pupils have been led into a systematic allegorical reinterpretation of all that has gone before, as though the tangible *edificio* had been no more than an allegory from the start: I am unhappy about regarding the poem as a strict allegory, however, because one would then start seeking out an abstract meaning for every concrete noun–a fruitless search, and one which would blind one to how deeply Neruda feels for each substance in itself.[4] The reader is surely being invited to dwell just as lovingly as the poet on "the building of the building" and is

---

[3] Neruda had long since given up the use of inverted question-marks or exclamation-marks and this one (not in the draft) was deleted in the *Obras completas* of 1957. I have not seen the earliest printing in *El Siglo*, 30 April 1954 (Loyola núm. 383, in *Obras completas*, 3a edición, II, 1968, p. 1374), which may have introduced it.

[4] Even patently symbolic statements may sometimes be directly grounded in material reality. The «Oda a la crítica» begins «Yo escribí cinco versos: / uno verde / otro era un pan redondo, / el tercero una casa levantándose»: no reader would take that fourth line literally, yet the draft (dated «Los Guindos / 9 Setiembre / 1953») has a note which reads «la casa construyéndose es la Chascona» (i.e. the house he was then building for Matilde at the foot of the Cerro San Cristóbal in Santiago).

thus meant to be at least mildly surprised when the final stanza discloses an additional social dimension: if I may be permitted a pun on *edificio*, the reader should then experience not just aesthetic delight but moral 'edification'. Yet this drawing of the moral only begins when the literal «el espacio se corta y se reparte» (l. 52) is biblically glossed in «El hombre / separará la luz de las tinieblas» (ll. 53–54), and I would therefore wish to regard that final stanza as quite separate from the previous four–which nonetheless lead steadily towards it. On a second reading, of course, the reader knows exactly what is coming and may, consequently, value it the more (or, possibly, the less).

In my early readings of this poem I was so convinced of Neruda's fixation on the intimate poetic exploration of material objects that I–somewhat naively?–thought that he too must have been surprised to find that the contemplation of "the building of a building" had ended up by providing an analogue for the construction of the social edifice. But the analogy is too felicitous to have been unforeseen: the intention to establish it must have been there from the start, and I would even concede that Neruda may well have chosen to devote that morning's ode to the *edificio* precisely because he was in search of a suitable material analogue for the social process. To begin with, I used to think of the final stanza as more of an anticlimax than an apotheosis, but as I have come to cherish this poem like an old friend I have changed my mind. Twenty years ago, I would have seen the following observations by David G. Anderson Jr. as entirely applicable to the «Oda al edificio»:

In the early odes dealing with social concerns, the imprint of extratextual political pressures on the poet may be observed in the prominent and rather unmediated presence of an external socialist realist formula that prophesies a utopian end to social injustice . . . [:] the elementary object functions principally to foreground a schematic, illustrative ideological crux . . . Early social odes such as «Oda al cobre» and «Oda al pan» . . . ultimately celebrate objects not for their intrinsic beauty or utility but for their appropriateness as textual signifiers of an extrinsic idea system. Aesthetic quality is significantly compromised by ideology.[5]

I would accept Anderson's comments on «Pan» and «Cobre» and would say the same of the undated «Oda a la madera» (first published 21 June 1953, see HL: 375), but what of our «Oda al edificio»? This was probably written between the «Oda al pan» (13 January 1953) and the «Oda al cobre» (9 December 1953) and its manuscript closely resembles that of the «Oda a la crítica» of 9 September 1953, as well as that of the undated «Oda al hilo».[6] The process of building its solid and material *edificio* does indeed turn out to be an apt "textual signifier" of Neruda's "extrinsic idea system", but can one

[5] Anderson, p. 136.
[6] Pring-Mill 1979, pp. 298–299, lists the dated drafts of *Odas elementales* (HL: 366). Prior printings of individual poems are listed by Loyola, see HL: 372–383.

really say that "aesthetic quality" is "significantly compromised" here by the ideology? I think not: the "intrinsic beauty" of the "elementary object" is so profoundly explored by poetic means that it no longer seems to function "principally to foreground" the final "ideological crux". The poem is itself a beautiful verbal 'edifice' (a poetically satisfying artifact): hence my own title– The building of Neruda's «Oda al edificio»–which is deliberately double-edged, referring as much to the formal process of the ode's construction as to the dual *edificio* which the poet describes.

Any analysis of its construction must begin with an 'ennumeration of parts': namely the five irregular verse-paragraphs of which it is made up, each of which plays an important and separate role in the developing argument.[7] Alazraki discerns an «estructura común» in most of the odes:

Esta estructura se definiría, en líneas generales, en el siguiente esquema: una tesis afir-mativa, laudatoria; una negacíon de esta tesis . . .; y finalmente una síntesis que con-cilia las dos nociones antitéticas: un voto, una promesa, una moraleja, un anuncio, una plegaria, una amenaza.

And he goes on to identify these three major divisions with «la tríada epódica de la oda clásica que consistía de una estrofa, una antístrofa y una epoda».[8] This scheme usually works very well, but when he applies it to our text–and he is the only critic to have said anything much about the «Oda al edificio»–it is perhaps less happy. He detaches the first strophe as a sort of preface («actúa como apertura del poema»), seeing it as «un apretado compendio que con-tiene en germen la totalidad de la oda»; he sees the actual thesis or *estrofa* of the ode as beginning with the second verse-paragraph and the antithesis or *antístrofa* as starting with the question «Dónde está el individuo?» (l. 34), with the final strophe providing the appropriate social epode. While I like his

---

[7] There is no indication in the three-page draft that these are going to be thus di-vided: p. 1 ends with «Cemento, hermano oscuro», which became the first line of the fourth strophe, while p. 3 begins with its final line. Had Neruda intended the core-sec-tion of his poem to begin with «Cemento» he would hardly have slotted that line in at the very bottom of a page. Many of his drafts do show the interstrophic pauses, some-times by leaving a space but more usually by the insertion of one–occasionally two–ticks or dashes between consecutive lines of verse, normally at the left; sometimes these seem to have been inserted instantly but they usually seem to have been added when reading the draft through. In the *Odas elementales,* however, most drafts flow uninterruptedly, their strophic subdivision having presumably been made once they were typed out. This suggests that such poems 'grew on the page' rather than follow-ing a preplanned programme, with the poet becoming clearly aware of how the lines ought to be clustered only in retrospect–just as many of us only do our final 'para-graphing' retrospectively.

[8] Art. cit., pp. 96–97.

observations on the content of the central strophes (comments to which I
shall return) I am suspicious of an approach which involves seeing a major
structural division inside the longest of the five: not for nothing will Neruda
have kept ll. 26–52 together.

All three preceding strophes are, like the final one, entirely expository,
whereas this one is essentially dialectical (although it begins with two further
expository sentences and ends with another). The argument which it contains
is the core of the poem and it has several steps: the observation that the men
working on the building are tiny provokes a natural question; this is then
answered in two stages («Es un martillo . . .» and «Debió dejar caídos / sus
pequeños orgullos . . .»), which leads in turn–via that pivotal word «pero»
(such pivot-words are habitually found at the crux of a Nerudian argument)–
to the clarificatory realisation that «todo sale del hombre» (l. 48). Lastly, this
is itself corroborated by the final sentence concerning «su llamado»: an ex-
pository statement which is at the same time a conclusive illustration of what
has just been proved. I am, however, getting ahead of myself: what I wanted
to establish at this stage was merely the unity of this major paragraph, be-
cause although I too see this poem as having a tripartite structure I would di-
vide it differently, grouping the first three strophes together (instead of hiving
the first one off), keeping the fourth one intact, but agreeing with Alazraki in
the isolation of the epode in which «el edificio pierde sus cualidades con-
cretas, su realidad física, para convertirse en metáfora».[9]

This analysis affects not only my view of the dialectical section but also the
status of the opening strophe, which I see not as «un apretado compendio
que contiene en germen la totalidad» but rather as merely the first stage of the
opening section: the first strophe outlines a series of methods or processes
(socavar, golpear, extender, pulir) which enable the building to rise in the
service of man, the second celebrates a few of its most striking features (both
abstract and concrete), and the third describes the contributions which are
made by four material substances. Such a bald statement of their areas of
reference kills their poetry: it omits the key ideas and implications and it ig-
nores their poetic beauty. This resides not just in the evocative power of the
way in which the ideas are phrased or suggested but in the grouping of those
phrases into delicate patterns–and the way those patterns sound.

Its analysis will involve a change in my approach. So far I have merely been
talking about some bits of *what* the poem has to say (with little reference to
what it *does* to the reader) but I am, as I said at the start, even more interested
in seeing exactly *how* it says what it has to say and *how* exactly it does what
it does: from now on I shall be driving *what* and *how* in double-harness. The
how involves the interaction of numerous factors, many of them unobtrusive,

[9] For all his comments on this poem see art. cit., p. 98.

and I am not suggesting that all the features to be mentioned are the result of conscious–let alone premeditated–decisions taken by the poet: things come out sounding right because his mind works in that way, almost instinctively. Thus I am sure Neruda did not need to spend time counting syllables, yet syllable-count does play an important part in the music of the poem.

Others have already pointed out the predominance of hendecasyllables and heptasyllables in the 'free verse' of Neruda's odes (see Hamilton 1956, García-Abrines 1959): Hamilton suggests that most of the shorter lines represent divided hendecasyllables; García-Abrines goes further, setting out to prove that «todos los versos, y si no todos, *casi todos,* son de siete y de once sílabas, salvo error u omisión y salvo las licencias del poeta» [10]–which seems to me a bit extreme. In 1975 I added that the "flexible pattern" of the odes (made up of short lines "interspersed with hendecasyllables") did not "really break with the rhythms of the classical *silva* metre (inherited from the Italianate poets of the Spanish Golden Age)":

What Neruda does is, rather, to isolate the breath-groups, drawing attention to their separate contributions to the meaning and obliging the reader to give them greater weight within the relaxed structure. [11]

In our case the «Oda al edificio» contains eighteen perfect hendecasyllables (the third strophe is a solid block of five) and thirty heptasyllables–including one run of six at the beginning of the long fourth strophe and one of eight beginning with «Dónde está el individuo?». The two lines which separate those runs («taladra, / sube y baja») 'add up' to another heptasyllable, producing a sequence of fifteen heptasyllabic units in a row.

A kindred, but more subtle, effect is achieved when enjambement between a line ending in a vowel and one which begins with a vowel gives us two units whose total prosodic syllable-count–if they were set out as a single line–would be one syllable *less* than that of the sum of their separate totals. Thus our poem opens with two four-syllable units nicely in parallel («Socavando / en un sitio») which combine to form a heptasyllable, while the three-syllable «golpeando» (l. 3) combines with the five-syllable «en una punta» (l. 4) to form another. Our first strophe is thus 'really' made up of one key hendecasyllable (the surging rise of «sube la llamarada construída») framed between three 'heptasyllables' and a further pair of these. Similarly, there are no fewer than five pairs of lines (ll. 13–14, 15–16, 48–49, 55–56 and 63–64) which 'reduce' from twelve syllables to eleven 'by enjambement'. The concealed Italianate rhythms go far to explain the melodious effect such verse produces when 'heard' (whether inwardly, or read aloud) but what brings

[10] García-Abrines 1959, p. 96.
[11] Pring-Mill 1975, pp. l–li.

their musicality alive is, firstly, Neruda's sure ear in the choice of words (with alliteration and assonance, and occasional full rhyme or internal rhyme) and, secondly, the way in which his mind plays about with the establishment of other kinds of unobtrusive patterns–often numerically based.

Though our poem may not be written in regular stanzas, with their overt recurrent symmetries, it works repeatedly with little sets of three or four items (sometimes with inner parallelisms between pairs). While one cannot analyse all these effects each time, it is worth taking the first strophe apart in detail. It begins with a set of four parallel activities conveyed by gerunds: the first two rhyme together each taking up the whole of a line; the second pair forms a single line («extendiendo y puliendo») with full internal rhyme, and symmetry between what strike the ear as equal halves (insofar as although the line is technically heptasyllabic–the "y" eliding with the "-o" of «exten-diendo»–the aural effect of three quadrisyllabic participles of identical trochaic rhythm leads one's inner ear to break that elision and to 'hear' the «y puliendo» as yet a fourth quadrisyllabic unit, *rhythmically* as well as *conceptually* parallel to the earlier three). The strophe then 'pivots' on «sube», which is the main verb of the sentence (the first use of the key verb *subir*) and the only use of the present tense in any of the first three strophes, introducing not one 'subject' (the highly metaphorical «la llamarada construída») but two, the second («la edificada altura») in apposition to the first and leading into a descriptive phrase («que creció para el hombre») which technically qualifies only the «edificada altura» but which we 'feel' (despite «creció» being in the singular) as equally applying to the «llamarada» (just as one 'felt' that «sube» covered both). The balanced pair «la llamarada construída, / la edificada altura» has, furthermore, its own internal patterning: namely the internal rhyme in -*ada* between the first long word of each phrase and the chiastic inversion of the second phrase (whose noun follows its adjective, instead of preceding it). Lastly, note the assonance between lines 4 and 7 («punta», «altura») with the intermediate echo of «punta» in the first syllable of «puliendo» followed by the stressed "u" of «sube»: while such sound-effects are not necessarily conscious, nor there to make conceptual points, they help to pull the shape of the strophe together.[12]

To analyse all such patterns fully would take many pages. The most economical way to indicate their presence, and also to tag other features for

[12] Neruda may have pondered on it at length before putting pen to paper, but when he did so this strophe came out almost in its final form. The draft shows no alterations to this strophe: in print, he merely added the comma after «punta» and the accent on «construída» (though that was probably a secretarial correction) and changed the main verb to «sube» from the «crece» which he had first set down–thereby avoiding the unhappy proximity «crece / creció» and introducing the idea of 'ascent' which will become at least as important as the idea of 'growth'.

quick reference, will be to set up a multi-column 'visual aid' (see pp. 208–210). The lefthand gloss elucidates the *Patterning* while *Line-grouping* (at the left of the text) and *Line-length* (at its right) highlight the two most obvious aspects of its rhythmical strucutre;[13] lastly *Key-words and Repetitions* indicates significant concepts and intratextual cross-references—with substantives in small capitals and verbs (always in the infinitive) italicised.

A glance down the lefthand column will show six more quaternary sets: that initial foursome of 'processes' is followed by four 'objects of admiration' in the second strophe; the third consists of four 'substances', filling a massive block of five hendecasyllables. The fourth strophe contains four sets of four: Neruda assigns four 'functions' to «Cemento» (three of which are distanced from the initial «reúne», forming a triadic heptasyllable which will be balanced by the triadic «taladra, / sube y baja» of the «hombre pequeñito» at work); next, «individuo» is described in four clauses, the last and longest of which foregrounds his «razón»; he is then assigned four 'tasks' (the first and longest being a precondition of the rest) while man's «llamado» produces a set of four 'results'. The seventh foursome comes in the final strophe, which balances two past 'achievements' (actualised in the material *edificio*) against the pair which lies ahead. No two of these seven quaternary sets are treated in the same way, either in the priorities within their grouping or in their metrical organization, and they work remarkably unobtrusively in consequence—indeed their presence often passes unremarked in undergraduate commentaries. Yet I would contend that the reader has an almost subconscious awareness of such patterning and finds the poem pleasurable at least partly because his aesthetic sense is being quietly catered for in such gentle and harmonious ways.

He will also be enjoying it for its more obvious poetic features—most notably its gentle yet striking metaphors and its use of implied or explicit personification—all of which are involved in the systematic 'defamiliarization' of the titular 'poetic object'.[14] After the title, the actual *edificio* will not be mentioned again until l. 58. Its defamiliarization begins in the opening strophe, with its metaphorical presentation as both the paradoxical «llamarada construída» and the less recondite yet still striking «edificada altura». The former is a contradiction in terms and it captures the reader's imagination, perhaps partly because it satisfies his longing to find some permanence in transience:

[13] García-Abrines goes further, classifying the rhythmical structure of each line of «Oda al aceite» in the terminology of classical metrics (*trocaico, sáfico, dactílico*, etc.). There is no space to do this here, nor is such metrical description helpful unless one uses it to show how it shapes the way in which the lines achieve their impact and communicate their meaning.

[14] Anderson 1987 has an outstanding chapter on 'defamiliarization' in the «Odas» (ch. iii, pp. 65–98).

ODA AL EDIFICIO

PATTERNING	LINE GROUPING		LINE LENGTH	KEY-WORDS & REPETITIONS
Four processes:	(1)	1 Socavando	4 ⎫	
		2 en un sitio,	4 ⎬ 7	
	(2)	3 golpeando	3 ⎫	
		4 en una punta,	5 ⎬ 7	
	(3)+(4)	5 extendiendo y puliendo	7	
Two results:	(1)	6 sube la llamarada construída,	11	*subir* [29+33] *construir* [59]
each binary	(2)	7 la edificada altura	7	HOMBRE [31+48+53], *crecer* [39+64]
(in chiasmus)		8 que creció para el hombre.	7	
Four admirabilia	(1)	9 Oh alegría	4	ALEGRÍA [cf. DICHA, 62]
(first binary)		10 del equilibrio y de las proporciones.	11	
	(2)	11 Oh peso utilizado	7	
		12 de huraños materiales,	7	HURAÑOS MATERIALES [cf. 62]
	(3)	13 desarrollo del lodo	7 ⎫	
		14 a las columnas,	5 ⎬ 11	
		15 esplendor de abanico	7 ⎫	
		16 en las escalas.	5 ⎬ 11	
	(4)	17 De cuántos sitios	5	
		18 diseminados en la geografía	11	
		19 aquí bajo la luz vino a elevarse	11	LUZ [51+54] *elevar* [42+50+58]
		20 la unidad vencedora.	7	UNIDAD, *vencer* [30+56]
Four substances:	(1)	21 La roca fragmentó su poderío,	11	
three natural,	(2)+(3)	22 se adelgazó el acero, el cobre vino	11	ACERO [36+63]
2nd transformed		23 a mezclar su salud con la madera	11	
by man	(4)	24 y ésta, recién llegada de los bosques,	11	
		25 endureció su grávida fragancia.	11	

		Line	Text	n	
Unifying substance (bipartite) with four functions:	(1)	26	Cemento, hermano oscuro,	7	«HERMANO CEMENTO»
		27	tu pasta los reúne,	7	*reunir* [61]
one major,		28	tu arena derramada	7	
three minor	(2)+(3)+(4)	29	aprieta, enrolla, sube	7	*subir* [6+33]
		30	venciendo piso a piso.	7	*vencer* [20+56]
Small man:	(1)	31	El hombre pequeñito	7	HOMBRE [8+48+53]
three		32	taladra,	3 ⎫ 7	*subir* [6+29]
activities	(2)+(3)	33	sube y baja.	4 ⎭	INDIVIDUO
THE QUESTION		34	Dónde está el individuo?	7	
He is four things:	(1)+(2)	35	Es un martillo, un golpe	7	
three minor,		36	de acero en el acero,	7	ACERO [22+63]
the last	(3)	37	un punto del sistema	7	SISTEMA [57]
major	(4)	38	y su razón se suma	7	RAZÓN [63]
		39	al ámbito que crece.	7	*crecer* [8+64]
He has four tasks	(1)	40	Debió dejar caídos	7	
the first a		41	sus pequeños orgullos	7	ORGULLOS [cf. 56]
precondition	(2)	42	y elevar con los hombres una cúpula,	11	HOMBRES [65] *elevar* [19+50+58]
of the other	(3)	43	erigir entre todos	7	
three		44	el orden	3	ORDEN
	(4)	45	y compartir la sencillez metálica	11	SENCILLEZ, *compartir*
		46	de las inexorables estructuras.	11	
THE PIVOT		47	Pero	2	
		48	todo sale del hombre.	7 ⎫ 11	HOMBRE [8+31+53]
Man's summons		49	A su llamado	5 ⎭	LLAMADO
produces	(1)+(2)	50	acuden piedras y se elevan muros,	11	*elevar* [19+42+58]
four results	(3)	51	entra luz a las salas,	7	LUZ [19+54]
(4th binary)	(4)	52	el espacio se corta y se reparte.	11	

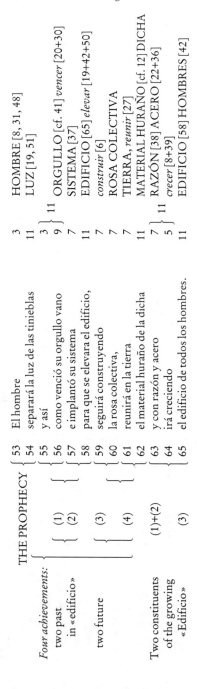

THE PROPHECY

				Spanish		Right

Four achievements:

two past
in «edificio» — (1), (2)

two future — (3), (4)

Two constituents
of the growing
«Edificio» — (1)+(2), (3)

53	El hombre	3	HOMBRE [8, 31, 48]
54	separará la luz de las tinieblas	11	LUZ [19, 51]
55	y así	3 ⎫	ORGULLO [cf. 41] *vencer* [20+30]
56	como venció su orgullo vano	9 ⎬ 11	SISTEMA [37]
57	e implantó su sistema	7 ⎭	EDIFICIO [65] *elevar* [19+42+50]
58	para que se elevara el edificio,	11	*construir* [6]
59	seguirá construyendo	7	ROSA COLECTIVA
60	la rosa colectiva,	7	TIERRA, *reunir* [27]
61	reunirá en la tierra	7	MATERIAL HURAÑO [cf. 12] DICHA
62	el material huraño de la dicha	11	RAZÓN [38] ACERO [22+36]
63	y con razón y acero	7 ⎫ 11	*crecer* [8+39]
64	irá creciendo	5 ⎭	EDIFICIO [58] HOMBRES [42]
65	el edificio de todos los hombres.	11	

it is the 'construction' of the flame which makes it seem to endure (*construir* will recur in l. 59, applied just as paradoxically to the rose of «rosa colectiva», a metaphor for the New Society to be discussed in due course). The *llamarada* itself begins the theme of light–anticipating the *luz* of lines 19, 51 and 54–and seems to shed some of that light on the characteristic symbiosis between man and nature which is a hallmark of Neruda's poetry, here deftly captured in the second of those two metaphors in apposition: «la edificada altura». Heights are normally natural but this one is man-made (*edificar* implies the human agent) yet the final «que creció para el hombre», with man as beneficiary, appears to give the initiative to Nature through a use of the 'sympathetic fallacy'–an effect reinforced by the suggestion of organic growth in the main verb.

Man will indeed remain subordinate for the first two thirds of the poem, not coming in again at all until the «hombre pequeñito» of l. 31 and only assuming his proper pre-eminence at l. 48 («todo sale del hombre») after the pivotal *pero* of l. 47. Neruda's optimistic faith in the world around him seems to invest Nature with an intentionality that strikes the reader as anthropomorphic, yet its 'final cause' places Nature just as much at the service of Man (in Neruda's Marxist world-picture) as ever it was in the world-picture of medieval Christianity: the difference lies, of course, in that in the Middle Ages Nature was there to serve Man in order that Man might serve his God, whereas Neruda's world is not theocentric but anthropocentric. The individual, however, is not king: his full potential will not be realised until he defeats «su orgullo vano» (l. 56) and finds fulfilment through the flowering of the «rosa colectiva». But I am anticipating: that line of argument is not foreseeable when one reads the opening strophe for the first time.

The first line of the second strophe, «Oh alegría», brings in the poet, at least by implication: it is an ecstatic response and this requires a speaker. He may or may not be actually addressing *alegría* (explicit apostrophe is reserved for the fully personified «Cemento» seventeen lines later) but from now on one is continuously aware of the poet as subjective commentator. This second strophe is exclamatory throughout, yet its intensity is gently muted in an unobtrusive way: though its first two utterances begin with «Oh» they do not end in exclamation marks, nor does the third (although the written accent on «cuántos» marks its exclamatory nature). Interestingly, this manipulation of punctuation to reduce the violence of the emotional response was an afterthought: the draft has exclamation marks after both «unidad vencedora» and «escalas» (using a comma after «proporciones» and no initial capital for the second «oh»).[15]

---

[15] In the draft «cuantos» bears no accent, but Neruda was as casual as most native hispanophones about the use of the orthographic accent.

Alegría is the first item in the second quaternary set, but it differs from the other three in various ways: it is longer and the altered punctuation marks it off from the remainder; its hendecasyllabic second line is binary, with a nice parallelism between the quadrisyllabic nouns «equilibrio» and «proporciones», whereas none of the others harbours such a dualism although each one of them is made up of two phrases (one to a line); lastly, the others are all material items. They are, in fact, specific instances of «equilibrio» and «proporciones», and «alegría» is really just as much a response to those three material manifestations as it is to the abstractions which they embody. It echoes the joy Neruda had experienced when he beheld the ruins of Machu Picchu, over twenty years before, but which he had then felt morally obliged to repress because the beauty of those buildings had been constructed on a basis of suffering: «Déjame olvidar hoy esta dicha . . . / Déjame olvidar, ancha piedra, la proporción poderosa, / la trascendente medida, las piedras del panal . . .»[16] Machu Picchu had, as he saw it, been built on man's inhumanity to man: here men cooperate to build the material building (without exploitation) just as they will have to cooperate in order to construct the social building. And joy will then be part of the fabric: when he names joy once more, in l. 62, the word he uses will be *dicha* (suggesting that he too had the «Alturas de Macchu Picchu» in mind) and this *dicha* is–metaphorically–called a «material huraño», which links it back to the solid «huraños materiales» of l. 12. In both contexts the adjective (which means 'shy' and 'retiring', with a hint of the aloofness of small wild animals which hide away from capture) serves to animate the inanimate.

Those «huraños materiales» will become specific in the third strophe, but here their «peso utilizado» is twice made visible in the last two items of the set, which are exactly parallel (each made up of one seven-syllable line and one five-syllable line, each identically stressed). The first, however, is plainer in content («desarrollo del lodo / a las columnas») whereas «esplendor de abanico / en las escalas» is a fresh celebration of beauty, enhanced by metaphor. That metaphor leads me to envisage the «escalas» as spiral stairways, perhaps seen from below in the as yet unclad structure of a highrise building whose reinforced concrete skeleton ascends «venciendo piso a piso» (l. 30)–but that may be just a personal response! Our building does remain so curiously vague–solid yet somehow nebulous–although ultimately to be crowned by the «cúpula» of l. 42.

The last sentence of that strophe picks up the multiplicity of the unspecified «materiales» in its «De cuántos sitios / diseminados en la geografía», anticipating the specification of rock, steel, copper and wood in the

---

[16] «Alturas de Macchu Picchu», xii (*Canto general*, II). The visit took place in October 1943, the «Alturas» were written in September 1945.

following strophe. Its immediate purpose is, however, to stress how such multiplicity is transcended by unity: an abstract concept made concrete insofar as «la unidad vencedora» which comes together to rise «bajo la luz» is clearly a further metaphor for the actual building (akin to the earlier «llamarada construída» and «edificada altura»). Unity will remain a key concept, underpinning the final social allegory: although the noun does not recur, the verb *reunir* will be used not only of the binding power of cement (l. 27) in the material building but also for the bringing together of «el material huraño de la dicha» in the collective edifice (in l. 61). The draft shows that this verb had also passed through the poet's mind at l. 19: the line preceding «la unidad» first ended with «formarse», which was replaced by «reunirse» before this was in its turn replaced by «elevarse». While *reunir* would have been more positive than *formar*, it would have added little to the cognate abstract noun, whereas *elevar* picks up the notion of *subir* (l. 6) in a more purposeful form: it will be used twice more concerning the literal building and yet again of the social edifice; *luz*, also first used in l. 19, will achieve far greater prominence near the climax, again on both planes, while the notion of *vencer* (first brought in here as *vencedora*) will also recur on both. (A glance at the righthand column of the schema shows how densely these concepts cluster here, with the bracketed line-numbers guiding one down to their multiple repetitions in the last two strophes.) This sentence is, then, clearly charged with more implications than strike one at first reading.

On my division, the first section of the poem ends with the next brief strophe: it is at once the shortest (a mere five lines) and the most massive (with its concatenation of sonorous hendecasyllables) and it is also rhythmically diversified by the internal breaks in its second and fourth lines and the enjambement after «el cobre vino». All the four named materials are implicitly personified, and although we 'know'–intellectually–that it is man who brings rock, steel, copper and wood together in the erection of a building, all four materials are here credited with the initiative. The quarternary set is nicely varied in two different ways: firstly steel, being not natural but manmade, is conceptually the odd one out, and its phrase is also the shortest (yet *acero* is going to be the most important substance of the four, recurring on both the literal and the social planes); secondly, this is one of those sets in which one item is singled out for far more extensive treatment, in this case *madera*–perhaps Neruda's favourite substance–which takes up almost half the stanza (5 + 11 + 11 = 27 syllables: *roca* and *cobre* rate eleven each, while *acero* is merely a heptasyllabic unit, embedded in the second line). The 'amplification' of *madera* includes the parenthetical «recién llegada de los bosques», rich in associations: in the draft there was an extra line at this point, «duerme impregnada aún por agua y viento», whose present tense was continued in «endurece» (altered to «endureció» before going into print).

Whereas *acero* does no more–at this point–than *adelgazarse* to contribute to the structure, each of the others is associated with a significant abstract noun: rock has fragmented its might, copper has contributed its health, and wood has given hardness to its «grávida fragancia»–a phrase which simultaneously evokes the scent of new-sawn wood (Neruda was always fascinated by the smell of sawmills) and animates it with a higher form of life. (*Grávida* is the most poetic word for 'pregnant', combining 'heavy with child' with the over-tones of moral weight and Roman *gravitas*.) By implication, the material building to whose erection they contribute will become endowed with health, fertility and power for onward transmission to all those who dwell in it–and these abstractions will of course be of equal relevance to dwellers in the New Society.

The next strophe–which forms the entire second section of the ode on my analysis–is the dialectical one. Personification becomes explicit when Neruda addresses «Cemento» as «hermano oscuro», referring to «tu pasta» and «tu arena». Such direct apostrophe is frequent in the odes: their very titles tend that way, since every *oda* is directed at or to a subject. Yet not all such 'addres-sees' are actually personified, let alone directly addressed in the 'familiar' sec-ond person singular: thus there is no personification of the *edificio* in our poem (on either plane) and the *al* of the title would be better rendered as "about" or "on" than "to".[17] It is only «Cemento» which is spoken to 'from man to man', as an equal, and anthropomorphised by the mode of address–*hermano* is used loosely in Latin America to establish a bond of equality and goodwill between speaker and addressee with no presumption of actual kin-ship. It also carries a suggestion of shared interests, since it implies that there are other men of whom one would not use it[18]: thus the «Sube a nacer con-migo, hermano» addressed to the workers of the Inca past in «Alturas de Macchu Picchu» evoked a fraternal bond which clearly excluded their exploiters. Personally, I wonder whether there is not also an echo of the Brother Sun and Sister Moon of St Francis's «Cantico delle creature» here, but this may well be an association brought to the poem by the reader rather than intended by the poet.

Cement is the binding substance which brings the four materials of the pre-vious strophe together («tu pasta los reúne») and it performs four functions through its double manifestation as *pasta* and as *arena derramada:* one of

---

[17] The draft is headed just «Al edificio» (the omission of «Oda» is normal in such drafts as do have titles). Anderson has a chapter on the use of apostrophe (op. cit., pp. 41–63) in which he discusses the «Oda a la cebolla» as a paradigm of "those which foreground a common inanimate object as addressee" (p. 46).

[18] In English 'brother' is used in this way between trade-unionists but there is no such association here: in Spanish, trade-unionists normally use *compañero* to each other.

these functions *(reunir)* stands out, corresponding to *pasta* and referring back to those earlier substances, whereas the *arena* of the poured cement simultaneously «aprieta, enrolla, sube»–a triad whose third verb extends into «venciendo piso a piso». Note the fresh linking of ascent to victory, while «piso a piso»–which measures the visible stages of the building's rise–is a nicely poetic variation on the mundane idiom «paso a paso». It is only at this point that man is introduced and he is initially dwarfed by the structure on which he works: *hombre* is in the singular (unlike the «los hombres» of l. 42 or the concluding line), yet «El hombre pequeñito» is not quite generic Man (as in l. 48) despite the definite article: what can be seen 'on site' must surely be a plurality of *hombres pequeñitos* doing different things (their triad of activities neatly matches those of the «arena derramada», with the two triads linked by the «sube» which they share). Those visible on the building site must indeed be individual men, yet the question which their smallness prompts is precisely «Dónde está el individuo?»: in this collaboration between Nature and Man, what part do individuals really play?

The question coming inmediately after the poem's central line (33), marks the turning point, introducing Alazraki's «elemento antitético». His comments must be quoted in full:

La pregunta recuerda los tres primeros versos del poema X de «Alturas de Mac[c]hu Picchu»: «Piedra en la piedra, el hombre, dónde estuvo? / Aire en el aire, el hombre, dónde estuvo? / Tiempo en el tiempo, el hombre, dónde estuvo?» y esencialmente introduce un problema semejante. Machu Picchu es la gran construcción americana, el gran edificio precolombino cuya magnificencia el poeta celebra, elogia y reconstruye, pero en la base de esas «piedras escalares» Neruda descubre «harapos», «lágrimas» y «un goterón de sangre». También en la «Oda al edificio» Neruda encuentra entre el cemento y la arena «al hombre pequeñito (que) taladra, sube y baja». Es ese hombre, el hacedor del edificio, el verdadero centro de la oda, y es hacia ese hombre a quien se dirige el poeta en la epoda.[19]

The obvious parallel with «Macchu Picchu» at first suggests a nagging doubt in the poet's mind, as though the individual who plays only a minute part in the process might somehow be thereby diminished, yet there is a vital distinction to be made between those ancient ruins (unequivocally founded on the oppression of slave-workers, see the line «Devuélveme el esclavo que enterraste!») and our *edificio*, where there is no suggestion of exploitation–neither on the material plane nor yet, by implication, on the social one. In this poem men work together for the common good in the building of both their buildings and the individual is thereby collectively fulfilled. The question «Dónde

[19] Alazraki, loc. cit. He is mistaken in separating «arena» from «cemento» and he has slightly altered his quotations: «harapos» and «lágrimas» should be in the singular, while he has changed the «El» of l. 31 to «al» to suit the syntax of his commentary.

está el individuo?» is certainly, as I suggested earlier, a natural one (given the smallness of the workers) yet Neruda asks it only because he already knows the answer, using it simply as a rhetorical device to let him spell his answer out.

The first stage of that reply identifies the individual as a tool (a hammer) which must by its very nature be wielded and aimed by something greater than itself. By extension from the hammer's steel, he next becomes the blow that it strikes («un golpe / de acero en el acero») which equips *acero* with a double-relevance, as both a material to be used and the instrument which works upon it. In the third unit of this set of four, he becomes more of an abstraction: a mere point (which has by definition no extension) in the 'system', which on the material plane must be the overall plan that brings the building into being. The fourth item is crucial because it brings in Reason: «y su razón se suma / al ámbito que crece». In the draft, these lines originally read «Y su razón se agrega / a la Creación», which shows that Neruda already had in mind the link to Genesis which he then reserved for the prophetic final strophe: there, however, Man will perform God's rôle by separating light from darkness, whereas in the rejected version human reason would merely have been complementing a Creation whose initial capital suggests a divine Creator. The deleted «Creación» may well have prompted the choice of «crece» to replace «agrega», and the new verb usefully reinforces the sense of natural growth, but «ámbito», the noun which replaced «Creación», remains mysteriously unspecific: while it is not entirely appropriate for a building rising «piso a piso» it may possibly be looking forward to society's progressive occupation of the material world.

The individual is next assigned four tasks or duties, all apparently dependent on «Debió» (a preterite) although only the first one–«dejar caídos / sus pequeños orgullos»–seems a prerequisite for his present role as hammer or hammer-blow; more importantly, it is a precondition for the second task («elevar con los hombres una cúpula») whose fulfilment remains in the future, even on the material plane of the completion of the literal building; the third item, in apposition to the second, is «erigir entre todos / el orden», once again moving from concrete to abstract (as in the sequence *martillo : acero : punto del sistema*). The fourth item significantly begins with *compartir*: the sharing individual has already shed his «pequeños orgullos», and what he shares is not a concrete but an abstract noun–«sencillez»–which is however 'concretised' by the adjective «metálica». It is embodied in «las inexorables estructuras», which moves beyond the single visible building under construction in a phrase which could also apply–as one will only later realise–to the social edifice: in retrospect «las inexorables estructuras» could even represent the actual duality of building and Building, but there is nothing to pin that reading unambiguously onto the phrase.

Looking back over these four items, one word seems puzzling: «cúpula» (l. 42). It stands out at the end of its long line because it is a *palabra esdrújula,* and–since its three phonetic syllables reduce to two in the prosodic count– this 'hendecasyllable' is one phonetic syllable longer than all other lines save l. 45, which also ends in an *esdrújula*: «metálica». One instinctively links «metálica» to «cúpula» because of their proximity and common stress-pattern, and this lends some specificity to *cúpula,* suggesting that it is a metal dome, but that does not help much: the most obviously domed buildings are churches, which would be an unlikely allusion. It was more probably chosen as the architectural feature which most clearly represents a perfect balancing of forces (one recalls «Oh alegría / del equilibrio y de las proporciones»). Between them, those four tasks take up seven lines: the brevity of the fifth–«el orden»–makes one remember 'order' as the key concept of this sentence (the prophetic 'epoda' will likewise highlight «El hombre» and «y así» in trisyllabic lines); but the shortest line of the whole poem, called "THE PIVOT" in my schema, is the «Pero» which begins the last part of the debate.

The final answer to "THE QUESTION" hinges on this word: despite the obvious smallness of workmen measured against the edifice they build, Neruda can now unequivocally affirm «todo sale del hombre»–not individual man but Man. This categorical reply to the question dissolves the «elemento antitético» away by revealing that the implied antithesis was really an artificial one, based purely on Neruda's poetic fiction that the initiative for building an *edificio* came from Nature rather than from Man–as we all know it 'really' does. Man's leadership is further asserted in «A su llamado», his 'call' or 'summons' (the common sense of the word in American Spanish), which produces a highly lyrical foursome of results: inanimate objects (both natural and artificial) are again personified as they are seen responding to his summons. Stones gather, walls rise of their own volition, the *luz* beneath which «la unidad vencedora» earlier rose (l. 19) now enters the man-made rooms, and lastly abstract space divides itself up and shares itself out: «se corta» and «se reparte», it is not man who does the dividing up and sharing out. Nature is again shown to be willingly in the service of Man. Had the poem been no more than a depiction of how material buildings grow, it would have ended here.

There remains, however, the final strophe, in which the material *edificio* will turn into a metaphor, but Neruda begins his 'transformation scene' elsewhere and in prophetic vein. One is reminded of a line from *Residencia en la tierra*: such things as these «me piden lo profético que hay en mí».[20] In the biblical account of Creation, "God divided the light from the darkness" (Genesis i:4): the intertextual echo in «El hombre / separará la luz de las

[20] «Arte poética», l. 19.

tinieblas» is inescapable, and it gives "THE PROPHECY" a sonorous bibli-
cal resonance. Neruda is going up into the pulpit, as it were (just as in other
odes he becomes a political orator in the concluding section), to proclaim not
what *has* happened–as in the biblical myth–but what *will* happen, and his de-
claration resounds with faith in the inevitability of what he is proclaiming.
He will 'pull out all the stops' in this conclusion: note the massive cluster of
intratextual echoes listed in the schema. There is a sense in which the shifting
of responsibility to Man from Nature in «todo sale del hombre», with refer-
ence to the material building, can–with hindsight–be seen to have prepared
the way for this shifting of responsibility to Man from God. Consider how
this works in the closest intratextual echo, «luz», which last came up only
three lines before: the first time it was used, «luz» came from above and
bathed the rising building in beauty, as «la unidad vencedora» (l. 20) «vino a
elevarse» (l. 19), in the preterite tense; in l. 51, now in the present tense, the
light had responded to Man's summons; here, in l. 54, when Man takes over
God's rôle (in the future tense), light will be set apart from darkness by «El
hombre»–or, to put it the other way round, Man will set the *tinieblas* apart
from light. *Tinieblas* echoes the Vulgate text of Genesis i:4 („Et vidit Deus
lucem quod esset bona: et divisit lucem a tenebris"), and it is a more loaded
word than the English 'darkness': when Man separates *tinieblas* from *luz*,
those *tinieblas* are not just Night as they are in the Bible („Apellavitque lucem
Diem, et tenebras Noctem", Genesis i:5). In Neruda's prophecy, they are
surely something which is to be excluded from the social Building (i.e. all
that is evil, all that is exploitative) for the New Society will be entirely bathed
in light. Such darkness will, so to speak, be consigned to the 'outer darkness'
which lies 'beyond the pale' of the *hortus conclusus* in which the «rosa colec-
tiva» of l. 60 is to grow. Perhaps this is reading more into the Nerudian
prophecy than is really there (it is undoubtedly more than is explicit) but I am
reasonably sure of my response, in the light of the more general context of
the poet's highly utopian marxist vision.

There is no pause after «tinieblas» (in the draft there was a comma) and the
strophe swings straight into its major structural pivot–«y así / como»–which
introduces our last piece of 'patterning': «así como» *el hombre* had succeeded
in defeating («venció») his «orgullo vano» (cf. the «sus pequeños orgullos»
of l. 41) and in establishing («implantó») «su sistema» (cf. the «sistema» of
l. 37, of which the «hombre pequeñito» was no more than «un punto»)–i.e.
two past achievements–in order that the material building might rise, he will
accomplish two matching achievements in the future: «seguirá construyendo
/ la rosa colectiva» and «reunirá en la tierra / el material huraño de la dicha».
By implication, further petty prides will need to be discarded if these things
are to be achieved, and both the paradoxical 'construction' of the collective
rosa and the harvesting of the «material huraño» (cf. the «huraños

materiales» of l. 12) of «la dicha» (cf. the «alegría» of l. 9) will necessarily involve a higher System. At this point, the process of growth takes over again in the progressive future tense: we are told that the «edificio de todos los hombres» of the final line «irá creciendo» and that it will do so with «razón y acero».

In this fourth and last appearance of *acero*, what does it mean? How much does it imply? Is it still merely iron, duly processed by man for use by the construction industry? This second building is, after all, pure metaphor, so one might expect this final «acero» to have a metaphorical significance within the «sistema» of society. One line of thought should be stated even though it may seem only a remote possibility: *el individuo* was «un martillo, un golpe / de acero en el acero», so was that *martillo* 'merely' a construction-worker's hammer? Or also half of the Hammer and Sickle? A legitimate speculation where a communist poet is concerned, but if Neruda had had that association in mind at any point, then what has happened to the Sickle? Would Neruda, ever mindful of the *campesinado*, have used *martillo* in such a way as consciously to exclude *la hoz*? Surely not. Nor could he have been unmindful of César Vallejo's «¡Cuídate de la hoz sin el martillo, / cuídate del martillo sin la hoz!», in Poem XIV of *España, aparte de mí este cáliz*. On both grounds, I would therefore exclude that 'Party-specific' reading. On the other hand, what of Chile's national motto: *Por la razón o la fuerza*? This reminiscence would be much more likely, given the associations of the phrase: it was said by Bernardo O'Higgins, Chile's liberator, during the wars of Independence. The motto, however, is an 'either/or' construction whereas «con razón y acero» is 'A-plus-B'. Does this imply a recognition that it will take both reason *and* 'cold steel' to build the New Society? That implication may indeed be there, but I would certainly not press it. There remains the more important question of «la rosa colectiva», with which the last six lines of the poem begin, and these will take us back to the original for the last time.

The draft shows Neruda reworking these last six lines more intensively than any other part of the poem. Firstly, Man originally ceased to be the subject of the main verbs one stage sooner, for «la rosa colectiva» was followed by «la esperanza / repartirá en la tierra», but this option was immediately rejected (the «reunirá» is on a separate line beneath «repartirá» and arrowed up to precede «en la tierra»). Secondly, «acero» was followed by three additional lines («voluntad y cemento / haremos / con todos y de todos») which kept mankind as the subject but moved into the first person plural, thereby associating the poet–as an individual–with his fellow men, but those lines were deleted to be followed by «irá creciendo». Lastly, the definitive final line came only at the third attempt: the first was a hesitant «la [*deletion*] nueva» (the deletion looks as though Neruda had started to write a word beginning with three letters, of which the first is "l", but had then struck this out before going on to «nueva»); then that whole line was struck through and replaced by «la unidad constructora de los hombres»–itself deleted with a long wavy line before he wrote the definitive version. These tentative approaches, working by trial and error, provide significant clues to how Neruda's mind was working: the «con todos y de todos» shows him shifting the emphasis from «El hombre» onto the plurality of men within the collective rose; even once he had shifted to «irá creciendo», the penultimate version of the final line still highlighted the collective endeavour of «los hombres» by celebrating their «unidad constructora», rather than–as in the final version–the 'construct' itself, which seemingly goes on growing of its own accord. But that final thought was, so to speak, an 'afterthought': is it then possible, after all, that Neruda had *not* thought of turning the material building into *an allegorical social building* (rather than using the process of its construction as *a mere analogy for the social process*) until he reached the very end of the draft? He can no longer be thought to have had that conclusion clearly in mind from the beginning of the process of the poem's composition: that much seems certain! Alazraki is quite correct: «El edificio alude ahora a una sociedad que es el producto de todos los hombres y que todos comparten, a un edificio social construido por el hombre y para el hombre»[21]; but it did not do so until the final line had actually been written in its final form. Once written, however, it seems not merely appropriate but inevitable, and colours the whole poem in retrospect.

Until that last decision was taken, it looks as though Neruda's only specific metaphor for the New Society was going to be «la rosa colectiva». Although its importance is diminished by what follows, this remains a highly significant image–all the more important because it comes as a surprise, since it lies entirely outside all areas of reference previously mentioned in the poem. It reminds one irresistibly of the «rosa permanente» in the «Alturas de Macchu Picchu» and I cannot believe that the reference was unintentional. There, when men were dead and gone, the Inca city was left as «una permanencia de piedra y de palabra: / . . . / de tanta muerte, un muro, de tanta vida un golpe / de pétalos de piedra: la rosa permanente, la morada» (vii, ll. 22–26) and one of the phrases in the 'litany' calls the ruined city «rosa de piedra» (ix, l. 7). That rose had also been constructed by men but its men were gone: the «rosa permanente» endured («quedó la exactitud enarbolada», vii, l. 32) on the *alturas,* living out its «vida de piedra después de tantas vidas» (l. 35) but no longer inhabited. Here in the «Oda al edificio», on the contrary, the construction of «la rosa colectiva» is an on-going process: in contrast to the «esclavo» of Machu Picchu, these men are free and free to harvest joy. When the final «edificio de todos los hombres» grows on into the future, the

---

[21] Loc. cit.

«razón» and «acero» which enable it to do so will both be those of living men. The contrast with «Alturas de Macchu Picchu» lingers on in one's consciousness, however, right to the end–although readers who have missed that echo because they did not know the earlier poem will doubtless merely have paused when they met the rose and then passed on. Given that this was, like all the odes, meant as a public poem, Neruda was surely right to end with the less private image.

«Dónde está el individuo?» Neruda, too, is an individual and–however impersonal the overt structure of this poem may be–one is undoubtedly aware of him throughout. Although he operates within the self-imposed constraints set out in the programmatic opening poem of *Odas elementales* called «El hombre invisible» (see Pring-Mill 1979), his presence can be felt in every poetic decision that he takes. Anderson ends his book with a chapter on the 'oda elemental' as "A Celebration of Elementary Objects–and of Speaker Subjectivity". Discussing Neruda's use of apostrophe, he very properly argues that despite the ostensible "backgrounding of the 'I' of the poetic voice, in favour of the 'you' or object to be celebrated",

critical focus on what Jacques Derrida has called the "secondary, eccentric, lateral, marginal" elements in a text reveals a prominent structural-semantic position for the poetic voice as privileged animator and transformer of the common object. The entire process of defamiliarization functions ultimately to foreground not only the familiar object as it is known by the average receiver but also the poetic speaker himself . . . Through his individualized insight on the object the speaker is underscoring his presence in the text . . . The choices the speaker makes in addressing his poetic object can . . . indicate as much about him and his priorities as about the object itself.[22]

Although my own critical vocabulary may be more old-fashioned, I have been tackling many of the same kinds of things in this attempt to find out what makes the «Oda al edificio» work: not just "*what* it says" but "*how* it says what it says and does what it does"–in other words, why I enjoy it.

Bibliography

For fuller coverage see Woodbridge 1988; for the best edition of the *Odas elementales* see Concha 1982.

1956: Hamilton, Carlos D., «Itinerario de Pablo Neruda», in: *Revista Hispánica Moderna* 22, pp. 286–297.
1959: García-Abrines, Luis, «La forma en la última poesía de Neruda», in: *Atenea* 135, pp. 95–107.

[22] Anderson, op. cit., pp. 135–136.

1966: Rodríguez Monegal, Emir, *El viajero inmóvil*, Buenos Aires, see pp. 268–288.

1968: Loyola, Hernán, «La obra de Pablo Neruda: guía bibliográfica», in: Neruda, *Obras completas*, II, pp. 1313–1501.

1970: Pring-Mill, Robert, «La elaboración de la cebolla», most readily accessible in Angel Flores (ed.), *Aproximaciones a Neruda*, Barcelona 1974, pp. 227–241.

1974: Alazraki, Jaime, «Observaciones sobre la estructura de la oda elemental», in: *Mester* 4, pp. 94–102; reprinted in Angel Flores (ed.), *Nuevas aproximaciones a Pablo Neruda*, Mexico 1987, pp. 223–238.

1975: Pring-Mill, Robert, introduction to *Pablo Neruda: A Basic Anthology*, Oxford.

1976: Debicki, Andrew P., «Transformación y vitalidad del mundo material en dos libros de Pablo Neruda», in his *Poetas hispanoamericanos contemporáneos*, Madrid, pp. 97–118 (this is a longer version of «La realidad concreta en algunos poemas de Pablo Neruda», in: *Estudios de literatura hispanoamericana en honor a José A. Arrom*, Chapel Hill 1974, pp. 179–192).

1979: de Costa, René, *The Poetry of Pablo Neruda*, Cambridge, Mass./London, see pp. 144–174.

1979: Pring-Mill, Robert, «El Neruda de las *Odas Elementales*», in: Alain Sicard (ed.), *Coloquio Internacional sobre Pablo Neruda*, Poitiers, pp. 261–300.

1982: Concha, Jaime, introduction to his edition of Pablo Neruda, *Odas elementales*, Madrid.

1987: Anderson Jr., David G., *On Elevating the Commonplace* (A Structuralist Analysis of the «Odas» of Pablo Neruda), Valencia.

1988: Woodbridge, Hensley C., and David S. Zubatsky, *Pablo Neruda: An Annotated Bibliography of Biographical and Critical Studies*, New York/London–an invaluable guide to Nerudian criticism.

JOSÉ LEZAMA LIMA

(1910–1976)

EL ENCUENTRO

Al fin el jugo así se enreda
con un carcaj de escasa suerte,
y en cada tiro su azul recurva
al gato doble que sopla, desprende.
5 En cada vuelo queda preso
de un polvillo que lo aligera,
y si no viene rueda llameando
al zafiro que lo despide.
Su buena llama nadie toca,
10 la escasa llama ya no toca escasa suerte.
Se hace discurso interminable, por debajo de mi sueño,
el leopardo se esconde en la alcancía.

(Se oyen los clavos penetrando, los escenógrafos
pintan la boca grande que recibirá la Epístola.
15 El pequinés juega con la hija del taquillero;
cuelgan el nombre de la obra en la cola del perro.
El perejil y el orégano nadan sus risitas en la sartén
y acariciando los tatuajes la menina se humedece.)

A la vuelta de una pera,
20 la invisible extensión verdeante
penetra por los ojos y hace espuma.
En la desenvoltura de una palma,
sacude la lluvia breve y atardece.
Sacude la lluvia al gallo intempestivo
25 y muestra el maíz como un ojo de venganza.
Los dioses en el atardecer cosen su manto
y el paño de cocina tendido en su espera
es intocable. Aún está húmedo
y ondean las arrugas momentáneas
30 de la mano sobre el gallo.

Telón de fondo:
la humedad en el paño de cocina.
Primer plano:
el gallo desprecia la aurora.

35 (Firmen, las firmas, vuelvan a firmar.
El cartulario lee el secante al revés
en el espejo de afeitar.
Firmen todos a la vez, quiten las manos
todos a la vez.
40 La mosca duerme en el tazón, siguen los ceros
de las firmas. Es el escoplo de granito.)

Su pregunta a la estufa, su río
al olvido, la mesa en el centro del río,
la fiebre en la cresta del gallo.
45 Pasando la gamuza por el cristal;
alargando la gamuza con las manos,
deshilachándola, extrayéndole los huesos,
quitándole con la gamuza las caricias a los brazos.
Las caricias como papeles mojados
50 pegados a nuestros cuerpos.

La gamuza reparte las caricias; ahora le toca
a la nariz, son las caricias más difíciles.
Tarda el papel mojado
en hacernos otra nariz, de tierra más húmeda,
55 como si fuese otra pieza errónea
que la gamuza vuelve a esculpir de nuevo.
Una nariz medioeval, húmeda, inmensa,
que crece como los helechos rodeados de grullas rellenas
con velas amarillas,
60 y nos nausea.

(Pares o simple tarde que se amolda,
impar o tarde simple que se aleja.
Inflexible las manos caen
sobre los dedos de los pies.
65 Pares, echan raíces y recuperan el escarabajo.
Pares, gris y blanco y casi gris, el altibajo diseñado.
Echa raíces y ya no puede tamborilear.
La escasa seca trota cerrada por chorro hurón.

Pares, echa raíces, inmerecido romano le caen las manos.
70 Impar la noche como un buey suelto
se tumba sobre cascadas.
Pares, ingurgitando, dime.
A la derecha está, el buey que lame hinca la nieve.)

La estruendosa reclamación de las sierras,
75 exige algo más que las herraduras de plata;
y los ojos restregados en el follaje
que se cuelga del caballo,
del regreso, impidiendo que su estatua se coloque
en el mismo sitio de donde partió.
80 La madera de la puerta se va humedeciendo
en aquella parte de su sustancia
que se mueve más allá de lo que se tiene que quedar.
Y la sangre que mueve sus preguntas
tropieza con la parte de su cuerpo que se tiene que quedar.
85 Es la hoja roja que cae en las meriendas campestres
y una solemne brisa la levanta y la deposita en el río.

(Fuego colorado, cresta en picadillo,
siesta en globo ahogada: al centén, al centén;
globos, papelillos, cesto hirviendo paños
90 de los telares manejados con los pies,
pero tomando sopa con angélica saliva
mientras se tejía; pero bajándose la gorra
sueltan su tarabilla porque hay que ser original-
mente la ceja recta y colorada.
95 Telón de fondo:
el gallo desprecia la aurora.)

Los pequeños pozos
– sus risas sombrías, sus indolentes corpulencias,
que aún conservan el pez con la única orden de nadar –
100 fueron rememorados por un gigantesco tubo violeta,
ya que en el fondo del pozo
el gallo ancho iba ocupando todo el espacio,
cercado por el recuerdo de los coros de niñas.
Los pasos breves sobre un tambor,
105 la anchura del gallo preferible a los fragmentos nocturnos
que revelan el destierro de una vida sombría.

Y los grandes tubos violáceos preferibles
a las vetas de oro que rebotan en el frontón asirio.
Los pasos breves, cautelosos,
110 ya que las vetas violetas suenan sobre el mismo tambor
de acolchada embriaguez,
que ahora recibe el sueño del gallo
olvidando la magia del anillo de sus ojos.
Cierra sus manos con el peso de ese animal corpulento
y siente en las dos manos iguales el mismo peso escuchado.

Poesía Completa, Havanna 1970, S. 190–193.

DIE UNVERSTÄNDLICHE BEFREIUNG *

Von SAÚL YURKIEVICH

Ein „vollständig unsichtbarer Wille", außerhalb eines Plans, ohne einen vorbedachten Entwurf, leitet den spontanen Antrieb von «El encuentro», einem Gedicht, das ich interpretieren möchte. Es entstammt dem dritten Teil von *La fijeza,* einem Gedichtband, den José Lezama Lima 1949 veröffentlicht. Indem er sich zu seiner äußersten imaginativen Ursprünglichkeit befreit, versucht dieser Dichter, die Grenzen der individuellen Imagination zu überschreiten, um durch einen ungeheuren Widersinn zum uralten Substrat (oder Suprastrat), dem Traum der Spezies, dem kosmogenetischen Phantasma zu gelangen. Er überläßt sich dem freien Strömen der Erinnerung, die seine abgelegenste Vergangenheit zurückgewinnt, und versucht so ein zugleich instinktives und gelehrtes Erbe wiederzuerwecken, in dem das Gelesene sich vom Erlebten nicht unterscheidet, in dem kein Gegensatz zwischen Natur und Kultur besteht. Lezama Lima will mit «El encuentro» durch das hyperbolische Gedächtnis die höchste Möglichkeit der Zusammenführung schaffen, der paradiesischen Solidarität Substanz geben. Die Dichtung ist für Lezama Lima ein paradoxes Abenteuer, das zum morgendlichen Erscheinen des Unbekannten führt und das keimhafte Gedächtnis weckt. Er bewirkt seine referentielle Subversion durch kategoriale Überschreitung, durch erleuchtenden Un-Sinn. Er sucht die unvorhersehbare, wunderbare Kehrseite, die aus den fabulierenden Worten entsteht. In «El encuentro», wie in fast der gesamten Dichtung Lezama Limas, muß die unerbittliche und fortschreitende Schwerkraft des Unwirklichen suggestive Spannungszustände und rätselhafte Öffnungen mit einer nichtkausalen Entwicklungskraft schaffen, die den Zugang zum utopischen Reich der absoluten Freiheit gestatten.

Ich habe «El encuentro» ausgewählt, weil es ein Muster der dichten und vermischenden Dunkelheit ist, wegen seiner grundsätzlichen enormen Ungereimtheit, wegen seiner unauflöslichen Exzentrizität, weil es ganz entschieden ein unbegreifbares Kryptogramm ist. Es stellt für den Hermeneuten eine äußerste Herausforderung dar; es verurteilt ihn dazu, es einzukreisen und zu umschreiben, ohne eindringen zu können, ohne sich begreifend in der Mitte

---

* Titel des Originalbeitrags: «El incomprensible rescate». Aus dem Spanischen übersetzt von Gerhard Poppenberg.

dieses Wirbels aus übertragener Rede einrichten zu können. «El encuentro» bietet wenig Ansatzpunkte für eine Analyse. Es gibt keine offenbaren thematischen Achsen, die eine wahrnehmbare Verbindung zwischen den Teilen begründeten. Das Gedicht ist einer beständigen Variation unterworfen und erscheint, geschieht und entfaltet sich durch eine bestimmte textuelle Ausdehnung. Das ist seine einzige meßbare Begrenzung: hundertfünfzehn Verse auf elf unregelmäßige Strophen verteilt. Das Gedicht ist von begrenzter Dauer (für Lezama Lima ist die Dichtung wesentlich eine zeitliche Kunst). Das Ausmaß eines Gedichts hat für Lezama eine ontische Rechtfertigung. Die Erweiterung geschieht in der Breite, durch Anschwellen, durch das Überborden jedes faßbaren Rahmens, durch das beständige und verwirrende Zusammenwirken von nicht nur ungleichen, sondern widerstreitenden Bezugspunkten. Das Gedicht umschreibt zu keinem Zeitpunkt einen Kontext; viele deuten sich an und lösen sich sofort in einer fortgesetzten Bewegung wieder auf, so daß es schwierig, wenn nicht unmöglich ist, die bewegliche Vorstellung in einer erkennbaren Umgebung, in einer identifizierbaren Raumzeitlichkeit anzusiedeln. Diskontinuität ist für Lezama Lima die Antriebskraft des Dichterischen, ist wie der Schlag der Schwimmflossen des Fisches, mit dem er sich vorwärts bewegt. Das Gedicht schreitet mehr durch das Geheimnis seiner Pausen und Brüche als durch die Sicherheit seiner Verknüpfungen voran. Durch solche Öffnungen kann das pränatale Gedächtnis die Dinge erinnern, die nicht geschehen sind. Das Gedicht erleidet oder gewinnt (gemäß der Aufnahmebereitschaft seines Lesers) eine hartnäckige Abtrift und zwingt uns zu einer derivativen oder obliquen, einer niemals wörtlichen, sondern schrägen, umwegigen Lektüre, die laufend vom Weg abkommt. Eine koinzidierende Magnetisierung: durch Anziehung führt es auf die glückseligen Inseln.

Das Selbstporträt ist so verflochten mit den imaginären Zeitaltern, mit der mythologischen Sammlung, mit dem Exotischen und Esoterischen, daß es schwierig ist, aus diesem literarischen Urwald das zu sondern, was von ihm selbst handelt. Die Dichtung Lezama Limas wird von einer Hypersubjektivität beherrscht, die über die Sinnbezüge auf ihre Art entscheidet, aber sie ist hypostasiert und verweist nicht aufs Individuelle. Alles Autobiographische (einzelne Erfahrung, eigene Erlebnisse, persönlich Anekdotisches, ein empfindsames Tagebuch) scheint der wechselhaften ikonischen Parade untergeordnet zu sein, der beständigen ungewohnten figurativen Wanderung, dem Vorrang des Ungewohnten und der großen Freiheit der Assoziation und Richtung, die dem biographischen Zugriff keine Handhabe liefert und auch nicht eine befriedigende symbolische Bestimmung erlaubt. Wir wissen, daß Lezama Limas Gedicht prozessionsartig, eine Epiphanie, sein will, uns zum orphischen Punkt führen soll, zu dem irrlichternden Punkt, der sich wie ein Glühwürmchen im rätselhaften Sinn bewegt. Aber seine unaufhörliche Variation, seine hemmungslose Fabulierlust erschweren auch die konnotative Entzifferung und selbst die symbolisch-allegorische Lektüre. Für Lezama Lima verweist alles auf das unbeschränkte Reich des Wunderbaren. Das Gedicht ist so am Ende ein Gnadenakt. Es duldet keine Interpretation, die nicht an seinem Zauber teilhat.

Als ausgedehnte Welt benötigt das Gedicht Lezama Limas eine gewisse Länge, damit die Zeit die Substanz eines Körpers gewinnt. Das Gedicht geschieht langsam, durch akkumulierendes, tonales Fortschreiten, durch allmähliche Ausstrahlung: es braucht Weite. Die figurale Parade von «El encuentro» geht ruhig vor sich; entspannt, fast locker bewegt es sich wie auf einer horizontalen Fläche fließend vorwärts oder wie durch gasförmiges Ausströmen. Es gibt keine Spannungen, starre, hochtönende Formulierungen, eindeutige Akzentuierungen, offenkundige Orchestrierung oder klangliche Erhabenheit. Der Gang von «El encuentro» ist weich, „ein wattierter Taumel".

Die Länge der Verse schwankt zwischen vier und einundzwanzig Silben, ohne daß irgendein metrisches Muster sich als Konstruktionsprinzip der Skandierung durchsetzte und den Klangfluß regelte. Die zum elfsilbigen System gehörenden Metren (von 5, 7, 11 und 14 Silben, mit ihren Akzenten auf der vierten, sechsten, achten, zehnten und dreizehnten Silbe) bestimmen nicht den trägen Fluß der Phoneme von «El encuentro». Die einunddreißig Verse des elfsilbigen Systems zählen kaum in der Fluktuation der hundertfünfzehn Verse. Wichtiger ist der Neunsilber (sechzehn Verse), der in der ersten Strophe dominiert (von zwölf Versen sind sieben Neunsilber) und ihr den Takt mit zwei recht markanten rhythmischen Achsen gibt. Sie entsprechen den wiederkehrenden Versakzenten auf der vierten und achten Silbe. Die erste Strophe beginnt, wie gesagt, mit einer Folge von sieben Neunsilbern, die von zwei Elfsilbern im vierten und siebten Vers unterbrochen wird. Diese Strophe ist die einzige Stelle mit einer gewissen metrischen Regelmäßigkeit. Sie fehlt sonst im gesamten Rest des Textes. Es finden sich höchstens isometrische Terzette und auch dies nur zweimal (Fünfsilber in Vers 14, 15 und 16; Elfsilber in Vers 21, 22 und 23). Wenn es also eine gewisse Regelmäßigkeit gibt, dann gehört sie doch zum System der Elfsilber, das so verwurzelt in der Rhythmik der spanischen Sprache ist. Im größten Teil des Gedichts variiert das Versmaß beständig. Niemals sind Systole und Diastole von extremer Art. Lezama Lima verfällt nicht in jähe metrische Kontraste, in plötzliche spasmische Kontraktionen. Die Unterschiede der Verslänge sind maßvoll. Das Fehlen von starken Akzenten, in mehr oder weniger gleichmäßigen Abständen, nimmt den lockeren, üppigen Versen Lezama Limas Rhythmus und Spannung. Pulsschlag und rhythmischer Antrieb sind fast unhörbar. Die kaum pulsierenden Verse scheinen fast tonlos unter solch niedrigem Druck. Diese rhythmische (doch keineswegs ikonische) Asthenie entspricht der horizontalen Ausdehnung, dem sachten, sanften und welligen

Ausgießen, dem fortgesetzten behaglichen Fließen ohne Widerstände und Hindernisse, das für die Schreibweise Lezama Limas so charakteristisch ist. Die wenigen dreizehn Elfsilber stehen neben ähnlichen Nachbarmetren (elf Zwölfsilbern und zwölf Dreizehnsilbern). Wenn eine metrische Form im Gedicht vorherrscht, dann die der langen Verse, der arte mayor: achtundsiebzig Verse gegenüber siebenunddreißig mit weniger als elf Silben. Der unsichere Zehnsilber findet sich selten, nur fünfmal in «El encuentro». Die für Lezama Lima charakteristische (physische, psychologische und prosodische) Breite und das Übermaß erfordern das ausgedehnte Gedicht, damit der Überfluß der imaginären Allmöglichkeit schützenden Raum gewährt, damit die hyperbolische und hypertelische Verschwendung dem unendlichen Analogon auf der Suche nach dem Unbekannten genügend Raum schafft. Der Schwingungsweite der Verse entspricht das Übermaß der figuralen Massen, bei denen es, wie bei dem wechselnden Versbau, auch keine vorherrschenden Bilder gibt. So wie es keine Isometrien gibt, finden sich auch fast keine thematischen Isotopien, keine entschieden wiederkehrenden Ikonen oder Symbole.

Das Versende hat hier eher semantische als rhythmische Funktion. Die Verse enthalten im allgemeinen Untereinheiten mit vollständigem Sinn und sehr häufig ganze Sätze; sie weisen eine beträchtliche syntaktische Autonomie auf:

> Pares, echan raíces y recuperan el escarabajo.
> Pares, gris y blanco y casi gris, el altibajo diseñado.
> Echa raíces y ya no puede tamborilear.

Das Enjambement wird selten und behutsam verwendet (in den Versen 14–15, 40–41, 10–13, 51–52, 58–59, 77–79, 110–111). In der neunten Strophe gibt es einen Passus mit Enjambement, der in einem heftigen Zeilenumbruch gipfelt:

> globos, papelillos, cesto hirviendo paños
> de los telares manejados con los pies,
> pero tomando sopa con angélica saliva
> mientras se tejía; pero bajándose la gorra
> sueltan su tarabilla porque hay que ser original-
> mente la ceja recta y colorada.

Ein Ausnahmefall in der gesamten Versdichtung Lezama Limas ist diese Zergliederung eines Adverbs, das durch das Zeilenende in seine zwei Bestandteile zerlegt wird: die Wurzel und das modale Suffix, das so Objektcharakter erhält (mente: die intellektive Fähigkeit der Seele). Aber dieser zusätzliche Sinn der von ihrer Wurzel getrennten Nachsilbe läßt sich der Sequenz, die ihn enthält, nicht einfügen.

Wenn man annimmt, daß der freie Vers sich spontan der Darstellung anpaßt und daß hier Form und Inhalt, Medium und Botschaft gleichzeitig erscheinen, vereint in einer synchronischen und geistvollen Genese, dann ist die Prosodie Lezama Limas ein pures Vehikel des figuralen Vorgehens. Sie ge-

winnt keine eigenständige Gestalt, sie bildet keinen speziellen Aufmerksam-
keits- oder formalen Anziehungsfaktor in sich selbst. Sie reguliert den ver-
balen Schwall nur minimal und ohne ihn zu musikalisieren. Diese Handhabung
eines Dämpfers ohne augenfällige rhythmische Regulierung entspricht der
Absicht Lezama Limas, keinerlei Stilwillen zu bekunden, ihn nicht durch
eine offensichtliche Architektur aufzuweisen. Das Fehlen klarer formaler
Eingriffe ist der nicht normativen, nicht restriktiven Absicht dieser Dichtung
angemessen. Lezama Lima neigt zu so wenig Form wie möglich, zur gering-
sten Gestaltung, denn die materielle Verführung fängt den Leser unmittelbar.
Der Träger der Anziehung lenkt von der transzendentalen Botschaft ab, ver-
zögert die Erfassung des metaphorischen Kontinuums, schiebt das verbin-
dende und transfigurierende Werk des auratischen Bildes auf, wirkt seiner
Erhabenheit, dem Phantasieren konjekturaler Nichtigkeiten, der Spannung,
die aus Außersinnlichkeit quillt, entgegen; stört die Vollendung des charisma-
tischen Wunders des glaubhaften Unmöglichen, das möglich wird in der
Unendlichkeit.

Die Dichtung Lezama Limas besteht vor allem in einer Abfolge (einer Ka-
valkade, einem Maskenzug) von äußerst verschiedenartigen und unverhältnis-
mäßigen Metaphern. Dichtung ist für Lezama Lima das Zusammenspiel
höchster referentieller Heterogenität. Er treibt die Übertragungsfähigkeit der
Imagination, das Vermögen, alles Imaginierbare anzurufen und zu beschwö-
ren, aufs Äußerste. Eine hemmungslose, maßlose Imagination hat totale Frei-
heit der Assoziation, Verknüpfung und Angliederung, der Richtung (das Ge-
dicht entwickelt sich vollkommen unvorhersehbar) und der Ausdehnung (das
Gedicht dehnt sich aus, pumpt sich auf, sucht seinen eigenen Höhepunkt, die
geeignete Größe, damit der Überfluß sich in Übernatur verwandelt). Das be-
ständige Auseinanderdriften der Bilder, die Zusammenstellung von kleinsten
Handlungssequenzen, die keine Geschichte bilden, die äußerste Verschieden-
artigkeit der Bildkonstruktion und die maßlose Willkür der Beziehungen ver-
hindern jede treffende Verkettung. Unmöglich, so viel Unsinniges und über-
trieben Vermischtes kausal zu verbinden. Disiecta membra: «El encuentro»
zeigt keine logische Folgerung, weist sie zurück; es gestattet keine faktische
Verkettung; es ist reine Handlung, ohne daß erzählt wird. Buchstäblich un-
zusammenhängend, zwingt es, unmittelbar zum figurativen Sinn überzu-
gehen, die gerade Bedeutung aufzugeben und exegetisch den Fächer von Kon-
notationen zu bearbeiten, den Lezama diametral öffnet. Die thematischen
Achsen, die allzusehr unterbrochen sind und wenig Halt bieten, sichern kei-
nen gleichmäßigen Kreislauf im Gedicht. Auch gibt es keine festen Referenz-
punkte, die kontextuelle Rahmen für die Vorstellung böten und chronologi-
sche und topologische Eingrenzungen bewirkten, mit denen man hermeneu-
tisch auf der Grundlage einiger fester Punkte arbeiten könnte. Deshalb ist die
Entzifferung, die leichter durchführbar ist, wenn es sich um ein ganzes Buch

mit seinem breiten Textmaterial handelt, wesentlich schwerer, wenn sie sich
nur auf ein einziges Gedicht richtet. «El encuentro» stellt für den Exegeten
die größte Herausforderung dar.

In seinem umfangreichen essayistischen Werk eignet Lezama Lima sich den
kommentierten Text eher auf eine überpersonale Weise an, als daß er ihn er-
läutert, verleibt ihn sich ein, indem er ihn seinem eigenen Text angleicht. Das
Maß seiner Lektüre entnimmt er nicht dem behandelten Text, sondern bürdet
es ihm als zentripetaler Leser auf. In jedem fremden Text liest Lezama Lima
sich selbst, rüstet ihn sich zu, obwohl er ihn zu erhellen meint. Da Lezama
Lima der Dichtung eine erleuchtende, eschatologische und eucharistische
Funktion zuweist (bei der das Wort in göttlichen Leib verwandelt wird), miß-
traut er jeder analytischen Vorgehensweise, jedem Versuch, das Geheimnis
der Dichtung rein intellektuell zu durchdringen, es sei denn, die Erkenntnis
verbände sich dem Genießen und dem Fabulieren. Für Lezama Lima ist das
Begreifen des Gedichts eher eine gegenseitige Durchdringung als ein Ver-
stehen, ein Übergang und eine gläubige Hingabe, die auf die Übertragung
von der metaphorischen Abfolge zum einigenden Bild zielt, welches die uni-
verselle (pränatale, prälogische) Sympathie wiederherstellt und das eine Vor-
wegnahme der paradiesischen Glückseligkeit ist (ein transportables Paradies
und ein Florida im Taschenformat). Lezama Lima entzieht jeder rein weltlichen
und nur scharfsinnigen Untersuchung das Recht. Ich führe diese Forderun-
gen zum Teil deshalb an, damit die Extravaganz von «El encuentro», das zu
Abschweifungen verleitet, nicht vollständig von mir Besitz ergreift. Ich beuge
mich dem Wahnwitz des Gedichts, um eine relative Erklärung zu versuchen,
die aber niemals den Knoten entwirren und den Zugang zu diesem phantasti-
schen Labyrinth leicht machen können wird. Ich arbeite auf der Ebene, die
möglich ist, geradeaus oder quer, mit Brüchen oder Verstößen, auf Umwegen
und gewundenen Pfaden, mit Sprüngen und Abkürzungen und suche so die
Bedeutungen und Verbindungen, die den Sinn erfahrbar machen.

Ich frage zunächst nach der Beziehung von Titel und Text in «El en-
cuentro», ob er Ausgangs- oder Ankunftspunkt ist; in welchem Augenblick
der Komposition das Gedicht einen Titel erhält; ob dieser das Entfesselungs-
moment oder das Ergebnis des Übergangs ist, den das Gedicht bildet. Begeg-
nung wessen mit wem? Im Kontext des dritten Teils von *La fijeza* hebt sich
«El encuentro» von einer Reihe von zwölf Gedichten ab, die den dritten Teil
eröffnen: «Desencuentros». Sie handeln von negativen Situationen und sind
insofern der Erfüllung von «El encuentro» entgegengesetzt. Die «Desen-
cuentros» haben den Charakter von Alpträumen und beschreiben unheilvolle
Begebenheiten. Durch das erste Gedicht zieht ein stachliger und rüder
Schlingel mit unfruchtbarer Bissigkeit. Dieser Grobklotz stört das Fest und
vereitelt das Gelage. Im zweiten wird ein Mädchen zu einem Krebs, die Stun-
den verwandeln sich in Ameisen und der Tanz verkleistert. Im dritten wird

der Heliotrop metallisch und zerstampft das Insekt, das in seinen Staubgefäßen schläft. Im vierten beklagt David den Tod seines rebellischen Sohns Absalon, der von Joab gegen seinen Willen getötet worden war. Im fünften werden die Ratten, während der Großvater uriniert, vor einer Menge von Krüppeln am Schwanz aus dem Abwasser gezogen. Im sechsten fällt eine unglückliche Olive zusammen mit einem bleiernen Dickschädel. Im siebten nimmt die Verrücktheit zu und bewirkt das Durcheinander. Im achten krabbelt der zerfranste Überdruß wie eine Fliege über das Tintenfaß. Im neunten finden sich eine mit Dynamit gesprengte Stadt, von Kaimanzähnen durchbohrte Bergamotten und ins Meer geworfene Tücher. Im zehnten wird die Schnecke durchbohrt und die Lachskonserven werden mit Axthieben geöffnet. Im elften werden die Segeltücher von den Möwen angepickt und wird das Takelwerk gelöst. Im zwölften entkommen die Kriegswagen nach verlorener Schlacht in erbärmlicher Flucht.

Ich nehme an, daß «El encuentro», auch wenn es auf das spröde Glück anspielt, erfolgreicher ist als die unseligen «Desencuentros». Es findet „schließlich" statt, wie es der Anfang des Gedichts anzeigt; dieser adverbiale Ausdruck weist darauf hin, daß das Zusammentreffen von etwas oder jemandem an irgendeinem Ort stattfindet, das Treffen sich vollzieht. Der zu große Hahn, der den ganzen Raum einnimmt, wird gefangen und jemand empfängt in sanfter Trunkenheit den Traum des Hahns, der aber seiner Magie beraubt ist. Diese Begegnung bereitet noch nicht das erwünschte Glück. Wir wollen sehen, was das Gedicht Strophe um Strophe mitteilt.

Der Anfang der ersten Strophe bezieht sich auf den Schwall des Saftes; der wird fadenförmig und «se enreda con un carcaj». Der Saft ist eine ursprüngliche Flüssigkeit, die aus der Tiefe des Innern eines Körpers zutage tritt, der sie enthält und zurückhält; er kommt aus dem Innern oder dem Fruchtfleisch und setzt eine Essenz frei. Dieser fadendünne Saftstrahl verwickelt sich mit dem Behälter, mit einem Gefäß, das etwas enthält, wie der Körper den Saft bewahrt. Der Köcher «de escasa suerte», von durch die Verwicklung geminderter Wirksamkeit, verweist auf den Inhalt: die Pfeile. Die Schüsse mit dem Bogen («cada tiro», jeder Angriff) reizen die Erwiderung des «gato doble», der verdoppelten oder paarigen Katze. In welliger Bewegung verbindet sich das Katzentier mit dem Blau, das es leicht macht und entmaterialisiert. Himmelblaue Katze, von kalter Farbe. Das Blau verbindet sie mit dem Dunklen, dem nächtlichen Himmel, mit dem Umhang der Jungfrau Maria und dem yin. Die Katze biegt ihren Rücken, krümmt den Körper bei jedem Pfeilschuß, schnaubt, stößt ihren Lebenshauch aus, gibt Energie ab, haucht Pneuma aus. Das schweigende Subjekt der übrigen Sätze der Strophe ist ungewiß. Da das grammatische Geschlecht maskulin ist, kann es «jugo» oder «gato» sein; ich glaube, es ist die Katze, die am Schluß der Strophe zu einem Miniaturleoparden wird. Fliegend nun, «queda preso de un polvillo que lo aligera», erleidet sie eine Verwandlung und stößt wieder auf ein Hindernis, eine Staubwolke. Verbunden mit ihr wird sie flüchtig, leichter und luftiger. Dieser Aufstieg bildet einen Kontrast zu dem Fall in die Flammen («y si no viene rueda llameando»), mit der der aufsteigenden Wolke entgegengesetzten Möglichkeit. Mutierend verdichtet sich die Katze (oder der Saft), versteinert und stürzt ab. Als Feuerkugel rollt sie über die Böschung eines Vulkans, hinunter zu einem anderen, mineralischen und kristallinen Blau: «al zafiro que lo despide». Sie steigt zum Diamantenen hinab, zur größten Härte, zur vortrefflichsten Materie, zum Edelstein als dem Höhepunkt der mineralischen Genese. Der Saphir ist ein kosmischer Kern, ein Stück Himmel im Innern der Erde; ihm kommen alle Eigenschaften des Zentrums zu: unzerstörbar, kristallisch und absolut. Edelsteine und andere kostbare Stoffe kommen in Lezama Limas Dichtung häufig vor. Die juwelenbesetzte, erlesene Pracht verbindet sich mit dem Legendären und gewährt den träumerischen Ausbruch. Damit steht Lezama Lima in der Tradition des Modernismus. Wie die Katze etwas abgibt, so weist der Saphir sie ab, «lo desprende», weigert sich, sie seiner kostbaren Substanz einzuverleiben; die Kristallisierung, als höchster Zustand, verwirklicht sich nicht. Die Katze ist Trägerin eines guten Feuers, brennt weiter, aber «su buena llama nadie toca»; niemand zieht Gewinn aus der Wohltat. «La escasa llama ya no toca escasa suerte»: die Flamme nimmt ab, erleidet aber kein Mißgeschick. Wenig Glück verbindet die Flamme mit dem Köcher (in diesem Reich der Einstimmigkeit und der verwandelnden Gefräßigkeit kann jedes Ding sich jedem anderen angleichen). Die Strophe endet mit der Transformation der Katze oder des Safts in «discurso interminable», in ein unaufhörlich (in mente?) vorgebrachtes Wort, in einen fortgesetzten unterschwelligen, libidinalen Monolog, «por debajo de mi sueño». Am Ort des keimhaften Gedächtnisses, im Raum der unterirdischen Magie, wo die unhaltbare Wechselbeziehung der Bezauberungen herrscht, verwandelt sich die doppelte Katze in das mächtigste und das wollüstigste Katzentier. Der introjizierte Leopard ist die großartige Figur eines ambivalenten Triebs, einer wollüstigen Tücke, die mit der düsteren und blutigen Innerlichkeit verbunden ist. Er vereint Eros und Thanatos. Der Leopard und der Saphir bilden jeweils das Höchste innerhalb ihrer Gattung, zusammen evozieren sie die Welt von Tausendundeiner Nacht, einen fabelhaften und wunderbaren Orient (ein modernistischer Nachklang). Der viszerale Leopard wird winzig, «se esconde en la alcancía», er duckt sich, verborgen, wie der Saft im Körper, in einem gleichzeitig vertrauten (die Sparbüchse der Kindheit, oft in Form eines Schweins) und ungewöhnlichen Gefäß. Die Sparbüchse ist der Behälter, der den angehäuften Reichtum (Leopard, Saphir) aufbewahrt, die Schatztruhe, ein Behältnis, das ein Geheimnis, etwas Dunkles einschließt und das eine Enthüllung verspricht. Leopard und Sparbüchse assoziieren Prunk und Kindheit. Die bestürzende Unverhältnismäßigkeit, der Zusammenprall un-

gleicher Kontexte sind Mittel, die Lezama Lima mit Vorliebe verwendet, denn
für ihn ist die Dichtung eine sammelnde Kraft, ein Analogon unendlicher
Äquivalenzen. Die zweite Strophe, wie auch die vierte und die neunte, steht in Klammern.
Zwischen ihnen liegen asymmetrische Abstände. Sie bezeichnen Unterbre-
chungen, beiläufiges Einhalten, Nebenbemerkungen in bezug auf den
Haupttext. Der Zusammenhang zwischen den drei Parenthesen ist undeut-
lich. Da auf eine szenische Handlung angespielt wird, kann die zweite Stro-
phe als «entremés» in doppelter Bedeutung betrachtet werden. Als unterhalt-
sames Zwischenspiel auf dem Theater und als leichter Speisegang, der dem
Hauptgericht vorangeht. Die Strophe enthält auch eine kulinarische Refe-
renz: eine mit Petersilie und Oregano angerichtete Fritüre. Sie beginnt mit
dem Aufbau eines Bühnenbilds, mit dem Hämmern der Bühnenbildner. Sie
setzt ein mit dem starken audiovisuellen Bild des Eindringens der spitzen,
phallischen Nägel in die Holzgestelle. Es ist der Vorabend der Vorstellung
eines sakralen Theaterstückes: «los escenógrafos / pintan la boca grande que
recibirá la Epístola». Der unermeßliche Mund (eine Bühnenöffnung), der auf
Leinwand gemalt ist (ein unwirklicher Mund), verweist auf eine göttliche Fi-
gur. Wie in einem mittelalterlichen Mysterienspiel stellt er einen Eingang dar,
den der Erwählten, denn durch ihn geht, wie eine Hostie, die apostolische
Epistel, die Botschaft des Evangeliums ein. Diese Himmelstür wird das ge-
heiligte Wort aufnehmen, das sich vom Wortschwall der ersten Strophe unter-
scheidet, obwohl beide verinnerlicht werden: der «discurso» unterlegt sich
dem Traum wie das Wort durch den Mund eingeht. Das Gedicht hat zugleich
am körperlichen und am göttlichen Wort teil. In ihm ertönt das Hintergrund-
rauschen, die Aufnahme der imaginativen Spontaneität und die Teilhabe am
Geheimnis der Eucharistie, der Liturgie der Transsubstantiation.

Ein drittes Tier erscheint auf der Szene des Gedichts: ein Pekinese. Fast ein
Spielzeughund, gibt er ein liebreizendes Bild, das jegliche Hundewildheit
neutralisiert. Lezama Lima fabuliert ein Stück Posse mit dem Charme eines
Kitschbildchens der belle époque. «La hija del taquillero», die Tochter des
Eintrittskartenverkäufers vergnügt sich mit dem Hündchen: «cuelgan el
nombre de la obra en la cola del perro». Mit diesem Scherz wird die feierliche
Ebene der mit der Epistel verbundenen Liturgie auf humoristische Weise
verlassen zugunsten des profan Komischen eines titelanzeigenden Pekinesen.
Gleichzeitig bereitet jemand zwischen den Soffitten oder im Karren der
Schauspieler eine Fritüre zu, deren lächelnde Protagonisten zwei Gewürze
sind: «El perejil y el orégano nadan sus risitas en la sartén» (wobei das Verb
«nadar» ungewöhnlicherweise transitiv gebraucht wird). Das Lächeln steht
für das Prasseln der beiden Zutaten im kochenden Öl. «Y acariciendo los
tatuajes la menina se humedece»: damit wird neben der Tochter des Karten-
verkäufers, die zur Theaterwelt gehört, ein weiteres Mädchen, eins von Rang

evoziert, ein velazquisches Hoffräulein, das die königlichen Kinder beauf-
sichtigt. Aber dieses Hoffräulein erscheint in sinnlicher Intimität. Eine
schamhafte Version: sie streichelt, während sie sich wäscht, ihre eigenen
Tätowierungen. Eine pikante Version: sie streichelt die Tätowierungen eines
anderen nackten Körpers und erregt sich sexuell bis zum Orgasmus. Das Zu-
sammenspiel von Hoffräulein und Tätowierung verweist auf das Bild einer
Zirkusfrau («ecuyère» oder Akrobatin). Der tätowierte, gezeichnete, be-
schriebene Körper gibt dem Gedicht eine schlüpfrige, stark erotische Kom-
ponente. Die Tätowierung, als ein Initiations- und Integrationsritus, hat
auch ein magisches Potential.

Die dritte Strophe läßt an eine häusliche Welt denken: das Haus am Spätnach-
mittag, umgeben von grünender Fläche, Birne, Palme, Hahn, Küchentuch.
Sie beginnt mit dem Genüßlichen, mit der Versuchung der begehrenswerten
Frucht. «A la vuelta de una pera»: um eine von der «invisible extensión ver-
deante» umgebene Birne. Nicht das sichtbare Grün, sondern ein virtuelles
Grün, eine Aura, die von der Birne ausgeht und die die Lüsternheit des Be-
trachters anstachelt. Die Birne «penetra por los ojos y hace espuma»: das ein-
ladende Bild weckt den Wunsch des Betrachters und bewirkt die diesem Reiz
entsprechende schäumende Speichelabsonderung. Das Gedicht ist für Le-
zama Lima die begehrliche Antwort auf die imaginative Anreizung, es ist
Ausdruck der größten Begierde und ihrer allesverschlingenden Gefräßigkeit.
«En la desenvoltura de una palma» (auf die federbuschartig entfaltete Palme)
«sacude la lluvia breve y atardece» (geht einer dieser kurzen, heftigen, für die
Tropen typischen Platzregen nieder). Der Regenguß und die Palme skizzie-
ren eine karibische Landschaft. Der Regen nimmt zu, wie die intensivierende
Anapher andeutet, er schüttelt gleichzeitig die Palme und den «gallo intem-
pestivo» (wörtlich: den Hahn außerhalb der Zeit, bildlich: den unzeitigen
Hahn). Dieser cholerische Hahn wird mit seiner gewohnten Nahrung, dem
Mais verbunden: «y muestra el maíz como un ojo de venganza», das augen-
förmige Korn zeigt sein rötliches, blutiges, grausiges Auge. Der Hahn mit
dem roten Kamm, der Herrscher des Hühnerhofs, ein mutiger, immer
kampfbereiter Beschützer bildet trotz seines Jähzorns ein eher günstiges
Symbol. Er ist ein Emblem Christi und verbindet sich mit der Sonne, mit der
Heraufkunft des Lichts und der Auferstehung.

Lezama Lima ruft die Naturgeister an. Sie breiten den Mantel der Dunkel-
heit gegen Sonnenuntergang aus, wie Titania im Sommernachtstraum. Man-
tel verbindet sich durch das Textile mit seinem armen Verwandten, dem
Küchentuch. Das göttliche Gewand wird auf die Stufe des Hausgeräts herab-
gesetzt. Der nicht mehr gebrauchte Lumpen wird ausgebreitet, um erneut
benutzt werden zu können: «y el paño de cocina tendido en su espera es into-
cable»; ein unberührbares Tuch (Leichentuch oder Standarte) oder das ausge-
breitete Tuch kann ganz einfach so lange nicht mehr benutzt werden, wie es

nicht getrocknet ist: «Aún está húmedo». Es entsteht eine Symbiose zwischen Tuch und Hand, die Hand wogt wie das Tuch, das Tuch hat Falten wie die Hand. Die Hand in Bewegung fängt den Hahn. Das Ende der Strophe ist elliptisch, knapp skizziert. Die in der Strophe aufgebaute Vorstellung richtet sich in einem Theaterraum ein, der durch zwei kurze szenische Anmerkungen eingegrenzt wird. «Telón de fondo: la humedad en el paño de cocina»; das feuchte Tuch gehört zum Bühnenbild, zur Kulisse im Hintergrund der Bühne; vorn, «en el primer plano», der Hahn, der Protagonist der Szene. «El gallo desprecia la aurora», er hält sich nicht an seine charakteristische Rolle, den neuen Tag anzukündigen, als Botschafter des Lichthaften und insofern des Numinosen. Es ist ein untypischer, versagender Hahn: er enttäuscht.

Die vierte Strophe steht, wie die zweite, in Klammern. Sie setzt ein mit einem anspornenden Vers, mit zwei Imperativen. Die verstärkende Wiederholung läßt auf Nachdruck schließen: «Firmen, las firmas, vuelvan a firmar». Er richtet sich an eine nicht identifizierte Gruppe. Die Aufforderung oder der Befehl wird im vierten Vers wiederholt. Es handelt sich um eine notarielle Angelegenheit, vollzogen von einem «cartulario», der auf die Unterschriften am Ende eines Schriftstücks deutet (einer juristischen Schrift innerhalb einer poetischen Schrift). Wie ein Detektiv, der ein Geheimnis zu enthüllen versucht, liest der Notar, was sich auf das Löschblatt gedruckt hat, indem er es mit Hilfe eines Rasierspiegels umkehrt, durch ein Hilfsmittel, das aus dem Bereich der persönlichen und privaten Körperpflege stammt, was in offenem Widerspruch zu der feierlich notariellen Sphäre steht. Gedicht, Schrift, Unterschrift, Löschblatt, immer handelt es sich um Geschriebenes, richtig oder spiegelverkehrt, im eigentlichen oder übertragenen, im buchstäblichen oder literarischen Sinn. Der lyrische Sprecher ersucht die Anwesenden, gemeinsam zwei Handlungen auszuführen, gleichzeitig zu unterschreiben (das Zeichen der Identität: der Eigenname) und zusammen die Hände vom Papier zu nehmen: «Firmen todos a la vez, quiten las manos todos a la vez». Diese Gleichschaltung wirkt ein bißchen lächerlich, wendet die Szene ins Komische. Während diese sich vollzieht, geschieht einiges andere. Ein verblüffendes Detail verweist auf einen anderen gleichzeitigen Vorgang, der das Erhabene mit dem Geringen, das Gebieterische mit dem Unbedeutenden zusammenbringt: «La mosca duerme en el tazón». Das Gedicht kann Handlungen miteinander in Beziehung bringen, die zu gegensätzlichen Bereichen oder Sphären gehören. Zugleich vervielfältigen sich «los ceros de las firmas», quantifizierte Unterschriften mit Reihen von Nullen, die millionenfache Mengen anzeigen. Die durch die Unterschriften signierten Identitäten sind zu Zahlen geworden. Dazu kommt ein überraschender Schluß, der das Vorangegangene (die Kanzlei) mit einem (in den Bereich der Steinskulptur versetzten) Tischlerhandwerkszeug verbindet: «Es el escoplo de granito». Diese Beziehung zwischen normalerweise getrennten Kategorien bewirkt durch die außergewöhnliche Verbindung einen starken semantischen Bruch. Die Feder der Unterschriften, die das geschrieben hat, was auf dem Löschblatt steht, die die Nullen rundet, verwandelt sich in ein Werkzeug, mit dem man eine Inschrift in einen Stein gravieren kann. Das scharfe Stecheisen schlitzt auf und höhlt aus, ist ein schneidender, eindringender Gegenstand, ein aggressives Ding, wie die Nägel der zweiten Strophe.

Die fünfte Strophe beginnt mit einer Nominalkonstruktion. Am Anfang steht ein Possessivpronomen: «Su pregunta a la estufa». Das Beziehungswort für dieses Possessivpronomen der dritten Person ist schwer zu bestimmen. Wer befragt den Ofen? Der von einem unbekannten, zweifelhaften Subjekt befragte Ofen verlängert die häusliche Achse, die sich mit Unterbrechungen durch das ganze Gedicht zieht. Er ist eine Metonymie der familiären Wohnung und erscheint etwas ungewöhnlich im tropischen Kuba; er spielt auf den schützenden und nährenden Raum an und hat etwas mit dem gütigen Feuer zu tun. Es folgt eine Parallelkonstruktion – «su río al olvido» –, die das Entgegengesetzte herbeiführt: den fließenden Wasserschwall, der im Widerstreit mit allem Brennenden liegt. Der Besitzer dieses Flusses ist ebenfalls unbekannt. Ein Fluß, der ins Vergessen führt. Wie der Lethefluß führt er in einen amnesischen Bereich, verbindet mit dem Kreis des Todes. Die beiden einleitenden Ausdrücke kann man als aufhebende lesen: die Frage wird ins Feuer geworfen, der Fluß dem Vergessen überantwortet. «La mesa en el centro del río»: die realistische Mimesis wird noch weiter durcheinandergebracht und eine phantastische Ordnung errichtet, die vollständig mit der Einrichtung der objektiven Wirklichkeit bricht. Der wundersame Tisch, hängend oder schwimmend, befindet sich mitten im Herzen des Flusses, der erlischt. Der Tisch ist wegen seiner zentralen Position und durch die parallele Anordnung der Worte gleichwertig mit «la fiebre en la cresta del gallo». Dieser rotglühende Punkt, der einen Gegensatz zum Wasser bildet, führt uns ins Reich des Feuers zurück. Der Hahn ist das am häufigsten wiederkehrende Motiv in «El encuentro», auch wenn seine weiteren Auftritte nur kurz sind. «El gallo intempestivo» ist kriegerisch und konzentriert sein feuriges Ungestüm in seinem roten Kamm, dem Kardinalskamm, der ihm Würde verleiht. Dieses Anfangsterzett ist symmetrisch konstruiert, mit zwei Parallelkonstruktionen von antithetischem Inhalt. Ihre Verschiedenheit hindert sie daran, einen Kontext zu beschreiben, in dem eine derartige Ungereimtheit einen Ort finden könnte. Die Substantive treiben wie einzelne Holzstücke durch den Strom des Gedichts.

Es folgt eine weitere ebenso elliptisch wie anomal konstruierte Periode. Ihr Protagonist, angetrieben von den vier einleitenden Gerundien, die einen hochtönenden Binnenreim erzeugen, ist «la gamuza», das Gamsleder, die prächtige Schwester des Küchentuchs aus der dritten Strophe. Die Sequenz beschreibt eine Säuberungsaktion, die uns in den häuslichen Bereich zurückbringt. «Pasando la gamuza por el cristal»; «alargando la gamuza con las manos»: das Gamsleder wird in seiner normalen Verwendung zum Putzen der Fensterscheiben benutzt. Dann wird es wie ein Tuch auseinandergezogen und zerfranst. Danach erlangt das Gamsleder seinen Tierstatus zurück, wird wieder Körper und als dieser perverserweise entbeint. Die Gemse übernimmt nun wieder ihre reinigende Funktion in erweitertem Maß; sie entfernt nicht nur den Schmutz, sondern auch «las caricias a los brazos» (Liebkosungen und Arme von wem? Zweifellos ist das eine Anspielung auf erotischen Umgang, der durch die säubernde Tätigkeit des Gamsleders unterbrochen und widerrufen wird). Die letzte Bemerkung erhellt den sündhaften, befleckenden Sinn der Liebkosung: «Las caricias como papeles mojados / pegados a nuestros cuerpos»: sie werden mit verkommenem, fettigem Zeug verglichen. Sie sind wie am nackten Körper klebende Schmiere und stehen für den Abstieg in die Welt des Niederen, des Präformalen, der Verwirrung der Tiefe; sie gemahnen an unehrenhaften sexuellen Umgang, an schändliche Beziehungen mit anderen Körpern, an Schimpfliches und Abstoßendes. Diese Vorstellung verbindet sich mit dem lustfeuchten Hoffräulein, das sich in der dritten Strophe mit dem Streicheln der Tätowierungen vergnügt. Im letzten Vers – «pegados a nuestros cuerpos» – ist zu beachten, daß der lyrische Sprecher wie von ungefähr durch das Possessivpronomen der ersten Person Plural wieder auftaucht, während am Ende der ersten Strophe eine Selbstbezüglichkeit durch das Possessivpronomen im Singular erzeugt wird: «mi sueño».

«Gamuza» und «papel mojado» bilden die Brücke der fünften zur sechsten Strophe. Die Gemse hält nicht nur die Liebkosungen fern, sie verteilt sie auch über den Körper. Bei der Nase wird es schwierig, da sie empfindlich und fein organisiert ist. Das liebkosende Betasten und das Abhorchen des begehrten Körpers formt ihn imaginativ nach; weicht ihn auf, durchfeuchtet ihn, macht ihn wieder zu Urstoff, zu embryonalem Lehm. Die erzeugende Liebkosung, die hier mit Pappmaché verbunden ist, schnitzt – wie der «escoplo de granito» der vierten Strophe – die verklebte Nase, korrigiert sie, als hätte die Natur sie schlecht gebildet. Die Kunst greift ein, um den Fehler der Natur zu beheben, um die höhere Ordnung der idealen Natur einzurichten und sie noch mehr der göttlichen Natur anzunähern. Das vollzieht sich langsam und mühselig und das Ergebnis ist erbärmlich: «Una nariz medioeval, húmeda, inmensa»; das Mittelalterliche konnotiert expressionistische Mißgestalt und die Feuchtigkeit bezeichnet eine vor übermäßiger Schleimsekretion triefende Nase. Lezama Lima läßt seiner hyperbolischen Imagination die Zügel schießen. Er steigert die Nase ins Riesenhafte und verwandelt sie in einen monströsen Mischmasch aus wuchernden Pflanzen und Schwärmen von stelzbeinigen, mit abscheulichem Talg gefüllten Vögeln: «grullas rellenas con velas amarillas». Vielleicht ist dieser groteske Einfall – ich denke an die Tradition der «groteschi» Adrianos, im Castel Sant-Angelo, die Raffael in seinen «stanze» im Vatikan zu neuem Leben erweckt hat – eines wütenden Barock durch eine alliterierende Inspiration motiviert, die eher das homophone als das homologe Zusammenspiel sucht.

Die siebte Strophe, die dritte Parenthese, zählt dreizehn Verse; sie ist so lang wie die zweite und die vierte, also die beiden vorangegangenen Parenthesen zusammen. Diese Zahlenverhältnisse bilden aber doch kein Strukturprinzip des Gedichts, denn die neunte Strophe, die letzte Parenthese, hat zehn Verse und macht also die eventuelle arithmetische Ordnung wieder zunichte. Diese siebte Strophe baut einen Gegensatz zwischen Geraden, «pares» im Plural und dem Ungeraden, «impar» im Singular auf. Die Geraden gehören durch eine gewisse Ähnlichkeit zueinander, während das Ungerade kein ihm Gleiches hat: ihm ermangelt ein Ähnliches. Der Anfang ist elliptisch, eine Nominalkonstruktion, deren Bedeutungskern «simple tarde» ist. Wenn er Gestalt annimmt, «se amolda» als ein gewöhnlicher, anderen gleicher Nachmittag, bezieht er die «pares» oder das Gefüge von Ähnlichkeiten ein. Wenn er sich von seinen gleichartigen Nachmittagen entfernt, «se aleja», sich vereinzelt: wird er «impar», bleibt einfach. Es handelt sich in jedem Fall um ein alltägliches Geschehen, um das Leben, das vergeht.

«Inflexible las manos caen / sobre los dedos de los pies»: das Adjektiv im Singular bezieht sich auf keines der Substantive der Aussage, es kennzeichnet auf paradoxe Weise den veränderlichen Nachmittag. Auch gibt es keinen richtigen Zusammenhang zwischen «la tarde simple» und diesen Händen, deren Finger mit ihren unteren Entsprechungen zu rivalisieren scheinen. Im Gegensatz zur Unbeugsamkeit stellt dieses Bild eine äußerste Beugung des Körpers dar. Die Geraden schlagen Wurzeln, «echan raíces y recuperan el escarabajo»: gewinnen ihr Eigentum zurück, diesen talismanischen Skarabäus, eine Anspielung auf den ägyptischen „khepri", den Träger der Sonnenscheibe. Gerade in blasser Grisaille – «Pares, gris y blanco y casi gris» –, deren feines Farbenspiel zu einem meisterlichen Muster gehören. Wie die Geraden schlägt auch ein singularisches Subjekt (Ungerades) Wurzeln, versenkt die Hände in die Erde (Fingerwurzeln, die so formal mit Händen übereinstimmen) «y ya no puede tamborilear». Der nächste Vers ist fast eine Paronomasie, enthält die meisten Alliterationen des Gedichts: «La escasa seca trota cerrada por chorro hurón». Das feminine Subjekt wird durch alle Kennzeichnungen beeinträchtigt. Ich nehme an, es handelt sich um den trockenen Nachmittag, der eilig vergeht und durch einen heftigen Ausstoß, dem seltsam mürrischen Wasserschwall beschlossen wird. Die Verwurzlung wird noch stärker bei der dritten Erwähnung: «Pares, echa raíces»; wiederum eine grammatische Anomalie: das Subjekt steht im Plural und das Verb im Singular. Diesem zweideutigen „Gerade" widerfährt ein weiteres Unglück, stets im Zusammenhang mit den Händen (der Handschrift): «inmerecido romano le caen las manos». Köcher, Epistel, Hoffräulein, mittelalterliche Nase, Römer: frei verbindet das Gedicht Bilder aus dem großen universalen Gedächtnis, aus dem museographischen und bibliothekologischen Schatz. Lezama Lima treibt die legendäre transkulturelle Reise durch die imaginären Zeitalter bis zum Äußersten. Er durchläuft sie in beliebiger Ordnung und Richtung, auf der Suche nach einem maßlosen Befremden, das uns erlaubt, eine Ähnlichkeit im Umherirrenden und Unerwarteten zu ahnen, die auf das Unbedingte hin katapultieren soll. In dieser lustvollen Übung der imaginativen Allmöglichkeit gibt die Grenzüberschreitung dem Nichtexistierenden eine Substanz, begründet einen verhexten Raum, die krönende Überraschung, die gestattet, sich zum Verursachenden im Unendlichen aufzuschwingen, durch das glaubhafte Unmögliche jegliche Hybris zu überwinden, jegliche Idee von Übertretung. Auch das zweite «impar», das jetzt nächtlich ist (die Strophe beschreibt einen Übergang vom Nachmittag zur Nacht), bringt ein unglückliches Geschehen. Die Nacht, die mit einem verlorenen oder herrenlosen Ochsen verglichen wird, «se tumba sobre cascadas», stürzt einen Wasserfall hinunter. «Pares, ingurgitando, dime»: der lyrische Sprecher befragt das erwähnte «pares», das zuvor eingewurzelt war und nun gierig schluckt (sowohl die Verwurzlung als auch das Verschlingen implizieren ein Eindringen und Versenkung). Der Ochse taucht wieder auf, zur Rechten des Beobachters, der die Szene beschreibt. Der Ochse ist nun nicht mehr eine Vergleichsfigur, sondern wird selbständig, leckt einen imaginären, für den tropischen Dichter exotischen Schnee, in den er das Maul versenkt. Der Ochse ist mit symbolischen Konnotationen befrachtet; bei Ezechiel oder in der Apokalypse steht er für friedliche Kraft, für gütige Ruhe, was gewöhnlich mit Gelassenheit und Kontemplation assoziiert wird. Oft hat er einen sakralen Status und im griechischen Mythos ist er mit der Musik und der Dichtung verbunden. Die Leier des Apoll bestand aus einem Schildkrötenpanzer mit dem Fell und den Sehnen eines Ochsen.

Während der Ochse das Ländliche des Ackerbaus in Erinnerung ruft, führt die achte Strophe in eine ritterliche Welt, stellt die Landschaft eines hocheleganten Reiters inmitten von wirrer Vegetation dar, verweist auf den Gegensatz zwischen der höfischen Ordnung und dem chaotischen natürlichen Wuchern. Die Bergwelt, die ländlichen «sierras» verkünden mit Stentorstimme ihre Forderung, verlangen etwas, das die Macht der prächtigen «herraduras de plata» übersteigt (das Hufeisen ist ein Amulett, ein Glücksbringer). Es wird eine laubige Landschaft skizziert, angezeigt durch den «follaje que se cuelga del caballo», der Reiter wird nur durch die «ojos restregados», die aus Verwunderung über das dichte Blattwerk geriebenen Augen angedeutet (auch in der sechsten Strophe, im Vers 58, findet sich mit dem wuchernden Farn ein Bild üppiger Vegetation). Dieses Dickicht, das dem Durcheinander der Strophe entspricht, verhindert die Umkehr des Reittiers, verhindert «que su estatua se coloque / en el mismo sitio de donde partió», gestattet nicht, daß der

Ausritt sich in der Rückkehr zum Ausgangspunkt erfüllt (Kreisbewegung).
«Estatua» konnotiert gleichzeitig das Erinnerungswürdige, Monumentale
und überträgt die Vorstellung wörtlich in den Bezirk der Kunst, versetzt den
Reiter und sein Pferd in den Bereich der Ikone und des sakralen Bilds. Die
Pferde- oder Reiterstatue ist nicht die Person selbst, sondern ihre Synekdoche,
ihr Simulakrum, das wieder an seinen Ursprungsort zurückversetzt werden
muß.

Die zweite Hälfte der achten Strophe weicht derart von der ersten ab, daß
sie geradezu ein Erschrecken in bezug auf die Bedeutung auslöst, eine nur
schwer zu überwindende Bresche schlägt, und das selbst auf der Ebene der
möglichen Bedeutung. Wie so oft in der Dichtung Lezama Limas ist die
einzige Verbindung zwischen einem derartigen Auseinanderklaffen die wei-
testmögliche: das Universum. Der Dichter will uns durch beständige Zusam-
menfügung des Ungleichen, durch eine radikale Unähnlichkeit zur transzen-
dentalen Einheit führen, zum universellen Sein, zur höchsten, übersinnlichen
und überempirischen Versöhnung. Es erscheint eine Tür, die das Haus vor-
aussetzt, zu dem sie gehört. Die Tür ist der Ort des Übergangs zwischen zwei
Bereichen oder Zuständen. Sie trennt das Eigene vom Fremden, das Innen
vom Außen, das Bekannte vom Unbekannten. Ihre Ambivalenz (sie ist zu-
gleich Eingang und Ausgang) gibt dem Bild eine befremdliche Dynamik,
treibt dazu, über es hinauszugehen. Die Tür hat einen starken initiatorischen
Wert. Die Tür von «El encuentro» löst sich teilweise fortschreitend auf. «La
madera de la puerta se va humedeciendo / en aquella parte de su sustancia /
que se mueve más allá de lo que se tiene que quedar»: ein Teil des Holzes ist
beständig, bewegt sich entsprechend seiner Natur; der andere überschreitet
seine natürliche Grenze, bewahrt sich nicht, geht verloren. So wie die Statue
des Pferds ihren Platz wieder einnehmen, wieder an ihren Ursprung zurück-
kehren muß, muß das Holz, um zu überdauern, seiner Natur unterworfen
bleiben. Oder im Gegenteil, das Holz ist dauerhaft, wenn es sein Spezifisches
übersteigt: das transzendente Holz. Das Blut geht in seiner Bewegung über
seinen inneren Wesenskreis hinaus. «Y la sangre que mueve sus preguntas»:
der Schwung der Lymphe, dieser überquellenden Lebenskraft, setzt die
Frage in Bewegung. Fragen entstehen aus der Unruhe desjenigen, der nicht
weiß; aus der mobilisierenden Ungewißheit, aus der dunklen Macht, die an-
treibt, sie aufzuhellen. «Tropieza con la parte de su cuerpo que se tiene que
quedar»: wie das Pferd über das Hindernis des wuchernden Laubwerks stol-
pert, stößt das Blut, eine zentrifugale Kraft, in seinem Ausdehnungsdrang auf
den Widerstand des Körpers, eine zentripetale Kraft, der beständig und be-
wahrend ist. Sowohl im Blut als auch im Holz gibt es etwas, das seine Gren-
zen überschreitet und dem Bewahrenden entgegenwirkt: einen gewagten und
einen vorsichtigen Teil. Verbunden mit dem Blut, dem Träger des Lebens und
aller wärmenden Kräfte, dem Symbol der Leidenschaft, der feurigen Potenz,

erscheint, vermittelt über eine chromatische Isotopie, «la hoja roja» und damit ein eklogenhaftes Herbstszenario: «Es la hoja roja que cae en las meriendas campestres.» Das Verb am Anfang des Satzes hat kausalen Charakter, aber die Verkettung mit dem Rest der Strophe ist recht undeutlich. Das flatternde, im Wind schaukelnde Blatt legt sich wie ein kostbares Geschenk auf die Decke für das Vesperbrot, dann steigt es wieder auf und fällt in denselben Fluß, so nehme ich an, in dessen Mitte sich der Tisch befand (fünfte Strophe). Um der Szene eine gewisse Pracht zu geben, wird die Brise «solemne» genannt.

Die letzte Parenthese in der neunten Strophe ist ähnlich verwirrend wie die vorhergehenden. Eine chromatische Isotopie – die Röte – verbindet sie mit der achten; sie bringt Blut und Blatt mit Feuer und Kamm zusammen. «Fuego colorado, cresta en picadillo»: der „unzeitige Hahn" vereint sein hitziges Temperament mit seinem feurigen Kamm. Wie die Kraniche aus Vers 58 verbindet sich der Hahn mit der Einverleibung und der Kochkunst. „Gefüllte Kraniche", „gehackter Hahnenkamm": in beiden Fällen weckt das Verschlingen abnorme Bilder, blutige Handlungen wie die, den Hahnenkamm in kleine Stückchen zu zerschneiden. Das versengende Feuer und der zerstükkelte Hahnenkamm verknüpfen sich mit «siesta en globo ahogada», mit der erstickenden Schwüle einer Kugel, die das Atmen schwer macht in der Siesta (der des Asthmatikers: Lezama Lima litt an chronischem Asthma). Die Folge von Widrigkeiten erregt den doppelten Ausruf: «al centén, al centén». Der Centén war eine alte spanische Münze und entsprach hundert Realen. Vielleicht stammt dieser Ausruf aus einem Volkslied; er hat etwas von einem Kehrreim. Es folgt eine häuslich-festliche Szene. Aus der Kugel werden mehrere; «globos, papelillos» lassen an ein Fest mit Tanz denken. Dann taucht Fabrikmäßiges auf: «cesto hirviendo paños / de los telares manejados con los pies». Die Rede ist vom Weberhandwerk, das einfache Arbeiter ausüben (wie die Weber van Goghs), die bei der Arbeit essen: «sopa con angélica saliva». Dieses ursprüngliche, anachronistische Handwerk verlegt die Handlung «in illo tempore», gibt denen, die es ausüben, eine Weihe. Das urtümliche Handwerk wird durch die Suppe ergänzt, die grundlegende Nahrung des Handarbeiters. Korb, Webstuhl und Suppe sind Archetypen eines rechtschaffenen Lebens; beschwören eine diskrete Hierophanie. Die übermäßige Sanftmut wird durch das adversative «pero» gebrochen. Die Weber ziehen ihre Schirmmützen nach unten und «sueltan su tarabilla», werden locker, lassen sich gehen, lösen die Zunge. Die Erklärung für diese Zügellosigkeit ist dunkel: «porque hay que ser originalmente la ceja recta y colorada». Diese Augenbraue erinnert an das Feuer vom Anfang und fügt sich in die Reihe des Roten; statt gebogen ist sie gerade, eine geschminkte Augenbraue, die uns in die Welt des Theaters der zweiten und dritten Strophe zurückbringt. Der Hahn, in der dritten Strophe im Vordergrund der Szene, verliert eine weitere seiner Eigenschaften, indem er die Morgenröte verachtet. Nun befindet er sich im Hintergrund.

Die zehnte Strophe beginnt mit einem langen, komplizierten Satz und knüpft eine befremdliche Beziehung zwischen den «pequeños pozos» – Schachten von geringer Tiefe –, einem «gigantesco tubo violeta» und dem Hahn, der sich so ausgedehnt hat, daß er den Raum ausfüllt. Solche Brunnen, «de risa sombría» – der Gegensatz zwischen dem Lachen und dem Finsteren entspricht dem unterirdischen Halbdunkel –, mit einem fast diabolischen Lächeln, bieten eine «indolente corpulencia» dar. Lezama Lima gibt ihnen, als autoreferentielles Attribut, seine eigene träge Fettleibigkeit. Das Wassermotiv wird verstärkt: «aún conservan el pez con la única orden de nadar». Der archetypische Fisch, aus dem das Leben entstanden ist, Symbol der Fruchtbarkeit und der abgründigen Weisheit, Agent periodischer Wiederherstellung und Emblem Christi, wird auf seine typische Betätigung beschränkt: das Schwimmen. Ein «gigantesco tubo violeta» erinnert sich an die Brunnen. Der außergewöhnliche Atemschlauch von der Farbe der Lunge wird mit der viszeralen Tiefe verbunden, dem körperlichen Schacht, wo auch der Hahn nistet, der, als er sich ausdehnt, in den Schlauch übersiedelt. Alles geschieht in einem inneren Raum, in mente, in der phantasmatischen Tiefe des Schädels oder im Innersten des Fleisches, wo jeder Teilnehmer dieser unterirdischen Geschichte sich seiner eigenen erinnert. Der violette Schlauch erinnert an seine Vorgänger, die embryonalen Schächte, und der Hahn, der das Licht verachtet, erweitert sich am Grund dieser kosmischen Höhle – denn er verbindet das Irdische mit dem Wasserhaften und dem Himmlischen –, «cercado por el recuerdo de los coros de niñas». Dieser englische, paradiesische Chor markiert im Gegensatz zum Schacht und dem Schlauch einen nach oben gerichteten Vektor. Jemand geht rhythmisch, mit kurzen trappelnden Schritten. Der Hahn läuft umher und seine einnehmende Weite ist «preferible a los fragmentos nocturnos / que revelan el destierro de una vida sombría». Der cholerische Hahn, der seine sprichwörtliche Aufgabe nicht erfüllt und den Raum für sich allein beansprucht, ist der Zerstückelung im Dunkeln vorzuziehen (Eintritt in die Finsternis des Todes). Diese Fragmentierung führt zur Verbannung, zur Verbreitung aus dem Land des Ursprungs, zum Verlust der Bodenständigkeit, die die Identität der Abstammung schenkt, zum dunklen Leben.

In der elften Strophe vermehrt sich der violette Schlauch. Es geht jetzt um ein ganzes Netz von Schläuchen, um die «grandes tubos violáceos», das mit einem anderen Zirkulationssystem verglichen wird, dem der «vetas de oro», der Adern, in denen die Erde edle Stoffe hortet (das Innere der Lebewesen und das Innere der Erde sind gleichwertig). Diese Goldadern «rebotan en el frontón asirio», wie die Bälle des Pelotaspiels, die gegen die Wände eines eigens zu diesem Spiel errichteten Gebäudes prallen. Das Assyrische gibt der

Wand den Charakter und das Ausmaß eines Monuments, macht sie legenden-
haft. Dieselben Schritte wie in der vorangegangenen Strophe trappeln auch in
dieser, aber vorsichtig. Die Schläuche vermischen sich mit den Goldadern (sie
sind vertauschbar), verschmelzen zu «vetas violetas»; auch diese erklingen
«sobre el mismo tambor / de acolchada embriaguez». Im Gegensatz zu einer
gewöhnlichen Trommel mit gespanntem Fell ist diese ein weicher Klangkör-
per mit einschläfernder Wirkung. Diese Traumtrommel «recibe el sueño del
gallo». Als eine amnesische Trommel ist sie gefeit gegen «la magia del anillo»
der Augen des Hahns. Die runde Trommel und der Augenring nehmen eine
Beziehung auf; beide haben, wie jeder Kreis, magische Kräfte. Sie bilden ab-
getrennte Krafträume, die mit dem Axialen verbinden. Vom Ring geht es
durch metonymische Kontiguität zu den Händen. Das Gedicht endet mit
einem Schließen. Jemand, der nicht näher benannt wird, vielleicht der Saft des
Anfangs, «cierra sus manos con el peso de ese animal corpulento», umfängt
den gewichtigen Körper des zunehmenden Hahns (korpulent wie die kleinen
Schachte in Vers 97). Der Hahn erhält dank dieser greifbaren Beständigkeit
seine höchste körperliche Festigkeit. Die unbekannte Person, die den Hahn
ergreift, fühlt in jeder Hand gleicherweise «el mismo peso escuchado». Das
Gewicht ist synästhetisch, ist nicht nur greifbare, umfängliche und schwere
Materie, sondern klopft auch, ist hörbar. Der lebendige Körper ist durch alle
Sinne fühlbar, wie die Leibesfülle der Schächte, die den Keim bewahren, wie
die verwandelte Feuchtigkeit des Holzes. Das Ende nimmt einen vorangegan-
genen Passus wieder auf (die Verse 29 und 30: «y ondean las arrugas momen-
táneas / de la mano sobre el gallo»), entwirrt und entfaltet ihn.

Nach diesem interpretativen Durchgang, dieser hermeneutischen Spuren-
lese in «El encuentro» müssen wir uns noch einmal nach dem Sinn des Titels
fragen. Ich vermute, daß man ihn wie eine tonale Resultante verstehen muß,
ohne alles Anekdotische, jenseits des wechselnden, im Gedicht beschriebe-
nen Geschehens. Diese Begegnung muß die des Dichters und deshalb auch
des Lesers mit dem Plötzlich sein, das eine derart heterogene figurale Folge
vereint. Die Begegnung bedeutet für Lezama Lima, die weitläufige und ver-
schiedenartige Überfülle erleuchtend zu greifen, den erratischen Punkt zu
erwischen, das Analogon unendlicher Äquivalenzen, das die unaufhörliche
Verwandlung harmonisieren, das so viel Unvorhersehbares und so viel asso-
ziative Kaprice versöhnen kann. Wenn die Begegnung gestalterisch wirkt,
wenn das Gedicht zum orphischen Punkt, zum ununterschiedenen Ur-
sprung, zum einen und universellen Wesen führt, dann geschieht das durch
die Poesie.

JOSÉ LEZAMA LIMA

(1910–1976)

AH, QUE TÚ ESCAPES

Ah, que tú escapes en el instante
en el que ya habías alcanzado tu definición mejor.
Ah, mi amiga, que tú no quieras creer
las preguntas de esa estrella recién cortada,
5 que va mojando sus puntas en otra estrella enemiga.
Ah, si pudiera ser cierto que a la hora del baño,
cuando en una misma agua discursiva
se bañan el inmóvil paisaje y los animales más finos:
antílopes, serpientes de pasos breves, de pasos evaporados,
10 parecen entre sueños, sin ansias levantar
los más extensos cabellos y el agua más recordada.
Ah, mi amiga, si en el puro mármol de los adioses
hubieras dejado la estatua que nos podía acompañar,
pues el viento, el viento gracioso,
15 se extiende como un gato para dejarse definir.

Obras Completas, Bd. I, Mexiko 1975, S. 663.

«AH, QUE TÚ ESCAPES»: DAS KATZENMOTIV BEI JOSÉ LEZAMA LIMA

Von INEKE PHAF

1. Einleitung

In den letzten Jahren stößt der im August 1976 verstorbene Autor José Lezama Lima auf ein steigendes Interesse beim Lesepublikum im sozialistischen Kuba. Seine neu aufgelegten Gedichte waren in kürzester Zeit ausverkauft, seine Freunde veröffentlichen in bedeutenden Zeitschriften, wie z. B. *Casa de las Américas*, Erinnerungen oder Briefe und besorgen Ausgaben seines zu Lebzeiten nicht publizierten Werkes.[1] Dieses Interesse scheint auf den ersten Blick im Widerspruch zu den Bestrebungen der Kulturpolitik, den modernen Alltag bewußt zu reflektieren. In Lezamas literarischem Werk findet man kaum Stellungnahmen zu den heutigen Konflikten, zumindest nicht unmittelbar. Aufgrund der erwähnten 'Renaissance' und im Hinblick auf seine zunehmende Bedeutung im deutschen Sprachraum[2] ist es jedoch nicht unwich-

---

[1] José Lezama Lima, *Imagen y Posibilidad* (selección, prólogo y notas de Ciro Bianchi Ross), Havanna 1981.

Siehe Anhang in: *Coloquio Internacional sobre la obra de José Lezama Lima*. Prosa, Bd. II, Madrid 1984, S. 136–199. Siehe auch L/PO.

Abkürzungen und Verzeichnis der besprochenen Bücher:

L/OBI   José Lezama Lima, *Obras Completas I*, Mexiko 1975.
L/OBII   José Lezama Lima, *Obras Completas II*, Mexiko 1977.
L/OP   José Lezama Lima, *Oppiano Licario*, Mexiko 1977.
L/FR   José Lezama Lima, *Fragmentos a su imán*, Barcelona 1977.
ST   Mechtild Strausfeld (Hrsg.), *Aspekte von José Lezama Lima. Paradiso*, Frankfurt a. M. 1979.
LE   Henri Lefebvre, *Einführung in die Modernität. Zwölf Präludien*, Frankfurt a. M. 1978.
L/PO   José Lezama Lima, *Poesía Completa* (ed. Eliana Dávila), Havanna 1985.

[2] Sein 1966 in Kuba veröffentlichter Roman *Paradiso* wurde 1979 (Frankfurt a. M.) in deutscher Übersetzung vorgelegt. Es gibt auch eine Taschenbuchausgabe. Curt Meyer-Clason ist für die Übersetzung verantwortlich und hat sie unter Mitwirkung von Annelies Rotond fertiggestellt. Gleichzeitig ist ein begleitender Band mit Essays zu diesem Roman erschienen (siehe ST).

Geplant ist auch eine Übersetzung der Essays und vielleicht Gedichte, die von Gerhard Poppenberg ins Deutsche übertragen werden.

tig, das Verhältnis dieses Schriftstellers zum Problemkomplex der Modernität etwas näher zu untersuchen. Ein Anknüpfungspunkt dazu ergibt sich durch einen Vergleich mit einigen Überlegungen des französischen Soziologen Henri Lefebvre, wie im folgenden auszuführen ist.

Beim Übergang von *Muerte de Narciso*, dem 1937 publizierten Erstlingswerk des kubanischen Autors, zum etwas später veröffentlichten *Enemigo Rumor* (1941) fällt zunächst die durchgehende Funktion des Wassers ins Auge. Nachdem sich Narziß wie ein Ikarus ohne Flügel im Bewußtsein seiner zukünftigen poetischen Aufgabe fest entschlossen in die Meeresflut gestürzt hat, beginnt das dichterische Erlebnis in «Ah, que tú escapes» damit, daß eine unbewegte Landschaft mit zierlichen Tieren in ein geschwätziges Wasser eintaucht. Es ergibt sich im Zusammenhang mit dieser Rolle des Wassers als Grundlage für das poetische Gedächtnis eine direkte Parallele zu einem der zwölf Präludien, die Henri Lefebvre 1962 als *Einführung in die Modernität* bezeichnete. In diesen von ihm wie musikalische Kompositionen charakterisierten Essays versucht er, seine tiefgehenden Probleme mit der kapitalistischen wie auch sozialistischen Gesellschaft der Nachkriegszeit und ihrem Verhältnis zur modernen Ästhetik im Alltag darzulegen. Im achten Präludium beschreibt Lefebvre eine „Vision", in der aufklärerische Vernunft und dumpfer Wahnsinn direkt nebeneinander zu existieren scheinen und ihn zu einer Stellungnahme zu seinem Leben herausfordern. Beim Schwimmen im Meer geschieht ihm folgendes:

Unter Aufbietung aller meiner Kräfte bin ich zum Strand zurückgeschwommen. Ich bin müde, schlapp, gerate in die Brandung. Ich spüre Sand unter den Füßen. Das Ufer ist abschüssig. Der Sog der Gegenströmung erfaßt mich und dreht mich. Gerade noch außer Gefahr mich wähnend, sehe ich mich erneut der Weite des offenen Meeres gegenüber. Eine kurze Halluzination: Das Meer als ein riesiges Gehirn. Die Gehirnwindungen arbeiten. In alle Richtungen senden sie unzählige Botschaften aus. Eine Todesbotschaft, von woher auch immer, breitet sich aus und erreicht mich. Das Meer denkt; und in diesem Wahnsinn, worin Millionen von Strömen sich austauschen, bin ich es, der gedacht wird – ein fremder Körper. Bin ich es, der anvisiert wird. Der Ozean saugt mich an, um sich von meiner Gegenwart zu befreien. Er klammert sich an mich, schlägt mich . . . Panik. Delirium (LE, S. 154).

Ein solches Schlüsselerlebnis in einem lebendigen, feindlichen Element, dem der Mensch wehrlos ausgesetzt ist und in dem er Weg und Mittel suchen muß zur Abwehr des kosmischen Chaos, liegt der Reflexion Lefebvres über die Moderne zugrunde. Sie ist in einem gewissen Sinne vergleichbar mit dem Eintauchen Lezamas. Definiert dieser seinen *Enemigo Rumor* doch auch als eine Resistenz, eine «estatua» oder «poesía misma, que se constituye en sustancia no sólo real, cuerpo del universo, sino también devoradora».[3]

---

[3] Guillermo Sucre, «Lezama Lima: El logos de la imaginación», in: *Eco* 175/29 (1975), S. 9–38.

Enemigo Rumor, Lezamas zweiter publizierter Gedichtband, besteht aus einer Trilogie, die als «filosofía del clavel», «sonetos infieles» und «único rumor» eine bestimmte Intention des Dichters ankündigt. Im ersten Teil, im folgenden als Nelkenphilosophie bezeichnet, greift Lezama auf eine Blume zurück, die bei dem von ihm sehr bewunderten Autor José Martí stellvertretend für dessen Liebe zu Kuba steht.[4] Martí schrieb während seines langen Aufenthalts in den Vereinigten Staaten «Dos Patrias», worin die schweigende, trauernde Witwe Kuba das blutende Herz des Dichters in Gestalt einer Nelke in ihrer Hand hält, eine patriotische Vision, die sich Martí besonders im nächtlichen Vorgefühl seines bevorstehenden Todes im Dienste des Vaterlandes ankündigt. Auch Lezama sieht sein Schaffen im Dienste Kubas, wählt dabei jedoch nicht wie Martí die praktisch-politische Seite, sondern entscheidet sich für die 'Nacht', für das sprachlich Unentdeckte, das er zum Rauschen bringen möchte.

Auf den ersten Blick scheint sich im Wasserkosmos des ersten kurzen Gedichts der Nelkenphilosophie nicht viel zu ereignen. Im Gegensatz zum leidenschaftlichen viermaligen Seufzer «Ah» sind die darauf folgenden Sätze mit fast statisch anmutenden Bildern besetzt. Zuerst deutet Lezama sein Ringen um die adäquate formale Ausdrucksform («definición mejor») an, dann schildert er einen sich selbst befragenden Sternenhimmel, anschließend ein Badeerlebnis in einer reglosen Landschaft voller faunistischer Reminiszenzen. Bereits hier zeigt sich ein grundlegendes Element der Poesie Lezamas, in der außer den erwähnten Antilopen oder Schlangen ebenso Frösche, Krebse, Ratten, Bienen, Hühner, Tiger, Ziegen, Eichhörnchen, Würmer, Stiere, Walfische, Schwäne, Fasanen, Hunde und viele Arten von Vögeln und Fischen vorkommen. Einem dieser Tiere kommt jedoch deutlich eine besondere

---

[4] José Martí, «Dos patrias», in: *Páginas escogidas II* (selección y prólogo de Roberto Fernández Retamar), Havanna 1971, S. 53–54.
Der erste Teil dieses Gedichts lautet:

> Dos patrias tengo yo: Cuba y la noche.
> ¿O son una las dos? No bien retira
> Su majestad el sol, con largos velos
> Y un clavel en la mano, silenciosa
> Cuba cual viuda triste me aparece.
> ¡Yo sé cuál es ese clavel sangriento
> Que en la mano le tiembla! Está vacío
> Mi pecho, destrozado está y vacío
> En donde estaba el corazón. Ya es hora
> De empezar a morir. La noche es buena
> Para decir adiós. La luz estorba
> Y la palabra humana. El universo
> Habla mejor que el hombre.

Qualität zu. Es ist die Katze, die sich am Ende dieses kurzen poetischen Zwiegesprächs elegant wie ein Windeshauch dem aquatischen Kosmos entgegenstreckt. Sie ist es, die das blutende Herz, die Nelke der kubanischen Traumvision, wieder in die Brust des Autors zurückbringen soll. Der Bedeutung dieses Motivs Lezamas soll anhand seiner Poesie und Prosa nachgegangen werden: In ihm lassen sich vielleicht auch seine poetischen Reflexionen der Modernität befragen, seine Überlegungen zu Entstehungsbedingungen sowie sozialen und kulturellen Konsequenzen der modernen Gesellschaft, die auch Lefebvre so beschäftigen.

Bislang wurde in der umfangreichen Sekundärliteratur zum Werk Lezama Limas dem Katzenmotiv wenig Bedeutung beigemessen. Margareta Junco Fazzolari weist im Rahmen einer wichtigen Szene in *Oppiano Licario* einmal darauf hin[5] – wir kommen später darauf zurück –, und José Prats Sariol streift das Thema in einem Aufsatz, in dem er eine Ode Lezamas an Julián del Casal interpretiert.[6] Hier stellt Lezama eine Parallele zwischen dem kubanischen Autor des 19. Jahrhunderts und Baudelaire her, was Prats Sariol an der Vermittlung der Katze in diesem Zusammenhang verdeutlicht:

Entonces es la comparación con Baudelaire la que, invirtiendo el río de las influencias, transmutándola sabiamente en eco, moldeándola como confluencia, nos muestra un rasgo de autonomía cultural ante las antiguas metrópolis europeas. El subdesarrollo que en nuestra América comienza a ser vencido a través del impulso revolucionario, se aleja también por la imagen poética. El paralelo Baudelaire-Casal, más allá del gato como símbolo del KA egipcio, del doble del 'yo', del análogo (ese 'peligroso genuflexo' que 'no ha vuelto a ser acariciado') se pliega amorosamente al cerquillo de Casal, deja 'otro escalofrío', una distancia inconfundible, parte de ese 'nacimiento de la expresión criolla' que Lezama aprehende con sin par lucidez en LA EXPRESION AMERICANA.

Der entfremdeten Zerrissenheit der modernen Welt Europas, die – wie es Lefebvre beschreibt – von Marx in sozialen und von Baudelaire in ästhetischen sprachlichen Kategorien erfaßt wurde (LE, S. 204–205), begegnet Lezama mit der Betonung einer kulturellen Autonomie Amerikas, mit der Forderung nach einem spezifisch kreolischen Ausdruck. Das ihm zugrunde liegende Prinzip wird durch die Figur der Katze symbolisiert – vielleicht durch die Gedichte Baudelaires über «Le chat» inspiriert. Bei dem Kubaner ist die Katze jedoch das Sinnbild der ägyptischen KA, einer „Lebenskraft", die den

---

[5] Margarita Junco Fazzolari, «Las tres vías del misticismo en ‹Oppiano Licario›», in: *Coloquio Internacional sobre la obra de José Lezama Lima. Prosa*, Bd. II, Madrid 1984, S. 125–134.

[6] José Prats Sariol, «El poema-abanico. Lectura de José Lezama Lima», in: *Diálogos* 17/1 (97) (1981), S. 35–40. Zitat S. 38.

Auch Baudelaire schreibt in *Les Fleurs du mal* zwei Gedichte über Katzen!

Menschen als eine Art Doppelgänger begleitet und nach seinem Tode weiter-existiert,[7] des Beschützers und Führers auf den Wegen des Totenreichs. Ihn erblickt Lezama im «Eros inmenso» von Casal, der ihn beim Entfalten seiner kubanischen Variante dieser amerikanischen Tradition ständig begleitet. Wäh-rend seines dichterischen Pilgerzuges wird das Katzenhafte, anfänglich unde-finiert, allmählich darstellbar und als Inspirationsquelle für das Gesamtwerk erkennbar, wie es in dem ersten, kurzen 'poetischen Manifest', «Ah, que tú escapes», schon in nuce enthalten ist.

2. Poesie

Bereits in seinen ersten kompositorischen Übungen, die erst postum ver-öffentlicht wurden,[8] spricht Lezama von der Katze als dem kontrapunk-tischen Zentrum im Garten der Poesie («Viento inútil . . . / corre . . . / sobre el gato blanco, sobre el gato negro, / un abecedario lento, ceniza» [L/PO, S. 631]). Vielleicht hat er sich hier beim 'unnützen' Spiel mit den Buchstaben noch von den weißen und schwarzen, in Katzen verwandelten Schachköni-ginnen aus Alice im Wunderland inspirieren lassen, einem Buch, das er als Kind gelesen und oft erwähnt hat. Aber spätestens seit den *Aventuras sigilosas* (1945) entpuppt sich dieses schwarz-weiße Katzenmotiv als dynamisches Ele-ment zur Gestaltung eines authentischen poetischen Kosmos Lezama Limas. Als Anstifter eines Lauffeuers («fuego por la aldea») tritt der «gato blanco de crin leonina disfrazado de negrura» im Dorf auf, um die herumrollende «bola de circo, devoradora de rostros» (L/OBI, S. 768) weiterzuschieben. An-schließend erscheint er in *El guardián inicia el combate circular* als Wächter, der als Schöpfer eines Schutzkreises dem verfolgten katzenhaften Wesen die Gelegenheit gibt, sich – wie ein Ikarus, Frosch, Tänzer – zu bewegen und ent-falten.

Die sich allmählich wie ein «abanico»[9] auffächernde Spannung steigert sich noch in *La fijeza* (1949). Hier ist nicht mehr von einem brennenden Dorf, sondern von der lodernden Atmosphäre der Stadt Havanna die Rede, in der der Dichter als «mulo» ständig umherwandert, um die ihn begleitende,

---

[7] Albert Champdor, *Das Ägyptische Totenbuch*, Bern/München 1977, S. 199.
„Jedem, der den KA besitzt, verleiht er den Lebensatem, die Zeugungskraft und jene furchtbaren magischen Fähigkeiten, von denen nur die Eingeweihten wissen" (S. 12).

[8] Emilio de Armas hat die Gedichte, geschrieben zwischen 1927 und 1932, in einem Heft mit dem Titel *Inicio y Escape*, herausgegeben (in: L/PO, S. 611–646).

[9] Siehe Titel des Artikels von Prats Sariol, Mexiko 1981: «El poema es un abanico. Abre sus pétalos. Invade los más secretos resortes de la comunicación, de la comu-nión» (S. 35).

schleichende und geräuschlose Katze in den unsichtbaren Bannkreis seines Wasserlabyrinths einzufangen (L/OBI, S. 831). Diese kanonische, zeremonielle Bewegung läuft auf ein paradiesisches Ekstase-Erlebnis zu und wird, ähnlich der Ankunft Christi auf Erden oder Kolumbus' in der Neuen Welt, wie ein Blitzschlag gefeiert. Lezama glaubt, daß dieses Empfinden, das den Menschen in Feuer und Flamme verwandelt und ihm als «Resistencia» gegen das kosmische Chaos dient, eine angemessene Morphologie benötigt: «Lo que la morfología permite, realización de una época en un estilo, es muy escaso en comparación con la resistencia eterna de lo no permisible» (L/OBI, S. 858). So findet auch das Verbotene im kreolischen Eros allmählich seine poetische Entsprechung: in der *Aclaración total* kehrt das vertrauliche «tú» aus dem «Ah, que tú escapes» wieder und verkündet die hemmungslose Wollust – „Voluptas Voluptatis" (L/OBI, S. 880) –, die durch die Bewegung der Hand ausgelöst worden ist.

Die Ankündigung eines feierlichen Banketts, die im vorhergehenden Gedicht schon enthalten ist, wird im 1960 veröffentlichten *Dador* schließlich wahrgemacht. Wie nie zuvor bringt Lezama hier seinen Glauben an die erotische Anziehungskraft der rhythmischen poetischen Sprache zum Ausdruck. Es beginnt ein Tanzritual: vier Männer in Waffenausrüstung umstellen drei Tische, an denen sich jeweils ein Jüngling mit goldener Maske befindet. In der sich jetzt entwickelnden Szene eines Festzeremoniells ist die Figur der Katze ständig in Gestalt eines Weinschenkers, eines Ganimed, präsent: er weiß, daß in seinem Schnurrbart der eigentliche Beweggrund für das Geheimnis des Rituals zu suchen ist. Die Lebenskraft, die diesem poetischen Gewebe seine Stringenz verleiht, geht aus von der phosphoreszierenden Wirkung, die der Kontakt der zwei Spitzen seines Schnurrbarts erzeugt. Die erotische Bewegung der Stirn mit den exquisiten ägyptischen Linien wird mit dem sich bewegenden Rücken einer spielenden Hand verglichen.

Wie ein Prometheus schreitet Lezama nun mit seiner Feuerfackel genußvoll weiter zum Anzünden des «vuelco / del Eros relacionable» (L/OBI, S. 915). Ausführlich ergeht er sich über den „phallus impudicus" (L/OBI, S. 1054) und dessen schöpferische Magie, die beim Eindringen in die Stadt die erotische Energie vollends zum Entladen bringt: «gatos faraónicos chillan en las hipóstilas vaginales» (L/OBI, S. 923). An einem Sabbat in der Tocaderostraße – wo Lezama übrigens selbst lange Zeit seines Lebens wohnte – erscheint Ganimed jetzt als Briefträger «de entrepuente», das Sternzeichen der Plejaden mit den zwölf Katzen in seinem Beutel. Als Verteiler der Schrift vermittelt er zwischen dieser Szenerie und Autoren wie Francisco de Quevedo oder auch Baltasar Gracián, die zur Gestaltung des Eros im «tejado frío» der Dichtung Lezamas das Ihre beigetragen haben. Der breite Hintergrund spanischsprachiger Klassiker verschafft die Möglichkeit zum Ausspielen einer Dynamik, die die zwei sich auf gleicher Höhe befindenden Linien (die Spit-

zen des Schnurrbarts) miteinander verbinde. Als «gato Jámblico, caldero-
niano» streicht die Lebenskraft des Dichters durch das sprachliche Gewebe,
in dem er als «gato Montés» und «jefe de la tribu» (L/OBI, S. 1057) die
Zurückgebliebenen zusammentreibt.

Es ist offenkundig, daß das anfänglich erwähnte Suchen nach formalen
Kriterien sich im Laufe der poetischen Entwicklung Lezamas im kontrapunk-
tischen Bild der Katze manifestiert und mit der allmählichen Offenbarung
der Geheimnisse seiner Energiequelle einhergeht. Der ständige Hinweis auf
die Bedeutung der formalen Darstellung eines Objekts, das das Nicht-Er-
laubte umfaßt und eine eigene Morphologie benötigt, durchzieht seine Verse.
Auch in den nicht in Büchern veröffentlichten Gedichten und in den postum
herausgebrachten *Fragmentos a su imán* kehrt die Katze als Bild wieder. Als
«gato madrugador / con antifaz» (L/FR, S. 74) betont sie in *Aquí llegamos*
energisch ihre Präsenz, und auch in *Agua oscura, Doble noche, Dos familias*
oder *Universalidad del roce* erscheint sie vielfältig. Eine María Zambrano ge-
widmete Komposition wiederholt noch einmal die Anspielung auf die Trans-
figuration, das Weiterleben nach dem Tode durch die Verbindung mit dem
KA, der als «metáfora inmutable» Unsterblichkeit erlangt hat. In seinem
letztdatierten Gedicht vom 1. April 1976, vier Monate vor seinem Tode ge-
schrieben, kommt Lezama noch einmal auf die in der Nelkenphilosophie
erklärte Absicht, die poetische Leere im blutenden Herzen Kubas zu füllen,
zurück. Nun umschreibt er diese Aufgabe als TOKONOMA, als die Anwe-
senheit eines kleinen Loches in der Wand, das ihn überall hin begleitet und
wie eine Katze umgibt («como un gato / que nos rodea todo el cuerpo, / con
un silencio lleno de luces» [L/FR, S. 182])[10].

3. Romane

Die kubanisch-kreolische Sensibilität, die Lezama mit José Martí und
Julián del Casal als städtischen Stil Havannas entstehen sieht, charakterisiert
das ihm eigene sprachliche Gewand. Wie er selbst auch immer wieder betont
hat, gibt es für ihn keinen großen Unterschied zwischen Poesie und Prosa,
d. h. den Essays und Romanen. Alles ist eingebettet in die große Anstren-
gung, die Erfüllung seiner Lebensaufgabe. Es verwundert also nicht, daß das
Katzenmotiv auch in der Prosa wiederkehrt.

In seinen beiden Romanen zieht Lezama wie ein Zauberer einen magischen
Zirkel, in dem er fabulierend die «Súmula, nunca infusa de excepciones mor-
fológicas» (L/OP, S. 185) miteinfädelt. Bezeichnenderweise setzt er die

---

[10] In «Las Eras Imaginarias: La biblioteca como dragón», publiziert in *La Canti-
dad Hechizada*, geht Lezama näher auf dieses Konzept der TOKONOMA ein.

«Summa» gleich mit einem unbeschriebenen Blatt in der Literaturgeschichte seines spanischsprachigen Amerikas. Sowohl in *Paradiso* als auch in *Oppiano Licario* kehren die drei katzenhaften Jünglinge mit goldenen Masken aus *Dador* wieder, die sich hier während ihrer Studienzeit an der Universität Havannas kennenlernen. Es sind Cemí (die schöpferische Kraft), Foción (das Chaos) und Fronesis (die Läuterung), die unter Obhut von Oppiano Licario ihre je eigene Dimension im städtischen Raum entfalten.

Als José Cemí im 10. Kapitel von *Paradiso* nach einer längeren Debatte mit Foción über Homosexualität durch die San-Lázaro-Straße nach Hause läuft, sinniert er über die der Beziehung der drei Freunde innewohnende Dynamik:

> En cuanto a Foción, sentía que su inseparable era de otra índole, lo veía en una pesadilla con ojos dilatados de gato, corriendo de Fronesis hacia él, para luego rebotar de nuevo hacia Fronesis, pero con un destino atrapado en esa trayectoria reversible, más inquietante que verdaderamente destructivo, pues ni Fronesis ni él estaban dispuestos a disfrazarse de ratones para complacer el ronroneo de Foción. Pero no, todavía él no conocía lo suficiente a Foción, se decía, al par que caminaba con visible alegría, como para afirmar que se estaba deslizando en los elegantes pareados de una gatomaquia (L/OBI, S. 380–381).

Diese Zärtlichkeit Focións, der sich einer von der Gesellschaft als 'verboten' geltenden Sexualität zuwendet, verdammt ihn zum ständigen Unglück, aus dem nur der Dichter ihn retten kann. Im 11. Kapitel formuliert Lezama jene grundsätzliche Differenz in der kreolischen Sensibilität, die er durch das Zahlenspiel, besonders die Bedeutung der Zahl Zwei als Prinzip einer unendlichen Pluralität verdeutlicht. Sie führt zur Befreiung aus der allumfassenden Einheit und entsteht aus der Energie der körperlichen Projektion des poetischen Gewebes. Diese Energie, die Lebenskraft KA als «doble», schreibt sich als unbekanntes X, «lo positivo y lo negativo de la energía eléctrica», die zwischen den beiden Spitzen des Schnurrbarts (Fronesis und Foción) durch die Potenz der Katze (Cemí) zum Zünden gebracht wird. Cemí sucht nach einer Vergegenständlichung und findet diese im «allegretto» des Urinstrahls von Foción, der über die Straßen fließt, ein höllenhaftes Bild: «Los bigotes del caos cloacal, como en una fuente infernal, peinaban con agua de orina sus extremos de aleta anal de sirénido con el gato de Anubis, lo alto de lo bajo» (L/OBI, S. 496)[11]. Beeindruckt sieht Cemí sich als Dichter dazu veranlaßt, sich die Geburt einer neuen Stadt vorzustellen, in der dieses fröhliche infernale Chaos zur Normalität des Alltags gehört. Dabei verläßt er endgültig das chronologisch-lineare Zeitgeschehen und bringt die alltägliche Wirklichkeit in eine historische Tiefenperspektive, die durch alle Kulturepochen der

---

[11] Schon im ersten, bis 1985 unveröffentlichten, Gedichtband hatte Lezama einen Text über das gleiche Thema geschrieben: «Sueño, sexo y cloaca». Er hat diesen jedoch – als einzigen – ganz durchgestrichen (siehe L/PO, S. 613).

Menschheit die gleichen erotischen Linien aufleuchten läßt. Bezeichnend in diesem Zusammenhang ist, daß diese dichterische Erfindung Cemís Foción aus seiner traumatischen Gebundenheit an Fronesis, die ihn zum Wahnsinn treibt, erlöst. Das 'Verbotene' wird seinen eigenen städtischen Sprachraum bekommen, wie es in *El guardián inicia el combate circular* von Lezama schon angelegt worden war: Er läßt Foción die Möglichkeit zur Selbstentfaltung.

Die Vorbereitungen dazu beginnen im 12. Kapitel, wo das Bild der im Schlaf aktiven Katze, schon im Gedicht «Aparece Quevedo» enthalten («ya no mira, va a empezar» [L/OBI, S. 964]), wiederkehrt. Eines Nachts wacht ein «paseante de medianoche» in seinem Haus auf und beobachtet, wie sich in seinem Zimmer ein Lehnstuhl bewegt. Der dadurch entstandene Rhythmus bewirkt, daß dem Mann sein eigener Körper als zweigeteilt vorkommt. Der ihm vorher unbekannte zweite Teil erscheint ihm beim Aufwachen «descansada y plena dentro de una melodiosa circulación que se había remansado a la sobre húmeda» (L/OBI, S. 523). Auch in der nächsten Nacht wird er geweckt, diesmal durch ein lautes Gelächter. Als er im Innenhof (Patio) nachschaut, begegnet er dort nur einer Katze, die in einer Ecke in der Erde scharrt und dann einschläft. Zurück in seinem Bett, findet der Mann den sich bewegenden Lehnstuhl vor, und das Gelächter schallt weiterhin durchs Haus. Jetzt öffnet sich auch noch die Tür hinterm Stuhl von selbst, was ihn erneut zum Innenhof gehen läßt. Hier, wo die Katze friedlich in ihrem Korb träumt, beginnt eine intensive und konzentrierte Beobachtung des Zentrums des Hauses, in dem der Mann schon dreißig Jahre seines Lebens wohnt. Er sieht den quadratischen Raum plötzlich als eine noch nicht definierte Leere, den «vacío del patio», als ein «centro de irrigación cariñosa» einer unbekannten sprechenden Totalität, die sich ihm in diesem Kosmos bei Vollmond eröffnet. Diese Leere ist ein verschlingendes Zeichen, das den Mann – er wird in der Ich-Form beschrieben – veranlaßt, einen Gang durch das angrenzende Stadtviertel zu unternehmen. Er bringt ihn vom Park zum gefährlichen Hafenviertel, zum morgendlichen Marktgeschehen und zur Umgebung des Amphitheaters, wo er auf eine eigentümliche Prozession trifft. Das chronologische Zeitgeschehen wird ihm zum historischen Würfelspiel. Die Jahrhunderte sind beliebig auswechselbar und können beim Werfen der Zahlen Zwei, Drei oder Vier ständig neu kombiniert werden. Lezama hat dieses Wandern durch die Nacht mit dem Gleichnis Dantes aus der *Divina Commedia* in Zusammenhang gebracht. In der dortigen Hölle sind die Homosexuellen auch fortwährend im Wandern begriffen, wo sie wie die Kinder erst die Außenwelt entdecken, von der sie ihre kreative Potenz beziehen.[12]

---

[12] «El niño que después no es adolescente, adulto y maduro, sino que se fija para siempre en la niñez, tiene siempre tendencia a la sexualidad semejante, es decir, a situar en el sexo la otredad, el otro semejante a sí mismo. Por eso el Dante describe en el

Erst im 4. Kapitel von *Oppiano Licario* kehrt die Katze im nächtlichen Havanna wieder. Nun liegt sie aber nicht mehr friedlich in ihrem Korb im Innenhof, sondern sie übernimmt zum Auftakt eines magischen Opferrituals, einer 'Schwarzen Messe', die Hauptrolle. Nachdem Oppiano Licario tagsüber Bibliotheken und Buchhandlungen besucht hat, trifft er nachts in einem kleinen Park in der Nähe des Hafenviertels auf einen Taschendieb, der seine Blöße mit Zeitungen zugedeckt hat und dort die Nacht verbringt. Neben ihm wühlt eine Katze in der Erde eines steinernen Kakteentopfes – ein Geräusch, das den schlafenden Jüngling stört. Verärgert bewirft er die Katze mit Steinen, und in der sommerlichen Vollmondnacht beschimpfen sich die beiden gegenseitig mit obszönen Ausdrücken («el coño de tu madre – el recoño de la tuya»). Die Wut elektrisiert die Katze vollends, so daß sie den Steinewerfer bespringt und sich mit ihren scharfen Zähnen in seinem Arm verbeißt. Dies ist der Moment, wo Licario eingreift. Er, der noch nie jemanden mit seinem Messer eine Verletzung zugefügt hat («estaba virgen de hendir, de cortar [L/OBI, S. 105]), schneidet der Katze zuerst den Schwanz ab und nach einer rituellen Reinigung der «espada» auch noch den Körper. Aber immer noch bleibt der Kopf mit den Zähnen am Arm des jungen Mannes. Zur Abschreckung verwandelt Licario sich jetzt in einen Zentaur («el odio entre el gato y el toro es superior al odio cosmológico entre el gato y el ratón» [L/OBI, S. 106]). In dieser Gestalt gelangt er im 'Wasserlabyrinth' der Altstadt Havannas an ein beleuchtetes Haus, ein altes Kolonialgebäude, in dem ein Zauberdoktor mit einem speziellen Ritual die Katzenzähne aus dem Arm des Gauners entfernt. Hierzu muß er sich wie bei einer Sektentaufzeremonie entblößen und dann auf das Sofa niederstrecken. Als der Arzt schließlich mit einer Handsäge eine Amputation des verletzten Arms vornehmen will, hindert Licario ihn daran, weckt den in Trance geratenen Verletzten auf und schickt ihn davon.

Aus diesen Fragmenten ist unschwer herauszulesen, daß die Homo-Erotik im Werke Lezamas eng mit der Erscheinung der Katze an verschiedenen Schlüsselstellen zusammenhängt. Natürlich hat die Kritik das Thema dieser Erotik, vor allem in *Paradiso*, ausführlich diskutiert, allerdings ohne das Motiv der Katze dabei zu berücksichtigen. So spricht Emir Rodríguez Monegal von einer „Apologie der Homosexualität" (ST, S. 51), betont Juan Goytisolo die erfindungsreiche Spracherotik Lezamas im Vergleich zu der eines bekannten spanischen Autors pornographischer Romane (ST, S. 133ff.) und weist Raymond D. Souza auf die geometrische Progression vom Quadrat zum

infierno a los homosexuales caminando incesantemente, es el caminar del niño para ir descubriendo lo exterior, pero es lo exterior que forma parte del propio paideuma, que es esa substancia configurativa que permite al primitivo, al niño y al poeta ser siempre creadores» (L/OBI, S. 345–346).

Kreis (ST, S. 68) in der Sinneswelt Lezamas hin, die dieser als Mittel zur Be-
herrschung des erotischen Chaos einsetzt. In einer umfangreichen Studie
geht auch Margarita Junco Fazzolari auf diesen Aspekt ein und interpretiert
in einem später veröffentlichten Artikel – als eine der wenigen Kritiker – die
Rolle der Katze im 4. Kapitel von Oppiano Licario.[13] Im Zwiegefecht zwi-
schen dem Gauner und der Katze sieht sie einen Kampf der Titanen im Rin-
gen um die Kausalität und das Chaos, «el condicionado». Er stehe für das
kreative Prinzip, für das Schreibenlernen, für den «acto germinativo» und
diene zur Vorbereitung der Ereignisse im folgenden Kapitel, wo Ynaca Eco
mit José Cemí in einem beleuchteten Haus (mit Innenhof!) den Liebesakt
vollzieht, welchem dann eine Tochter entspringt.

Fazzolari suggeriert mit ihrer Interpretation die Möglichkeit der «supera-
ción de la homosexualidad», als sei dies Lezamas Anliegen. Wenn man
jedoch die Verbindung dieses Themas mit dem Katzenmotiv in Lezamas Werk
im Auge behält, wird diese Interpretation fraglich. Sicher ist die Homo-Ero-
tik in Lezamas Sprachorgie nicht die einzige erotische Komponente, die eine
kreolische Sensibilität verbirgt. Innerhalb seines geschlossenen Familien-
systems ergeben sich vielfältige Möglichkeiten für menschliche Beziehungen,
die von der Kritik oft aufgegriffen wurden und worüber sich auch Lezama
selbst in Interviews ausführlich geäußert hat,[14] wie z. B. über den Tod seines
Vaters oder Onkels Alberto, seine Gebundenheit an die Mutter und Schwe-
stern oder die Bedeutung des Nationalgefühls bei seinen Familienmitglie-
dern. Hier geht es aber um die Rolle der drei maskierten Jünglinge beim ga-
stronomischen kreolischen Fest, das in die Weltliteratur eingebettet wird, die
sich Cemí auf mannigfaltigen Ausflügen in die Buchhandlungen und Anti-
quariate der Altstadt Havannas erschließt. Die Straßen Obispo und O'Reilly
strahlen dabei eine eigene städtische Magie aus: «una para ir a la bahía y otra
para volver a internarse en la ciudad» (L/OBI, S. 328). Cemís Wanderritual,
das ihn von der Plaza de la Catedral, der Plaza San Francisco, der Plaza de los
Gobernadores Generales, dem kleinen, Kolumbus gewidmeten Tempel, zur
Fähre über die Bai an die Cabaña-Festung oder nach Casablanca und Regla
bringt, führt ihn immer wieder in den gleichen Umkreis zurück.

Eines Tages begegnet er Foción in einem der Buchläden, mit dem er eine
Debatte über die «crisis sexual» oder den «desvío sexual» beginnt. Am Tage
nach der Studentendemonstration, deren Führer ihm als Apollo erscheint

---

[13] Im Artikel von Junco Fazzolari, «Las tres vías del misticismo, *op. cit.*, S. 127–128.
Fazzolari hat auch eine umfassende Studie veröffentlicht: *Paradiso y el sistema poético
de Lezama Lima*, Buenos Aires 1979.
[14] Das bekannteste Interview mit Lezama ist von Armando Alvarez Bravo, über-
setzt in ST, S. 152–172.
Ein ebenfalls sehr informatives Interview wurde von Ciro Bianchi Ross mit Lezama
geführt. Siehe «Asedio a Lezama Lima», in: *Quimera* 30 (1983), S. 30–46.

und die von einem Polizeieinsatz gestoppt wird,[15] betritt Cemí erneut das
Gelände der Universität und sieht Fronesis als «jefe» bei der Philosophischen
Fakultät stehen, umgeben von einer Gruppe von Anhängern: «Ya tenía en
torno un coro de muchachas y amigos. Tenía la facultad de crear coordenadas
que convergían hacia él» (L/OBI, S. 333). In diesen Apollo des Buchwissens
ist Foción hoffnungslos verliebt, was Cemí ausführlich mit ihm diskutiert,
um sich über die Sündhaftigkeit solcher Gefühle Gedanken zu machen. Für
Foción ist diese Frage kein wirkliches Problem, er ist halt so, wie er ist:

> Foción era un enfermo que creía que la normalidad era la enfermedad. Su energía mal
> conducida, su fiebre permanente no aparecía en momentos excepcionales, sino que le
> era connatural (L/OBI, S. 386).

Cemí muß schließlich die Existenz eines solchen Gefühls akzeptieren, und
als er nach der Diskussion mit Foción von der Treppe der Universität eine
Prozession betrachtet, bestätigen sich seine Gedanken. Auf einem Wagen, ge-
zogen von minoischen Stieren, befindet sich ein enormer Phallus, der von
römischen Matronen angebetet und in seiner erotischen Ausstrahlung für den
weiteren Verlauf des poetischen Schaffens Cemís bestimmend wird. Wir ha-
ben gesehen, daß Cemí zur Verarbeitung der Homo-Erotik eine neue, imagi-
näre Stadt erfindet, in der das Dreiecksverhältnis zwischen den drei Freunden
unter Obhut von Oppiano Licario, dem Doppelgänger und Führer KA in
dieser Umgebung, sich entwickeln kann. Besonders zwei Szenen mit Foción,
die eine direkte Verbindung zur Schwarzen Messe im 4. Kapitel von *Oppiano
Licario* zeigen, sind hier von Bedeutung. Während seiner Studienzeit auf der
Universität verbringt Foción, bevor er zum Besuch seiner Eltern in die Ver-
einigten Staaten reist, noch eine Nacht in seinem großbürgerlichen Zuhause
in Miramar mit einem rothaarigen jungen Mann, der ihm 'schweigsam wie eine
Katze' gefolgt ist. Dieser ist dem Gauner aus dem erwähnten magischen
Ritual mit Oppiano Licario sehr ähnlich, was noch durch die Wiederkehr
eines Feuerkreises und des Messers hervorgehoben wird. Eine zweite Paral-
lele läßt sich im gefährlichen Badeerlebnis in der Bucht Havannas im 11. Ka-
pitel von *Oppiano Licario* finden. Als Foción dort beim Schwimmen von
einem Hai in den Arm gebissen wird, landet er beim gleichen Arzt wie vorher
Licario und der Gauner in der nächtlichen Altstadt. Nun aber stellt sich die-
ser Doktor als sein Vater heraus, der seinem Sohn durch eine Bluttransfusion
das Leben rettet. Der Blutspender bei dieser Aktion ist – durch Zufall in der
Nähe – der Vater von Fronesis, der durch dieses Geschehen seine frühere

---

[15] Lezama selbst sagt über das Verhältnis zur kubanischen Geschichte dieses Frag-
ments, daß es sich um eine Mischung der Persönlichkeiten von Pablo de la Torriente
Brau und Julio Antonio Mella handelt, zweier wichtiger Vertreter der Studentenbewe-
gung jener Jahre. Siehe das oben erwähnte Interview mit Bianchi Ross, S. 37.

Abneigung gegen Foción ablegt und ihm freundschaftlich verbunden wird. Nach dieser zweiten 'Rettungsaktion' ist es Foción jetzt möglich, seinen Lebenskreis weiter auszudehnen. Er verläßt die Insel und reist nach Europa, wo sich auch Fronesis schon befindet, in der Gewißheit der Bedeutung seiner Lebensaufgabe, alles Wissen, das hier versammelt ist, für Kuba nützlich zu machen.[16]

4. Das Unterwasserchaos im modernen Alltag

Diese letzte Apotheose beim Schwimmen in der Bucht von Havanna bringt noch einmal das durchgehende Wassererlebnis der insularen Sensibilität zum Ausdruck. Die schon im Kolloquium mit dem spanischen Schriftsteller Juan Ramón Jiménez 1936 angekündigte Intention Lezamas[17] findet sich ebenso in der Fischmetaphorik seiner Poesie wie auch seiner Prosa wieder. Die in ihrem Unterwasserversteck schlafende Wasserfauna wird durch die katzenhafte Zärtlichkeit der poetischen Aktion ständig aufgeweckt. Es beginnt mit dem Traum José Cemís nach einem heftigen Asthmaanfall, einer Reaktion darauf, daß seine Schwester beinahe im Schwimmbecken ertrunken wäre. Oder nehmen wir den Brief von Onkel Alberto, „rex, puer", mit dem Angriff eines Hais à la Lautréamonts ersten *Chants de Maldoror*. Lezama verwendet dabei alle ihm bekannten Verfahren der modernen Ästhetik, sowohl der Malerei als auch der Literatur. Alessandra Riccio betont sogar, daß man, ohne den Surrealismus miteinzubeziehen, das Werk Lezamas gar nicht würdigen kann (ST, S. 110–132). Neben der modernen fand aber auch die antike Literatur aller Epochen das Interesse des Kubaners: Er verarbeitete ihre Bilder und Vorstellungen unaufhörlich in allem, was er schrieb. Dies gibt der literarischen Kritik natürliche 'endlose Möglichkeiten', Parallelen zwischen seinem Werk und wichtigen Autoren der universalen Kulturgeschichte herzustellen.

Was aber ist zu sagen zum sozialen Konzept des kubanischen Schriftstellers? Was sind seine Überlegungen zum städtischen Alltag Havannas? Literatursoziologisch orientierte Interpreten seines Werkes sehen gerade an diesem Punkt eine sehr bedenkliche Kritiklosigkeit Lezama Limas, trotz aller Bewunderung für dessen handwerkliches Können. Horst Rogmann spricht über eine „von ihm vertretene wirklichkeitsfremde und elitäre Haltung"[18]. Jean Franco bemängelt seine „ahistorische Sicht", indem er den „Klassenkampf,

---

[16] «Fronesis pudo observar que la madera de los estantes era cubana, como aquella que le producía deleite a Arias Montano frente a la esfera armilar del Escorial. Tuvo entonces como la revelación de que la ecumulación de esa sabiduría debía regresar a Cubanacán, al centro insular, a lo desconocido» (L/OP, S. 211).

[17] «Coloquio con Juan Ramón Jiménez», in: L/OBII, S. 44–64.

[18] Horst Rogman, «José Lezama Lima», in: *Lateinamerikanische Literatur der Gegenwart in Einzeldarstellungen*, hrsg. von Wolfgang Eitel, Stuttgart 1978, S. 250.

die Beherrschung der Natur, die man gewöhnlich als Basis der menschlichen
Situation ansieht", an die Oberfläche verweist, „während die Poesie die Ge-
nerationen durch den geheimnisvollen Weg der Bilder verbindet" (ST, S. 87).
Gerade dieser 'geheimnisvolle Weg' der Bilder ließe in der heutigen postmo-
dernen Epoche Lezama wieder zum bevorzugten Autor des literarischen
Zeitgeistes hochstilisieren. Dies erklärt jedoch nicht den Erfolg, den er in den
letzten Jahren in Kuba selbst postum erfährt. Ist es möglich, daß im Gefolge
des rasanten sozialen Wandels seit 1959 auch dort einkehrt, was als weltweites
Empfinden der Sinnlosigkeit bezeichnet wird? „Das Werken scheint keinen
'Zweck', keine Finalität, keine evidente und wahrnehmbare Orientierung
mehr zu haben. Die Freiheit bleibt ein in sich erschüttertes, konfuses, ab-
straktes und gleichwohl mächtiges Ideal. Daraus erklärt sich die Wiederkehr
veralteter Ideologien und Attitüden, an die zwar kaum jemand noch wirklich
glaubt, die aber gleichwohl die Diversität und das Chaos der Modernität
begründen" (LE, S. 259). Wie sieht also das soziale Konzept bei Lezama aus?
Ist es tatsächlich nur als elitär und wirklichkeitsfremd – veraltet – zu bezeich-
nen, oder zieht es die kubanischen Intellektuellen aus anderen Gründen
wieder zum alten 'Meister'?

Zunächst muß festgestellt werden, daß Lezama zeit seines Lebens mit so-
zialen Kategorien nicht besonders viel anfangen konnte. Ihn interessierte die
Entwicklung einer nationalen Kultur Kubas; dies war die Seite der kriegeri-
schen Medaille, die er sich verdienen wollte. So war er Mitbegründer ver-
schiedener literarischer Zeitschriften und maßgeblicher Herausgeber von
Orígenes.[19] Es gefiel ihm, sich mit Künstlern zu umgeben, mit denen er die
zeitgenössischen ästhetischen Probleme diskutieren konnte. Auch nach der
kubanischen Revolution, der er keineswegs negativ gegenüberstand,[20] war er
als Herausgeber tätig, obwohl er nach der sogenannten Padilla-Affäre im
April 1971 – er bezeichnete sie im Sinne Rimbauds «Le bateau ivre» als «una
fragata, con las velas desplegadas, gira golpeada por la tempestad, hasta inser-
tarse en un círculo transparente, azul inalterable, en el lento cuadriculado de
un prismático» (L/FR, S. 64) – eher auf Distanz zur kubanischen Öffentlich-
keit ging.

Als Lezama in der Zeit zwischen den beiden Weltkriegen in Havanna auf-
wächst, wird dort eine intensive Debatte über nationale Dimensionen in
Kunst und Wissenschaft geführt, die versucht, sich der durch den nordameri-
kanischen Einfluß vollziehenden modernen Urbanisierung und der Korrup-

---

[19] Alessandra Riccio hat eine genaue Inhaltsangabe über die von Lezama mitredi-
gierten Zeitschriften aufgelistet in: «La Revista Orígenes y otras revistas lezamianas»,
in: *Annali* XXV/1 (1983), S. 343–390.
[20] Siehe zur kubanischen Revolution einige Essays in der von Bianchi Ross 1981
veröffentlichten Ausgabe (vgl. Anmerkung 1).

tion und Unfähigkeit der Regierenden entgegenzustellen. Die Vielzahl der
verschiedenen neuen Einflüsse schlägt sich im Alltagsleben der Stadtviertel
nieder, und das geschichtsträchtige Alt-Havanna, wo Lezama wohnt, wird,
als Seele der Kulturnation, von den neu konstruierten Wohn- und Vergnü-
gungsvierteln degradiert. In diesen Jahren, in denen Lezama an der Universi-
tät studiert, erfährt er die dortige geistige Leere, das Fehlen von Antworten
auf diese Veränderungen am eigenen Leib und beschließt, der Situation ent-
schlossen entgegenzutreten. Diese Erfahrung liegt *Muerte de Narciso* ebenso
wie seinen weiteren kulturellen Aktivitäten zugrunde. In diesen Zusammen-
hang passen die *Notizen zur Neuen Stadt* von Lefebvre, in denen er den
Bruch beschreibt, den der Staatskapitalismus mit seinen Technokraten und
Wohnmaschinen erzeugt und der die zuvor harmonische Beziehung zwi-
schen Stadt und Land zerstört. Der Alltag verfällt zum geschichtslosen Zu-
sammenhang, und die städtische Masse wird politisch dem Staat gegenüber
passiv. Lefebvre fragt sich, wie dieser Prozeß, die Herrschaft der Technik
über die Natur, auf die sogenannten 'entkolonialisierten' oder 'unterentwik-
kelten' Völker wirken wird, die nach Erlangen ihrer nationalen Unabhängig-
keit vor der Aufgabe stehen, heute in sich aufzunehmen, „was gestern noch
ein Instrument ihrer Knechtschaft war – Wissenschaft, Technik, samt den ge-
brechlichen Erklärungsmustern und Ideologien, die sich davon nicht trennen
lassen: Rationalismus, Positivismus, Szientismus – und die in aller Regel mit
den Kulturen und Überlieferungen jener Völker und Nationen unvereinbar
sind" (LE, S. 230–231). Man könnte die künstlerische Strategie Lezamas als
Resistenz gegen diese neue, durch die Technik hervorgerufene Entfremdung
betrachten, zur Vermeidung eines Bruches in der harmonischen Beziehung
zwischen Stadt und Land. Als «Jefe» der «tribu del gato Montés» hat er des-
halb «el deseo de quedarse atrás», ein Tatbestand, den er ausdrücklich her-
vorhebt: "We don't choose our shoes in a show-window!" (L/OBI, S. 814).
Es geht ihm offensichtlich bei der Verarbeitung der modernen Ästhetik nicht
ausschließlich um sein erotisches Anliegen. Gleich wichtig ist dasjenige, auf
das Cintio Vitier in der Einleitung zur Gesamtausgabe des Werkes Lezamas
hinweist: «Se trataba de refutar el dualismo de lo culto y lo popular que ya
empezaba a escindir a nuestra poesía en polémicas estériles» (L/OBI,
S. XVI). Gerade der Aspekt der wachsenden Entfremdung zwischen einer in-
tellektuellen und einer volkstümlichen Kultur im städtischen Alltag findet das
Interesse des Freundeskreises um Lezama und wird schon in seinen frühesten
Publikationen mitverarbeitet.

Wie Fernando Ainsa in *Imagen y posibilidad de la utopía en Paradiso*[21]

---

[21] Fernando Ainsa, «Imagen y posibilidad de la Utopía en Paradiso», in: *Coloquio
Internacional sobre la obra de José Lezama Lima*. Prosa, Bd. II, Madrid 1984,
S. 73–90.

ausführt, ist die Utopie einer insularen Sensibilität schon von Anfang an ge-
wissermaßen als quadratische Einheit eines konkreten Raums im Werk von
Lezama angelegt. In der 1941 veröffentlichten Kurzgeschichte «El patio mo-
rado» wird der Innenhof eines Bischofspalais in der Altstadt Havannas zum
Zentrum eines Gründungsquadrats gemacht, in dem ein Wächter den Zugang
zwischen Innen- und Außenwelt beaufsichtigt. Das Straßenleben im umrin-
genden Stadtviertel ist vom Innenhof des geheiligten Tempels durch eine Tür
zugänglich, die vom Concierge beaufsichtigt wird. Damit ist er der einzige
«intermediario entre la inmovilidad del palacio y las cosas que pasaban en la
esquina o en el café de la otra esquina» (L/OBII, S. 1271), bzw. ist Verbin-
dungsglied zwischen der «noche estelar» des Innenhofs und der «noche sub-
terránea» des Stadtviertels, der Altstadt, die am Ende der Geschichte durch
eine Überschwemmung in ein Wasserlabyrinth verwandelt wird.

Die quadratische Grundstruktur des städtischen Aquariums, die in dem
ebenfalls 1941 publizierten «Ah, que tú escapes» durch den viermaligen Seuf-
zer auch angedeutet wird, bringt Lezama in der Folge Papier / Patio / Wand /
Haus / Tempel / Tür / Straße / Stadt in eine poetische Perspektive, in der die
Figur der Katze ihren Ort findet. Der magische Innenhof mit der im Schlaf
aktiven Katze, Ausgangspunkt der nächtlichen Wanderungen des «paseante
de medianoche» durch Havanna in *Paradiso,* ist dabei so bedeutsam wie der
umgekehrte Weg: das Sich-Einfinden Oppiano Licarios mit dem von der
Katze verletzten Tagedieb zum beleuchteten Kolonialhaus in der Altstadt.
Sein Verhältnis zum Stadtviertel erklärt Lezama in seinen Essays, vor allem in
den «Sucesivas o las coordenadas habaneras», zwischen dem 28. September
1949 und dem Karneval von 1950 zu Papier gebracht. Hier entfaltet er sein
«ideal medioeval de la vecinería, el orgullo de crecer en un barrio, que a su vez
crece dentro de la ciudad, que a su vez tiene que manifestarse ya en forma uni-
versal, en el lenguaje severo de quien tiene que ser oído» (L/OBII, S. 598). In
dieser mittelalterlichen Vorstellung der Nachbarschaft sind Lezama beson-
ders die menschlichen Dimensionen des Zusammenlebens wichtig. Für ihn
sind nicht die modernen Metropolen das Vorbild für kulturelle Kommunika-
tion. Er sieht eine Zukunft für kleinere Städte, plädiert für die «vuelta al
estado-ciudad» (L/OBII, S. 622), weil nur dort humane Verhältnisse zu ih-
rem Recht kommen können. Dabei steht ihm als Beispiel das demokratische
Athen eines Sokrates oder Aristoteles, das Florenz der Renaissance von Pico
della Mirandola, Dante und vor allem das aufklärerische Weimar von Schiller
und Goethe vor Augen. Im Vergleich zu diesen europäischen Städten ist für
Havanna jedoch der Stil einer kreolischen Sensibilität von Wichtigkeit. Sie
nimmt ihren Anfang mit der Eroberung Amerikas und der spanischen Ein-
flußnahme, als Vermischung verschiedener Rassen, deren Gedenktag 'día de
las razas' jeden Oktober gefeiert wird. In der Vorstellung des Kubaners findet
diese Rassenverbindung im Dialog mit der Weltkultur – Architektur, Malerei,

Literatur oder Tanzkunst – einen eigenen Rhythmus, in dem das Volkstümliche wie auf Gemälden von Breughel oder Hieronymus Bosch als eine «frenesí en un continuo de imágenes en espiral» (L/OBII, S. 650) präsent ist. Am 'Día de Reyes' entlädt sich dieser 'Wahnsinn', und es treffen sich alle Einwohner zu einem gemeinsamen Ritual, bei dem der Eros sich entfesseln kann: «El amor se hace visible – insinuación y perfume – y se rinde» (L/OBII, S. 655). Das Koordinatensystem des karnevalesken Havanna, das Lezama in der «Introducción a un sistema poético» (1954) gezogen hat, gründet in einer Art Zahlen-'Animismus', der eine endlose Variation von «expresiones ASCENDERE AD QUADRATUM Y AD TRIANGULUM» aufweist und in der Gestalt einer mittelalterlichen Kathedrale seine Entsprechung findet. In ihm sieht Lezama die Möglichkeit einer Apotheose, einer Vereinigung der endlos verschiedenen magischen Kreise, eines Mittels zur Erforschung der Unterwasserfauna des städtischen Raums:

A una cultura lodosa, reiterada, diorítica, uniforme, lodosa la penetración de la sonda dionisíaca, de la orgía como medida de exploración submarina, le era decisiva para mostrar su nuevo rostro (L/OBII, S. 425).

Diese erotische Dynamik wird auch in *La Expresión Americana* (1957) als spezifisch amerikanisches Erlebnis geschildert. Wieder trifft man hier auf ein mittelalterliches Bild, diesmal die flämische 'kermesse', die in der barocken Neugier des kreolischen Strebens nach Aufklärung zum Mittelpunkt der Begegnung der verschiedenen Kulturen wird:

En la Plaza del Zócalo, de México, o en la catedral de La Habana, la relación con la plaza es orgánica y está hecha en función del nacimiento del cuadrado. Ambos, el templo y la plaza, nacieron en una súbita función, no de su realización, como los más importantes de Europa, A POSTERIORI del templo, con objeto de domesticar la demasía del templo, que llegaba a aterrorizar al hombre (L/OBII, S. 319).

Die Geburt dieses kreolischen Quadrats als verbindendes Element zwischen der amerikanischen und der europäischen Entwicklung steht auch im letzten Essayband, *La cantidad hechizada* (1970), zur Debatte. Im Vorwort zu einer von ihm herausgegebenen dreiteiligen Anthologie kubanischer Poesie vom «Espejo de Paciencia» bis zu José Martí betont der Autor den «triunfo de la ciudad», der in der Verlagerung der «imaginación europea, tanto la greco-latina, como la medioeval», auf die «villa de La Habana» seit 1555 seine karibische Entsprechung findet. Natürlich ist auch diese Vorstellung erotisch geprägt. Im letzten Essay «Confluencias» wird dies noch einmal zusammengefaßt, und Lezama weist auf sein das ganze literarische Werk durchziehendes Katzenmotiv hin:

Para los egipcios, el único animal hablador era el gato, decía un COMO que lograba unir los dos puntos magnéticos de su bigote. Esos dos puntos magnéticos, infinita-

mente relacionables, están en la raíz del análogo metafórico. Es un relacionable gene-
síaco, copulativo. Unanse los puntos magnéticos del erizo con los de zurrón, un ejem-
plo que nos es muy querido, y se engendra una castaña. El COMO magnético
despierta también la nueva especie y el reino de la sobrenaturaleza (L/OBII, S. 1214).

5. Schlußbetrachtungen

Im Aufbau von Lezamas kontrapunktisch konzipiertem poetischen Koor-
dinatensystem, das sowohl seine Prosa als auch seine Poesie bestimmt, liegt
offensichtlich das Geheimnis der Anordnung seiner Bilderwelt. So ist es nicht
ganz einzusehen, warum einer seiner begeistertsten Bewunderer, Julio Cor-
tázar, vom Fehlen einer Struktur in *Paradiso* spricht (ST, S. 24) oder Walter
Bruno Berg ein „ungelöstes strukturelles Problem" diagnostiziert, weil der
«Eros cognoscente» mit den Mitteln des narrativen Textes nur in fragmentari-
scher Weise darzustellen ist.[22] Gerade dieses Fragmentarische dient als epi-
sches Gestaltungsprinzip im Gesamtwerk Lezamas, das eine elegante Flexi-
bilität ihre Spiele treiben läßt und ein Kommunikationsnetz zwischen dem
Erlaubten und dem Unerlaubten herstellt. Nur so kann er, im Sinne von
Lefebvre, die Totalität des semantischen Feldes mit ihren vernünftigen Struk-
turen wie auch ihren emotionalen Überraschungsmomenten einfangen, so
daß das „gesellschaftlich Sagbare und Unsagbare" seinen Platz bekommt
(LE, S. 307). Auf gleicher Ebene mit den in der kreolischen Großfamilie
wichtigen heterosexuellen Beziehungen, die den Fortbestand der Nation
sicherstellen, stehen die homoerotischen, die ihren Fortbestand in der Sprach-
erotik Lezamas feiern. Dieser Eros erhält im «cuadrado mágico de la funda-
ción» (L/OP, S. 96), im «espacio primigenio» mit dem «carnaval sexual»
seinen Ausdruck. Die karnevaleske Dimension akzentuiert sowohl Anwesen-
heit als auch Tabuisierung in einer katholischen, kreolischen Gesellschaftsfor-
mation, die schon seit den Anfängen der Kolonisation im magischen Umfeld
der Plaza de la Catedral ihre Präsenz bezeugt. Die hierarchischen Verhält-
nisse werden vom Karneval noch überhöht. Zwar kann man die fragmentari-
sierte Struktur des Gesamtwerkes Lezamas als Parodie und Kritik auf diese
kreolische Kommunikation verstehen, die sich als „dialogisierte Redeviel-
falt"[23] polemisch gegen die bestehende Tendenz zur Vereinheitlichung der

[22] Walter Bruno Berg, „Die Provokation Lezama Limas. Aspekte gegenwärtiger
Rezeption/Schriften aus dem Nachlaß", in: *Iberoamericana* 4/11 (1980), S. 29–49.

[23] „Während sich die Hauptvarianten der poetischen Gattungen in der Bahn der
vereinheitlichenden und zentralisierenden Kräfte des verbal-ideologischen Lebens
herausbildeten, entstanden der Roman und die ihm verwandten Gattungen der künst-
lerischen Prosa historisch im Rahmen der dezentralisierenden, zentrifugalen Kräfte.
Während die Dichtung auf der Höhe des offiziellen sozioideologischen Kontextes die

kubanischen Kultur im modernen Havanna richtet. Darüber hinaus kann man die Reaktion gegen eine solche kulturelle, nationale und politische Zentralisation der „verbal-ideologischen" Welt, den Auftritt von Narren, Verrückten und Zwergen sogar als Protest würdigen. Trotzdem enthält die Darstellung einer solchen "community solidarity"[24] kein bewußtes sozial aufklärerisches Element: Die patriarchalische, kreolische Realität bleibt ungebrochen wirksam. Nur wenn sie sich – wie in *Oppiano Licario* – nach Paris verlagert, erfährt sie eine Auflockerung.[25] Die Resistenz gegen den Einbruch der modernen Welt weckt erst die Sinne – «gato madrugador»[26] – und läßt eine fieberhafte erotische Aktivität sich entfalten. Es ergibt sich beim kubanischen Autor also nicht wie bei Lefebvre in dieser 'Neuen Welt' eine totale Pas-

kulturelle, nationale und politische Zentralisation der verbal-ideologischen Welt bewerkstelligte, erklang in den Niederungen, in Schaubuden und auf Jahrmarktsbühnen die Redevielfalt der Narren, ein Nachäffen aller 'Sprachen' und Dialekte, entwickelte sich die Literatur der Fabliaux und Schwänke, der Straßenlieder, Sprichwörter und Anekdoten, in der es keinerlei sprachliches Zentrum gab, in der das lebendige Spiel 'mit den Sprachen' von Dichtern, Gelehrten, Mönchen, Rittern u. a. üblich war, in der alle 'Sprachen' Masken waren und es kein unumstrittenes sprachliches Gesicht gab.

Die Vielfalt der Rede, die sich in diesen niederen Gattungen organisierte, war nicht einfach eine Vielfalt in bezug auf die anerkannte Hochsprache (in allen ihren gattungsspezifischen Varianten), d. h. in bezug auf das sprachliche Zentrum des verbal-ideologischen Lebens der Nation und der Epoche, sondern sie war dieser bewußt entgegengestellt. Sie war parodistisch und polemisch gegen die offiziellen Sprachen der Gegenwart zugespitzt. Sie war eine dialogisierte Redevielfalt" („Das Wort im Roman" von Michail M. Bachtin, hrsg. von Rainer Grubel in: *Die Ästhetik des Wortes*, Frankfurt a. M. 1977, S. 166).

[24] "Are these analyses of any relevance to early modern Europe? Surely they are. Just as Zulu girls put on men's clothes once a year, so did Venetian women. Just as the Swazi were licensed to criticise the authorities during certain festivals, so were the Spaniards. The world turned upside down was regularly re-enacted. Why did the upper classes permit this? It looks as if they were aware that the society they lived in, with all its inequalities of wealth, status and power, could not survive without a safety-valve, a means for the subordinates to purge their resentments and to compensate for their frustrations" (Peter Burke, *Popular Culture in Early Modern Europe*, New York/London 1983, S. 201).

[25] Ineke Phaf, *Havana als Fiktion* (Beiträge zur Soziologie und Sozialkunde Lateinamerikas 39), München 1986, S. 282–301.

[26] Dieses Zitat stammt aus dem Gedicht «Aquí llegamos», geschrieben im Dezember 1971.

Über die Bedeutung der Morgenröte in *Paradiso* schreibt Gabriele Kämper, *Zur poetischen Verwendung kubaspezifischer Phänomene in dem Roman 'Paradiso' von José Lezama Lima*, Magisterarbeit an der Freien Universität Berlin, 1987, S. 56.

Sie geht auch auf die Bedeutung des in Anmerkung 28 genannten Essays von Fernando Ortiz ausführlich ein.

sivität oder Sinnlosigkeit im städtischen Umkreis. Das politische Paradigma dahinter ist jedoch hierarchisch geprägt. Die dynamische urbane Szenerie Amerikas im Umfeld der Kathedrale findet gerade in der sozialen Ungleichheit ihre Entsprechung. So sind 'Gauner' und andere Personen 'ohne Kultur' im Umkreis der Familien Cemís, Focións und Fornesis in der Unterschicht angesiedelt, aus der sie nur in magisch-erotischen Kreisen herausfinden.

Bei der Einordnung der Hierarchie eines solchen sozialen Konzepts hat Roberto González Echeverría in seinem Artikel «Lo cubano en Paradiso»[27] sich an den Einfluß des berühmten Essays des Anthropologen Fernando Ortiz «Contrapunteo cubano del tabaco y azúcar»[28] erinnert, in dem dieser ein altes kubanisches Vorurteil aufs Korn nimmt. Ortiz verweist die sogenannte Vorherrschaft der Tabakproduzenten Kubas über die Zuckerarbeiter ins Reich der Fabeln und zeigt, daß letztere mindestens ebenso zum Wohlstand der kubanischen Bevölkerung beigetragen haben wie erstere, wenngleich unter anderen Vorzeichen. Hier rührt Ortiz an ein rassisches Vorurteil, das besonders die Diskriminierung der schwarzen Bevölkerung förderte. Diese findet übrigens auch im Werk Lezamas ihr Echo. In *Paradiso* wird sich Cemí eines Tages in einem Schaufenster der Altstadt des Unterschieds zwischen dem Leben auf dem Lande und dem in der Stadt bewußt. Einer von zwei dort ausgestellten Stichen zeigt ein Bild in der Nähe von Tabakpflanzungen in der Provinz, wo sich auf einer Straße ein Eselsführer und zwei Herren, der eine ruhig, der andere in nachdenklicher Stimmung, befinden. Als Text steht geschrieben: «Tabaco superior de la Vuelta Abajo. Calle de la Amargura, 6. Habana». Auf dem zweiten Stich befindet sich eine angebliche «sopimpa habanera de 1948», auf dem ein tanzendes Paar zu sehen ist. Jetzt spricht der Text von einer noch besseren Tabaksorte, die «Nueva y superior fábrica de tabacos puros de la Vuelta Abajo. Calle de los Oficios, 79», eine Anzeige, die auch gleich ins Französische übersetzt wird. Gemäß der Interpretation González Echeverrías verdeutlicht dieser «sopimpa habanera» den leidenschaftlichen Rhythmus einer «frenesí erótico de la gran urbe», während die idyllische Atmosphäre der ländlichen Umgebung als eine Wüste erscheint, in die die Leidenschaften keinen Platz haben. Nur in der Großstadt stehen die verschiedenen Kulturen gewissermaßen auf orgiastische Weise miteinander in Verbindung; hier kommt dem Rhythmus der afrokubanischen Kultur eine dynamische Funktion zu. Ohne sie ist diese städtische Umgebung gar nicht

---

[27] Roberto González Echeverría, «Lo cubano en Paradiso», in: *Coloquio Internacional sobre la obra de José Lezama Lima, Prosa,* Bd. II, Madrid 1984, S. 31–52.

[28] Der kubanische Anthropologe Fernando Ortiz (1881–1969) veröffentlichte diesen Essay 1940 in Havanna. 1987 wurde er ins Deutsche übersetzt: *Tabak und Zucker. Ein kubanischer Disput,* übersetzt von Maralde Meyer-Minnemann, Frankfurt a. M. 1987.

vorstellbar, eine Behauptung, die González Echeverría mit verschiedenen Textstellen aus *Paradiso* belegt. Sein Kollege Julio Rodríguez Luis teilt diese Einschätzung jedoch keineswegs. In *La Literatura Hispanoamericana entre Compromiso y Experimento* bemängelt er, irritiert von diesem Roman:

pese a su origen dentro de la Cuba revolucionaria, no sólo ignora cualquier tipo de preocupación social, sino que reproduce sin empacho alguno las actitudes más característicamente reaccionarias de la burguesía cubana respecto a la política, los individuos de raza negra, el servicio doméstico.[29]

Rodríguez Luis zitiert ein Fragment, in dem Lezama über einen Besuch Jamaicas und den Körpergeruch der dortigen schwarzen Bevölkerung spricht. Gerade Jamaica spielt in der Darstellung des Anteils der schwarzen Bevölkerung am Rhythmus des erotischen Wahnsinns eine entscheidende Rolle. Ohne sie – den Aufzugfahrer oder den Straßenkehrer – gibt es ihn gar nicht. Das geht auch aus dem 1960 publizierten Gedicht «Para llegar a la Montego Bay» hervor. Ein «negrón pastor», ein «gigante» hütet als «negro preguntón» seine «copulativa bahía». Diese Gleichung korreliert mit der großen Bucht Havannas im 11. Kapitel von *Oppiano Licario*. Beim Eintauchen ins Wasser sieht Foción dort einen «negro encendido» namens Tinto, der instinktiv Foción sofort als Überlegenen anerkennt:

Desde que vio su graciosa curva al lanzarse al agua, sus primeras braceadas y la manera como de llevar un ritmo líquido con la cabeza, estaba convencido de la llegada de un rival. Pero se alegró cuando vio que no se preocupaba de la búsqueda submarina de los centavos lanzados por el público, sino seguía sus cortes angulares, sus círculos, sus escoraduras, como un delfín rascándose en delicia con la sal marina. Por una comprensión animal, demasiado profunda para encontrarle explicación, percibió de inmediato la superioridad de Foción y sin rendirle acatamiento, le entregó el campo marino (L/OP, S. 199).

Das Gefühl einer kreolischen Überlegenheit gilt bei Lezama noch als Selbstverständlichkeit im Alltag, trotz der Tatsache, daß sie in seinem Text durch die polyphone Redevielfalt gleichzeitig parodisiert wird. Es bleibt die Rede von patriarchalischen Verhältnissen, die die Spracherotik prägen. Aus dieser Perspektive ist die Irritation der literatursoziologisch orientierten Wissenschaft um so verständlicher.

Es soll nicht aus den Augen verloren werden, daß es Lezamas grundsätzliches Anliegen im Ringen mit der 'expresión americana' ist, der homosexuellen Potenz – dem Chaos – im städtischen Raum einen gleichberechtigten Platz mit der heterosexuellen zuzuweisen. Das läßt sich auch an der durchgehenden Funktion des Katzenmotivs in seinem Diskurs ablesen, das der

---

[29] Julio Rodríguez Luis, *La literatura hispanoamericana entre compromiso y experimento,* Madrid 1984, S. 100.

Totalität des semantischen Feldes zugrunde liegt. Gerade hiermit berührt Lezama nicht nur ein Tabu der kubanischen Gesellschaft, sondern gleichzeitig eines der ganzen WELTKULTUR. Anscheinend war er sich bei der Darstellung der Problematik immer dieser Tatsache bewußt. Damit mag seine enorme Bewunderung für Goethe zusammenhängen. Er betont nicht nur immer wieder dessen Beziehung zu Amerika durch die regelmäßigen Begegnungen mit Alexander von Humboldt; er ergötzt sich ebenso an dessen fröhlicher germinativer Potenz, die – wie bei Foción – im unbekümmerten Plätschern seines Urinstrahls zutage tritt:

Licario recordaba el aprovechamiento en sus ochenta años de la energía matinal de Goethe al orinar, que le recordaba el encandilamiento fálico del adolescente al despertar, para escribir un verso más del Segundo Fausto. Después descorchaba otra botella de vino del Rhin para prolongar la mañana. Eran sutiles trampas occidentales para apoderarse de la energía solar (L/OP, S. 103).

Der Versuch Lezamas, das menschliche Chaos mit allen seinen Dimensionen darzustellen, prägt sein antikoloniales Paradigma einer Nation, die wie von einem minoischen Zentauren gelenkt von den Kreolen wie im 19. Jahrhundert («quedarse atrás») regiert wird. In den letzten Jahren kann man beobachten, wie die kubanischen Autoren sich um eine Weiterentwicklung sowohl des Sprachgefühls als auch des sozialen Konzepts bemühen. In dieser Anstrengung sind sie alle durch Lezamas Lebenswerk mitgeprägt worden. Bezeichnenderweise trennen sich dabei – leider noch immer – die politischen Wege. Guillermo Cabrera Infante, Severo Sarduy und Reinaldo Arenas, die sich der Darbietung des ungehemmten sprachlichen Lustprinzips widmen, leben im Ausland. Sie treffen dort genau den Geschmack des internationalen Lesepublikums. Um eine textuelle Auseinandersetzung mit dem heutigen städtischen Umfeld geht es Miguel Barnet, Manuel Pereira oder José Prats Sariol, die zielbewußt das politische Paradigma des 19. Jahrhunderts durch ein neues ersetzt haben. Sie befriedigen vielleicht weniger die Lust am Text, als daß sie versuchen, einer sozialen Aufklärung Gestalt zu verleihen. Dies wäre der andere «gato madrugador», und die unterschiedliche Entwicklung der kubanischen Autoren verkörpert vielleicht am besten, wie das Chaos der Modernität sich in der zeitgenössischen Literatur niederschlägt. Der Zweck dieses Artikels sollte es sein, die verschiedenen Positionen anzudeuten und das Werk Lezamas für komparative Studien zugänglich zu machen.

NICANOR PARRA

(geb. 1914)

MANIFIESTO

Señoras y señores
Ésta es nuestra última palabra.
– Nuestra primera y última palabra –
Los poetas bajaron del Olimpo.

5   Para nuestros mayores
La poesía fue un objeto de lujo
Pero para nosotros
Es un artículo de primera necesidad:
No podemos vivir sin poesía.

10   A diferencia de nuestros mayores
– Y esto lo digo con todo respeto –
Nosotros sostenemos
Que el poeta no es un alquimista.
El poeta es un hombre como todos
15 Un albañil que construye su muro:
Un constructor de puertas y ventanas.

    Nosotros conversamos
En el lenguaje de todos los días
No creemos en signos cabalísticos.

20   Además una cosa:
El poeta está ahí
Para que el árbol no crezca torcido.

    Éste es nuestro mensaje.
Nosotros denunciamos al poeta demiurgo
25 Al poeta Barata
Al poeta Ratón de Biblioteca.
Todos estos señores

– Y esto lo digo con mucho respeto –
Deben ser procesados y juzgados
30　Por construir castillos en el aire
Por malgastar el espacio y el tiempo
Redactando sonetos a la luna
Por agrupar palabras al azar
A la última moda de París.
35　Para nosotros no:
El pensamiento no nace en la boca
Nace en el corazón del corazón.

Nosotros repudiamos
La poesía de gafas obscuras
40　La poesía de capa y espada
La poesía de sombrero alón.
Propiciamos en cambio
La poesía a ojo desnudo
La poesía a pecho descubierto
45　La poesía a cabeza desnuda.

No creemos en ninfas ni tritones.
La poesía tiene que ser esto:
Una muchacha rodeada de espigas
O no ser absolutamente nada.

50　Ahora bien, en el plano político
Ellos, nuestros abuelos inmediatos,
¡Nuestros buenos abuelos inmediatos!
Se refractaron y se dispersaron
Al pasar por el prisma de cristal.
55　Unos pocos se hicieron comunistas.
Yo no sé si lo fueron realmente.
Supongamos que fueron comunistas,
Lo que sé es una cosa:
Que no fueron poetas populares,
60　Fueron unos reverendos poetas burgueses.

Hay que decir las cosas como son:
Sólo uno que otro
Supo llegar al corazón del pueblo.
Cada vez que pudieron
65　Se declararon de palabra y de hecho

Contra la poesía dirigida
Contra la poesía del presente
Contra la poesía proletaria.

   Aceptemos que fueron comunistas
70 Pero la poesía fue un desastre
Surrealismo de segunda mano
Decadentismo de tercera mano,
Tablas viejas devueltas por el mar.
Poesía adjetiva
75 Poesía nasal y gutural
Poesía arbitraria
Poesía copiada de los libros
Poesía basada
En la revolución de la palabra
80 En circunstancias de que debe fundarse
En la revolución de las ideas.
Poesía de círculo vicioso
Para media docena de elegidos:
«Libertad absoluta de expresión»

85   Hoy nos hacemos cruces preguntando
Para qué escribirían esas cosas
¿Para asustar al pequeño burgués?
¡Tiempo perdido miserablemente!
El pequeño burgués no reacciona
90 Sino cuando se trata del estómago.

   ¡Qué lo van a asustar con poesías!

   La situación es ésta:
Mientras ellos estaban
Por una poesía del crepúsculo
95 Por una poesía de la noche
Nosotros propugnamos
La poesía del amanecer.

   Éste es nuestro mensaje,
Los resplandores de la poesía
100 Deben llegar a todos por igual
La poesía alcanza para todos.

Nada más, compañeros
Nosotros condenamos
– Y esto sí que lo digo con respeto –
105　La poesía de pequeño dios
La poesía de vaca sagrada
La poesía de toro furioso.

Contra la poesía de las nubes
Nosotros oponemos
110　La poesía de la tierra firme
– Cabeza fría, corazón caliente
Somos tierrafirmistas decididos –
Contra la poesía de café
La poesía de la naturaleza
115　Contra la poesía de salón
La poesía de la plaza pública
La poesía de protesta social.

Los poetas bajaron del Olimpo.

Antipoemas. Antología (1944–1969), Selección J. M. Ibáñez-Langlois, Barcelona (reimpresión), 1976, S. 217–221.

PARRA'S POETIC THEORY AS EXPRESSED IN «ADVERTENCIA AL LECTOR», «CAMBIOS DE NOMBRE» AND «MANIFIESTO»

By Sonja Karsen

> Todo poeta que se estime a sí mismo
> Debe tener su propio diccionario.
> (Cambios de nombre)

Nicanor Parra is one of the best known members of poetic postvanguardism [1] in Latin America today and an heir to the position of eminence which Pablo Neruda occupied for so long.
Parra

... ha marcado rumbos novísimos en la poesía de Hispanoamérica, abriendo el verso lírico del idioma a las realidades más exteriores y apoéticas de nuestra circunstancia humana. [2]

As a representative of antipoetry he has revolutionized poetry not only in Chile but also in the rest of Latin America. It could be said of him that he broke the mold of Spanish poetry much as was done in English poetry by Whitman in the late nineteenth century and by Pound in the twentieth. When questioned whether this was what he set out to do, Parra stated:

Yes. It was a job that had to be done ... We had to focus again on the flesh-and-blood man in all his dimensions, positive as well as negative ... The only constant in my creation is authenticity. [3]

Parra's work, however, evolved relatively slowly toward antipoetry. His early compositions were influenced by García Lorca and his *Romancero gitano* as shown in his first collection of verse *Cancionero sin nombre*. [4] In this highly lyrical poetry there are reminiscences of García Lorca's ballads in the

---

[1] See *Tradition and Renewal. Essays on Twentieth Century Latin American Literature and Culture*, ed. Merlin H. Forster, Urbana 1975, p. 18.

[2] José Miguel Ibañez-Langlois, «La poesía de Nicanor Parra», in: Nicanor Parra, *Antipoemas*, Barcelona 1972, p. 9.

[3] Miller Williams, "A Talk with Nicanor Parra", in: *Shenandoah* 18/1 (1966), p. 75.

[4] Nicanor Parra, *Cancionero sin nombre*, Santiago de Chile 1937.

choice of meter, the verso de romance or eight syllable verse, in the repetition of adjectives, nouns and verbs serving to increase the emotional impact as in

> me gusta, me gusta, gusta,
> me gusta que no me entiendan.
> (Remolino interior)

At the time, Parra stated that he began as a Garcíalorquian poet and that his working plan

. . . was to apply to Chile the method García Lorca had made his in Spain. But after a while I grew disillusioned with my master and I had to think out my own doctrine.[5]

Neruda, too, had taught him many things since "the road of every Spanish-speaking poet necessarily passes through *Residencia en la tierra*[6]". Speaking of the significance and influence the poet has said:

. . . no se reducen pues, en manera alguna, al plano de las imágenes poéticas . . . su poesía está más cerca de la sangre que de la tinta y constituye un componente importante del pensamiento revolucionario del siglo XX . . . Fundamentalmente, él es un poeta social . . . un ser humano que ha sorteado todos los peligros.[7]

The year 1938 has been considered by some as a date of great political significance since it marks the coming to power of the Frente Popular in Chile. It is also a moment of great literary importance when Parra's work was included in an anthology of young poets edited by Tomás Lago for the Sociedad de Escritores de Chile. The book also contained the work of Alberto Baeza, Hernán Cañas, Oscar Castro, Omar Cerda, Jorge Millas, Luis Oyarzún and Victoriano Vicario. The group became known as the "Generation of 1938" and the conceptual origins of antipoetry can be found in their shared attitude toward literature. They espoused «el canón de la claridad conceptual y formal»[8] and several years after the anthology[9]

. . . de los poetas creacionistas, versolibristas, herméticos, oníricos, sacerdotales, representábamos un tipo de poetas espontáneos, naturales, al alcance del grueso público.[10]

---

[5] Miller Williams, "A Talk with Nicanor Parra", *op. cit.,* p. 76.

[6] *Ibid.,* p. 76.

[7] Pablo Neruda y Nicanor Parra, *Discursos,* Santiago de Chile 1962, pp. 47–48.

[8] See Nicanor Parra, «Poetas de la claridad», in: *Atenea* 131/380–81 (1958), pp. 45, 47.

[9] See Eduardo Anguita y Velodia Teitelboim, *Antología de poesía chilena nueva,* Santiago 1935.

[10] Nicanor Parra, «Poetas de la claridad», *op. cit.,* p. 47.

Referring to the poetic climate of those years Parra mentions that

Las convenciones eran las del vanguardismo y del surrealismo. El surrealismo era un método importado que no correspondía a nuestro momento histórico, lo mismo que el vanguardismo. Había que buscar en nuestras propias posibilidades. La poesía del modernismo, por supuesto, tampoco me satisfacía, y Darío me parecía un poeta exquisito y esotérico, los vanguardistas, unos equilibristas, y los surrealistas, unos sacerdotes herméticos.[11]

It should be understood however, that Parra's rejection of «modernismo», vanguardism and surrealism does not mean that he does not recognize the importance of these movements in shaping his own poetic theory.

Si bien Parra no coincidía en afinidades estéticas con el grupo surrealista «Mandrágora», más tarde le agradeció que lo iniciara en las lecturas surrealistas.[12]

Indeed, Parra was to state later that the antipoem in the end

... no es otra cosa que el poema tradicional enriquecido con la savia surrealista – surrealismo criollo o como queráis llamarlo – debe aún ser resuelto desde el punto de vista psicológico y social del país y del continente a que pertenecemos, para que pueda ser considerado como verdadero ideal poético.[13]

Seventeen years elapsed between the publication of *Cancionero sin nombre* and *Poemas y antipoemas*.[14] The intervening years were largely a period when the poet continued to elaborate his theory of the antipoem. It was a time in his life when he studied abroad and was exposed to the different literary tendencies then in fashion. A great number of poems were written between 1943 and 1945, when he studied at Brown University and immersed himself in the poetry of Walt Whitman. The North American poet's influence can be noted in «Ejercicios retóricos» which Parra considers to be representative of the period of transition in his work between the imitations of García Lorca in *Cancionero sin nombre* and the antipoems of his maturity. These poems were not published until 1954, when they appeared in the first issue of *Extremo Sur*.[15]

Upon his return to Chile in 1946, he discovered Kafka. The influence of the writer from Prague would produce techniques, nuances and perceptions which Parra incorporated into his poetic style. While studying at

---

[11] Nicanor Parra as quoted by Ricardo Yamal, *Sistema y visión de la poesía de Nicanor Parra*, Valencia 1985, p. 10, note 3.

[12] *Ibid.*, p. 10.

[13] Nicanor Parra, «Poetas de la claridad», *op. cit.*, p. 48.

[14] Nicanor Parra, *Poemas y antipoemas*, Santiago de Chile 1954.

[15] See Edith Grossman, *The Antipoetry of Nicanor Parra*, New York 1975, pp. 10 to 11.

Oxford in 1949 he read the work of the English poets W. H. Auden, Stephen Spender, Louis McNeice, as well as that of earlier poets like John Donne. It is also well to remember that Parra was thoroughly familiar with Spanish literature of the Middle Ages and the Golden Age. As might be expected he was particularly attracted to those works of poets and prose writers known for their clarity of expression e.g. the Romancero, Gonzalo de Berceo, El Arcipreste de Hita, *La Celestina,* the Picaresque novel, Cervantes and Quevedo.

Si bien los elementos antipoéticos ya están dados por la tradición, Parra ha sido quien los ha recogido y plasmado en una estructura acabada y sistemática.[16]

As a result of these multiple influences and disillusioned with contemporary poetry Parra created his own doctrine in *Poemas y antipoemas.*[17] The collection comprises three sections which attest to the changes that occurred in the writer's poetic style. The first contains traditional poetry in the post-modernista and neo-romantic mode of which «Es olvido» is an example:

> Hoy es un día azul de primavera,
> Creo que moriré de poesía,
> De esa famosa joven melancólica
> No recuerdo ni el nombre que tenía.
> Sólo sé que pasó por este mundo
> Como una paloma fugitiva:
> La olvidé sin quererlo, lentamente,
> Como todas las cosas de la vida.

In the second section Parra's poetry is of a more transitional nature and shows the beginnings of antipoetry. The compositions for the most part keep the meter and rhyme of the traditional poem yet exhibit a certain bitterness and disenchantment with daily life, a tone that will characterize antipoetry. «Autorretrato» is an example of this style in which the poet shows his disillusionment with the teaching profession:

> Y todo, ¡para qué!
> Para ganar un pan imperdonable
> Duro como la cara del burgués
> Y con olor y con sabor de sangre.

[16] Ricardo Yamal, *Sistema y visión de la poesía de Nicanor Parra,* p. 15.

[17] "*Poemas y antipoemas* was baptized a posteriori. I began writing the book in 1938, but I came across the title in England in 1949 or 50. I was walking through a bookstore and noticed the book *Apoemas* by the French poet Henry Duche. So the word 'antipoem' had already been used in the nineteenth century, though probably even the Greeks had used it. In any case the term came to me a posteriori; that is, I didn't write the work with a completely articulate theory in mind from the beginning" (see Patricio Lerzundi, "In Defense of Antipoetry. An Interview with Nicanor Parra", in: *Review* [1971/72], p. 65).

The third section contains the antipoems which, as the name implies, reject established poetic tradition. «Advertencia al lector» opens this segment and is the first of Parra's trilogy dealing with the theory and practice of anti-poetry. This poem formulates a program for literary renovation and poetic change. Parra proclaims his artistic independence and informs the reader that he will make drastic changes in the poetic vocabulary. «Advertencia al lector» begins by warning the reader that:

> El autor no responde de las molestias que puedan ocasionar
> sus escritos:
> Aunque le pese
> El lector tendrá que darse siempre por satisfecho.

The aggressive tone is a characteristic of the antipoem, since the poet does not really care whether he is creating a friendly or an adverse relationship with the reader. The admonition is also intended to let the reader know that these poems are very different from those of the previous sections.

The poet has replaced poetic language, metaphors and metaphysical allusions with the material things in life. Words like «arco iris» and «dolor» no longer appear in his work because he objects to the sentimentality with which the emotions have been portrayed. He proposes therefore that «En vez de suspirar, en estas páginas se bosteza».

As Gottlieb observes:

El antipoema se rebela contra el idealismo sentimental de los románticos, la elegancia aristócrata y la musicalidad superficial de los modernistas y la irracionalidad hermética de los vanguardistas . . . Rechaza la preocupación preciosista por la forma y en vez de los versos, estrofas y rimas tradicionales propone el verso libre.[18]

What is to be included in this type of poetry are objects of everyday use like desks and chairs, even coffins and this fills the poet with pride, «Porque, a mi modo de ver, el cielo se está cayendo a pedazos». Parra here refers to the insecurity so typical of modern man who has the feeling when he looks around that there is no stability in his life and that so-called values no longer exist. The reality presented here is none other than an interpretation of the modern world.

Parra's poetry perhaps more than any other displays the radical impulse to begin anew. «Como los fenicios pretendo formarme mi propio alfabeto.» To the poet this new vocabulary is as important for poetry as the creation of a written language was for the Phoenicians.[19] In the preceding verse of this

---

[18] Marlene Gottlieb, *No se termina nunca de nacer: La poesía de Nicanor Parra*, Madrid 1978, pp. 33–34.

[19] "Phoenicia, by giving the Greeks their alphabet, provided the material basis

poem: «Conforme: os invito a quemar vuestras naves,» the word «naves» refers to conventional language and is used here as a metonym. In short Parra wants to create his own poetic language–the language of antipoetry.

Este alfabeto o código antipoético, ... se estructura en la crítica simultánea de la realidad del lenguaje 'poético' y del poema fundado en la ilusión estética.[20]

This situates Parra in the tradition of Brecht who attacks the esthetic illusion and makes the spectator a participant of the action portrayed on stage. In the same way the Chilean poet

... quiebra la serenidad del espacio del poema, lo abre a través de fórmulas prosaicas ... [el poema] se ha transformado en un retablo donde se exhiben las falsas maravillas de una civilización.[21]

The new language will present reality to us in its true form and will let us see it the way it really is. As Parra himself has stated:

La función del idioma es para mí la de un simple vehículo y la materia con que opero la encuentro en la vida diaria.[22]

The use of terms traditionally inconsistent with poetry which we find in antipoetry had been initiated by Pablo Neruda in some of the poems of *Residencia en la tierra* such as "Walking Around" and «Caballero solo»,[23] as well as W. H. Auden and T. S. Eliot in their verse.

In «Advertencia al lector», Parra's statements about poetic and antipoetic language alternate with historical references. The theory of antipoetry is formulated by referring to men with whom he has a literary and philosophical affinity.[24] The poem alludes to Sabellius, a Christian priest and theologian who lived in the third century. After mentioning the fact that Sabellius rejected the dogma of the Holy Trinity, Parra asks a rhetorical question: «¿Respondió acaso de su herejía?» Followed by three lines of exclamations, with each utterance stronger than the previous one. In a way, Parra compares his

for a literacy without which great literature cannot flourish" (see William L. Langer, General Editor, *Western Civilization. Paleolithic Man to the Emergence of European Powers*, New York 1968, p. 127).

[20] Leonidas Morales Toro, *La poesía de Nicanor Parra*, Santiago 1972, pp. 45–48.

[21] *Ibid.*, p. 46.

[22] Pablo García, «Contrafigura de Nicanor Parra», in: *Atenea* 119/355–56 (1955), p. 157.

[23] See Mario Rodríguez Fernández, «Nicanor Parra, destructor de mitos», in: Hugo Montes, Mario Rodríguez, *Nicanor Parra y la poesía de lo cotidiano*, Santiago de Chile 1970, p. 55. Also see p. 62, Note 6: Beginning with *Estravagario* (1958) [Neruda] «se ha adscrito a las preferencias de la generación de Parra».

[24] See Edith Grossman, *The Antipoetry of Nicanor Parra*, p. 52ff.

own unorthodox manner of writing verse–which could be considered heresy in the eyes of the traditional poet–to Sabellius's religious unorthodoxy.

In the third verse of the third strophe a reference is made to the Viennese philosopher Ludwig Wittgenstein (1889–1951) and his most influential work the *Tractatus Logico-Philosophicus* (1921).

During the 1920's Wittgenstein came in contact with the so-called Vienna Circle of logical positivists who were profoundly influenced by the *Tractatus* . . . He saw language as a response to, as well as a reproduction of, the real.[25]

It is not surprising why Parra was attracted to Wittgenstein's philosophy, since he too is a scientist by profession and until the late sixties taught Theoretical Mechanics at the University of Chile.

The «Círculo de Viena» was dissolved years ago and according to the poet «sus miembros se dispersaron sin dejar huella». Historically we may question that statement since Wittgenstein became very famous teaching at Cambridge and together with Bertrand Russell is considered to be among the most influential philosophers of the twentieth century.

The poet ends the fourth strophe by declaring war on the «cavallieri della luna», which according to Grossman is "defined by Parra as the Juan Ramón Jiménez type of poet".[26] Juan Ramón Jiménez's (1881–1958) poetry is appreciated for its absolute beauty, lyricism and great musicality. Without this explanation we might have understood him to mean that he has decided to declare war on all those who have a quixotic turn of mind, live in the world of the imagination, never coming to grips with reality–or the exact opposite of what Parra is advocating.

«Advertencia al lector» ends by alluding to Aristophanes's play *The Birds* in which there was no place for the bird to bury his father, since he was the first living being, the earth not yet having been created. As a last resort he buried him in his own head. «Cada pájaro era un verdadero cementerio volante.» Parra believes that the time has come to «modernizar esta ceremonia» and proposes to inter his «plumas en la cabeza de los señores lectores!» However, this is merely a way of saying that the time has come to renovate poetry and he expresses the hope that certain of his "feathers" or verses will remain in the reader's memory. Once again Parra shows his liking for metonymy (feathers/verses) so frequently used as a stylistic device in antipoetry.

---

[25] *The New Columbia Encyclopedia*, New York/London 1975, p. 2997. Also see William L. Langer (General Editor), *Western Civilization. The Struggle for Empire. To Europe in the Modern World*, New York 1968, p. 657: "The adherents of this school concentrate their attention on the use of language, seeing in it the key to understanding and critique of philosophical concepts."

[26] Edith Grossman, *The Antipoetry of Nicanor Parra*, p. 55.

From a structural point of view the six strophes of «Advertencia al lector» are absolute statements. Within each stanza there is an ascending progression of intensity as we reach the last verse. At times Parra appears to be indignant in verse that reads like prose and virtually leaps from one thought to the next, without logical or grammatical transition. For this very reason his rhythms and cadences are neither rhymed nor do they rely on a regular meter or strophic arrangement. Rhythms and cadences therefore, appear solely in the repetition of words.

In *Versos de salón*[27]–which contains verse written between 1954 and 1962– the technique of antipoetry elaborated in *Poemas y antipoemas* is further refined. In «Cambios de nombre», the lead poem of this collection and a further key to Parra's poetic theory, he declares in the first strophe: «Voy a cambiar de nombre a algunas cosas» and in the following stanza informs the reader of his poetic position:

> El poeta no cumple su palabra
> Si no cambia los nombres de las cosas.

It is obvious that in order not to alienate the reader (contrary to «Advertencia al lector») Parra proceeds with caution at first, stating that he will make only a few changes. However in the second stanza he has already changed his mind since he feels that the poet cannot be true to himself unless he changes the name of things. What Parra tries to convey here is that he is not going to change the vocabulary in order to create another more or less abstract reality. Rather, he will "deliberately [change] the name of things to create, through this new perspective, a new order"[28]. His message penetrates more deeply because Parra writes poetry almost as if it were prose. He insists that

> Todo poeta que se estime a sí mismo
> Debe tener su propio diccionario.

If «Advertencia al lector» attacks poetry in general in its philosophical concept, this short poem attacks the metaphor, or metaphoric expression and even goes so far as to caricature it. Why, he asks, should the sun continue to be called a sun? «Pido que se llame Micifuz.» He decides that since his shoes seem like coffins, they will henceforth be called coffins: «Que los zapatos han cambiado de nombre: / Desde ahora se llaman ataúdes.»

In Parra's presentation of his poetic theory the antipoet is the sole explorer of new literary territory . . . He must catalogue the reality that surrounds him and change the

---

[27] Nicanor Parra, *Versos de salón*, Santiago de Chile 1962.

[28] Victor M. Valenzuela, "Nicanor Parra: An Antipoet Poet", in: *Inter-American Review of Bibliography* 19/4 (1969), p. 437.

old names of things if they are no longer suitable . . . Parra's commitment to familiar, ordinary language is a constant.[29]

This new order extends into religion as well as the final verses of the poem suggest that we call God something other than God: «Al propio dios hay que cambiarle nombre.» Since it is not easy to find a meaning that is not metaphorical, the poet has no solution and leaves it up to the reader saying it is a personal problem:

> Que cada cual lo llame como quiera:
> Ése es un problema personal.

Although «Cambios de nombre» does not adhere to a regular verse form it follows nevertheless a set structure with respect to the development of the poet's thoughts and emotional content.

The poem «Manifiesto» together with «Advertencia al lector» and «Cambios de nombre» completes the trilogy of compositions explaining Parra's poetic theory. «Manifiesto» is the most important of the three and was first published as a leaflet in 1963 [30] and later included in *Obra gruesa* [31] in the section entitled «Otros poemas». The poem as its title indicates is a combative pronouncement in the form of a monologue. «Manifiesto» reminds us of other similar statements from André Breton's "Manifesto of Surrealism" (1924), (in which the French poet states that "Surrealism, such as I conceive of it, asserts our complete 'nonconformism'") [32] to Vicente Huidobro's characterization of himself as the antipoet in *Altazor*. Looking at it from a political point of view Parra's title alludes to the *Communist Manifesto*, particularly when one considers the poet's critical remarks about the «reverendos poetas burgueses». Parra attacks the poetic practices of the generation of poets that preceded him and pleads in favor of «La poesía de protesta social». Very few of his compositions, however, correspond to this definition, except for «Como dice Marcuse», «Inflación», and «Viva Stalin» which appear in *Emergency Poems*.[33] As Grossman has pointed out, there are similarities between Parra's speech in honor of Neruda and «Manifiesto».

The similarities between the speech and the poem are extensive, and even include «El hombre invisible», the poem by Neruda which Parra incorporates into his remarks. Both «El hombre invisible» and «Manifiesto» express similar attitudes which are, in turn, practically identical to the position which Parra takes in *Discursos*.[34]

---

[29] Edith Grossman, *The Antipoetry of Nicanor Parra*, pp. 64, 68–69.

[30] Nicanor Parra, *Manifiesto*, Santiago de Chile 1963.

[31] Nicanor Parra, *Obra gruesa*, Santiago de Chile 1969.

[32] André Breton, *Manifestoes of Surrealism*, trans. by R. Seaver and H. R. Lane, Ann Arbor 1969, p. 47.

[33] Nicanor Parra, *Emergency Poems*, trans. by Miller Williams, New York 1972.

[34] Edith Grossman, *The Antipoetry of Nicanor Parra*, p. 79.

«Manifiesto» denounces what poetry has been and advocates a program of poetic change and socially committed writing. The theme of the poem is stated in the last line of the first strophe: «Los poetas bajaron del Olimpo» which is repeated in the final verse of «Manifiesto». Parra challenges the concept of those who believe that poetry should be obscure and who look upon poetry as an intellectual exercise for a select few: «Para nuestros mayores / La poesía fue un objeto de lujo.» The poet then contrasts these lines by declaring:

> Pero para nosotros
> Es un artículo de primera necesidad:
> No podemos vivir sin poesía.

Poetry, Parra says, is part of man's daily life and

La antipoesía . . . no le provee una torre de marfil en que encerrarse ni poses sentimentales idealistas con que se puede proteger de la realidad cruda y muchas veces desagradable en que vive.[35]

For this very reason the «poeta Barata», the «poeta Ratón de Biblioteca», in short, all poets of this type should be tried and sentenced:

> Todos estos señores
> – Y esto lo digo con mucho respeto –
> Deben ser procesados y juzgados.
> Por construir castillos en el aire
> Por malgastar el espacio y el tiempo
> Redactando sonetos a la luna
> Por agrupar palabras al azar
> A la última moda de París.

But for us, the poet continues

> El pensamiento no nace en la boca
> Nace en el corazón del corazón.

Stated in simpler terms, antipoetry is more sincere because thoughts are not mere words, rather they issue from the «corazón» or the innermost of our being. This includes all those less pleasant aspects of life that man would rather forget. In this respect antipoetry comes close to Neruda's concept of «la poesía impura», since it opposes the notion that poetry is a hermetic form which demands a different vocabulary from the ordinary one. Parra challenges the view that the poet is a privileged human being when he asserts:

> A diferencia de nuestros mayores
> – Y esto lo digo con todo respeto –

---

[35] Marlene Gottlieb, *No se termina nunca de nacer: La poesía de Nicanor Parra*, p. 116.

> Nosotros sostenemos
> Que el poeta no es un alquimista
> El poeta es un hombre como todos.

If the romantic and modernista tradition practiced a technique of illusion,

... de ocultar la mano y el truco para que el poema se nos impusiera con la evidencia y la objetividad de un milagro, Parra procede al revés: lo desmitifica y lo destaca como cosa hecha, armada, como un producto no de la 'inspiración' sino de una voluntad constructiva artesana.[36]

For Parra the poet is:

> Un albañil que construye su muro:
> Un constructor de puertas y ventanas.

In this way «... se afirma el poeta como parte de una sociedad y de un oficio como cualquier otro»[37].

The antipoet converses «En el lenguaje de todos los días» because «No creemos en signos cabalísticos». This signals a change from poetry looked upon as having mysterious and magical associations to a concept of poetry as direct communication, understood by anyone regardless of socio-economic or cultural background.

Parra concibe la poesía en lo concreto y banal cotidiano ... en un personaje normal: un artesano honrado, el hombre común y corriente, ... ya no puede ser un sujeto heróico como sucedía con el yo romántico. Parra ha ido al otro polo: al del anti-héroe.[38]

In the fifth strophe the poet makes his first profound philosophical statement against intentional untruth because he feels it is his mission to make sure that «el árbol no crezca torcido». The poet here is seen therefore, as the guardian of truth.

Referring to «el plano político», the poet speaks of earlier generations of bards and states that a few of them might have been Communists. However, they were not true revolutionaries, were unpopular and should have been classified as bourgeois poets. Parra thinks that Communist poets have no right writing verse much like the kind of bourgeois poets write. He insists that only very few of them were able to reach the «corazón del pueblo» and whenever they could they declared themselves

> Contra la poesía dirigida
> Contra la poesía del presente
> Contra la poesía proletaria.

[36] Leonidas Morales Toro, *La poesía de Nicanor Parra*, p. 56.
[37] Ricardo Yamal, *Sistema y visión de la poesía de Nicanor Parra*, p. 69.
[38] *Ibid.*, pp. 69–70.

In other words they were merely masquerading because they were not poets of the masses. For argument's sake, he continues, let us assume they were Communists. Their poetry, however, was a disaster:

> Surrealismo de segunda mano
> Decadentismo de tercera mano,
> Tablas viejas devueltas por el mar.
> Poesía adjectiva
> Poesía nasal y gutural
> Poesía arbitraria
> Poesía copiada de los libros
> Poesía basada
> En la revolución de la palabra.

Indeed, as Parra characterizes it, it was a «Poesía de círculo vicioso» for half a dozen initiates who advocated a so-called «Libertad absoluta de expresión» and at the same time adhered to bourgeois loyalties and esthetics. Parra's irony here is quite apparent. Today we ask ourselves,–he continues in the next strophe,–why would they write this type of poetry? Was it merely to scare «¿al pequeño burgués?» The poet answers rather cynically that if this was the case, then it was time wasted because the «pequeño burgués» reacts only «cuando se trata del estómago». How could you ever have expected to frighten him «con poesías»!

In the last four stanzas of «Manifiesto» Parra sums up the situation: While they were

> Por una poesía del crepúsculo
> Por una poesía de la noche

–(referring here in all probability to Huidobro and Neruda)–the Chilean poet and his group of «poetas de la claridad» advocated «La poesía del amanecer». He reiterates that our message is that poetry must be accessible to everyone:

> Los resplandores de la poesía
> Deben llegar a todos por igual
> La poesía alcanza para todos.

The three lines:

> Nosotros condenamos
> – Y esto lo digo con respeto –
> La poesía de pequeño dios

possibly refer to Huidobro, who had called himself «antipoeta y mago» in *Altazor* and saw in the poet a superior being, a creator of his own world. Parra, however, condemns that kind of poetry and rejects Huidobro's poetic theory which had made poetry even more esoteric and inaccessible than before. He sees it as incompatible with his own tenets and therefore demythifies the role of the poet as creator.

The final strophe of «Manifiesto» enunciates a program for poetic renewal. Rejecting «la poesía de las nubes», or lyric poetry, Parra proposes instead:

> La poesía de la tierra firme
> – Cabeza fría, corazón caliente
> Somos terrafirmistas decididos –

which means as Grossman states so succinctly:

> . . . simplifying and clarifying poetic language by ignoring all considerations of beauty, sonority or belletristic decorum. He is committed without exception to this vision of the poetic function: the poet must perceive reality, rationally apprehend it and communicate his perception to the reader by galvanizing him into sharing both the understanding and the perception.[39]

Parra ends the poem by dismissing occasional poetry of «la poesía de salón» in favor of «La poesía de la plaza pública / La poesía de protesta social», because after all «Los poetas bajaron del Olimpo».

«Manifiesto» uses simple every-day speech and a hardly noticeable or monotone rhythm. It is a poetry stripped bare of any pretense. All that is strong, basic and not sentimental appeals to the Chilean poet.

The analysis of the three poems which embody Parra's poetic theory has shown that he has forced us to look with new eyes at our surroundings and that he has redefined the poem as few have done. Remarkable is the sense it carries of the common every-day existence. As a result he has created a new form of poetic experience: antipoetry. Parra's poetry is one of commitment in which metaphor and symbolism are replaced by levels of meaning. There is also the insistence that language reflect a specific social reality. Thus antipoetry becomes a method of approximating reality through unusual syntactic combinations. Perhaps the best definition of antipoetry is the poet's own:

> La antipoesía es una lucha libre con los elementos, el antipoeta se concede a sí mismo el derecho a decirlo todo, sin cuidarse para nada de las posibles consecuencias prácticas que puedan acarrearle sus formulaciones teóricas . . . la finalidad última del antipoeta, hacer saltar a papirotazos los cimientos apolillados de las instituciones caducas y anquilosadas.[40]

In the almost quarter century since Parra wrote «Manifiesto», he has continued to produce and publish collections of antipoetry of which the latest is *Hojas de Parra*.[41] Among the compositions included in that volume is the «Nota sobre la lección de la antipoesía». In this prose poem he states almost

---

[39] Edith Grossman, *The Antipoetry of Nicanor Parra*, p. 91.
[40] Pablo Neruda y Nicanor Parra, *Discursos*, p. 13.
[41] Nicanor Parra, *Hojas de Parra*, Santiago de Chile 1985.

prophetically that the same fate that overtook lyric poetry will in time also overtake antipoetry: «La poesía pasa – la antipoesía también.»

In conclusion may it be said that Parra's antipoetry was instrumental in providing the necessary impetus for revitalizing contemporary Latin American poetry. In a way his work is «. . . la expresión más justa del gran drama del que todos somos actores: la existencia contemporánea» [42].

---

[42] Mario Rodríguez Fernández, «Nicanor Parra, destructor de mitos», *op. cit.*, p. 86.

OCTAVIO PAZ

(geb. 1914)

NOCHE EN CLARO

A los poetas André Breton y Benjamin Péret

1   A las diez de la noche en el Café de Inglaterra
Salvo nosotros tres
    No había nadie
Se oía afuera el paso húmedo del otoño
5   Pasos de ciego gigante
Pasos de bosque llegando a la ciudad
Con mil brazos con mil pies de niebla
Cara de humo hombre sin cara
El otoño marchaba hacia el centro de París
10   Con seguros pasos de ciego
Algo se prepara
     Dijo uno de nosotros
Las gentes caminaban por la gran avenida
Algunos con gesto furtivo se arrancaban el rostro
15   Piedras chorreando tiempo
Casas inválidas ateridos osarios
Oh huesos todavía con fiebre
Una prostituta bella como una papisa
Cruzó la calle y desapareció en un muro verduzco
20   La pared volvió a cerrarse
Todo es puerta
Basta la leve presión de un pensamiento
Se abre de par en par la vida
Algo se prepara
25   Dijo uno entre nosotros
Se abrió el minuto en dos
Leí signos en la frente de ese instante
Los vivos están vivos
Andan vuelan maduran estallan
30   Los muertos están vivos

El viento los agita los dispersa
Racimos que caen entre las piernas de la noche
La ciudad se abre como un corazón
Como un higo la flor que es fruto
35 Más deseo que encarnación
Encarnación del deseo
Algo se prepara
                Dijo el poeta
Nada se dice excepto lo indecible
40 Este mismo otoño vacilante
Este mismo año enfermo
Fruto fantasma que resbala entre las manos del siglo
Año de miedo tiempo de susurro y mutilación
Nadie tenía cara aquella tarde
45 En el underground de Londres
En lugar de ojos
                Abominación de espejos cegados
En lugar de labios
                Raya de borrosas costuras
50 Nadie tenía sangre nadie tenía nombre
No teníamos cuerpo ni espíritu
No teníamos cara
El tiempo daba vueltas y vueltas y no pasaba
No pasaba nada sino el tiempo que pasa y regresa y no pasa
55 Apareció entonces la pareja adolescente
Él era rubio „venablo de Cupido"
Gorra gris gorrión callejero y valiente
Ella era pequeña pecosa pelirroja
Manzana sobre una mesa de pobres
60 Pálida rama en un patio de invierno
Niños feroces gatos salvajes
Dos plantas ariscas enlazadas
Dos plantas con espinas y flores súbitas
Sobre el abrigo de ella color fresa
65 Resplandeció la mano del muchacho
Las cuatro letras de la palabra Amor

En cada dedo ardiendo como astros
Tatuaje escolar tinta china y pasión
Anillos palpitantes
70 Oh mano collar al cuello ávido de la vida
Pájaro de presa y caballo sediento
Mano llena de ojos en la noche del cuerpo
Pequeño sol y río de frescura
Mano que das el sueño y das la resurrección
75 Todo es puerta
                    Todo es puente
Ahora marchamos en la otra orilla
Mira abajo correr el río de los siglos
El río de los signos
80 Mira correr el río de los astros
Se abrazan y separan vuelven a juntarse
Hablan entre ellos un lenguaje de incendios
Sus luchas sus amores
Son la creación y la destrucción de los mundos
85 La noche se abre
                    Mano inmensa
Constelación de signos
Escritura silencio que canta
Siglos generaciones eras
90 Sílabas que alguien dice
Palabras que alguien oye
Pórticos de pilares transparentes
Ecos llamadas señas laberintos
Parpadea el instante y dice algo
95 Escucha abre los ojos ciérralos
La marea se levanta
                    Algo se prepara
Nos dispersamos en la noche
Mis amigos se alejan
100 Llevo sus palabras como un tesoro ardiendo
Pelean el río y el viento del otoño
Pelea el otoño contra las casas negras
Año de hueso
Pila de años muertos y escupidos
105 Estaciones violadas
Siglo tallado en un aullido
Pirámide de sangre
Horas royendo el día el año el siglo el hueso

Hemos perdido todas las batallas
110 Todos los días ganamos una
Poesía
La ciudad se despliega
Su rostro es el rostro de mi amor
Sus largas piernas son las piernas de la mujer que amo
115 Torres plazas columnas puentes calles
Río cinturón de paisajes ahogados
Ciudad o Mujer Presencia
Abanico que muestras y ocultas la vida
Bella como el motín de los pobres
120 Tu frente delira pero en tus ojos bebo cordura
Tus axilas son noche pero tus pechos día
Tus palabras son de piedra pero tu lengua es lluvia
Tu espalda es el mediodía del mar
Tu risa el sol entrando en los suburbios
125 Tu pelo al desatarse es la tempestad en las terrazas del alba
Tu vientre la respiración del mar la pulsación del día
Tú te llamas torrente y te llamas pradera
Tú te llamas pleamar
Tienes todos los nombres del agua
130 Pero tu sexo es innombrable
La otra cara del ser
La otra cara del tiempo
El revés de la vida
Aquí cesa todo discurso
135 Aquí la belleza no es legible
Aquí la presencia se vuelve terrible
Replegada en sí misma la Presencia es vacío
Lo visible es invisible
Aquí se hace visible lo invisible
140 Aquí la estrella es negra
La luz es sombra luz la sombra
Aquí el tiempo se para
Los cuatro puntos cardinales se tocan
Es el lugar solitario el lugar de la cita

145 Ciudad Mujer Presencia
Aquí comienza el tiempo.

*Salamandra (1958–1961). Días hábiles. Homenaje y profa-
naciones. Salamandra. Solo a dos voces,* Mexiko [3]1972
[[1]1962], S. 59–64.

OCTAVIO PAZ: «NOCHE EN CLARO».
ZU DEN BEZÜGEN ZWISCHEN SURRÉALISME
UND MODERNER LATEINAMERIKANISCHER LYRIK

Von Ludwig Schrader

Die folgenden Überlegungen gelten einem Text, der wohl nicht zu den bekanntesten Dichtungen von Octavio Paz gehört. Er verdient gleichwohl alles Interesse. Gewiß ist er für sich, gleichsam isoliert, lesbar, wie es die Theorie des Autors an einer Stelle auch meint: «Por sí misma, cada creación poética es una unidad autosuficiente»; und: «Cada poema es único, irreductible e irrepetible.»[1] Aber gleichzeitig fordert «Noche en claro» durch so deutliche Signalgebung zu einer intertextuellen Lektüre auf, daß die Vernachlässigung jener Hinweise einer bewußten Reduktion der Bedeutung gleichkäme. Der Hintergrund, den «Noche en claro» voraussetzt, ist der Surréalisme. In einer Art Wechselwirkung fällt von dort Licht auf unseren Text und kann dieser Text, so hoffen wir, zu einer differenzierenden Erhellung des Verhältnisses von Octavio Paz namentlich zu André Breton beitragen.

I

Octavio Paz (geboren 1914), der als einer der maßgebenden Vertreter des intellektuellen Lebens in Mexiko nicht vorgestellt werden muß,[2] zeigt vielerlei Affinitäten mit dem Surréalisme, für den er sich seit den vierziger Jahren interessiert, aber auch Unterschiede. Die Affinitäten liegen namentlich in den folgenden Positionen: Betonung des Alogischen, der Imagination – Absage an Mimesis-Erwartungen – zentrale Rolle der neuartigen, nämlich möglichst Entferntes verbindenden Metapher – Autonomie der Dichtung und ihre verändernde Wirkung, nämlich die Aufhebung von Gegensätzen – bedeutende Rolle der Frau und des Erotischen – bei aller Betonung der eigenen Neuartigkeit, ja der revolutionären Pose, eine erklärte Bindung an den Beginn der Mo-

---

[1] Octavio Paz, *El arco y la lira. El poema, la revelación poética, poesía e historia*, Mexiko 1956, ²1967, primera reimpresión 1970, S. 15.

[2] Vgl. die Gesamtdarstellung von Klaus Meyer-Minnemann, „Octavio Paz", in: Wolfgang Eitel (Hrsg.), *Lateinamerikanische Literatur der Gegenwart*, Stuttgart 1975, S. 384 ff.

dernität, nämlich an einzelne Autoren des französischen XIX. Jahrhunderts und der deutschen Romantik, besonders Novalis.[3] Demgegenüber differenziert Lloyd King in folgender Weise: Für die Surrealisten sei die Imagination "a means of discovering the Absolute, but [they] did not assume that this activity should result in a work, that is a poem"; für Paz dagegen gelte, daß "the poem *is* the Absolute, the primary manifestation of the sacred"[4] – ein sehr berechtigter Hinweis auf den für Paz überaus wichtigen, von ihm so genannten „heiligen" Charakter der Poesie, mit dem sich Paz recht deutlich von Bretons parapsychologischen Interessen unterscheidet. Besonders wichtig bleibt die Divergenz in der Zielsetzung, wie Meyer-Minnemann sie beschreibt:

Während für Breton und seine Weggefährten das Produzieren von Literatur eine Lebenspraxis darstellt, die als Praxis das gesellschaftliche Leben, das den Menschen in seinen Fähigkeiten zunehmend verkrüppelt hat, ändern will, erhebt Paz diesen Anspruch nicht. Für ihn gilt als Ziel der «actividad poética» zunächst das Gedicht, «el poema», das mit seiner Entstehung dem gesellschaftlichen Leben zwar als Ausdruck eines Anderen (und damit in der Moderne notwendigerweise als Kritik) gegenübertritt, vom Akt seiner Hervorbringung aber nicht erwartet, daß er das gesellschaftliche Leben bereits verändere.[5]

Erwähnt sei in diesem Zusammenhang auch Alain Bosquet und sein Konzept eines «surréalisme tellurique»; Bosquet arbeitet mit einem ziemlich weit gefaßten Begriff von Surréalisme, wenn er Paz, Asturias und anderen das Verdienst zuerkennt, so etwas wie den wahren, universalen Surréalisme verwirklicht zu haben.[6] Man kann dies mit Skepsis betrachten, die Idee paßt aber dazu, daß es zwischen dem französischen Surréalisme auf der einen Seite und

---

[3] Zu diesem Komplex vgl. Ramón Xirau, *Tres poetas de la soledad*, Mexiko 1955 (México y lo mexicano 19), S. 42 ff.; José Gabriel Sánchez, *Aspects of Surrealism in the Work of Octavio Paz*, Phil. Diss. Colorado 1970 (Univ. Microfilms, Ann Arbor, 70–23, 750), u. a. S. 13 zu Paz' Beziehungen mit Frankreich; Jorge Rodríguez Padrón, *Octavio Paz*, Madrid/Gijón 1976 (Colección Los Poetas 17), S. 26, S. 95 ff.; Jason Wilson, *Octavio Paz. A Study of His Poetics*, Cambridge 1979, bes. S. 8, S. 32 ff.

[4] Lloyd King, "Surrealism and the Sacred in the Aesthetic Credo of Octavio Paz", in: *Hispanic Review* 37 (1969), S. 386.

[5] Meyer-Minnemann, „Octavio Paz", *op. cit.*, S. 385.

[6] Alain Bosquet, *Verbe et vertige. Situations de la poésie*, Paris 1961, S. 186; vgl. auch Eliane Karp-Toledo, «Transposición del surrealismo francés al ‹real maravilloso›: el caso de Miguel Angel Asturias con ‹Hombres de maíz»», in: *Lexis* VI, 1 (Lima 1982), S. 99 ff. – Neben dieser europäischen Orientierung bei Octavio Paz ist die fernöstliche von großer Bedeutung. Sie kann hier nur erwähnt werden; vgl. Diego Martínez Torrón, «Octavio Paz en el contexto de Oriente,» in: *Texto/Contexto en la literatura iberoamericana*. Memoria del XIX Congreso del Instituto Internacional de Literatura Iberoamericana (Pittsburgh, 27 de mayo – 1 de junio de 1979), Madrid 1980, S. 203 ff.; José L. Mas, «Las claves estéticas de Octavio Paz en *Piedra de Sol*», in: *Revista Iberoamericana* XLVI, 112/113 (1980), S. 471 ff.

lateinamerikanischen Autoren beziehungsweise Amerika auf der anderen sehr reale Beziehungen gegeben hat. Es ist hinreichend bekannt, daß zum Beispiel Asturias in den zwanziger Jahren in Paris von den Surrealisten Anregungen empfing. Paz, wir kommen darauf zurück, hatte 1946 in Paris enge Kontakte mit Breton und Péret.[7] Umgekehrt wäre auf Bretons vorherige Aufenthalte in Mexiko (wo er bereits 1937 war) und in nordamerikanischen Indianerreservaten hinzuweisen und wiederum auf Benjamin Péret, der von 1941 bis 1945 im Exil in Mexiko lebte[8] und Herausgeber einer *Anthologie des mythes, légendes et contes populaires d'Amérique* ist. (Er übersetzte auch Teile von *Piedra de sol* ins Französische.[9]) Die Einleitung, die dieser surrealistische Dichter seiner Mythen-Sammlung voranstellt, ist weniger eine ethnologische Studie als ein Ausdruck der Faszination angesichts der alten Mythen, die er als Bestätigung surrealistischer Vorstellungen auffaßt:

... la richesse et la variété des interprétations cosmiques que les primitifs ont inventées, témoignent de la vigueur et de la fraîcheur d'imagination de ces peuples. Ils montrent qu'ils ne doutent pas que «le langage a été donné à l'homme pour qu'il en fasse un usage surréaliste»[10], conforme à la pleine satisfaction de leurs désirs.[11]

Im ganzen reicht es nicht, mit Gómez-Gil von Paz' «afinidad con el superrealismo» nur «en el aspecto técnico»[12] zu sprechen, zumal wenn wir nun einen Blick auf das werfen, was Paz selbst zum Surréalisme sagt. Paz hat über diese Bewegung in verschiedenen Prosawerken geschrieben, vor allem in den Aufsätzen «El surrealismo» und «André Breton o la búsqueda del comienzo», ebenso in seiner Antwort auf André Bretons Fragebogen zur „magischen Kunst", nämlich in «Arte mágico», verschiedentlich auch in «El arco y la lira».[13] «Escribir sobre André Breton con un lenguaje que no sea el de la

---

[7] José Emilio Pacheco, «La Batalla del Surrealismo (Octavio Paz y la Revista Estaciones)», in: Peter G. Earle und Germán Gullón (Hrsg.), *Surrealismo/Surrealismos. Latinoamérica y España*, Philadelphia o. J. (nach 1975), S. 49; nach Rodríguez Padrón, *Octavio Paz*, S. 26, kommt auch 1945 bereits in Betracht.

[8] Rodríguez Padrón, *Octavio Paz*, S. 23 (Bekanntschaft mit Breton 1937 in Mexiko); S. 24 (Péret); vgl. ferner Estuardo Núñez, «Realidad y Mitos Latinoamericanos en el Surrealismo Francés», in: *Revista Iberoamericana* XXVII, 75 (1971), S. 311 ff.

[9] Jean-Louis Bédouin (Hrsg.), *La poésie surréaliste*, Paris 1964, S. 242 ff. (wo Paz also als Surrealist in Anspruch genommen wird).

[10] Zitiert aus André Breton, [1.] «Manifeste du surréalisme» (1924), in der Ausgabe *Manifestes du surréalisme*, Paris 1969 (Collection idées 23), S. 46.

[11] Benjamin Péret, *Anthologie des mythes, légendes et contes populaires d'Amérique*, Paris 1960, S. 12 ff.

[12] Orlando Gómez-Gil, *Historia crítica de la literatura hispano-americana*, New York/London/Toronto 1968, S. 662.

[13] Octavio Paz, «El surrealismo» (1954), in: Ders., *Las peras del olmo*, Barcelona 1971 (Biblioteca breve de bolsillo. Libros de enlace 103), S. 136 ff.; «André Breton o la

pasión es imposible. Además, sería indigno»[14]: diese Worte vom Anfang des Artikels von 1966 charakterisieren in wünschenswerter Deutlichkeit die trotz aller erwähnten Divergenzen weit mehr als nur „sympathisierende" Haltung, die Paz gegenüber Breton und seiner Gruppe einnimmt. Der Surréalisme erscheint in allen Äußerungen von Paz als ein Phänomen von höchster Bedeutung, gelegentlich als Höhepunkt der gesamten „Modernität", mit ihren Wurzeln in der Romantik, die Paz kaum je unerwähnt läßt:

Novalis había dicho: «La poesía es la religión natural del hombre.» Blake afirmó siempre que sus libros constituían las «sagradas escrituras» de la nueva Jerusalén. Fiel a esta tradición, el surrealismo busca un nuevo sagrado extrarreligioso, fundado en el triple eje de la libertad, el amor y la poesía.[15]

Breton war nach Paz «uno de los centros de gravedad de nuestra época»[16]. Andererseits drückt Paz sehr deutlich seine Skepsis gegenüber der *écriture automatique* aus; sie ist bekanntlich ein zentraler Punkt bei Breton – in der Theorie, wohlgemerkt; die Frage nach der angeblich spontanen Praxis sei beiseite gelassen – sie ist fragwürdig für Paz:

Aunque se pretende que constituye un método experimental, no creo que sea ni lo uno ni lo otro. Como experiencia me parece irrealizable, al menos en forma absoluta. Y más que método la considero una meta: no es un procedimiento para llegar a un estado de perfecta espontaneidad o inocencia sino que, si fuese realizable, sería ese estado de inocencia. Ahora bien, si alcanzamos esa inocencia – si hablar, soñar, pensar y obrar se han vuelto ya lo mismo –, ¿a qué escribir? El estado a que aspira la «escritura automática» excluye toda escritura. Pero se trata de un estado inalcanzable.[17]

Wir wollen hier weder alle Einzeläußerungen von Octavio Paz zum Surréalisme aufführen noch auch nachprüfen, in welchem Umfang seine Urteile mit

búsqueda del comienzo» (1966), in: *Oι Πι, Los signos en rotación y otros ensayos*, Prólogo y selección de Carlos Fuentes, Madrid 1971 (El libro de bolsillo. Alianza Editorial 328), S. 163ff.; «Arte mágico» (1955), in: *Las peras del olmo*, S. 152ff.; *«El arco y la lira»*, *op. cit.*, S. 51 (Berufung auf Bretons Ausdruck «Les mots font l'amour»), S. 111 (Reverdys Metapherntheorie), S. 162 (Verdienste des Surréalisme um die Wiedereinsetzung der Inspiration), S. 171 (der Surréalisme als «radical tentativa por suprimir el duelo entre sujeto y objeto»), S. 244ff. (Übereinstimmungen und Unterschiede zwischen Romantikern und Surrealisten).
[14] «André Breton o la búsqueda del comienzo», *op. cit.*, S. 163.
[15] «El surrealismo», *op. cit.*, S. 150.
[16] «André Breton o la búsqueda del comienzo», *op. cit.*, S. 168.
[17] «El surrealismo», *op. cit.*, S. 142f.; vgl. «André Breton o la búsqueda del comienzo», *op. cit.*, S. 165. Zur Skepsis gegenüber der «écriture automatique» vgl. insbesondere Walter Pabst, *Französische Lyrik des zwanzigsten Jahrhunderts. Theorie und Dichtung der Avantgarden*, Berlin 1983 (Grundlagen der Romanistik 12), S. 197ff.: „André Bretons Traum von der versiegelten Stimme".

ihrem ja oft bekenntnishaften Ton dann auf die Fachliteratur gewirkt haben könnten. Mindestens zu bedenken, hier aber nicht weiter zu untersuchen wäre auch die zu erwartende Subjektivität in den Essays von Octavio Paz: Spricht er, gleichsam objektiv, über den Surréalisme oder eher über seine eigenen Überzeugungen von Wesen und Funktion der Dichtung, die durch die Pariser Schule bestätigt werden? Eine mögliche Antwort auf diese Frage gibt Paz selbst, wenn er sagt:

... diré que en muchas ocasiones escribo como si sostuviese un diálogo silencioso con Breton: réplica, respuesta, coincidencia, divergencia, homenaje, todo junto.[18]

Bei alledem handelt es sich um theoretische Äußerungen. Wie bemerkt, sollen sie nicht in extenso zusammengestellt werden, und wir wollen sie überhaupt des längeren beiseite lassen. Unzweifelhaft hat in der Literatur der Modernität, also grosso modo seit der Romantik, die von Autoren stammende poetologische Theorie einen besonderen Stellenwert. Theoretische Prosa ist im Prinzip nicht mehr oder minder normative, an vorhandenen Vorbildern orientierte Äußerung, sondern Entwurf künftiger Möglichkeiten; die Theorie wandelt sich in Richtung auf oft utopische Postulate, sie kann den dichterischen Texten vorausgehen. Die Dichtung von Novalis, sagt Hugo Friedrich, „kann unberücksichtigt bleiben. Seine Reflexionen, niedergelegt in den *Fragmenten* und auf einigen Seiten des *Ofterdingen,* sind ihr weit voraus." [19] Nicht notwendigerweise haben Texte also die „ontologische" Wirkung, die die Poetologie ihres Autors ihnen zuschreiben möchte – man denke nur an «El arco y la lira» und das dortige Kapitel über «La revelación poética», wo es etwa heißt:

La poesía nos abre la posibilidad de ser que entraña todo nacer; recrea al hombre y lo hace asumir su condición verdadera, que no es la disyuntiva: vida o muerte, sino una totalidad: vida y muerte en un solo instante de incandescencia.[20]

Auch wenn Paz explizit von hermeneutischen Problemen spricht – von der Nach-Schöpfung des Gedichtes durch den Leser: «el lector recrea el instante y se crea a sí mismo»[21] –, handelt es sich eher um eine Hoffnung und eine Vision. Die Theorie, so kann man ohne Übertreibung sagen, nimmt in der Modernität selbst einen poetischen Charakter an. Natürlich stellt eine solche Theorie[22] eine wichtige Hilfe für die Interpretation dar, auch wenn sie die

---

[18] «André Breton», *op. cit.,* S. 169.
[19] Hugo Friedrich, *Die Struktur der modernen Lyrik. Von Baudelaire bis zur Gegenwart,* Hamburg 1956 (rowohlts deutsche enzyklopädie 25), S. 19 ff.
[20] *«El arco y la lira»,* *op. cit.,* S. 156.
[21] *Ibid.,* S. 192.
[22] Zum Verhältnis von theoretischem Anspruch und dichterischem Vollzug auch Harald Wentzlaff-Eggebert, „'Libertad bajo palabra'. Poetologisches Programm und

Notwendigkeit des Interpretierens gerade leugnet («*La imagen se explica a sí misma*»[23]). Sie kann als Vorbereitung dienen, die *intentio auctoris* erhellen, sie erweitert den Gesichtswinkel, indem sie auf mögliche unkonventionelle Aspekte hinweist, aber es ist nicht ausgemacht, daß sie den Interpreten sozusagen juristisch bindet.

II

Die Frage des Verhältnisses von Octavio Paz zum Surréalisme läßt sich nicht nur an Deklarationen, sondern auch an dichterischen Texten untersuchen, sicher an der Kühnheit von Metaphern, an bestimmten Themen, in mindestens einem Falle auch am Gesamtduktus eines Gedichtes, «Noche en claro», dem wir uns jetzt zuwenden. Wir leisten uns den Luxus, nicht das Gesamtwerk in den Blick zu nehmen und „surrealistische Befunde" aus verschiedenen Texten dann zu addieren, sondern einen einzelnen Text herauszugreifen, der es freilich wohl verdient: «Noche en claro», aus der Sammlung *Salamandra* (mit zwischen 1958 und 1961 entstandenen Gedichten, erschienen 1962), spielt in der denkbar direktesten Form auf den Surréalisme an: mit seiner Widmung *A los poetas André Breton y Benjamin Péret*. Es stellt sich also als Erinnerung an das Jahr 1946 dar. Benjamin Péret, so schreibt Paz an anderer Stelle,

me llevó al café de la Place Blanche. Durante una larga temporada vi a Breton con frecuencia. Aunque el trato asiduo no siempre es benéfico para el intercambio de ideas y sentimientos, más de una vez sentí esa corriente que une realmente a los interlocutores, inclusive si sus puntos de vista no son idénticos.[24]

Deutlicher auf «Noche en claro» bezogen, sonst freilich allgemein gehalten sind die Bemerkungen von Paz am Ende seines Nachrufes auf Péret im dritten Band von dessen *Œuvres complètes:*

Je me souviens surtout de quelques heures que nous avons passées dans un café, Breton, Péret et moi. J'ai oublié de quoi nous avons parlé et je ne pourrais à présent plus dire pourquoi cette soirée m'avait tellement ému, mais je sais que depuis lors la nuit universelle et ma nuit personelle sont devenues plus claires. Quelque temps après j'ai écrit un poème, «Nuit au clair», qui évoque cette soirée. Le poème saura peut-être dire mieux que ces lignes ce que signifiait pour moi l'amitié de Benjamin Péret.[25]

poetische Praxis bei Octavio Paz", in: José Manuel López de Abiada und Titus Heydenreich (Hrsg.), *Iberoamérica. Historia – sociedad – literatura. Homenaje a Gustav Siebenmann*, Bd. 2, München 1983 (Lateinamerika-Studien XIII, 2), S. 1051 ff.

[23] «*El arco y la lira*», op. cit., S. 110 (Hervorhebung dort).

[24] «André Breton», op. cit., S. 170.

[25] «Benjamin Péret», in: B. P., *Œuvres complètes*, hrsg. von Eric Losfeld, Bd. 3, Paris 1979, S. 13 f.

Mit großem Recht betrachtet Bareiro-Saguier die Widmung und den Anfang des Gedichtes als ein Zeugnis der Freundschaft, und er spricht sogar, wenn auch in Anführungsstrichen, von der «'pertenencia'» von Octavio Paz zur «escuela surrealista».[26]

Wie dem sei – Paz drückte sich ja vorsichtiger aus –, «Noche en claro» evoziert in 146 freien, (praktisch) interpunktionslosen Versen die folgende Bewegung, die wir glauben in vier große Abschnitte unterteilen zu können (alle Hervorhebungen sind von uns):

I. (1–54): Herbstnacht in Paris – der Herbst nähert sich als «ciego gigante» (5) – belebte Straßen – geheimnisvolle Erscheinung einer Frau:

    (18)   Una prostituta bella como una papisa
              Cruzó la calle y desapareció en un muro verduzco
              La pared volvió a cerrarse

– die Stadt, sozusagen personalisiert, ist «Encarnación del deseo» (36) – die Zeit scheint ihre Qualität zu ändern: der „Herbst", das „Jahr" (40, 41, 43) treten zurück hinter einer essentiell andersartigen Zeit, die in paradoxen Termini beschrieben wird:

    (53)   El tiempo daba vueltas y vueltas y no pasaba
              No pasaba nada sino el tiempo que pasa y regresa y no pasa.

Zu den Evokationen von „äußeren Daten", um es vereinfachend so zu sagen, treten also die inneren Erfahrungen von «nosotros tres» (es sind die in der Widmung genannten Freunde und das lyrische Ich). Dreimal erscheint, in diesem ersten Teil, die Formel «Algo se prepara / Dijo uno de nosotros» (11 f.) mit Abwandlungen (24 f. und 37 f.), wie um die beinahe mystische Erfahrung der Zeit, die keine Zeit mehr ist, anzukündigen. Diese Erwartung drückt sich auch in einem Vokabular der Öffnung oder Eröffnung, der Einweihung aus. Die Wand, durch die jene Frauengestalt verschwindet, «volvió a cerrarse» (20), doch folgt dieser Schließung sogleich das Gegenteil, denn der Text fährt fort:

    (21)   Todo es *puerta*

und es begegnen zahlreiche verwandte Vokabeln:

    (23)   *Se abre* de par en par la vida

    (26)   *Se abrió* el minuto en dos
              Leí signos en la frente de ese instante
              Los vivos están vivos

---

[26] Rubén Bareiro-Saguier, «Octavio Paz y Francia», in: *Revista Iberoamericana* XXXVII, 74 (1971), S. 254; Einschränkungen S. 255.

(30)   Los muertos están vivos

(33)   La ciudad *se abre* como un corazón.

Solche „Offenbarungen" werden von einem weiteren Element begleitet, das
es erlaubt, von Ähnlichkeiten mit der mystischen Erfahrung zu sprechen: die
so konkret vorstellbaren Personen, die wir am Anfang vorfanden, in einem
ebenfalls konkreten Ambiente (1), geben, gegen Ende des ersten Teils, ihre
Identität auf:

(50)   Nadie tenía sangre nadie tenía nombre
        No teníamos cuerpo ni espíritu
        No teníamos cara.

Auch die Örtlichkeit wird transzendiert, wenn aus dem «Café de Inglaterra»
für Momente «el underground de Londres» (45) wird – auch dort übrigens
gilt die mit «No teníamos cara» (52) korrespondierende Formel «Nadie tenía
cara» (44), womit wohl die Nähe, um nicht zu sagen die Solidarität zwischen
den Dichtern und allen übrigen ausgedrückt werden soll.

II. (55–84): Auftritt, im Café, der – nicht: einer – «pareja adolescente»
(55) – die jungen Leute mit ausgesprochen alltäglichen Zügen, dennoch durch
zwei Elemente von Anfang an überhöht: den bestimmten Artikel (der sie als
eigentlich bekannt einführt) und das Góngora-Zitat «venablo de Cupido»
(56); es stammt aus dem *Polifemo* – «Era Acis un venablo de Cupido» (193) –
und dürfte ähnlich wie das *Polifemo*-Zitat vor *Himno entre ruinas* – «donde
espumoso el mar siciliano . . .» (25) – dazu dienen, für die Vorgänge, die jetzt
kommen, einen mythischen Hintergrund zu assoziieren. Daß der Weg hierzu
über Góngora geht, steht in einem leichten, aber sympathischen Gegensatz
dazu, daß Paz in theoretischem Zusammenhang an Góngora demonstriert,
was gerade nicht zur Modernität gehört.[27] – Die Hand des Jungen liegt auf
der Schulter des Mädchens, eine wiederum alltägliche Geste – aber diese Hand
erhält sogleich eine unerwartete Bedeutung: Sie erscheint auch gezeichnet
mitten im Text, mit den vier Buchstaben L-O-V-E mit Tinte auf die Finger
geschrieben, wie Schüler es tun. Es ist eine Schülerhand, und es ist mehr:

(70)   Oh mano collar al cuello ávido de la vida
        Pájaro de presa y caballo sediento
        Mano llena de ojos en la noche del cuerpo
        Pequeño sol y río de frescura
        Mano que das el sueño y das la resurrección
(75)   Todo es puerta
                Todo es puente.

---

[27] Vgl. u. a. «¿Qué nombra la poesía?», in: *Corriente alterna*, Mexiko/Madrid/Bue-
nos Aires ⁶1972 (La creación literaria. Ensayo), S. 6.

Es wird also eine schon bekannte, Besonderes ankündigende Formel verwendet. Ebenso wie der erste schließt auch der zweite Teil mit einer mindestens ungewöhnlichen Erfahrung, nämlich mit einer regelrechten Vision der Harmonie des Kosmos. Die Hand ist Zeichen der Liebe zwischen den jungen Leuten, und gleichzeitig, mit den Buchstaben L-O-V-E, «ardiendo como astros», öffnet sie den Blick auf das „andere Ufer", ein Schlüssel- und Lieblingsausdruck von Paz: er bezeichnet den Zustand der wiedererlangten Einheit, der Versöhnung des Menschen mit sich selbst, der Erkenntnis:

> (80) Mira correr el río de los astros
> Se abrazan y separan vuelven a juntarse.

III. (85–110/111): Evokation der Nacht – Trennung der Freunde – der Herbstwind – Melancholie vor dem Fließen der Zeit: das etwa wären die „konkreten Daten", die freilich wenig über das sagen, was in diesem dritten Teil vor sich geht. Innerhalb des ersten und zweiten haben wir so etwas wie eine Bewegung vom äußeren Leben zur Offenbarung nachgezeichnet. In den beiden letzten Teilen jedoch stehen wir von Anfang an vor der Vision. Der dritte Teil beginnt mit «La noche se *abre*» (85), der vierte mit «La ciudad se *despliega*» (112) – Vokabular der Eröffnungen. Was wir für den dritten Teil eben „Vision" nannten, ist eigentlich nicht mehr und nicht weniger als eine Wiederaufnahme von „Themen" oder „Motiven", die schon früher begegneten und nun in neuen assoziativen und metaphorischen Verbindungen erscheinen, oder anders gesagt: wir stehen vor einer Verkettung von allem mit allem, die einigermaßen schwer zu beschreiben ist. Die Nacht, „Motiv" des ersten Verses dieses unseres dritten Teiles (85), ist «Mano inmensa» (86) – und gerade vorher hatte die Hand mit der kosmischen Harmonie zu tun. Von einer solchen Identifizierung geht es zum „Hermeneutischen": die Nacht ist auch «Constelación de signos» (87) – womit bestimmt nicht die bloße Annehmlichkeit des Sternenhimmels gemeint ist –, die Nacht ist «Escritura silencio que canta» (88), «Sílabas que alguien dice» (90), «Ecos llamadas señas laberintos» (93). Es läuft auf den Imperativ „lies die Zeichen" hinaus, wenn die Zeit selbst, genauer: der besondere Augenblick, Quelle der Eröffnung ist:

> (94) Parpadea el instante y dice algo
> Escucha abre los ojos ciérralos.

Der Text teilt allerdings keine klare Botschaft mit, er führt uns eher über Anspielungen auf die jüngste Geschichte – «Siglo tallado en un aullido / Pirámide de sangre» (106 f.) – und auf den zu beklagenden linearen Verlauf der Zeit – «Horas royendo el día el año el siglo el hueso» (108) – und dann zu einer parallel und chiastisch gebauten Antithese eher dunkler Bedeutung:

> (109) Hemos perdido todas las batallas
> Todos los días ganamos una.

Die Formel «Algo se prepara» begegnete auch in diesem dritten Teil (97), und es wäre denkbar, daß eine «batalla ganada» hiermit zusammenhängt. Die französische Übersetzung von Léna Leclerq endet an dieser Stelle:

> Nous avons perdu toutes les batailles
> Chaque jour nous en gagnons une.[28]

Die syntaktische Struktur der Verse 109 bis 111 legt jedoch nahe, einen Übergang zum vierten Teil an eben dieser Stelle anzunehmen und jenes «Algo se prepara» sich im vierten Teil entfalten zu sehen. Das Wort «Poesía» (111) ist eine Art Brücke zwischen beiden Teilen, die syntaktische Struktur ist verbindend-ambivalent: «Poesía» ist, wenn man den Text laut liest, fast unvermeidlich als Objekt zu «ganamos» aufzufassen (wobei freilich ein Enjambement entsteht, wie es sonst im Text nicht vorkommt); andererseits ist es als Apposition mit «La ciudad» zu verbinden. Die Anfänge des dritten und des vierten Teils stehen dann chiastisch:

> (85) *La noche se abre*
> *Mano inmensa*
> . . .
> (109) Hemos perdido todas las batallas
> Todos los días ganamos una
> (111) *Poesía*
> *La ciudad se despliega.*

IV. (111/112–146): Evokation der „sich öffnenden" Stadt – Identifikation mit der Frau – Identifikation dieses Weiblichen mit dem Kosmos – Offenbarung des Wesens von Zeit und Raum. In diesem letzten Teil kulminieren die in früheren Abschnitten angelegten Identifikationen. Es kommt zu einem Höhepunkt insbesondere dessen, was wir das „Hermeneutische" nannten. Was den Menschen umgibt, sind Zeichen. Einerseits eröffnen sich in metaphorischer Form geheime Bezüge; zum Beispiel heißt es:

> (121) Tus axilas son noche pero tus pechos día
> Tus palabras son de piedra pero tu lengua es lluvia.

Andererseits, und besonders gegen das Ende hin, häufen sich die ganz expliziten Oxymora – man könnte sagen, daß sich wie in der Mystik das Entscheidende nicht in rational-logischen Ausdrücken wiedergeben oder umschreiben läßt. Das Entscheidende ist offenbar das Wesen des Raumes, der Liebe[29]

---

[28] Sie folgt auf die oben Anm. 25 zitierte Würdigung Pérets durch Octavio Paz, mit Hinweis auf den Erstdruck in *Les Lettres Nouvelles* vom 7. 10. 1959; diese Übersetzung geht also auf eine kürzere Fassung des Originals zurück. Sie bestätigt jedenfalls, daß bei Vers 110, dem ehemaligen Ende, ein Einschnitt gesehen werden kann.

[29] Vgl. Raymond D. Souza, "The World, Symbol and Synthesis in Octavio Paz",

und der Zeit – und ihre merkwürdige Identität: «Ciudad o Mujer Presencia» / «Ciudad Mujer Presencia» (117; 145). Selbst das „hermeneutische" Vokabular erscheint, wenn der höchste Augenblick da ist, mit negativem Vorzeichen:

>   (134)   *Aquí cesa todo discurso*
>   Aquí la belleza *no es legible*
>   Aquí la presencia se vuelve terrible
>   Replegada en sí misma la Presencia es vacío
>   Lo *visible* es *invisible*
>   Aquí se hace *visible* lo *invisible*
>   (140)   Aquí la *estrella* es *negra*
>   La *luz* es *sombra luz* la *sombra*
>   Aquí el *tiempo* se *para*
>   Los cuatro *puntos cardinales se tocan*
>   Es el lugar *solitario* el lugar de la *cita*
>
>   (145)   Ciudad Mujer Presencia
>   Aquí comienza el tiempo.

Der letzte Vers bezeichnet einen Anfang und suggeriert möglicherweise eine zyklische Struktur des Ganzen (eine der wichtigsten Parallelen wäre in dieser Hinsicht *Piedra de Sol*).[30] Stärker aber kommt es wohl – man denke auch an

in: *Hispania* 47 (1964), S. 63 über die Frau als «la forma visible del mundo», und Ann Marie Remley Rambo, "The Presence of Woman in the Poetry of Octavio Paz", in: *Hispania* 51 (1968), S. 259ff.

[30] Wichtig in diesem Zusammenhang: Julio Requena, «Poética del tiempo en Octavio Paz», in: *Revista de la Universidad Nacional de Córdoba* VII, 13 (1966), S. 63ff.; Sebastian Neumeister, „Die Aufhebung der Geschichte im Fest. Fortschritt und Gegenwart im Denken des mexikanischen Dichters Octavio Paz (Los hijos del limo, 1974)", in: Helmut Kreuzer und Karl Walter Bonfig (Hrsg.), *Entwicklungen der siebziger Jahre*, Gerabronn 1978, S. 301ff.; José L. Mas, «Las claves estéticas», *op. cit.*; Octavio Paz u. a. in seinem Aufsatz «Presencia y presente. A propósito de Baudelaire», in: *Mundo Nuevo* 23 (1968), S. 7 über «el *reverso* del presente» in der Modernität (Hervorhebung dort): «Es el instante original y en él la modernidad se descubre como antigüedad sin fechas: el tiempo del salvaje.» – Für die These, daß ein zyklischer Vorgang angedeutet werden soll, spielt das Fehlen von Interpunktionen eine Rolle. Das einzige Satzzeichen, das der Text aufweist, ist deshalb ein Problem: der Schlußpunkt. Er könnte unter Umständen gerade als eine Betonung des Neuanfanges aufgefaßt werden. Wie in der hier zugrunde gelegten dritten Ausgabe von *Salamandra* kommt er auch in der ersten und zweiten vor (1962 und 1969). Aber er paßt schlecht zum Befund an anderen völlig interpunktionslosen Texten der Sammlung. Daß ein Druckfehler vorliegt, ist schwer zu beweisen. Aber der bewußte Punkt fehlt im Abdruck unseres Textes im Band *La centena (Poemas: 1935–1968)*, Barcelona ²1972 (Ediciones de bolsillo), S. 146. Interessanterweise wird er auch in Fritz Vogelsangs zweisprachiger Aus-

die Paradoxie im Titel «Noche en claro» – auf die Paradoxien an, deren Auflösung nur für Momente erlebbar sein soll: «Aquí el tiempo se para» – «Aquí comienza el tiempo». Hier kann man sich guten Gewissens an die vorher zitierten Zeilen aus «El arco y la lira» erinnern, in denen von der «totalidad: vida y muerte en un solo instante de incandescencia» die Rede war.

III

Wir übergehen manche Aspekte von «Noche en claro», die sicher weiterer Erläuterung bedürften, um zum Ausgangspunkt zurückzukehren: Paz und Breton. «Noche en claro» hat nicht nur durch die Widmung mit dem Surréalisme zu tun, sondern auch durch seine Thematik und durch Stilzüge, die es an einigen Stellen in die Nähe des Pastiches rücken. Das mindeste, was sich sagen läßt, ist, daß «Noche en claro» Anspielungen auf dichterische Texte von André Breton enthält. Wir denken an *Tournesol* (1923), an *L'union libre* (1931) und an *Nadja* (zuerst 1928). Mit im Spiel könnte auch *Les dernières nuits de Paris* von Philippe Soupault (1928, wie *Nadja*) sein.

Die erste Gemeinsamkeit zwischen beiden Seiten ist die allgemeine Idee vom geheimnisvollen Charakter der trivialen Außenwelt. Wir haben dies an «Noche en claro» gezeigt und weisen jetzt auf *Tournesol* und auf *Nadja* hin. Trägerin des Mysteriums ist in beiden Fällen eine Frauengestalt, eine «belle inconnue». So jedenfalls heißt sie wörtlich in *Tournesol*, wo sie mit magischen Zügen auftritt – sie wirft keinen Schatten – und so etwas wie die Verkörperung der engen Verbindung zwischen dem Weiblichen und Erotischen einerseits und der Eröffnung einer Welt andererseits ist, die sich essentiell von der alltäglichen Welt und vom alltäglichen Paris unterscheidet:

(17)   Les pigeons voyageurs les baisers de secours
         Se joignaient aux seins de la belle inconnue
         Dardés sous le crêpe des significations parfaites
(20)   Une ferme prospérait en plein Paris
         Et ses fenêtres donnaient sur la voie lactée.[31]

Bei weitem expliziter begegnet diese Verbindung in Soupaults *Dernières nuits de Paris,* wo Georgette, eine Prostituierte, das geheimnisvolle nächtliche

gabe weggelassen, obwohl sie sich auf *Salamandra* 1962 beruft: O. P., *Gedichte. Spanisch und deutsch,* Übertragung und Nachwort von F. V., Frankfurt a. M. 1980 (Bibliothek Suhrkamp 551), S. 174.

[31] André Breton, «Tournesol», in: Ders., *Poèmes,* Paris 1948, S. 43. Zur «belle inconnue» vgl. Klaus Bahners, „charme – choc – chimère oder: Wirkung und Wandlung der schönen Unbekannten", in: *Die Neueren Sprachen* 70, N. F. 20 (1971), S. 85 ff.

Paris verkörpert: sie wird wörtlich mit der Stadt und mit der Nacht identifiziert:

Cette nuit-là, tandis que nous poursuivions ou plus exactement que nous filions Georgette, je vis Paris pour la première fois. La ville n'était donc pas la même. Elle se dressait au-dessus des brumes, tournant comme la terre sur elle-même, plus féminine que de coutume. Elle se resserrait dans chaque détail que je remarquais. Et Georgette elle-même devenait une ville.[32]

Und wenig später: «Elle était la nuit même et sa beauté était nocturne.»[33] Vor allem jedoch ist an die Titelgestalt von Bretons *Nadja* zu erinnern, eine zweite faszinierende Unbekannte, die sich so nennt, wie sie sich nennt, «parce qu'en russe c'est le commencement du mot espérance, et parce que ce n'en est que le commencement»[34] – ein Hinweis, soviel läßt sich sagen, auf Unerfülltes, Unabgeschlossenes. Der Ich-Erzähler hat den Eindruck, Nadja sei «un génie libre, quelque chose comme un de ces esprits de l'air que certaines pratiques de magie permettent momentanément de s'attacher»[35]. Die Realität, so schreibt er, liege «couchée aux pieds de Nadja, comme un chien fourbe»[36]. Nadja, mit ihrer unklaren Identität, die der Erzähler vergeblich zu entschleiern versucht, ist eine Art Inkarnation des objektiven Zufalls. Wir zitieren Gisela Steinwachs, die anläßlich der sogleich nochmals zu erwähnenden berühmten Hand von Nadjas Versuch spricht,

die Außenwelt in Zeichen aufzulösen, die sei's zu ihr, sei's zu Breton in einer fast magischen Beziehung stehen,

und von der Nähe dieses Versuches zu Bretons

Intention, das Leben wie ein Kryptogramm zu entziffern, in welchem die Fakten die Funktion von Signalen übernommen haben.[37]

Der Text von Octavio Paz enthält Verwandtes, angefangen bei der schönen Unbekannten mit der mindestens angedeuteten magischen Fähigkeit, Mauern zu durchqueren. Daß sie «prostituta» ist, braucht nicht zu verwundern, denn

---

[32] Philippe Soupault, *Les dernières nuits de Paris*, Paris 1928, S. 52. Für den Hinweis auf Soupault sei Herrn Kollegen Rainer Stillers, Konstanz, herzlich gedankt.

[33] *Ibid.*, S. 56.

[34] André Breton, *Nadja*, Paris 1928, [22]1958, S. 84.

[35] *Ibid.*, S. 148.

[36] *Ibid.*, S. 147.

[37] Gisela Steinwachs, *Mythologie des Surrealismus oder die Rückverwandlung von Kultur in Natur. Eine strukturelle Analyse von Bretons «Nadja»*, Neuwied/Berlin 1971 (Sammlung Luchterhand 40 – collection alternative 3), S. 82, S. 89. – Nadjas unscharfe Identität: vgl. ihre Antwort auf die Frage «Qui êtes-vous?»; sie lautet: «Je suis l'âme errante» (*op. cit.*, S. 92).

auch in Nadjas Leben gibt es ausgesprochen zweifelhafte Erlebnisse. Im übrigen wiesen wir auf die Gleichung Frau=Stadt bei Paz hin. Beide, oder beide in einer, sind auch bei Paz die Instanz, die den Geheimnissen des Lebens am nächsten steht:

(117)   Ciudad o Mujer Presencia
        Abanico que muestras y ocultas la vida.

In diesem Zusammenhang ist noch einmal auf die Hand zurückzukommen, der in «Noche en claro» ja durch die bildliche Darstellung allein großes Gewicht zuerkannt wird und die, wie ausgeführt, kosmisch bedeutsame Zeichen trägt und selbst eines ist.[38] Man kann hierin fast ein Zitat aus *Nadja* sehen, wo die Hand (und der Handschuh) mit einiger Häufigkeit begegnet. Nadja stellt etwa eine Montage aus Frauengesicht und Hand her, die auch als Illustration erscheint. An anderer Stelle führt eine vielleicht nur imaginierte Konstellation am Himmel zu einer bewegten Äußerung Nadjas über die tiefe, wenn auch wenig explizite Bedeutung der Hand:

Elle est encore très distraite et me dit suivre sur le ciel un éclair que trace lentement une main. «Toujours cette main». Elle me la montre réellement sur une affiche, un peu au-delà de la librairie Dorbon. Il y a bien là, très au-dessus de nous, une main rouge à l'index pointé, vantant je ne sais plus quoi. Il faut absolument qu'elle touche cette main, qu'elle saute à plusieurs reprises pour atteindre et contre laquelle elle parvient à plaquer la sienne. «La main de feu, c'est à ton sujet, tu sais, c'est toi».[39]

Es handelt sich nicht um wörtliche Übereinstimmungen, auch in den Funktionen der einen und der anderen Hand gibt es Unterschiede. Aber in den folgenden Punkten haben wir Kongruenzen: die Hand, hier die mit Tinte bemalte des Schülers, dort die Reklame-Hand mit hinweisendem Zeigefinger, stehen für die Hintergründigkeit des Alltäglichen; sie haben etwas mit Kosmos und Schicksal zu tun; sie sind Zeichen für die zentrale Bedeutung des Weiblichen. Eine direktere Verweisung auf Breton könnte in «Noche en claro» sein, was von den Sternen gesagt wird (die ja mit der Hand in engstem Kontakt stehen): «Hablan entre ellos un lenguaje de incendios» (82). Auch für Nadja nämlich spielt das Feuer, über das oben Zitierte hinaus, eine wichtige Rolle als Bild ihrer Beziehung zum Erzähler-Ich.[40]

Neben solchen thematischen Elementen ist auf ein von Paz benutztes formales Verfahren hinzuweisen, das an ein Vorbild bei Breton anzuknüpfen scheint: die Anaphern des vierten Teils, die die Identität von Frau und Kosmos suggestiv unterstreichen. Das Bretonsche Modell, an das man fast auto-

---

[38] In der oben Anm. 28 erwähnten Übersetzung fehlt die Hand noch als Zeichnung; die Buchstaben L-O-V-E stehen schräg untereinander.
[39] *Nadja*, S. 134.
[40] Vgl. *Nadja*, S. 135.

matisch denkt, ist *L'union libre*, ein verbloses, nach einem mehrfach anapho-
rischen Schema gebautes Gedicht mit derselben Thematik: ein blason du
corps féminin, könnte man sagen, aber im Stil des Surréalisme und im Dienst
der Idee geschrieben, daß neuartige Wortverbindungen auch neue Realitäten
setzen. Es gibt zwischen Paz und Breton sogar Übereinstimmungen im Voka-
bular. Wir vergleichen einige Verse:

«L'union libre»	«Noche en claro»
(8) Ma femme . . .	
. . .	
(10) A la langue de *pierre* incroyable	(122) Tus palabras son de *piedra* pero tu lengua es lluvia
(20) Ma femme aux *aisselles* . . .	(121) Tus *axilas* son *noche* pero tus *pechos día*
(21) De *nuit* de la Saint-Jean	
(33) Aux *seins* de *nuit*	
(37) Ma femme au *ventre* de déplie-ment d'*éventail* des *jours*	(118) *Abanico* que muestras y ocultas la vida
(41) Au *dos* de *lumière*	(123) Tu *espalda* es el *mediodía* del mar
	(126) Tu *vientre* la respiración del mar la pulsación del *día*.

Breton stellt sicher nicht, noch dazu mit ganzen drei Werken, auf die wir hier
zurückgreifen, *den* Surréalisme dar. Bleibt man aber bei unserem Vorhaben,
mit Einzeltexten zu arbeiten, dann wird man von sehr deutlichen Affinitäten,
eben bis hin zur wörtlichen Übereinstimmung, zwischen Paz und Breton
sprechen können. Es gibt also das, was Paz hinsichtlich seines Verhältnisses
zu Breton «coincidencia» und «homenaje» nannte. Die Frage ist, ob es nicht
auch, nach derselben Äußerung, «réplica» und «divergencia» gibt.

IV

Es gibt in der Tat Anzeichen hierfür, auch bei unserer schmalen Textbasis.
Werfen wir noch einmal einen Blick auf die eben besprochenen anaphori-
schen Teile. Bei Paz begegnet mehrmals das Wort «pero», das ganz normal
den Gegensatz zwischen bildlichen Vorstellungen unterstreicht:

> (120)   Tu frente delira pero en tus ojos bebo cordura.

Es könnte sein, wir wollen uns vorsichtig ausdrücken, daß es auch einen Ge-
gensatz zwischen «L'union libre» und «Noche en claro» meint: Bretons
«Aux seins de nuit» steht gegenüber «pero tus pechos día» (33/121). Daß Paz
mit konjugierten Verben arbeitet, käme noch hinzu. An einer Stelle beendet
jenes «pero» die anaphorische Aufzählung in einem interessanten Moment.

«L'union libre» widmet vier Verse dem «sexe de glaïeul» usw. (51 ff.); «Noche en claro» hat als Entsprechung nur einen Vers, und der lautet:

(130)   Pero tu sexo es innombrable.

Es ist der Übergang zum vorhin skizzierten – mit «Aquí» wiederum anaphorisch angelegten – Höhepunkt im vierten Teil.

Selbst wenn man die Ähnlichkeiten und Unterschiede zwischen *L'union libre* und «Noche en claro» nicht im Sinne einer bewußten Replik erklären wollte, bliebe das letzte Beispiel interessant und charakteristisch. Jenes «innombrable» an einer Stelle, an der Breton Bilder aneinanderreiht, weist auf einen zentralen Unterschied hin: Paz akzentuiert nämlich überhaupt das Vokabular des Unsagbaren, nur paradox Auszudrückenden, oft mit intensiver Betroffenheit von der Zeit Verbundenen, wie uns scheint, stärker als Breton. Bei Betron lassen sich die kühnsten und neuartigsten Metaphern finden, aber es fehlen die so strikt paradoxen Wendungen wie «Los muertos están vivos» (30), «Nada se dice excepto lo indecible» (39), «el tiempo que pasa y regresa y no pasa» (54), «silencio que canta» (88), «Lo visible es invisible» (138) und so weiter.

Dieses wiederum dürfte mit einem weiteren, Paz von Breton trennenden Befund übereinstimmen. Er betrifft die Instanz, die wir den Erzähler oder das lyrische Ich nennen. Das Ich bei Breton scheint ein anderes zu sein als dasjenige bei Paz. In *Tournesol* und in *Nadja* jedenfalls heißt dieses Ich André Breton. Man denke an den Schluß von *Tournesol*:

(28)   Et pourtant le grillon qui chantait dans les cheveux de cendre

         Un soir près de la statue d'Etienne Marcel
(30)   M'a jeté un coup d'œil d'intelligence
         André Breton a-t-il dit passe.

Man denke auch daran, daß Breton diesem Gedicht den Charakter einer Präkognition zugeschrieben hat.[41] Damit wird er nicht zu einem platt autobiographischen Dichter, aber: wie groß – ebenso in *Nadja* – das Mysterium mit der schönen Unbekannten, mit der Hand, mit merkwürdigen Koinzidenzen (dem «hasard objectif») auch ist, es bezieht sich auf André Breton, wohnhaft in Paris. Die Bewegung geht auf das Individuum hin. „So wird", wie Elisabeth Lenk anläßlich von *Nadja* schreibt, „das Ich, das sich in die Welt hatte auflösen wollen, auf sich wieder zurückgeworfen. Die Ereignisse haben nicht an sich, sondern für es Bedeutung."[42] In

---

[41] Vgl. Pierre Curnier, «L'amour fou: ‹Tournesol›», in: Kurt Wais (Hrsg.), *Interpretationen französischer Gedichte*, Darmstadt 1970 (Ars interpretandi 3), S. 405 f.

[42] Elisabeth Lenk, *Der springende Narziß. André Bretons poetischer Materialismus*, München 1971, S. 85 f.

«Noche en claro» dagegen handelt es sich um die entgegengesetzte Bewegung, die vom Individuum weg zu einer Entpersönlichung führt. Die erste Person Singular kommt indirekt öfter vor – «nosotros tres» (2), «nosotros» (12, 25), «No teníamos» (51 f.), «marchamos» (77), «Mira» (78), «Nos dispersamos» (98), «Mis amigos» (99), «ganamos» (110), «mi amor» (113), schließlich in den Apostrophen 118 ff. –, als grammatische Form aber nur an drei Stellen, und zwar in Verbindung mit „Zeichenlesen" – «Leí signos» (27) –, mit dem Wort, wenn man so will, mit der „Kommunikation" – «Llevo sus palabras como un tesoro ardiendo» (100) – und mit der Liebe – «la mujer que amo» (114). Es sind zweifellos Schlüsselwörter, mit denen das Ich sich hier verbindet – aber in dem Teil, den wir den Höhepunkt glaubten nennen zu können, tritt dieses Ich – ohnehin namenlos von Anfang an – zunächst hinter den Apostrophen an die Mujer-Cuidad zurück, um dann ganz zu verschwinden. Es gibt, um es etwas pathetisch auszudrücken, am Schluß die Aufgabe des Ich vor der reinen Gegenwart einer Offenbarung.

Nach längerer Abstinenz gegenüber theoretischen Texten von Paz sei jetzt noch einmal eine seiner Arbeiten über moderne Dichtung zitiert, die unseren Befund wohl zu beleuchten vermag:

El poeta no es el «autor» en el sentido tradicional de la palabra, sino un momento de convergencia de las distintas voces que confluyen en un texto ...

... Para los románticos, la voz del poeta era la de *todos*; para nosotros es rigurosamente la de *nadie*. Todos y nadie son equivalentes y están a igual distancia del autor y de su yo. El poeta no es «un pequeño dios», como quería Huidobro. El poeta desaparece detrás de su voz, una voz que es suya porque es la voz de nadie y la de todos.[43]

Neben diesem – von der Fachliteratur übrigens ähnlich formulierten[44] – Theorem gibt es aber wohl noch einen zweiten Bezugspunkt für jenes Zurücktreten des Ich vor etwas Übergeordnetem: Wir wiesen gelegentlich auf die Mystik hin, sprachen eben von Offenbarung. Damit sind strukturelle, nicht religiös-inhaltliche Ähnlichkeiten gemeint – wiewohl Paz im Zusammenhang mit der Dichtung ja durchaus vom „Heiligen" spricht. «Noche en claro» ist ein Text, in dem die Nacht Erleuchtungen bringt. Der Titel bedeutet redensartlich nur „durchwachte Nacht", aber es ist sicher erlaubt, bei einem so ausgezeichneten Kenner des Siglo de Oro, wie Paz es ist, auch an

---

[43] *Los hijos del limo. Del romanticismo a la vanguardia*, Barcelona 1974, S. 207; Hervorhebung dort.

[44] Walter D. Mignolo, «La figura del poeta en la lírica de vanguardia», in: *Revista Iberoamericana* XLVIII, 118/119 (1982), S. 146 über Paz: «la figura del poeta se resume en el acto de escritura».

die „richtige" spanische Mystik und ihr Bild von der erhellenden Nacht zu denken:

Resta, pues, que decir aquí que esta dichosa *Noche,* aunque oscurece el espíritu, no [lo] hace sino para darle luz para todas las cosas.[45]

---

[45] San Juan de la Cruz, «Noche oscura», Declaración II, 9, 1, in: *Vida y Obras,* hrsg. von Crisógono de Jesús, Matías del Niño Jesús, Lucinio del SS. Sacramento/Madrid ⁴1960 (Biblioteca de Autores Cristianos 15), S. 684; Hervorhebung dort.

ERNESTO CARDENAL

(geb. 1925)

8 AHAU

Palabras falsas han llovido sobre nosotros
Sí, hemos tenido un ataque de palabras
  El pan de la vida
  nos ha sido reducido a la mitad
5 Los discursos del demonio llamado Ah Uuc, El-siete-muerte
   Ahora nos gobiernan los coyotes
   ahora los lagartos están mandando
Coje tierras Hapai-Can, Serpiente tragadora
Diréis: en aquel Katún hubo Subdesarrollo etc. . . .
10   El terrible Ayin, Lagarto
   y el maligno Xooc, Tiburón.
Y sobre nuestras cabezas, los zopilotes de la muerte . . .
    En esta época de Señores Plebeyos . . .
  Palabras falsas. Palabras de locura
15 Hemos tenido el ataque de las malas lenguas.
    (Los enemigos de nuestra comida)
Augurio de pésimos gobiernos . . .
Decimos:
   tal vez tengan lástima de las milpas
20   Despotismo.
      Mamadores.
   . . . mientras tanto los Monos-Señores . . .
Las Zorras mordedoras van de choza en choza
      recaudando impuestos.
25 Usurpando el mando
   los engendrados en mujeres de placer
    (los hijueputas)
Cuando venga el cambio de poder
cuando venga el gobierno de muchos
30   grandes serán sus jícaras
     grandes los platos en que coman en común
entonces el Katún será establecido

el Katún del Arbol de la Vida
Veo ya a los generales detenidos
35   llevados presos.
Escribimos en el Libro para los años futuros.
Los poetas, los
que protegemos al pueblo con palabras.
Las profecías os engañarán
40   si tenéis desprecio por ellas.
Un Katún No-Violencia
Cielos tranquilos sobre las milpas del pueblo
. . . en el tiempo de la cosecha de la miel . . .
Entonces nos devolverán la choza hermosa.
45   En palabras pintadas está el camino
en palabras pintadas el camino que hemos de seguir.
Mirad la luna, los árboles de la selva
para saber cuándo habrá un cambio de poder.
¿Qué clase de estela labraremos?
Mi deber es ser intérprete
vuestro deber (y el mío)
es nacer de nuevo

Homenaje a los indios americanos, Buenos Aires/Mexiko
1972, S. 58–59.

ERNESTO CARDENAL: «8 AHAU»

Von Dietrich Briesemeister

Die zu *Homenaje a los indios americanos* aneinandergefügten und 1970 in erweiterter Fassung erschienenen 17 Gedichte bilden einen gewaltigen epischen Bilderfries, der den Zusammenstoß der altamerikanischen Kulturüberlieferungen mit jener neuen Welt der Entdecker und Eroberer darstellt, die, aus ihrer „Alten Welt" kommend, eine Zeitenwende für den amerikanischen Kontinent und seine Ureinwohner einleiten.[1] Ernesto Cardenal, der sich zuvor bereits mit *El estrecho dudoso* (1966) dieser weltgeschichtlichen Bruchstelle zugewandt sowie die vorhispanischen Mythen und Geschichtszeugnisse studiert hatte, beschwört im Zyklus *Homenaje a los indios americanos* die dichterische Erinnerung an die präkolumbische Zeit als Verheißung für eine künftige Heilzeit und als wahre Chance des Überlebens in Übereinstimmung mit dem Erbe, das die neuen Gründerväter mit Macht verfremdeten, wenn nicht gar unterdrückten oder zerstörten. Alle Gedichte dieser Huldigung sind durch gemeinsame Bilder, Motive und Anliegen miteinander verwoben. Jeder Titel ruft (keineswegs nostalgisch) „verlorene Städte"[2], große Gestalten als Vorbilder und Führer, ganze Reiche aus den in der Neuzeit verschütteten Tiefen der eigenen geschichtlichen Vergangenheit herauf. Die Erzählgedichte ergeben, als Episoden zusammengestellt, nicht ein nationales, sondern ein kontinentales Epos in nuce, in dessen einzelnen Gesängen Gegen-Bilder zu den heutigen Zuständen aufscheinen und wie im Spiegel die Erkenntnis utopisch-wirklicher Ziele künftiger Entwicklung vorführen.

Das Gedicht mit dem Titel «8 Ahau»[3] verweist zusammen mit dem vorausgehenden «Katún 11 Ahau» in Zeitläufe, wie sie die Maya mit Hilfe ihrer

---

[1] Erstausgabe: León, Nicaragua 1969. Zitiert wird nach der Ausgabe: Ernesto Cardenal, *Homenaje a los indios americanos*, Buenos Aires/Mexiko 1972. Die Zitate im Text und den Anmerkungen sind, sofern nicht anders vermerkt, folgenden Gedichten der Ausgabe *Homenaje* (1972) entnommen: «Nele de Kantule» (S. 7–14), «Cantares Mexicanos I» (S. 18–21), «Cantares Mexicanos II» (S. 22–25), «Mayapán» (S. 26–37), «Economía de Tahuantinsuyu» (S. 38–45), «Katún 11 Ahau» (S. 46–48), «8 Ahau» (S. 58–59), «Ardilla de los tunes de un Katún» (S. 60–61), «Netzahualcóyotl» (S. 66–81).

[2] «Las ciudades perdidas» lautet der Titel des zweiten Gedichts (S. 15–17) über die untergegangenen Maya-Zentren im Petén-Becken um Tikal.

[3] *Homenaje*, S. 58–59; «Katún 11 Ahau», *ibid.*, S. 46–48.

hochentwickelten heiligen Kalenderwissenschaft bemaßen als zyklische Wie-
derholung biologischer, meteorologischer und historisch-sozialer Vorgänge
in einem kosmischen, religiösen Gesamtzusammenhang allen Geschehens.
Der achte wie auch der elfte Katún – ein Katún umspannt ungefähr zwanzig
Jahre – galten als Gezeiten des Unheils in der Abfolge universaler Rhythmen.
Das Unheil, von dem das Gedicht «8 Ahau» kündet, ist ein apokalyptischer
„Regen von falschen Worten", eine zerstörerische Sintflut der Lügen, Wort-
verdrehungen und Widersprüche zu den Voraussagen der heiligen Bücher, die
nicht mehr ernst genommen werden. Diese verderbenbringende Regenzeit ist
kalendarisch nicht genau bestimmt: Sie fällt in ein katastrophales Jetzt, kann
sich aber sowohl auf die unmittelbare Gegenwart als auf frühere epochale
Umbrüche beziehen. Das Gedicht handelt jedoch zugleich auch von der bele-
benden und erneuernden, ja geradezu erlösenden Macht des Wortes, dessen
der Priester-Dichter-Volksführer kundig ist: Er spricht wahr, er weiß die
Schriften (Bilder) zu deuten und zeigt durch das weise Wort das gemeinsame
Ziel auf: ein neues Zeitalter des Friedensreiches. Dementsprechend ist das
Gedicht «8 Ahau» mit seinen 52 Versen in freier Form im Aufbau deutlich
zweigeteilt. Der Evokation des Leidenszustandes – die durch (an)klagende
Wiederholungen eindringlich bekräftigt wird – folgt eine Reihe von Tierbil-
dern, die metaphorisch-allegorisch das Verhängnis im Zeichen der teuflischen
Herrschaft von Ah Uuuc («El-siete-muerte», „Sieben-Tod"), dem Großen
Lügner und Verneiner, umschreiben. Auch wer nicht vertraut ist mit der my-
thologischen Bedeutung von Tieren für die Maya, wird die drohende Gefahr
verspüren, die mit diesen Idolen zum Ausdruck kommt. Hapai-Can, die
Schlange, bezeichnet Habgier; Xooc, der böse Hai, den Raub; Koyoten die
Unterdrückung. Der Geier ist der Todesvogel, Affen stehen für eitles Reden,
Füchse für Dieberei der Steuereinnehmer, Echsen für Gerissenheit usw.
Diese Tierzeichen weisen auf den augenblicklichen Zustand der Entwürdi-
gung und Knechtung der Menschen hin durch „die Feinde unserer Speise"
(«Los enemigos de nuestra comida»), die Worte als Waffen zum Angriff miß-
brauchen und Zeiten des Darbens herbeiführen, indem sie „das Brot des
Lebens" («El pan de la vida») wegnehmen und dafür „falsche Worte, Worte des
Irrsinns" («Palabras falsas. Palabras de locura») verbreiten. Der Aztekenkönig
Netzahualcóyotl hingegen überschüttete sein Volk mit Gedichten, er betrieb
keine Propaganda mit trügerischen Worten. Sein Blumenlied ist ein allumfas-
sendes Gespräch.[4] Hiermit klingt ein Grundmotiv der Dichtung Cardenals
an: über (oder in) Sprache sowohl religiöse als auch politisch-gesellschaftliche
und damit zutiefst erfüllte Identität zu gewinnen; «nuestra batalla en el te-

[4] Vgl. «Cantares mexicanos I, II», *ibid.*, S. 18–25: «Yo soy el rey cantor buscador
de flores» und «sólo busco en el canto la Amistad, la reunión / de los cantores» (S. 22).
«Flor-Canto son mis palabras» (S. 23).

rreno del lenguaje», wird es später in «Oráculo sobre Managua» heißen.[5] Die Brotmetaphorik für „Wort des Lebens" stellt andererseits einen unverkennbar biblischen Bezug her. Dem Versucher, der dem fastenden Jesus in der Wüste anträgt, er solle Steine zu Brot werden lassen, hält dieser entgegen: „Nicht von Brot allein soll der Mensch leben, sondern von jedem Wort, das aus dem Munde Gottes kommt" (Matth. 4, 4; vgl. auch Joh. 6, 31 ff.). Das himmlische Manna ist der Typos der eschatologischen Nahrung, der Mahlgemeinschaft, zugleich aber auch das Vorbild gerechter Versorgung des Volkes bei seinem Gang durch die Wüste und im „Katún, in dem man gemeinsam ißt" («el katún en que coman en común», 89) im „Lande-unserer-Speise" («Tierra-de-nuestra-comida», 81). Biblische Bildlichkeit und historische Lokalisierung des Reiches Gottes auf Erden ohne Verschiebung in ein unfaßbares Jenseits sind untrennbar ineinander verwoben. Als Achse, um die sich das Gedicht im wahrsten Sinn dreht, sind die Kernverse „Wir sagen: / Vielleicht haben sie Mitleid mit den Maisfeldern" anzusehen[6]: zum einen flehentlicher Ausdruck des Wunsches, die fremden Zwingherren und Machthaber – als gerissene Menschen, Blutsauger, Affen-Herren, Schwätzer, Tyrannen werden sie verhöhnt – mögen wenigstens die gemeinsame Existenzgrundlage unangetastet lassen. Ausdruck andererseits aber auch einer trotz aller Erniedrigung unbezwingbaren Hoffnung, die auf der Erfahrung der Gesetze von Wachstum, Ernte und Vergehen beruht. Dafür steht außer dem mehrdeutigen Vielleicht das Maisfeld, religiöses Sinnbild schlechthin für das Weltverständnis der Maya und ihrer vom Maisanbau getragenen kulturellen Hochleistungen. Der Mais galt als Symbol des Wohlstands und Glücks; er spendet nicht nur Nahrung und Kraft, sondern ist zugleich Inbegriff für den ständigen Kreislauf von Aufgehen und Vergehen, von Tod und Auferstehung. Auch hier läßt sich unschwer die Parallele herstellen zum biblischen Gleichnis vom Gottesreich (Matth. 13, 4–9) als Samenkorn, das stirbt und vielfältig Frucht bringt auf der Welt.[7] „Das Weltall ist ein Maisfeld" («El Cosmos una milpa», 34).

[5] Zitiert nach Ernesto Cardenal, *Poesía escogida*, Barcelona 1975, S. 207–250: «nuestra batalla en el terreno del lenguaje» (S. 232). In «Oráculo sobre Managua» werden metaphorische Formeln zur Bestimmung der neuen Civitas der Menschen verwendet wie «Ciudad de la identidad», «comunidad consumada», «Ciudad de la Comunión» (S. 215), «praxis de la Pascua» (S. 227), die mit dem Doppelsinn von communio (Gemeinschaft/Kommunion) spielen. Der damit erreichte Sprachzustand ist «idioma común, el idioma de la liberación» (S. 232): Das Wort stiftet Gemeinschaft und macht zugleich frei (Wort der Dichter/Wort Gottes).

[6] «Decimos: / tal vez tengan lástima de las milpas / Despotismo. / Mamadores» (S. 58). Ferner ist die Rede von «Monos-Señores», «Zorras mordedoras», «hijueputas»; vgl. ferner «Katún 11 Ahau» (S. 46): «chupadores, – jejenes de los pueblos» u. a.

[7] «Mirad el maíz: muere y / renace . . .» (S. 20–21).

In der Mitte des Gedichts (Vers 28 ff.) kommt es zum großen Gegen-Satz („Wenn der Machtwechsel kommt", «Cuando venga el cambio de poder»), der prophetisch dem Jetzt die Vision eines Dann entgegenhält. Entsprechend häufen sich nun Verbformen des Futurs, welche die Umkehr geradezu einfordern. Der Hungerzeit folgt im Umschwung einer Revolution die Sättigung der Vielen (in Anlehnung an die wunderbare Brotvermehrung und die Sättigung der Menge, Matth. 15, 32 ff.), gleichsam die Verwirklichung des verheißenen himmlischen Hochzeitsmahles auf Erden. Den Katún (Jahreskreis) der Gewaltherrschaft und der Entfremdung löst endlich der „Katún des Lebensbaumes" und der Gewaltlosigkeit ab.[8] Pontifices, Brückenbauer, dieses Friedensreiches sind die Dichter als Seher und Dolmetscher. Sie stiften den friedlichen Dialog sowohl unter den Menschen als auch mit den das Weltall lenkenden Mächten. Gehegt von den Dichtern, die in „gemalten Worten" (59 u. ö.) den Weg weisen, gereichen nunmehr die Worte dem Volk zum Schutz und zur Erbauung. Dichter sind „Herren der sorgfältigen Sprache" («duenos del lenguaje exacto»), sie wachen über den „treffenden Ausdruck" (80).

Indem der Dichter das gemeinsame Gut der Sprache hütet, beschützt er mit seiner Botschaft die Gemeinschaft vor 'Lügen', falschen Worten und verführerischer Täuschung. Das Gedicht «8 Ahau» endet mit einer Frage. Zur Beantwortung tritt das Ich des lyrischen Sprechers feierlich aus dem Wir der Gemeinschaft heraus und weist mit einem epigrammatischen Kernsatz auf die Aufgabe aller hin, tatkräftige „Diener des Wortes" zu sein, wie der biblische Auftrag lautet:

> Mi deber es ser intérprete
> vuestro deber (y el mío)
> es nacer de nuevo.   (59)

Ernesto Cardenal, der Priester und Theologe, verbindet im Symbol der Wiedergeburt indianischen und christlichen Glauben an ein anderes Leben. Hier geht es also nicht um „Renaissance" im bekannten Sinne der Wiederbelebung der Antike, der klassischen prähispanischen Hochzeiten, sondern um eine Verwandlung: Der Gläubige wird nach biblischem Verständnis wiedergeboren durch Gottes lebendiges, bleibendes Wort (1 Petr. 1, 23). Am Ende der Zeiten wird der einzelne (der „neue Mensch") dann ebenso wie die Gemeinschaft durch 'Wieder-Geburt' (griech. palin-genesia) in die Geschichte der neuen Schöpfung aufgenommen. Dieses eschatologische Geschehen ist andererseits schon jetzt vorweggenommen, es wirkt in dieser Zeit voraus. Im Gedicht verwischen die Grenzen sowohl zwischen Diesseits und Jenseits als auch zwischen Gegenwart und Zukunft. Der Dichter umschreibt die neue

---

[8] «Un Katún No-Violencia», «el Katún del Arbol de la Vida» (S. 59), sodann (S. 47) «El Katún Unión-con-una-causa», ein Zustand der comunión!

Wirklichkeit mit der Metapher des Bildhauers. Freilich behaut nicht ein Künstler allein den Stein, sondern die gewaltige Bildsäule entsteht in Gemeinschaftsarbeit. Sie gewinnt Relief erst nach und nach. Ob die Darstellung gelingt, bleibt offen und hängt davon ab, wie genau jener Maßstab von allen erfüllt wird, den die Schlußmaxime zur Regel erhebt. Die im Gedicht aufgenommene Metapher kehrt die bekannte alte Vorstellung von Gott als Bildner (Töpfer, Künstler) um und weist auf den Menschen als Gestalter seiner selbst. In dem Netzahualcóyotl gewidmeten Kleinepos steht der Ausdruck „Gesichter meißeln" («Labrar rostros», 68) metaphorisch für erziehen, das heißt Menschen ein Antlitz geben, ihren Gesichtern Weisheit aufdrücken (78). Sprache als Befreiung findet ihren vollendeten Ausdruck in der Dichtung. Dichtung ist somit die Gestaltung der Befreiung durch «idioma común».

Das Gedicht «8 Ahau» ruht in einem Zeitbewußtsein und Geschichtsverständnis, das dem westlichen, in der Neuzeit säkularisierten Empfinden entgegengesetzt und völlig fremd ist. Hier werden Zeit und Geschichte in einer stetig aufsteigenden Linie als unaufhaltsamer Fortschritt erfahren, dort jedoch kreisen Zeit und Geschichte wie die Gestirne in wiederkehrenden Zyklen. „Die Zeit ist rund" («el tiempo es redondo», 34), heißt es im Gedicht über Mayapán, das den Zeremonialkalender und die mathematisch-chronologischen Kenntnisse der Maya preist mit ihrem paradoxalen „Fortschritt rückwärts", jener Suche, zurückzufinden „bis zu den Anfängen der Zeit ... durch die Vergangenheit / wie wenn man eine Straße bahnt durch den Urwald"[9]. Priester berechneten und verzeichneten die Umdrehungen sowohl der Himmelskörper als auch der pulsierenden Zeitabschnitte (Rad der Katune), in denen sich Leben und Geschichte der Menschen abspielen. Alle 260 Jahre, sozusagen in einem Jahr von Jahren, wiederholt sich die Geschichte, kehren die Katune in einem gewaltigen kosmischen Rhythmus der Veränderung wieder. Geschichte wird damit vorhersehbar, berechenbar. „Vergangenheit Gegenwart Zukunft sind eins." Vergangene Katune sind auch die Katune der Zukunft (17). Geschichte wird durch Weissagungen erkennbar, sie gerinnt nicht zum langweiligen Spektakel schicksalshafter Wiederholung des ewig Gleichen, sondern Zeit und Gezeiten des Kosmos vollziehen sich in einem geordneten Umlauf, der dem Menschen Halt und Orientierung zu verschaffen mag. „Für Vergangenheit und Zukunft gelten dieselben Katune" («Katunes pasados son los del futuro», 35). Diese Katune bilden einen Ring. Zeit und Ewigkeit sind nicht unversöhnliche Gegensätze, sondern Zeit ist immer schon in Ewigkeit und Ewigkeit zugleich in Zeit aufgehoben. Der Große Kalender zeigt daher in einem dialektischen Paradoxon den „Fortschritt rück-

---

[9] «progresos hacia atrás / cada vez más atrás / hasta el comienzo del tiempo . . .», «por el pasado / como abriendo una carretera en la selva» (S. 33) oder «buscando el futuro hacia atrás» (S. 33).

wärts" an. Rückwärts und Vorwärts verlieren ihre eindimensionale Gültig-keit: Jede Entwicklung wird zugleich als Rückkehr (Rückgang) begriffen. Die Vorstellung von der Revolution, die in den Gedichten des *Homenaje a los indios americanos* immer wieder durchscheint, erhält damit einen umgreifen-den, kosmisch-religiösen Sinn, der sich mit heute geläufigen Revolutionsmo-dellen keineswegs deckt. Das Gedicht «8 Ahau» stellt einen solchen gewal-tigen Umschwung vor: zeitlos und zugleich aktuell. Es läßt sich also nicht auf billige Weise als Agitproplyrik „verwenden". In dem auf «8 Ahau» folgenden Gedicht «Ardilla de los Tunes de un Katún» (60–61) wird Mayapán als Ort bezeichnet, an dem der Katún wechselte. „Cuceb heißt Revolution / wörtlich 'Ardilla' [Eichhörnchen] (das, was sich dreht)." [10] Im Katún 8 Ahau fiel Maya-pán nach den Aufzeichnungen des Buches Chilam Balam von Chumayel. Dieser Katún war „voll Kampf und politischer Veränderung". Wann immer er erneut eintrifft, wird es also Kämpfe und Machtwechsel geben.

Mit dem „revolutionären" Umschlag verbindet sich die chiliastische Erwar-tung einer Endzeit, in der das Reich des Friedens mit „gutartiger Herrschaft" (el Katún «Buenas condiciones de vida», 47) zum Heile aller entstehen wird. In fast allen Gedichten des *Homenaje*-Bandes leuchtet diese Gewißheit der verwirklichten Utopie auf, die es bereits einmal gab und die wiederkommen muß. Der Auftrag, von neuem geboren zu werden, verbindet sich mit der Erwartung der Wiederkunft dessen, der zum ersten Mal einen Bogen baute, Gebete schrieb, den Kalender schuf. Die Frage, wie „unsere tropische Akro-polis" («nuestras acrópolis tropicales», 5) wiederaufgebaut werden könnte, mündet in eine apokalyptische Parusiehoffnung. Auch in «8 Ahau» bricht Cardenals Geschichtsoptimismus durch, der auf einen „Katún der Gewalt-losigkeit" oder den „Katún des Lebensbaumes" setzt. In immer neuen Bild-paraphrasen umschreibt der Dichter dieses Reich, „wo sich alle vereinen", „gemeinsam essen" (59), jenes Reich, das der Vater-unser-Bitte und bibli-schen Vorstellung vom Reich Gottes zwar sehr nahekommt, jedoch auch wieder anders ist im Zusammenhang mit dem historisch-kulturellen und my-thologischen Umfeld, in das es hineingeholt wird. Die eigentliche Revolu-tion, die alle anderen Revolutionen sowohl auslöst als auch hinter sich läßt, ist aber das „Wieder-geboren-Werden", jene Aufforderung zur Verwandlung, die das Gedicht «8 Ahau» am Schluß pointiert als Kernbotschaft ausspricht. Derjenige, der in der Gemeinschaft die gespannte Hoffnung auf „das Ende der Habsucht und des Raubs" wachhält, ist der Dichter, der „Verteidiger der Rechtlosen", wie es in Cardenals Psalm 9 heißt. Die religiöse und öffentliche (soziale und politische) Sendung sowie der künstlerische Anspruch der Poesie werden nicht nur in dem Gedicht «8 Ahau», sondern auch in dem sehr ähn-lich gestimmten «Katún 11 Ahau» und vor allem in dem epischen Poem auf

---

[10] «Cuceb quiere decir Revolución / literalmente 'Ardilla' (lo que gira)» (S. 61).

den Dichter-König Netzahualcóyotl (66–81) eindrucksvoll dargestellt. Es kann kaum Zweifel darüber bestehen, daß der so beschriebene Rang der Dichtung als universaler Kanon des Lebens einer Gemeinschaft in idealer Weise auch Cardenals eigenem Selbstverständnis entspricht, wenn man sein Werk und die folgerichtig gelebte Einheit von Leben und Dichter betrachtet. Der Platz der Poesie im Kosmos der Wissenschaften und Künste und die Leit-Funktion des Dichters für die Gemeinschaft sind von zentraler Bedeutung; der Dichter wird zum «agitador»[11]. Er ist in einer Person zugleich Prophet, Priester und „Politiker" mit besonderer Verantwortung dem Wort gegenüber. Der Chilan, der Wissende und Weisende, wird bestimmt als derjenige, „der Mund ist" (47). Er liest die Weisungen der Geschichtsbücher, legt sie immer wieder in ihrer aktuellen Bedeutung verständlich aus, verteilt Losungen – eben jene wahren Worte, die wie ein fruchtbarer Regen das Wachstum fördern –, er vereint das Volk durch das in der Gemeinschaft gesungene und überlieferte Wort. Dieses Wort stiftet als Brot des Lebens den „Katún der Ver-einigung-mit-einem-Ziel". Der Dichter ist der Hüter des Wortes und beschützt sein Volk mit Worten im Unterschied zum Demagogen oder der Werbung und Propaganda, die Menschen mit gelenkten Worten irreführen. Im Gegensatz zu den Militärs, die im Katún des Lebensbaumes unter Arrest gestellt werden, nachdem sie zuvor die Bücher hatten vernichten lassen, erteilt Netzahualcóyotl als vorbildlicher Dichter-Herrscher und Menschen-freund keine Befehle, sondern singt nur, umgeben von „Kennern der Dinge" («los sabedores de cosas», 67):

> Mi canto es amistad hermanos.
> . . .
> Yo voy cantando esa hermandad.
> . . .
> Del cielo viene el cantor.   (23)

Damit verwirklicht er den Gegenzustand zu der in «8 Ahau» beklagten Not-lage infolge der vorenthaltenen Worte und der babylonischen Sprachverwir-rung („Wir sind angegriffen worden von falschen Zungen", „Das Brot des Lebens wurde uns auf die Hälfte beschränkt").[12] Netzahualcóyotl hingegen überhäuft sein Volk mit Gedichten und nicht mit „Worten des Irrsinns". Das Blumenlied ist überhaupt die einzige Art, „Wahrheit zu sagen auf Erden": eine wunderbare Bestimmung für die Poesie! («el único modo / de decir ver-dad sobre la tierra», 79).

---

[11] *Poesía escogida*, S. 230: «Los poetas sean agitadores», in bewußter Doppeldeutig-keit von agitar = in Bewegung setzen und politisch agitieren = für eine Idee aggressiv werben.

[12] «Hemos tenido el ataque de las malas lenguas». «El pan de la vida / nos ha sido reducido a la mitad» (S. 58).

Dichtung erscheint in *Homenaje a los indios americanos* in einem für Cardenal bezeichnenden tiefen Sinn als *poesía cívica*, als eine für die Sache der Gemeinschaft engagierte Dichtung.[13] Sie ist nicht zweck- und absichtslos L'art pour l'art, sondern Lehrdichtung, Wegweisung, Handreichung, ohne deshalb die schöne Gestalt entbehren zu müssen. 'Gemalte Worte' erklären den zu befolgenden Weg. Der Ausdruck spielt an auf die prächtigen alten Bilderhandschriften mit ihren Piktogrammen und auf die steinernen Bildzeugnisse: Netzahualcóyotl selbst malt Worte, die Wahrheit bedeuten inmitten der vergänglichen Dinge. Die gemalten Worte haben Bestand als sichtbarer Ausdruck der Identität des Volkes mit seinen Überlieferungen in Religion, Geschichte und Wissenschaft. „Nur in der Malerei leben wir", heißt es daher.[14] Geschichtsschreibern, die bei ihren Aufzeichnungen („Malereien") die Tatsachen absichtlich verfälschen, drohte übrigens die Todesstrafe (78). Der Ausdruck 'Gemalte Worte' bezieht sich freilich auch, gleichsam in einer wechselseitigen Erhellung der Künste, auf die besondere Ausdrucksfülle, die ästhetische Qualität und Erscheinung des dichterischen Wortes. Dichter sind „Erschaffer von Wirklichkeiten" («creadores de realidades», 79), eine Definition, die mit der alten griechischen Etymologie von poietès (poiein = machen, herstellen) übereinstimmt. An anderer Stelle werden die Dichter „Meister der sorgfältigen Sprache und des treffenden Ausdrucks" (80) genannt. Die in *Homenaje* vorgeführten Dichter des alten Amerika sprechen ebensowenig wie Cardenal selbst im „dichterischen Wahnsinn", sie treiben keine mystische Innenschau nur für sich selbst und wachen nicht über Geheimnisse, sondern sind Dolmetscher, die Aussagen für das Gespräch der Menschen untereinander getreu zu übersetzen verstehen. Sie dienen als Interpreten vorgegebener Texte. Dichter lehren den richtigen Gebrauch der Sprache, sie geben das Maß für die wahre Redekunst im Sinn der antiken Bestimmung des Rhetors als „vir bonus et dicendi peritus". Vorbild für diese Verbindung von Weisheit und Beredsamkeit ist der Nele von Katule im gleichnamigen Eingangslied von *Homenaje* (7–14). Deshalb wirken die Dichter auch schlechthin als Philologen, Liebhaber des Wortes. Poesie bleibt stets eingebunden in die Gemeinschaft. Sie hilft den macehuales, den „Armen", und ergreift Partei für sie. Ihnen leihen die Dichter Stimme als Fürsprecher; sie drücken die Anliegen derer aus, die sonst nicht zu Wort kommen, aber ohne die Schwachen in ihrer Arglosigkeit oder Ohnmacht zu bevormunden und sie zu verführen. Dichter stehen im Dienst

---

[13] Die Dichter sind «Los que dan a los macehuales un lenguaje. Los maestros de la ciencia del *tecpillatolli* ('lenguaje exacto') / La poesía es para el macehual, decía Netzahualcóyotl / Un *hablar verdadero* como el náhuatl de Quetzalcóatl» (S. 80).

[14] «... tan sólo en su pintura vivimos / Con los poemas nos acercamos a él, con pinturas» (S. 71), «pintando sus poemas» (S. 74), «los historiadores pintan su historia» (S. 76).

der Bildung und Erbauung. Dichtung stellt keine esoterische Kunstübung dar für wenige Eingeweihte, sie ist vielmehr Handreichung für das ganze Volk und hat aus der Verantwortung für die Sprache im wahrsten Sinn volkstümlich zu sein. Zugleich wird der Dichter aber auch als „ein Herz mit Gott" («un corazón con Dios», 79) bezeichnet. Das ist die Vorstellung von der Sendung des Dichters als *vates*, den Gott berufen hat und inspiriert. Er ist Bote des Wortes, der am göttlichen Wissen teilhat und daraus seinen Auftrag als Künder herleitet. Cardenals Dichtungsverständnis und moralischer Anspruch hat etwas Prophetisches an sich. Wie der Prophet, so weist auch der Dichter auf Ursprünge zurück, macht den göttlichen Willen begreiflich, deutet die Zeichen der Zeit und kündigt Zukünftiges an. Prophet und Dichter vermitteln und bezeugen Wort Gottes, das auf die Veränderung der gegenwärtigen Zeit zielt. Abweichungen von der Botschaft werden in Mahnreden, in zorniger Schelte, in Kritik an den Mächtigen schonungslos angeprangert und gerichtet. Der Prophet führt zudem Klage über das Vergessen, er droht und weiß die Zeichen der Zeit zu deuten. Vor allem aber verheißt der Prophet Künftiges:

> Escribimos en el Libro para los años futuros.
> Los poetas, los
> que protegemos al pueblo con palabras. (59)

Dichter schreiben die Zukunft vor, machen die Utopie wahr. Damit wird Dichtung zur mythischen Epiphanie eines eschatologischen Endzustands – der „Ernte" als Zeit der Freude und Belohnung –, der den Ursprung glücklich einholt und einlöst. Dichtung und Religion fließen bruchlos ineinander. Dichtung ist immer religiös, und umgekehrt bleibt die Religion angewiesen auf die sprachlich-dichterische Bezeugung der Botschaft. Im Gedicht über das inkaische Tahuantinsuyu heißt es daher:

> La verdad religiosa
> y la verdad política
> eran para el pueblo una misma verdad. (43)

Cardenals Gedicht «8 Ahau» umspannt in einem gewaltigen Bogen die Civitas Dei und die Res publica der Menschen, ihre mythische Berufung ebenso wie ihre historische Verfehlung in geheimnisvoller Verquickung. Die Rolle des Dichters liegt in der Vermittlung zwischen Himmel und Erde, zwischen Vergangenheit und Zukunft. Was bei der Verleihung des Friedenspreises des Deutschen Buchhandels 1980 im Blick auf das Gesamtwerk gesagt wurde, gilt insbesondere auch für dieses einzelne Gedicht über Bedrohung und Rettung altamerikanischer Zivilisation:

Die Dichtung Ernesto Cardenals ist ein Gang durch die Geschichte seines Kontinents, Erinnerung an Leiden und Hoffnung der Völker und wortgewaltige Mahnung zur Liebe als dem einzigen Element der Veränderung. Sein Werk ist gegründet auf die Hoffnung, auf die noch nicht entfalteten Möglichkeiten des Menschen.

AUSWAHLBIBLIOGRAPHIE

(Ein Asteriskus [*] bei einzelnen Dichternamen weist darauf hin, daß sich die bibliographischen Angaben hauptsächlich auf das lyrische Werk beziehen.)

I. Literaturgeschichten und Monographien

América latina en su literatura, Coordinación e introducción por César Fernández Moreno, (UNESCO) Mexiko 1972 ([5]1978).

Anderson Imbert, Enrique, *Historia de la literatura hispanoamericana*, 2 Bde., Mexiko 1954 ([7]1980).

Bellini, Giuseppe, *Historia de la literatura hispanoamericana*, Madrid 1985.

Brotherston, Gordon, *Latin American Poetry*. Origins & Presence, Cambridge 1975.

Fernández, Teodosio, *La poesía hispanoamericana en el siglo XX* (Historia crítica de la literatura hispánica 31), Madrid 1987.

Franco, Jean, *An Introduction to Spanish American Literature*, Cambridge 1969.

–, *Historia de la literatura hispanoamericana*, Barcelona 1975.

Friedrich, Hugo, *Die Struktur der modernen Lyrik*. Von Baudelaire bis zur Gegenwart, Hamburg 1956 (erweiterte Neuauflage: Von der Mitte des neunzehnten bis zur Mitte des zwanzigsten Jahrhunderts, [9]1967).

Grossmann, Rudolf, *Geschichte und Probleme der lateinamerikanischen Literatur*, München 1969.

Lateinamerikanische Literatur der Gegenwart in Einzeldarstellungen, hrsg. von Wolfgang Eitel, Stuttgart 1978.

Paz, Octavio, *El arco y la lira*, Mexiko 1956 (erweiterte Neuauflage: Mexiko 1967). Dt. Übersetzung von Rudolf Wittkopf: *Der Bogen und die Leier*. Poetologischer Essay, Frankfurt a. M. 1983.

–, *Los hijos del limo*. Del romanticismo a la vanguardia, Barcelona 1974 ([3]1981). Dt. Übersetzung von Rudolf Wittkopf: *Die andere Zeit der Dichtung*. Von der Romantik zur Avantgarde, Frankfurt a. M. 1989.

Siebenmann, Gustav, *Die moderne Lyrik in Spanien*, Stuttgart 1965. Erweiterte spanische Fassung: *Los estilos poéticos en España desde 1900*, Madrid 1973.

Sucre, Guillermo, *La máscara y la transparencia*. Ensayos sobre poesía hispanoamericana, Caracas 1975.

Valverde, José María, *La literatura de Hispanoamérica* (Historia de la Literatura Universal 4), Barcelona 1977.

Yurkievich, Saúl, *Fundadores de la nueva poesía latinoamericana*. Vallejo. Huidobro. Borges. Girondo. Neruda. Paz, Barcelona 1971 ([4]1984).

–, *A través de la trama*. Sobre vanguardia y otras concomitancias, Barcelona 1984.

–, *Littérature latino-américaine: traces et trajets*, Paris 1988.

II. Bio-bibliographische Lexika

Reichardt, Dieter, *Lateinamerikanische Autoren*. Ein Literaturlexikon und eine Bibliographie der deutschen Übersetzungen, Tübingen 1972 (2. Auflage in Vorbereitung).

Diccionario de autores iberoamericanos. Dirigido por Pedro Shimose, Ministerio de Asuntos Exteriores, Madrid 1982.

Diccionario de literatura hispanoamericana. Autores, hrsg. von Horacio Jorge Becco, Buenos Aires 1984.

III. Anthologien moderner hispanoamerikanischer Lyrik

Baciu,Stefan (Hrsg.), *Antología de la poesía latinoamericana (1950–1970)*, New York 1974.

Ballagos, Emilio (Hrsg.), *Antología de la poesía negra hispanoamericana*, Madrid 1944.

Boccanera, Jorge (Hrsg.), *La novísima poesía latinoamericana*, Mexiko 1980.

Caillet-Bois, Julio (Hrsg.), *Antología de la poesía hispanoamericana*, Madrid 1958 (^{2}1965). Zur modernen Lyrik: S. 701–1920.

Cobo Borda, Juan Gustavo (Hrsg.), *Antología de la poesía hispano-americana*. Selección, prólogo y notas de Juan Gustavo Cobo Borda, Mexiko 1985.

Escalona-Escalona, José Antonio (Hrsg.), *Muestra de poesía hispanoamericana del siglo XX*, 2 Bde., Caracas 1985.

Ibargoyen, Saúl, und Jorge Boccanera (Hrsg.), *Poesía rebelde en Latinoamérica*, Mexiko 1978 (^{2}1979).

Jiménez, José Olivio (Hrsg.), *Antología de la poesía hispanoamericana contemporánea (1914–1970)*, Selección, prólogo y notas de José Olivio Jiménez, Madrid 1971 (^{5}1979).

Onís, Federico de (Hrsg.), *Antología de la poesía española e hispanoamericana (1882–1932)*, Madrid 1934 (Reprint: New York 1964).

– (Hrsg.), *Anthologie de la poésie Ibero-Américaine*, Paris 1956 (UNESCO) (mit französischen Übersetzungen).

Ortega, Julio (Hrsg.), *Antología de la poesía hispanoamericana actual*, Mexiko 1987.

Pellegrini, Aldo (Hrsg.), *Antología de la poesía viva latinoamericana*, Barcelona 1966.

Las cien mejores poesías modernas. Líricas Hispano-Americanas, Madrid 1928.

Rodríguez Padrón, Jorge (Hrsg.), *Antología de la poesía hispanoamericana (1915–1980)*, Selección y estudio preliminar de Jorge Rodríguez Padrón, Madrid 1984.

Sensemayá. La poesía negra en el mundo hispanohablante, hrsg. von Aurora Albornoz und Julio Rodríguez Luis, Madrid 1980.

Spanish American Modernista Poets. A Critical Anthology, selected, with an introduction and notes by Gordon Brotherston, Oxford 1968.

Tentori Montalvo, Francesco (Hrsg.), *Poeti ispanoamericani del novecento*, 2 Bde., Mailand 1987.

Im deutschsprachigen Raum sind erschienen:

Avantgarde und Revolution. Mexikanische Lyrik von López Velarde bis Octavio Paz. Eine Anthologie, hrsg. von Klaus Meyer-Minnemann, Frankfurt a. M. 1987.

Gott der Armen. Religiöse Lyrik aus Lateinamerika, ausgewählt und übertragen von Franz Niedermayer, eingeleitet von Erika Lorenz, Düsseldorf 1984.

Lateinamerika. Stimmen eines Kontinents. Prosa, Lyrik, Theater, Essay, hrsg. von Günter W. Lorenz, Tübingen 1974.

Lateinamerika. Gedichte und Erzählungen (1930–1980), hrsg. von José Miguel Oviedo, Frankfurt a. M. 1982.

Lyrik aus Lateinamerika, hrsg. von Curt Meyer-Clason, München 1988.

Poesie der Welt. Lateinamerika, hrsg. von Hartmut Köhler, Berlin 1986.

Rose aus Asche. Spanische und spanisch-amerikanische Gedichte 1900–1950, hrsg. und übertragen von Erwin Walter Palm, München 1955. Revidierte und zweisprachige Ausgabe: Frankfurt a. M. 1981.

Schwan im Schatten. Lateinamerikanische Lyrik, übertragen von Albert Theile, München 1955.

Südamerikanische Freiheitsdichtungen, übertragen von Erich Arendt, Berlin (Volk und Welt) 1951.

Südamerikanische Lyrik, übertragen von Wenzel Goldmann, Zürich 1949.

(Vgl. hierzu auch: Gustav Siebenmann und Donatella Casetti, *Bibliographie der aus dem Spanischen, Portugiesischen und Katalanischen ins Deutsche übersetzten Literatur.* 1945–1983 [Beihefte zur *Iberoromania* 3], Tübingen 1985.)

IV. Bibliographien zu den einzelnen Autoren

Oliverio Girondo (1891–1965), Argentinien

Textausgaben

Oliverio Girondo, *Obras completas,* Buenos Aires 1968.

Studien

Ferrari, Américo, «La rebelión de los vocablos. En torno a la obra de Oliverio Girondo», in: *Mélanges à la memoire d'André Joucla-Ruau,* Bd. 2, Aix-en-Provence 1978, S. 707–721.

Gómez de la Serna, Ramón, «Oliverio Girondo» aus «Retratos Contemporáneos», in: *Obras completas,* Bd. 2, Barcelona 1957, S. 1541–1554.

Homenaje a Girondo, Organización, introducción y notas de Jorge Schwartz, Buenos Aires 1987.

Lindstrom, Naomi, «Oliverio Girondo y su discurso del futuro», in: *Revista Interamericana de Bibliografía* 3 (1982), S. 191–199.

Molina, Enrique: «Oliverio Girondo en la médula del lenguaje», in: *XUL. Signo viejo y nuevo* 6 (1984), S. 18–20.

Nóbile, Beatriz de, *El acto experimental – Oliverio Girondo y las tensiones del lenguaje*, Buenos Aires 1972.

Pellegrini, Aldo, *Oliverio Girondo*, Buenos Aires 1964.

Pío del Corro, Gaspar, *Oliverio Girondo. Los límites del signo*, Buenos Aires 1976.

Sola González, Alfonso, «Oliverio Girondo, iniciador de la vanguardia argentina», in: *Cuadernos Hispanoamericanos* 55/163–164 (1963), S. 92–93.

Wentzlaff-Eggebert, Harald, «Schizzi di viaggio poetici di un avanguardista argentino – *Veinte poemas para ser leídos en el tranvía* (1922) e *Calcomanías* (1925) di Oliverio Girondo», in: M. A. D'Agostini (Hrsg.), *La letteratura di viaggio*, Parma 1988.

Yurkievich, Saúl, «Oliverio Girondo. La pupila del cero», in: *Fundadores de la nueva poesía latinoamericana*, S. 141–162.

Übersetzungen ins Deutsche

Oliverio Girondo, *Milonga*. Zwanzig Gedichte im Tangoschritt, übers. von Thomas Ahlers u. a. Hrsg. und mit einem Nachwort versehen von Harald Wentzlaff-Eggebert, Göttingen 1984.

–, *Calcomanías – Abziehbilder* (Spanisch und Deutsch), übers. von Carmen Bäuerlein u. a. Hrsg. von Harald Wentzlaff-Eggebert (Bamberger Editionen 1), Bamberg 1988.

Alfonsina Storni (1892–1938), Argentinien

Textausgaben

Alfonsina Storni, *Obras completas*, Buenos Aires 1957 (1964).

–, *Obras completas*, Bd. 1: *Poesías*, Buenos Aires 1976.

–, *Antología poética*, Madrid ²1982.

Studien

Andreola, Carlos Alberto, *Alfonsina Storni. Vida-Talento-Soledad*. Primera biografía integral y documentada que reune antecedentes estrictamente desconocidos y revela aspectos apostamente vedados hasta hoy, Buenos Aires 1976.

Etchenique, Nira, *Alfonsina Storni*, Buenos Aires 1958.

Giusti, Roberto, «Alfonsina Storni», in: *Nosotros* 3/32 (1938), S. 372–397. Auch in: Ders., *Literatura y vida*, Buenos Aires 1939, S. 97–133.

Gómez Paz, Julieta, *Leyendo a Alfonsina Storni*, Buenos Aires 1966.

Jones, Sonia, *Alfonsina Storni*, Boston 1979.

Koch, Dolores, «Delmira, Alfonsina, Juana y Gabriela», in: *Revista Iberoamericana*. Número Especial dedicado a las Escritoras de la América Hispánica. Dirigido por Rose Minc. 51/132–133 (1985), S. 723–729.

Machin, Eyda, «La mujer y la escritura: Juana de Ibarbourou y Alfonsina Storni», in: *Der Umgang mit dem Fremden*. Beiträge zur Literatur aus und über Lateinamerika, hrsg. von Titus Heydenreich (Lateinamerika Studien 22), München 1986, S. 65–90.

Nalé Roxlo, Conrado, und Mabel Mármol, *Genio y figura de Alfonsina Storni*, Buenos Aires ²1966.

Percas, Helena, «Alfonsina Storni y la generación del 16», in: Dies., *La poesía femenina argentina (1810–1950)*, Madrid 1958.

Pérez Blanco, Lucrecio, *La poesía de Alfonsina Storni*, Madrid 1975.

Phillips, Rachel, *Alfonsina Storni*. From Poetess to Poet, London 1975.

Sanín Cano, Baldomero, «*Ocre* de Alfonsina Storni», in: *La Nación*, 3a. edición, 14. Juni 1925.

Schulze, Carola, *Die soziale Thematik im lyrischen Werk von Alfonsina Storni*, Hamburg 1986 (unveröffentlichte Magisterarbeit).

Übersetzungen ins Deutsche

Storni, Alfonsina, *Verwandle die Füße*. Ausgewählte Gedichte. Spanisch-Deutsch. Berechtigte Übertragung von Waltrud Kappeler, Zürich 1959 (unveränderter Neudruck 1986). Mit einem Nachwort von W. Kappeler.

Vicente Huidobro (1893–1948), Chile

Textausgaben

Vicente Huidobro, *Obras completas*, 2 Bde., Prólogo de Hugo Montes, Santiago de Chile 1976.

Studien

Bary, David, *Huidobro o la vocación poética*, Granada 1963.

Busto Ogden, Estrella, *El creacionismo de Vicente Huidobro en sus relaciones con la estética cubista*, Madrid 1983.

Caracciolo Trejo, E., *La poesía de Vicente Huidobro y la vanguardia*, Madrid 1974.

Concha, Jaime, *Vicente Huidobro*, Madrid 1980.

Costa, René de (Hrsg.), *Vicente Huidobro y el creacionismo*, Madrid 1975 (El escritor y la crítica).

Costa, René de: *Vicente Huidobro*. The Careers of a Poet, Oxford 1984.

Geisler, Eberhard, „Avantgarde und Romantik. Zu einem älteren Argument der Huidobro-Kritik", in: *Avantgarde in Lateinamerika*. Akten des internationalen Kolloquiums Berlin 4.–6. Mai 1989 (in Vorbereitung).

Goic, Cedomil, *La poesía de Vicente Huidobro*, Santiago de Chile 1956.

Hey, Nicolás, «Bibliografía de y sobre Vicente Huidobro», in: *Revista Iberoamericana* 41/91 (1975), S. 293–353.

Janik, Dieter, „Vicente Huidobro und César Vallejo: Zwei Außenseiter der europäischen Avantgarde aus Spanischamerika", in: *Lyrik und Malerei der Avantgarde,* hrsg. von Rainer Warning und Winfried Wehle, München 1982, S. 193–209.

Revista Iberoamericana: Vicente Huidobro y la vanguardia (Sondernummer) 45/106–107 (1979).

Szmulewicz, Efraín, *Vicente Huidobro.* Biografía emotiva, Santiago de Chile 1979.

Wentzlaff-Eggebert, Harald, „Textbilder und Klangtexte. Vicente Huidobro als Initiator der visuellen/phonetischen Poesie in Lateinamerika", in: *Der Umgang mit dem Fremden.* Beiträge zur Literatur aus und über Lateinamerika, hrsg. von Titus Heydenreich (Lateinamerika Studien 22), München 1986, S. 91–122.

Yúdice, George, *Vicente Huidobro y la motivación del lenguaje,* Buenos Aires 1978.

Yurkievich, Saúl, «Vicente Huidobro: alto azor», in: *Fundadores de la poesía latinoamericana,* S. 55–118.

Übersetzungen ins Deutsche

Vicente Huidobro, *Poesie.* Spanisch oder Französisch-Deutsch, Übertragung und Nachwort von Fritz Vogelgsang, Frankfurt a. M. 1966.

César Vallejo (1892–1938), Peru

Textausgaben

César Vallejo, *Obra poética completa,* Lima 1968.

–, *Poesía completa,* Edición crítica y exegética al cuidado de Juan Larrea, Barcelona 1978.

–, *Obra poética completa,* Edición de Enrique Ballón Aguirre, Caracas 1979.

Studien

Ballón Aguirre, Enrique, *Poetología y escritura.* Las crónicas de César Vallejo, Mexiko 1985.

–, *Vallejo como paradigma.* Un caso especial de escritura, Lima 1974.

–, *La poética de César Vallejo.* Un caso especial de escritura, Puebla 1986.

Chirinos Soto, Enrique, *Prosas poéticas: De Vallejo a Borges,* Lima 1985.

Coyné, André, *César Vallejo y su obra poética,* Lima 1958.

Escobar, Alberto, *Como leer a Vallejo,* Lima 1973.

Espejo Asturizaga, Juan, *César Vallejo. Itinerario del Hombre,* Lima 1965.

Farías, Victor, «La estética de César Vallejo», in: *Araucaria de Chile* 25 (1984), S. 59–81.

Ferrari, Américo, *El universo poético de César Vallejo,* Caracas 1974.

Flores, Angel (Hrsg.), *Aproximaciones a César Vallejo,* 2 Bde., New York 1971.

Flores, Angel, *César Vallejo.* Síntesis biográfica, bibliografía e índice de poemas, Mexiko 1982.

Franco, Jean, *César Vallejo.* The Dialectics of Poetry and Silence, Cambridge 1976.

Hart, Stephen, «El arcaísmo y la motivación etimológica en *Trilce* de César Vallejo», in: *Quaderni ibero-americani* 8/57–58 (1985), S. 20–35.

–, "The Spanish Civil War in the Poetry of Pablo Neruda, César Vallejo and Nicolás Guillén", in: *Spanisch Studies* 7–8 (1985/86), S. 54–67.

–, "The World Upside-Down in the Work of César Vallejo", in: *Bulletin of Hispanic Studies* 62 (1985), S. 163–177.

Higgins, James, *Visión del hombre y de la vida en las últimas obras de César Vallejo,* Mexiko 1970.

–, *César Vallejo.* A Selection of his Poetry, translation, introduction and notes by James Higgins, Liverpool 1987.

Homenaje a César Vallejo, in: *Cuadernos hispanoamericanos* 454–455 and 456–457 (Madrid 1988). Bd. 1: Paralelismos. Irradiación. Los libros. Aproximaciones. Bd. 2: Con Vallejo. Temas. El taller. Bibliografía.

Homenaje a César Vallejo, 1892–1938, in: *Cuadernos americanos* 2/8 (Mexiko 1988), S. 117–226.

Iberico, Mariano, «El sentido del tiempo en la poesía de César Vallejo», in: *Revista Peruana de Cultura* 4 (1965), S. 47–63.

–, «El sentido del tiempo en la poesía de César Vallejo», in: *La Aparición Histórica.* Ensayos y notas sobre los temas de la Historia y el Tiempo, Lima 1971.

Larrea, Juan, *César Vallejo y el surrealismo,* Madrid 1976.

Martínez García, Francisco, *César Vallejo.* Acercamiento al hombre y al poeta, León 1976.

Neale-Silva, Eduardo, *César Vallejo en su fase trílcica,* Madrid 1975.

Oliva, Aldo P., «Trilce XXIII», in: *Aproximaciones a César Vallejo,* hrsg. von Angel Flores, New York 1971.

Ortega, Julio, «Vallejo: la poética de la subversión», in: *Hispanic Review* 50 (1982), S. 267–296.

Paoli, Roberto, *Alle origine di «Trilce». Vallejo fra modernismo e avanguardia,* Verona 1966.

–, *César Vallejo,* Mailand 1964.

Rivera Feijóo, Juan Francisco, *César Vallejo: Mito, religión y destino.* Estudio caracterológico, La Victoria, Peru 1984.

César Vallejo, hrsg. von Julio Ortega, Madrid 1975 (El escritor y la crítica).

(César Vallejo.) Mehrere Artikel, in: *Discurso literario.* Revista de temas hispánicos 4/1–2 (1986–1987).

César Vallejo. Actas del Coloquio Internacional. Berlin 7.–9. Juni 1979, hrsg. von Gisela Beutler, Alejandro Losada und Klaus Zimmermann, Tübingen 1981.

Vegas García, Irene, *Trilce.* Estructura de un nuevo lenguaje, Lima 1982.

Übersetzungen ins Deutsche

César Vallejo, *Gedichte.* Spanisch und deutsch, Übertragung und Nachwort von Hans Magnus Enzensberger, Frankfurt a. M. 1963 (^{2}1976).

–, *Funken wie Weizenkörner.* Spanisch und Deutsch, übersetzt von Fritz Rudolf Fries, Berlin (Volk und Welt) 1971.

César Vallejo, Lateinamerika. Prosagedichte. Gegen das Berufsgeheimnis. *Spanien nimm diesen Kelch von mir,* in: *Akzente* 32/6 (1985), S. 506–541.

Jorge Luis Borges (1899–1986), Argentinien

Textausgaben

Jorge Luis Borges, *Obras completas,* Buenos Aires 1964–66 (1969).
–, *Obra poética* (1923–1964), Buenos Aires 1964.
–, *Obra poética* (1923–1976), Buenos Aires 1978/Madrid 1979.
–, *Obra poética* (1923–1977), Madrid 1981.
La cifra. Spanisch-italienisch, Mailand 1981.

Studien

Alazraki, Jaime (Hrsg.), *Jorge Luis Borges,* Madrid 1976 (El escritor y la crítica).
Alazraki, Jaime, *Critical Essays on Jorge Luis Borges,* Boston, Mass. 1987.
Barnatán, Marcos Ricardo, *Jorge Luis Borges,* Madrid 1972.
Becco, Horacio Jorge, *Jorge Luis Borges.* Bibliografía total 1923–1973, Buenos Aires 1973.
Borges el memorioso. Conversaciones de Jorge Luis Borges con Antonio Carrizo, Buenos Aires 1982.
Borges the Poet, hrsg. von Carlos Cortínez, Fayetteville, Arkansas 1986.
Camartín, Iso, „Jorge Luis Borges",in: *Lateinamerikanische Literatur in Einzeldarstellungen,* hrsg. von Wolfgang Eitel, Stuttgart 1978, S. 1–33.
Charbonnier, Georges, *El escritor y su obra.* Entrevistas con Jorge Luis Borges, Mexiko 1967.
Cheselka, Paul, *The Poetry and Poetics of Jorge Luis Borges,* New York/Bern/Frankfurt a. M. 1987.
Cro, Stelio, *Jorge Luis Borges.* Poeta, saggista e narratore, Mailand 1971.
Fernández Moreno, César, *Esquema de Borges,* Buenos Aires 1957.
Geisler, Eberhard, „Jorge Luis Borges", in: *Kritisches Lexikon zur fremdsprachigen Gegenwartsliteratur,* hrsg. von Heinz Ludwig Arnold, München 1986 (25 Seiten, mit Bibliographie und Übersetzungsbibliographie).
Goloboff, Gerardo Mario, *Leer Borges,* Buenos Aires 1978.
Gutiérrez Girardot, Rafael, *Jorge Luis Borges.* Ensayo de interpretación, Madrid 1959.
Jurado, Alicia, *Genio y figura de Jorge Luis Borges,* Buenos Aires 1964.
Meneses, Carlos, *Poesía juvenil de Jorge Luis Borges,* Barcelona 1978.
Paoli, Roberto, *Borges: Percorsi di significato,* Messina/Florenz 1977.
Revista Iberoamericana 100–101 (Pittsburgh 1977). Sondernummer zu Jorge Luis Borges.
Rodríguez Monegal, Emir, *Borges par lui-même,* Paris 1970.
Sucre, Guillermo, *Borges el poeta,* Caracas 1968 ([3]1974).
Vázquez, María Esther, *Borges: imágenes, memorias, diálogos,* Caracas 1977.

Yurkievich, Saúl, «Jorge Luis Borges. Borges, poeta circular», in: *Fundadores de la nueva poesía latinoamericana*, S. 119–140.

Übersetzungen ins Deutsche

Jorge Luis Borges, *Gesammelte Werke*, Bd. 1: *Gedichte 1923–1965*, hrsg. und aus dem Spanischen übersetzt von Gisbert Haefs, München 1982.

–, *Gesammelte Werke*, Bd. 2: *Gedichte 1969–1976*, hrsg. und aus dem Spanischen übersetzt von Curt Meyer-Clason, München 1980.

–, *Gesammelte Werke*, Bd. 6: *Borges und ich*, nach der Übersetzung von Karl August Horst bearbeitet von Gisbert Haefs, München 1982.

Jaime Torres Bodet (1902–1974), Mexiko

Textausgaben

Jaime Torres Bodet, *Poesías escogidas*, Buenos Aires 1954.

–, *Obras escogidas*, Mexiko 1961.

–, *Obra poética*, Prólogo de Rafael Solana, 2 Bde., Mexiko 1967.

Studien

Dauster, F., «La poesía de Jaime Torres Bodet», in: *Revista Iberoamericana* 25/49 (1960), S. 73–94.

Ensayos contemporáneos sobre Torres Bodet, Compilación de Beth Miller, Mexiko 1976.

Jaime Torres Bodet en quince semblanzas. Mit Beiträgen von Marte R. Gómez, Alfonso Caso u. a., Mexiko 1965.

Jarnés, B., «El Desterrado», in: *Ariel Disperso*, Mexiko 1946, S. 200–206.

Leal, L., «Torres Bodet y los Contemporáneos», in: *Hispania* 40/3 (1957), S. 290–296.

Leiva, R., «Jaime Torres Bodet», in: *Imagen de la Poesía Contemporánea*, Mexiko 1959, S. 123–136.

Karsen, Sonja, *Jaime Torres Bodet. A Poet in a Changing World*, New York 1963.

–, *Selected Poems of Jaime Torres Bodet. A bilingual Edition with Translations*, Bloomington 1964.

–, *Jaime Torres Bodet. Versos y Prosa*. Introducción, Selecciones y Bibliografía, Madrid 1966.

–, *Jaime Torres Bodet*, New York 1966.

–, "Jaime Torres Bodet (1902–1974)", in: *Latin American Writers*, Bd. 2, hrsg. von Carlos A. Solé und Maria Isabel Abreu, New York 1989, S. 933–939.

Miller, Beth Kurti, *La Poesía constructiva de Jaime Torres Bodet. Un estudio de* «Cripta» *y de sus contextos*, Mexiko 1974.

Miomandre, Francis de, «Jaime Torres Bodet et ‹Proserpine rachetée›», in: *L'Esprit Français* (1931), S. 204–207.

Pabst, Walter, „Mexiko. Jahrgang 1902. Der Weg des Dichters Jaime Torres Bodet", in: *Das literarische Echo* 34/8 (1932), S. 431 ff.

Übersetzungen ins Deutsche

«Hueso», in: *Rose aus Asche*. Spanische und spanisch-amerikanische Gedichte 1900–1950, hrsg. und übertragen von Erwin Walter Palm, München 1955. Revidierte und zweisprachige Ausgabe: Frankfurt a. M. 1981, S. 98–99.

Nicolás Guillén (1902–1989), Kuba

Textausgaben

Nicolás Guillén, *Obra poética (1920–1972)*, 2 Bde., Havanna 1974.

–, *Obra poética*, Compilación, prólogo y notas por Angel Augier, Bd. 1: 1922–1958; Bd. 2: 1958–1977, Havanna 1980–1981.

–, *Las grandes elegías y otros poemas*, Caracas 1984.

–, *Música de cámara*, Havanna 1979.

–, *La rueda dentada*, Havanna 1979.

–, *El libro de los sones*, Havanna 1982.

Studien

Actas del Coloquio internacional sobre la obra de Nicolás Guillén. Bordeaux 15.–17. September 1987, Havanna 1988.

Augier, Angel, *Nicolás Guillén*. Estudio biográfico-crítico, Havanna 1984.

Bellini, Giuseppe, «Nicolás Guillén», in: *Poeti Antillani*, Mailand 1952, S. 83–101.

Dill, Hans-Otto, «Nicolás Guillén: de la exposición periodística a la forma artística», in: *Wissenschaftliche Zeitschrift der Humboldt Universität* (1969), S. 693–697.

Ellis, Keith, *Cuba's Nicolás Guillén*. Poetry and Ideology, Toronto/Buffalo/London 1983.

Fernández Retamar, Roberto, «Nicolás Guillén», in: *La poesía contemporánea en Cuba (1927–1953)*, Havanna 1954, S. 45–75.

Gewecke, Frauke, *Die Karibik*. Zur Geschichte, Politik und Kultur einer Region, Frankfurt a. M. 1984 (²1988).

Martínez Estrada, Ezequiel, *La poesía afrocubana de Nicolás Guillén*, Montevideo 1966 (Havanna ²1967).

Recopilación de textos sobre Nicolás Guillén, hrsg. von Nancy Morejón, Havanna 1974 (Serie: Valoración múltiple).

Rogmann, Horst J., *Die Thematik der Negerdichtung in spanischer, französischer und portugiesischer Sprache*, (Diss.) München 1966.

Tous, Adriana, *La poesía de Nicolás Guillén*, Madrid 1971.

Übersetzungen ins Deutsche

Bitter schmeckt das Zuckerrohr. Gedichte von den Antillen, übersetzt von Erich Arendt, Berlin (Volk und Welt) 1952.

Bezahlt mich nicht, daß ich singe, übersetzt von Erich Arendt, Berlin (Volk und Welt) 1961.

Nicolás Guillén, *Rumba Macumba.* Afrokubanische Lyrik, ausgewählt und übertragen von Janheinz Jahn, München 1957.

–, *Gedichte.* Spanisch und deutsch, übersetzt von Erich Arendt, Hans-Otto Dill und Fritz Rudolf Fries, Leipzig 1969.

–, *Sie gingen Gitarren jagen,* hrsg. und mit einem Nachwort versehen von Hans-Otto Dill. Nachdichtungen aus dem Spanischen von Erich Arendt u. a., Berlin (Volk und Welt) 1977.

–, *Gedichte,* ausgewählt von Roland Erb und übertragen von Erich Arendt und Roland Erb, München 1978.

–, *Cuba–Lyrik–Revolution.* Eine Auswahl seiner Gedichte, übersetzt und kommentiert von Gabriele Batinic, Ingrid Kerkhoff und Joachim Schmidt-Sasse, Köln 1981.

–, *Gedichte.* Spanisch und deutsch. Auswahl und Nachwort von Dieter Reichardt, Frankfurt a. M. 1982.

–, *Auf dem Meere der Antillen fährt ein Schiffchen aus Papier.* (*Por el mar de las Antillas anda un barco de papel,* deutsch.) Gedichte für große Kinder. Aus dem Spanischen nachgedichtet von Hans-Otto Dill, Berlin (Volk und Welt) 1985.

Pablo Neruda (1904–1973), Chile

Textausgaben

Pablo Neruda, *Obras completas,* 3 Bde., Buenos Aires 1957 ([4]1973).
–, *Poesía,* 2 Bde., Madrid 1974.
–, *A Basic Anthology,* hrsg. von Robert Pring-Mill, Oxford 1975.

Studien

Becco, Horacio Jorge, *Pablo Neruda.* Bibliografía, Buenos Aires 1975.
Loyola, Hernán, «La obra de Pablo Neruda: guía bibliográfica», in: Pablo Neruda, *Obras completas,* Bd. 2, S. 1313–1501.
Woodbridge, Hensley C., und David S. Zubatsky, *Pablo Neruda: An Annotated Bibliography of Biographical and Critical Studies,* New York/London 1988.

Aguirre, Margarita, *Las vidas de Pablo Neruda,* Buenos Aires/Barcelona [2]1973.
Alazraki, Jaime, *Poética y poesía de Pablo Neruda,* New York 1965.
–, «Observaciones sobre la estructura de la oda elemental», in: *Mester* 4 (1974), S. 94–102. Auch in: *Nuevas aproximaciones a Pablo Neruda,* hrsg. von Angel Flores, Mexiko 1987, S. 223–238.

Alonso, Amado, *Poesía y estilo de Pablo Neruda*. Ensayo de interpretación de una poesía hermética, Buenos Aires 1940 und Barcelona 1979.

Anderson Jr., David G., *On Elevating the Commonplace* (A Structuralist Analysis of the *Odas* of Pablo Neruda), Valencia 1987.

Araya, Guillermo, «Veinte poemas de amor y una canción desesperada», in: *Bulletin Hispanique* 84/1–2 (1982), S. 145–188.

Babilas, Wolfgang, „Die Oden Pablo Nerudas", in: *Archiv für das Studium der neueren Sprachen und Literaturen* 204 (1967), S. 161–184.

Bellini, Giuseppe, *Neruda*, Mailand 1973.

Bennett, John M., «Estructuras antitéticas en ‹Galope muerto› de Pablo Neruda», in: *Revista Hispánica Moderna* 3 (1974–1975), S. 103–114.

Bergen, Carol Janson, *Pablo Neruda's Poetry of Quest*, Ph. D. Brown University 1976.

Campo, Vicente del, «Pablo Neruda. *Residencia en la tierra I*», in: *Norte* 8/2–3 (1967), S. 40–41.

Concha, Jaime, *Neruda 1904–1936*, Santiago de Chile 1972.

– (Hrsg.), Pablo Neruda: *Odas elementales*, Prólogo de Jaime Concha, Madrid 1982.

Cortínez, Carlos F., *Comentario crítico de los diez primeros poemas de «Residencia en la tierra»*, Ph. D. University of Iowa 1975.

–, «La vía onírica en un poema de *Residencia en la tierra*», in: *Filología* 17–18 (1976–1977), S. 361–372.

Costa, René de, *The Poetry of Pablo Neruda*, Cambridge, Mass./London 1979.

Debicki, Andrew, «Transformación y vitalidad del mundo material en dos libros de Pablo Neruda», in: Andrew Debicki (Hrsg.), *Poetas hispanoamericanos*, Madrid 1976, S. 97–118.

Der Dichter ist kein verlorener Stein. Über Pablo Neruda, hrsg. von Karsten Garscha, Darmstadt 1981 ([2]1983).

Flores, Angel (Hrsg.), *Aproximaciones a Pablo Neruda*, Barcelona 1974.

García-Abrines, Luis, «La forma en la última poesía de Neruda», in: *Atenea* 135 (1959), S. 95–107.

Hamilton, Carlos D., «Itinerario de Pablo Neruda», in: *Revista Hispánica Moderna* 22 (1956), S. 286–97.

Hösle, Johannes, „Pablo Neruda", in: *Lateinamerikanische Literatur der Gegenwart in Einzeldarstellungen*, S. 184–209.

Loyola, Hernán, «Residencia revisitada», in: *Cuadernos Americanos* 5 (1985), S. 124–162.

–, *Ser y morir en Pablo Neruda 1918–1945*, Santiago de Chile 1967.

Lozada, Alfredo, *El monismo agónico de Pablo Neruda*, Mexiko 1971.

Melis, Antonio, *Neruda*, Florenz 1967 ([2]1976).

Pablo Neruda, hrsg. von Emir Rodríguez Monegal und Enrico Santí, Madrid 1980 (El escritor y la crítica).

Pring-Mill, Robert, «La elaboración de la cebolla», in: *Actas del Tercer Congreso Internacional de Hispanistas*, Mexiko 1970, S. 739–751. Auch in: Angel Flores (Hrsg.), *Aproximaciones a Pablo Neruda*, Barcelona 1974, S. 227–241.

–, «El Neruda de las *Odas Elementales*», in: *Coloquio Internacional sobre Pablo Neruda*, hrsg. von Alain Sicard, Poitiers 1979, S. 261–300.

Revista Iberoamericana 39 (1973 = Sammelnummer zu Neruda).

Rodríguez Monegal, Emir, *El viajero inmóvil*, Buenos Aires 1966.

Sicard, Alain, *La pensée poétique de Pablo Neruda*, Lille 1977.

Siefer, Elisabeth, *Epische Stilelemente im «Canto General» von Pablo Neruda*, München 1971.

Silva Castro, Raúl, *Pablo Neruda*, Santiago 1964.

Stackelberg, Jürgen von, „Neruda deutsch", in: *Romanistisches Jahrbuch* 19 (1968), S. 286–293.

Yurkievich, Saúl, „Pablo Neruda", in: *Fundadores de la nueva poesía latinoamericana*, S. 163–249.

Übersetzungen ins Deutsche

Pablo Neruda, *Beleidigtes Land*, Vorwort von Anna Seghers, Deutsch von Stephan Hermlin, Berlin (Volk und Welt) 1949.

–, *Der große Gesang*, übertragen von Erich Arendt, Berlin (Volk und Welt) 1953.

–, *Die Trauben und der Wind*, übertragen von Erich Arendt, Berlin (Volk und Welt) 1955.

–, *Spanien im Herzen*, übertragen von Erich Arendt und Stephan Hermlin, Berlin (Volk und Welt) 1956.

–, *Elementare Oden, Teil I*, übertragen von Erich Arendt, Berlin (Volk und Welt) 1957.

–, *Zwanzig Liebesgedichte und ein Lied der Verzweiflung*. Spanisch und Deutsch, übertragen von Erich Arendt, Leipzig 1958.

–, *Aufenthalt auf Erden*, ins Deutsche übertragen von Erich Arendt, Hamburg 1960.

–, *Elementare Oden I–III*, übertragen von Erich Arendt, Berlin (Volk und Welt) 1961.

–, *Gedichte* (Auswahl). Spanisch und Deutsch, Übertragung und Nachwort von Erich Arendt, Frankfurt a. M. 1963.

–, *Die Höhen von Macchu Picchu*, übertragen aus dem Spanischen von Rudolf Hagelstange, Hamburg 1965.

–, *Extravaganzenbrevier*, übertragen von Erich Arendt und Katja Hayeck-Arendt, Berlin (Volk und Welt) 1967.

–, *Dichtungen 1919–1965* (Auswahl), hrsg. und aus dem Spanischen übertragen von Erich Arendt, 2 Bde., Darmstadt/Neuwied 1967 (1977). [Neuer Titel: *Viele sind wir*, Darmstadt/Neuwied 1972.]

–, *Poésie impure*, ausgewählt, übertragen und mit einem Nachwort von Hans Magnus Enzensberger, Hamburg 1968.

–, *Letzte Gedichte. Nobelpreisrede 1971*. Spanisch und Deutsch, übertragen von Fritz Vogelgsang, Darmstadt/Neuwied 1975.

–, *Liebesgedichte*. Spanisch und Deutsch, Deutsch von Fritz Vogelgsang, Darmstadt/Neuwied 1977 (1982).

–, *Das lyrische Werk*, Bd. 1, hrsg. von Karsten Garscha, übersetzt von Erich Arendt u. a., Darmstadt/Neuwied 1984. Enthält: *Zwanzig Liebesgedichte. Der Rasende Schleuderer. Aufenthalt auf Erden I, II, III. Spanien im Herzen. Der große Gesang. Verse des Kapitäns.*

–, *Das lyrische Werk*, Bd. 2, hrsg. von Karsten Garscha, übersetzt von Erich Arendt und Katja Hajek-Arendt, Darmstadt/Neuwied 1985. Enthält: *Die Trauben und der Wind. Elementare Oden. Neue Elementare Oden. Drittes Buch der Oden. Extravaganzenbrevier.*

–, *Das lyrische Werk*, Bd. 3, hrsg. von Karsten Garscha, übersetzt von Erich Arendt, Monika López, Fritz Vogelgsang, Darmstadt/Neuwied 1986. Enthält: *Seefahrt und Rückkehr. Memorial von Isla Negra. Die Hände des Tages. Weltende. Noch. Das posthume lyrische Werk.*

(Alle Gedichtzyklen dieser *Gesamtausgabe* sind im selben Verlag als Taschenbücher erschienen. Eine umfassende Bibliographie der Neruda-Übersetzungen ins Deutsche findet sich in: Gustav Siebenmann und Donatella Casetti, *Bibliographie der aus dem Spanischen, Portugiesischen und Katalanischen ins Deutsche übersetzten Literatur.* 1945–1983 [= Beihefte zur *Iberoromania* 3], Tübingen 1985, S. 97–100.)

José Lezama Lima (1912–1976), Kuba

Textausgaben

José Lezama Lima, *Obras completas*, Introducción de Cintio Vitier, Bd. 1: *Novela. Poesía completa*, Mexiko 1975. Bd. 2: *Ensayos. Cuentos*, Mexiko 1977.

–, *El reino de la imagen*, Selección, prólogo y cronología de Julio Ortega, Caracas 1981.

–, *Poesía completa*, Havanna 1970 (²1985).

–, *Fragmentos a su imán*, Prólogo de Cintio Vitier y José Agustín Goytisolo, Havanna 1977 und Barcelona 1978.

–, *Posible imagen de José Lezama Lima* (Gedichte), Introducción de José Agustín Goytisolo, Barcelona 1969.

–, *Imagen y posibilidad*, Selección, prólogo y notas de Ciro Bianchi Ross, Havanna 1981.

–, *Paradiso*. Edición crítica. Cintio Vitier Coordinador, Madrid 1988.

–, *Oppiano Licario*, Mexiko 1977 und Madrid 1977 (1983).

– (Hrsg.), *Antología de la poesía cubana*, 3 Bde., Havanna 1965.

Studien

Alvarez Bravo, Armando, «Conversación con José Lezama Lima», in: *Mundo Nuevo* 24 (1968), S. 33–39.

Armand, Octavio, «Lezama Lima o la muerte de Narciso», in: *Escolios* 1/3 (1976), S. 64–81.

Aspekte von José Lezama Lima «Paradiso», hrsg. von Mechtild Strausfeld, Frankfurt a. M. 1979.

Bejel, Emilio, «La dialéctica del deseo en ‹Aventuras sigilosas›», in: *Texto crítico* 5/13 (1979), S. 135–145.

Berg, Walter Bruno, „Die Provokation Lezama Limas. Aspekte gegenwärtiger Rezeption/Schriften aus dem Nachlaß", in: *Iberoamericana* 11/4 (1980), S. 29–49.

Cañas, Dionisio, «La oquedad creadora: Juan Ramón Jiménez y José Lezama Lima», in: *Insula* 37/426 (1982) S. 1 u. 10.

Cascardi, Anthony J., "Reference in Lezama Lima's ‹Muerte de Narciso›", in: *Journal of Spanish Studies: Twentieth Century* 5/I (1977), S. 5–11.

Coloquio Internacional sobre la obra de José Lezama Lima. Poitiers, 19.–22. Mai 1982, hrsg. von Cristina Vizcaíno und Eugenio Suárez Galbán, Bd. 1: Poesía, Madrid 1984.

Correa, Pedro, «José Lezama Lima, poeta» (mit Bibliographie), in: *Nuestro Tiempo* 43/250 (1975), S. 33–48.

Enriquez Ureña, Max, «El grupo *Orígenes:* José Lezama Lima», in: *Panorama de la literatura cubana*, Havanna 1967.

García Marruz, Fina, «La poesía es un caracól nocturno», in: *Casa de las Américas* 23/134 (1982), S. 132–149.

Homenaje a Lezama Lima. Una entrevista y colaboraciones de J. M. Broto, A. Cardín, F. Jiménez u. a., in: *Divan* 2–3 (1978), S. 20–36.

José Lezama Lima. Textos críticos, hrsg. von Justo Ulloa, Miami 1979.

Junco Fazzolari, Margarita, *Paradiso y el sistema poético de Lezama Lima*, Buenos Aires 1979.

Lezama Lima, hrsg. von Eugenio Suárez-Galbán, Madrid 1987 (El escritor y la crítica).

Lope, Monique, «Narcisse ailé. Étude sur ‹Muerte de Narciso› (1937) de José Lezama Lima», in: *Caravelle* 29 (1977), S. 25–44.

Orbita de Lezama Lima, hrsg. von Armando Alvarez Bravo, Havanna 1966.

Phaf, Ineke, und Rina Walthaus, «Icaro, Narciso, el poeta. Una interpretación de dos mitos en la obra de Góngora y de Lezama Lima», in: *Década*. Cuadernos de Leiden 5 (1980), S. 137–190.

Prats Sariol, José, «El poema abanico. Lectura de José Lezama Lima», in: *Diálogos* 17 (1981), S. 35–40.

Prieto, Abel A., «Poemas póstumos de José Lezama Lima», in: *Casa de las Américas* 112 (1979), S. 143–149.

Recopilación de textos sobre José Lezama Lima, hrsg. von Pedro Simón, Havanna 1970 (Serie: Valoración Múltiple).

Revista Iberoamericana 41/92–93 (1975), S. 467–546 (enthält Aufsätze zu Lezama Lima).

Rogmann, Horst, „José Lezama Lima", in: *Ibero-Romania* 3 (1971), S. 78–96.

–, „José Lezama Lima", in: *Lateinamerikanische Literatur der Gegenwart in Einzeldarstellungen*, S. 251–264.

Sarduy, Severo, «Escrito sobre un cuerpo», in: Severo Sarduy: *Barroco*, Buenos Aires 1974.

Sucre, Guillermo, «Lezama Lima: El logos de la imaginación», in: *Eco* 29/175 (1975), S. 9–38.

Vitier, Cintio, «José Lezama Lima», in: *Diez poetas cubanos*, Havanna 1948.

Voces 2 (Barcelona). Coordinación de Rafael Humberto Moreno-Durán (enthält Aufsätze zu Lezama Lima).

Xirau, Ramón, *Poesía y conocimiento*. Borges, Lezama Lima, Octavio Paz, Mexiko 1978.

Yurkievich, Saúl, «El eros relacionable o la imagen omnímoda y omnívora», in: *Eco* 32 (1977), S. 212–223.

Zambrano, María, «La Cuba secreta», in: *Orígenes* 5/20 (1948), S. 3–9.

–, «José Lezama Lima en La Habana», in: *Indice* 23/232 (1968), S. 29–31.

–, «Cuba y la poesía de José Lezama Lima», in: *Insula* 23/260–261 (1968), S. 4.

–, «Hombre verdadero: José Lezama Lima», in: *El País* (Madrid 29. 11. 1977), Suplemento «Arte y pensamiento», S. V.

–, «Breve testimonio de un encuentro inacabable», in: *Anthropos*. Revista de documentación científica de la cultura. Suplementos 2 (1987), S. 42–43.

Nicanor Parra (geb. 1914), Chile

Textausgaben

Nicanor Parra, *Cancionero sin nombre*, Santiago de Chile 1937.

–, *Poemas y antipoemas*, Santiago de Chile 1954.

–, *La cueca larga*, Santiago de Chile 1958.

–, *Versos de salón*, Santiago de Chile 1962.

–, *Manifiesto*, Santiago de Chile 1963.

–, *Canciones rusas*, Santiago de Chile 1968.

–, *Poemas*, Prólogo de Guillermo Rodríguez Rivera, Havanna 1969.

–, *Obra gruesa*, Santiago de Chile 1969.

–, *Tarjetas postales* («Artefactos»), Santiago de Chile 1972.

–, *Sermones y prédicas del Cristo de Elqui*, Valparaíso 1977.

–, *Nuevas sermones y prédicas del Cristo de Elqui*, Valparaíso 1979.

–, *Poesía política*, Santiago de Chile 1983.

–, *Hojas de Parra*. Edición y notas de David Turkeltaub, Santiago de Chile 1985.

–, *Antipoemas*. Antología (1944–1969), Selección, estudio y prólogo de José Miguel Ibañez-Langlois, Barcelona 1976 (¹1972).

–, *Poemas y antipoemas* (1954), Edición de René de Costa, Madrid 1988.

–, *Emergency Poems*, translated by Miller Williams, New York 1972.

Studien

Alegría, Fernando, «Nicanor Parra, el anti-poeta», in: *Cuadernos americanos* 19/110 (1960), S. 209–220.

Beutler, Gisela, «Vanguardismo y antipoesía en Nicanor Parra. Algunas consideraciones», in: *Avantgarde in Lateinamerika*. Akten des Internationalen Kolloquiums Berlin 4.–6. Mai 1989 (in Vorbereitung).

Brons, Thomas, *Die Antipoesie Nicanor Parras*. Versuch einer Deutung aus weltanschaulicher Sicht, Göppingen 1972 (Diss.).

Carrasco Muñoz, Iván, «La antipoesía y la lírica moderna», in: *Estudios filológicos* 21 (1986), S. 69–89.

Fernández Fraile, Maximino, «Fichas bibliográficas sobre Nicanor Parra» (1 und

2), in: *Revista Chilena de literatura* 15 (1980), S. 107–131 und 23 (1984), S. 141–147.

Gottlieb, Marlene, *No se termina nunca de nacer: La poesía de Nicanor Parra*, Madrid 1977.

Grossmann, Edith, *The Antipoetry of Nicanor Parra*, New York 1975.

Mas Ferrer, Jaime, «Aproximación a la antipoesía de Nicanor Parra», in: *Revista de investigación y ensayos del Instituto de Estudios Alicantinos* 32 (1981), S. 141–159.

Melnykovich, George, "Nicanor Parra: Antipoetry. Retraction and Silence", in: *Latin American Literary Review* 3/6 (1975), S. 65–70.

Montes, Hugo, und Mario Rodríguez, *Nicanor Parra y la poesía de lo cotidiano*, Santiago de Chile 1970.

Morales Toro, Leonidas, *La poesía de Nicanor Parra*, Santiago de Chile 1972.

Neruda, Pablo, und Nicanor Parra, *Discursos*, Santiago de Chile 1962.

Ortega, Julio, «Nicanor Parra y las paradojas», in: *Mundo Nuevo* 11 (1967), S. 90–91.

Rein, Mercedes, *Nicanor Parra y la antipoesía*, Montevideo 1970.

Rodríguez Monegal, Emir, «Encuentros con Nicanor Parra», in: *Mundo Nuevo* 23 (1968), S. 75–83.

Salvador Jofre, Alvaro, *Para una lectura de Nicanor Parra (El proyecto ideológico y el inconsciente)*, Sevilla 1975.

Schopf, Federico, «Estructura del antipoema», in: *Atenea* 40/149, 399 (1963), S. 140–153.

–, «La antipoesía de Nicanor Parra», in: *Camp de l'arpa* 37–38 (1976), S. 18–21.

–, *Del vanguardismo a la antipoesía*, Rom 1986.

Silva-Cáceres, Raúl, «Los artefactos en la poesía de Nicanor Parra», in: *Revista de Bellas Artes* 27 (1969), S. 26–28.

Stackelberg, Jürgen von, „Altersdichtung und Alltagsdichtung. Anmerkungen zu Pablo Neruda und Nicanor Parra", in: *Homenaje a G. Siebenmann*, hrsg. von Titus Heydenreich (Lateinamerika-Studien 13), Bd. II, München 1983, S. 869–882.

Szmulevicz, Efraím, *Nicanor Parra*. Biografía emotiva, Santiago de Chile 1988.

Yamal, Ricardo, *Sistema y visión de la poesía de Nicanor Parra*, Valencia 1985.

–, «La antipoesía de Nicanor Parra y su deuda con el surrealismo», in: *Chasqui* 16/1 (1987), S. 25–35.

Übersetzungen ins Deutsche

Nicanor Parra, *Und Chile ist eine Wüste. Poesie und Antipoesie*, aus dem Spanischen von Nicolas Born, Hans Magnus Enzensberger u. a., hrsg. von Federico Schopf und Peter Schulze-Kraft, Wuppertal 1975.

–, „*Zehn Gedichte*. Ausgewählt, übersetzt und mit einer kurzen Einleitung versehen von Jürgen von Stackelberg", in: *Sprachen der Lyrik*. Festschrift für Hugo Friedrich zum 70. Geburtstag, Frankfurt a. M. 1975, S. 850–863.

–, *Und Chile ist eine Wüste*, aus dem Spanischen von Nicolas Born, Hans Magnus Enzensberger u. a., mit einem Nachwort von Federico Schopf, hrsg. von Peter Schulze-Kraft, Frankfurt a. M. 1986.

Octavio Paz (geb. 1914), Mexiko

Textausgaben

Octavio Paz, Poemas (1935–1975), Barcelona 1979.
–, *Arbol adentro,* (la reimpr.) Mexiko 1987.

Studien

Verani, Hugo J., *Octavio Paz: bibliografía crítica,* Mexiko 1983.

Chiles, Francis, *Octavio Paz.* The Mythic Dimension, New York/Bern/Frankfurt a. M. 1987.

Cuadernos Hispanoamericanos (Homenaje a Octavio Paz) 115/343–345 (1979).

Fein, John Morton, *Toward Octavio Paz.* A Reading of his Major Poems 1957–1976, Lexington, Kentucky 1986.

Flores, Angel (Hrsg.), *Aproximaciones a Octavio Paz,* Mexiko 1974.

Geisler, Eberhard, „Octavio Paz". In: *Kritisches Lexikon zur fremdsprachigen Gegenwartsliteratur,* hrsg. von Heinz Ludwig Arnold, Bd. 2, S. 1–15 (A 1–3).

Hoelz, Karl, „Lateinamerika und die Suche nach dem 'Verlorenen Paradies'. Zur Theorie und Poetik eines Erlösungsmythos bei Octavio Paz", in: *Romanistisches Jahrbuch* 33 (1982), S. 336–354.

Homage to Octavio Paz, our 1982 Neustadt Laureate, in: *World Literature Today* 56/4 (1982), S. 590–763.

Magis, Carlos H., *La poesía hermética de Octavio Paz,* Mexiko 1978.

Meyer-Minnemann, Klaus, „Octavio Paz", in: *Lateinamerikanische Literatur der Gegenwart in Einzeldarstellungen,* S. 384–405.

–, „Octavio Paz in deutscher Sprache. Übersetzungen und Aufnahme", in: *Homenaje a Gustav Siebenmann,* hrsg. von Titus Heydenreich (Lateinamerika Studien 13), Bd. II, München 1983, S. 597–609.

–, „Octavio Paz in den dreißiger Jahren: Rekonstruktion einer mexikanischen Avantgarde", in: Karl Hölz (Hrsg.), *Literarische Vermittlungen: Geschichte und Identität in der mexikanischen Literatur. Akten des Kolloquiums Trier, 5. bis 7. Juni 1987,* Tübingen 1988 (Beihefte zur Iberoromania 6), S. 121–136.

Neumeister, Sebastian, „Die Aufhebung der Geschichte im Fest. Fortschritt und Gegenwart im Denken des mexikanischen Dichters Octavio Paz (Los hijos del limo, 1974)", in: *Entwicklungen der siebziger Jahre,* hrsg. von H. Kreuzer und K. W. Bonfig, Gerabronn 1978, S. 301–310.

Octavio Paz (Sammelband), hrsg. von Alfredo A. Roggiano, Madrid 1979.

Octavio Paz, hrsg. von Pere Gimferrer, Madrid 1982 (El escritor y la crítica).

Octavio Paz. Homage to the Poet, ed. and with an introduction by Kosrof Chantikian, San Francisco 1980.

Ojeda, Jorge Arturo, *La cabeza rota.* La poética de Octavio Paz, Mexiko 1983.

The Perpetual Present. The Poetry and Prose of Octavio Paz, hrsg. von Ivan Ivask, Norman 1973.

Phillips, Rachel, *The Poetic Modes of Octavio Paz*, London 1972.

Poppenberg, Gerhard, „'Gedanken in Weiß'. Zu einigen Texten von Octavio Paz", in: *die horen* 29/136 (1984), S. 101–118.

Revista Iberoamericana 37/74 (1971 = Sondernummer zu Octavio Paz).

Rodríguez Padrón, Jorge, «Octavio Paz. El escritor y la experiencia poética», in: *Cuadernos hispanoamericanos* 81/243 (1970), S. 671–678.

Schärer, Maja, „Octavio Paz, der Sonnenkalender oder das Ereignis der Dichtung", in: *Romanische Forschungen* 86/1–2 (1974), S. 42–56.

Schrader, Ludwig, „Der Bogen und die Leier oder die ewige Gegenwart. Modernität als Theorie bei Octavio Paz", in: *Sprachen der Lyrik. Festschrift für Hugo Friedrich zum 70. Geburtstag*, hrsg. von Erich Köhler, Frankfurt a. M. 1975, S. 782–815.

Ulrich Schulz-Backhaus, „Octavio Paz. Los hijos del limo – Europäische Avantgarde und mexikanisches Bewußtsein", in: ibid., S. 137–150.

Wentzlaff-Eggebert, Harald, „Libertad bajo palabra. Poetologisches Programm und poetische Praxis bei Octavio Paz", in: *Homenaje a G. Siebenmann* (Lateinamerika Studien 13), Bd. 2, München 1982, S. 1052–1074.

Wilson, Jason, *Octavio Paz. A Study of his Poetics*, Cambridge 1980.

–, *Octavio Paz*, Boston 1986.

Xirau, Ramón, *Tres poetas de la soledad*, Mexiko 1955.

Yurkievich, Saúl, «Octavio Paz, indigador de la palabra», in: *Fundadores de la nueva poesía latino-americana*, S. 253–286.

Übersetzungen ins Deutsche

Octavio Paz, *Freiheit, die sich erfindet*. Gedichte, übersetzt von Fritz Vogelsang, Neuwied 1971.

–, (Gedichte), übersetzt von Erich Arendt u. a., Berlin (Neues Leben) 1973.

–, *Gedichte* (Spanisch-deutsch), Übersetzung und Nachwort von Fritz Vogelsang, Frankfurt a. M. 1977.

–, *Essays 1*, Übersetzung von Carl Heupel und Rudolf Wittkopf, Nachwort von Carl Heupel, Frankfurt a. M. 1979.

–, *Essays 2*, Übersetzung von Carl Heupel und Rudolf Wittkopf, Frankfurt a. M. 1980.

–, *Suche nach einer Mitte*. Die großen Gedichte (Spanisch und deutsch), Übersetzung von Fritz Vogelsang, Nachwort von Peter Gimferrer, Frankfurt a. M. 1980.

Ernesto Cardenal (geb. 1925), Nicaragua

Textausgaben

Ernesto Cardenal, *La ciudad deshabitada*, 1946.

–, *Hora O*, Mexiko 1960.

–, *Epigramas. Gethsemani Ky*, Mexiko 1961.

340 Auswahlbibliographie

Ernesto Cardenal, *Salmos,* Medellín 1964 und Buenos Aires 1969.
–, *Oración para Marilyn Monroe y otros poemas,* Medellín 1965.
–, *El estrecho dudoso,* Madrid 1966.
–, *Homenaje a los indios americanos,* León (Nicaragua) 1969, 1971 und Barcelona 1983.
–, *Vida en el amor,* Buenos Aires 1970.
–, *En Cuba,* Buenos Aires 1972.
–, *Canto Nacional,* 1973.
–, *Poesía escogida,* Barcelona 1975.
–, *Antología.* Prólogo de José María Valverde, Barcelona 1978.

Studien

Berg, Walter Bruno, „Ernesto Cardenal: Dichtung und/als Revolution", in: *Iberoromania NF* 15 (1982), S. 97–125.
Biermann, Karlheinrich, „Die Wiederkehr der epischen Dichtung in der lateinamerikanischen Dichtung des 20. Jahrhunderts: Pablo Neruda und Ernesto Cardenal", in: *Ibero-Amerikanisches Archiv NF* 14 (1988), S. 187–214.
Bihler, Heinrich, «Los Salmos de Ernesto Cardenal en su relación con los salmos bíblicos», in: *Homenaje a Gustav Siebenmann,* hrsg. von Titus Heydenreich (Lateinamerikanische Studien 13, Bd. 1), München 1983, S. 77–104.
Borgeson Jr., Paul W., *Hacia el hombre nuevo: Poesía y pensamiento de Ernesto Cardenal,* London 1984.
Briesemeister, Dietrich, „Geschichte und Mythos in der epischen Dichtung Ernesto Cardenals", in: *Realität und Mythos in der lateinamerikanischen Literatur,* hrsg. von Christian Wentzlaff-Eggebert, Köln/Wien 1989, S. 291–309 (Forum Ibero-Americanum 2).
Castagnino, Raúl H., „Ernesto Cardenal", in: *Lateinamerikanische Literatur der Gegenwart in Einzeldarstellungen,* S. 418–435.
Elias, Edward F., «Homenaje a los indios americanos de Ernesto Cardenal. Lecciones del pasado», in: *Chasqui* 12/1 (1982), S. 45–60.
González-Balado, José Luis, *Ernesto Cardenal, poeta, revolucionario, monje,* Salamanca 1978.
Kapp, Volker, „Gebet und Agitation in den Psalmen von Ernesto Cardenal", in: *Literaturwissenschaftliches Jahrbuch NF* 23 (1982), S. 225–241.
Kleinert, Susanne, „Vom 'modernismo' zu Cardenal und den Dichterwerkstätten", in: *Die Legitimation der Alltagssprache in der modernen Lyrik,* hrsg. von Harald Wentzlaff-Eggebert, Erlangen 1984, S. 135–164.
Pring-Mill, Robert, "Introduction", in: Ernesto Cardenal, *Marilyn Monroe and Other Poems,* London 1975, S. 7–32.
–, «Comunicación explícita e implícita en dos poemas de Ernesto Cardenal», in: *Actas del Séptimo Congreso de la Asociación Internacional de Hispanistas.* Publ. por Giuseppe Bellini, Rom 1982, S. 825–835.
–, «El ‹saber callar a tiempo› en Ernesto Cardenal y en la poesía campesina de Solentiname», in: *Casa de las Américas* XXVIII/166 (1988), S. 19–34.

Schopf, Raquel, *Zur Genese und Entwicklung der engagierten Dichtung Ernesto Cardenals*, Frankfurt a. M./Bern/New York 1985.

Silva-Henríquez, R., *Cardenal nos ha dicho*, Santiago de Chile 1982.

Sklodowaka, Elzbieta, «Estructuras míticas en La Hora Zero y en el Homenaje a los indios americanos», in: *Anales de literatura hispanoamericana* 12 (1983), S. 129–144.

Urdanivia Bertarelli, Eduardo, *La poesía de Ernesto Cardenal: cristianismo y revolución*, Lima 1984.

Übersetzungen ins Deutsche

Ernesto Cardenal, *Zerschneide den Stacheldraht*. Südamerikanische Psalmen, aus dem Spanischen von Stefan Baciu, Nachwort von Dorothee Sölle, Wuppertal 1967.

–, *Gebet für Marilyn Monroe und andere Gedichte*, hrsg. und übertragen von Stefan Baciu, Nachwort von Kurt Marti, Wuppertal 1972.

–, *Orakel über Nicaragua und andere Gedichte*, aus dem Spanischen von Anneliese Schwarzer de Ruíz, Wuppertal 1974 (^{2}1980).

–, *Kubanisches Tagebuch*. Bericht einer Reise, aus dem Spanischen von Anneliese Schwarzer de Ruíz, Gütersloh 1977.

–, *Die Stunde Null*. Verschiedene Gedichte und Prosa, übersetzt von Anneliese Schwarzer de Ruíz u. a., Wuppertal 1979 (^{2}1980).

–, *Das poetische Werk*, 8 Bde., Wuppertal 1985–1987.

Bd. 1: *In der Nacht leuchten die Wörter*. Frühe Gedichte, Epigramme, Psalmen, verschiedene Übersetzer, Wuppertal 1985.

Bd. 2: *Die ungewisse Meerenge* (El estrecho dudoso), aus dem Spanischen von Anneliese Schwarzer de Ruíz, mit einem Nachwort von José Coronel Urtecho, Wuppertal 1985.

Bd. 3: *Die Farbe des Quetzal*. Für die Indianer Amerikas I, mit einem Vorwort von José Miguel Oviedo, aus dem Spanischen von Anneliese Schwarzer de Ruíz und Stefan Baciu, Wuppertal 1986.

Bd. 4: *Das Buch von der Liebe*, aus dem Spanischen von Anneliese Schwarzer de Ruíz, mit einem Nachwort von Tomas Merton, Wuppertal 1985.

Bd. 5: *Wir sehen schon die Lichter*. Gedichte bis 1979, aus dem Spanischen von Anneliese Schwarzer de Ruíz und Lutz Kliche, Wuppertal 1986.

Bd. 6: *Wortseelen – Waldmenschen*. Poesie der Naturvölker, aus dem Spanischen von Anneliese Schwarzer de Ruíz, mit einem Vorwort von Ernesto Cardenal, Wuppertal 1987.

Bd. 7: *Wolken aus Gold*. Für die Indianer Amerikas II, aus dem Spanischen von Elisabeth Wirth de Argüello und Lutz Kliche, Nachwort von Helmut Frenz, Wuppertal 1987.

Bd. 8: *Den Himmel berühren*. Gedichte 1979, hrsg. von Heinz G. Schmidt, Wuppertal 1985.

(Ausführliche Bibliographie der Übersetzungen ins Deutsche siehe in: Gustav Siebenmann und Donatella Casetti, *Bibliographie der aus dem Spanischen, Portugiesischen und Katalanischen ins Deutsche übersetzten Literatur*. 1945–1983 [= Beihefte zur Iberoromania] Tübingen 1985, S. 30–32.)